破产与重生之道

360度
解码破产程序

蒋阳兵　兰才明　编著

法律出版社 LAW PRESS · CHINA
北京

等在内的特殊规则。破产法与其他法律规范共同调整社会经济关系，同时追求效率与公平目标的实现，共同推动市场经济法治的完善。

总结我国破产法的历史，一是对于破产法治文明的价值形成了广泛共识，二是在推动破产法实施上以破产实践主义实践正义。破产实践主义，体现在最高人民法院的精心指导与广泛动员；体现在各地政府基于改善营商环境等目标的积极推动；体现在各地法院、管理人在处理破产案件中保持着谦抑与能动的平衡，以法治化破产理念推动破产程序与审慎处理债权债务关系，以市场化破产理念调动利益相关者积极性与激活市场资源支持破产；还体现在破产职业共同体在总结实践探索方面的一个鲜明特点：不断探索形成工作经验，组织开展与参与学术活动，总结经验并审慎制定规程、指引等规范破产审判与破产管理事务，形成了诸多具有实践与理论价值的成果。丰富的破产实践探索不仅帮助我们提高了对破产制度的认识，也为进一步完善破产制度贡献了宝贵经验。全国人大常委会在2021 完成《企业破产法》实施情况的执法检查之后，明确将《企业破产法》修改纳入2021 年度立法工作计划。立足于丰富实践与理论研究基础上的破产法，必然会更为完善，更具科学性、合理性，更加适应市场经济持续稳定发展的制度需求。

破产制度中，管理人承担着重要的法定职责，对于破产制度理念的理解、破产案件审理的进程、破产实体规则的适用、破产事务处理等都会有更系统的了解。本书作者及团队长期从事商事法律服务和企业破产与重组法律服务，作为破产管理人参与过诸多破产案件的处理，积累了丰富的素材，取得了有益的经验，也在破产实践中因为需要克服遭遇的“困惑”组织开展了比较深入的研究，因而对于破产法律制度整体与具体规则、破产法与其他法律的对接、破产事务的具体执行等问题有了更为深刻的认识，取得了许多实践成果。在此基础上，作者以实务专家视角详细解读清算、和解及重整程序，并对近年来实践中的改革探索进行了总结，有针对性地提供了破产事务处理的不少方案，形成了一部比较系统的实务与理论相结合的破产法著作。在我看来，本书在以下两个方面富有特色。

第一，在系统阐述的基础上体现重点。本书系统完整地介绍了破产法的方方面面。破产实务专家编著破产法著作，多数倾向于介绍裁判规则或总结管理人的操作实务经验。本书作者为满足读者系统理解破产法制度的需要，以多层次、多方位视角对破产法理论、破产实务、破产纠纷处理规则进行了

破产与重生之道

360度
解码破产程序

蒋阳兵　兰才明　编著

法律出版社 LAW PRESS · CHINA
北京

图书在版编目(CIP)数据

破产与重生之道：360度解码破产程序／蒋阳兵，兰才明编著. -- 北京：法律出版社，2022
ISBN 978 - 7 - 5197 - 7098 - 3

Ⅰ. ①破… Ⅱ. ①蒋… ②兰… Ⅲ. ①破产法－研究－中国 Ⅳ. ①D922.291.924

中国版本图书馆CIP数据核字(2022)第169939号

破产与重生之道:360度解码破产程序
POCHAN YU CHONGSHENG ZHIDAO:
360DU JIEMA POCHAN CHENGXU

蒋阳兵　兰才明 编著

策划编辑 朱轶佳
责任编辑 朱轶佳
装帧设计 汪奇峰

出版发行 法律出版社
编辑统筹 司法实务出版分社
责任校对 王　丰
责任印制 胡晓雅
经　　销 新华书店

开本 710毫米×1000毫米　1/16
印张 29.25　　字数 592千
版本 2022年10月第1版
印次 2022年10月第1次印刷
印刷 固安华明印业有限公司

地址:北京市丰台区莲花池西里7号(100073)
网址:www.lawpress.com.cn
投稿邮箱:info@lawpress.com.cn
举报盗版邮箱:jbwq@lawpress.com.cn
销售电话:010－83938349
客服电话:010－83938350
咨询电话:010－63939796

书号:ISBN 978－7－5197－7098－3　　定价:98.00元

序　一

在以市场经济为基础的社会，在信用基础上产生的交易是广泛存在的，债权债务关系也就成为最常见的关系。无论是个人或者是企业，受各种因素影响，作为债务人，无力清偿债务的情形也完全可能发生。就制度供给而言，破产法也就成为一项功能性的“必需品”。破产作为一种社会经济现象，是不以人的意志为转移的社会现实，作为一种制度，涉及人的思想观念、行为选择与利益归属。姑且不论各国破产法的发达史，也不论我国历史上有关债务清偿、破产清算等的具体制度沿革，仅仅观察改革开放依赖的破产制度探索建立并持续发展至今的过程，我们就能感受到沈阳防爆器械厂破产带来的观念冲击，感受到制定与实施《企业破产法（试行)》过程中关联到基本经济制度、产权观念、竞争机制、企业制度、职工权利救济等问题的规则碰撞，感受到我国改革开放过程中建立优胜劣汰的竞争机制的重要意义，也使我们认识到破产法作为市场经济法律体系的一项基础性法律制度，对于通过市场化、法治化的手段解决市场主体运行失败或出现的困境的重要价值，使我们认识到破产法的常态化实施是建立公平、开放、透明的市场规则和法治化营商环境的必然要求，使我们认识到在不确定性因素影响下，破产法对于克服经济发展的周期性影响，对于解决产能过剩与优化市场出清机制、强化产权机制约束市场主体、清理僵尸企业和救助有市场价值企业等的重要意义。从某种意义上说，破产制度发展的历史就是我国探索中国特色社会主义市场经济体制的一个缩影，是一个从观念不断深刻、规范不断完善到实践探索持续前进的过程，是现代破产法治文明融入社会主义市场经济体制的一场深刻革命。

比较其他法律制度，破产法具有一定的综合法、救济法、强干预法的特点，基于维护程序正义与实质正义、维护与平衡各方利益、维护经济秩序等目标，破产法提供了包括以团体机制解决全部债权债务关系、强力介入债务人财产与债务人经济关系、依法溯及调整债务人过往行为、依法调整债务人地位与重组债务人组织、对困境企业通过司法重整与和解程序实施破产保护等在内的特殊规则。破产法与其他法律规范共同调整社会经济关系，同时追求效率与公平目标的实现，共同推动市场经济法治的完善。

总结我国破产法的历史，一是对于破产法治文明的价值形成了广泛共识，二是在推动破产法实施上以破产实践主义实践正义。破产实践主义，体现在最高人民法院的精心指导与广泛动员；体现在各地政府基于改善营商环境等目标的积极推动；体现在各地法院、管理人在处理破产案件中保持着谦抑与能动的平衡，以法治化破产理念推动破产程序与审慎处理债权债务关系，以市场化破产理念调动利益相关者积极性与激活市场资源支持破产；还体现在破产职业共同体在总结实践探索方面的一个鲜明特点：不断探索形成工作经验，组织开展与参与学术活动，总结经验并审慎制定规程、指引等规范破产审判与破产管理事务，形成了诸多具有实践与理论价值的成果。丰富的破产实践探索不仅帮助我们提高了对破产制度的认识，也为进一步完善破产制度贡献了宝贵经验。全国人大常委会在2021 完成《企业破产法》实施情况的执法检查之后，明确将《企业破产法》修改纳入2021 年度立法工作计划。立足于丰富实践与理论研究基础上的破产法，必然会更为完善，更具科学性、合理性，更加适应市场经济持续稳定发展的制度需求。

破产制度中，管理人承担着重要的法定职责，对于破产制度理念的理解、破产案件审理的进程、破产实体规则的适用、破产事务处理等都会有更系统的了解。本书作者及团队长期从事商事法律服务和企业破产与重组法律服务，作为破产管理人参与过诸多破产案件的处理，积累了丰富的素材，取得了有益的经验，也在破产实践中因为需要克服遭遇的“困惑”组织开展了比较深入的研究，因而对于破产法律制度整体与具体规则、破产法与其他法律的对接、破产事务的具体执行等问题有了更为深刻的认识，取得了许多实践成果。在此基础上，作者以实务专家视角详细解读清算、和解及重整程序，并对近年来实践中的改革探索进行了总结，有针对性地提供了破产事务处理的不少方案，形成了一部比较系统的实务与理论相结合的破产法著作。在我看来，本书在以下两个方面富有特色。

第一，在系统阐述的基础上体现重点。本书系统完整地介绍了破产法的方方面面。破产实务专家编著破产法著作，多数倾向于介绍裁判规则或总结管理人的操作实务经验。本书作者为满足读者系统理解破产法制度的需要，以多层次、多方位视角对破产法理论、破产实务、破产纠纷处理规则进行了系统的论述。同时，对个人破产（个人债务集中清理）、预重整、上市公司破产、特殊主体破产及破产纠纷衍生诉讼等热点难点问题也进行了富有启发的论述。实际上，这些问题不少是非常具有挑战性的。以上市公司破产重整问题为例，上市公司的利害关系人众多，关联公司众多，对于经济社会的稳定发展具有重要影响，处理不当容易引发社会性群体事件。从规范适用看，上市公司受到证券监督管理机构监管，为维护市场秩序与投资者合法利益，不仅需要规范重整程序与重整活动，重整程序中的相关信息也需要依法依规披露，需要行政权和司法权的有效协调，如康美药业、海航集团等破产重整案件就受到了社会的广泛关注。

第二，在规范表达的基础上体现创新。《企业破产法》或者是破产法基本理论，都体现了法律的规范性特点。破产制度涉及的问题复杂，对相关问题的研究既要体现严谨性，也要体现创新性。作者按照破产法基本理论体系，采取将破产法理论、法律规范、实务操作进行融合写作的方式，在按照章节介绍理论知识的基础上，编入相关法律法规、司法解释及司法指导性文件规范，便于读者直接了解相关法律规范。从内容上看，反映了最新规范、最新理论成果的要求。在破产法理论框架的基础上，把《民法典》以及最新法律法规、司法解释、政策和破产法理论体现在相关内容中。对于一些实操性问题，按照其经验，就实操规范和技巧提供了建议。

本书作为实务专家的感悟和总结，涉及破产领域的各方各面，观点精要，内容详尽，既通俗易懂又有一定的理论深度，不失为一本兼具理论与实务的实用工具书。作者本着破产职业共同体建设的共享理念把自己的研究成果与同行分享，值得肯定。相信本书将会有益于读者，特别是对破产实务工作者理解破产法律制度价值，检索相关资料，准确理解与适用相关规定具有积极意义。我非常乐意将此书推荐给大家。

华东政法大学教授、博士生导师
上海市法学会破产法研究会常务副会长

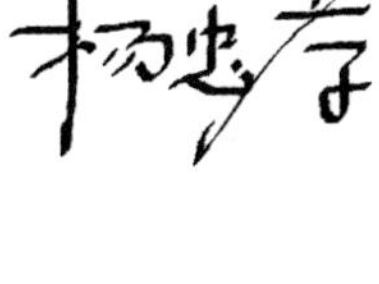

序　二

市场经济亦是法治经济。破产法既是我国法律体系的重要部分，也是市场经济制度的重要组成部分。市场经济的基本规律是公平竞争、优胜劣汰，破产法对实现这一市场竞争机制具有关键性作用。破产法律制度的建立健全和破产审判的法治化、专业化、常态化推进，是市场经济可持续发展、营商环境优化建设的重要保障。

自1988年11月1日《企业破产法（试行）》施行以来，破产制度已经在中国实施了三十多年。自2006年8月27日颁布《企业破产法》，又过了十六个春秋。由于破产法，特别是其实施配套社会法律制度不健全，加之受旧观念等的影响，我国破产法的实施并非一帆风顺。即便2007年6月1日实施正式的《企业破产法》以来，最初全国法院受理破产案件的数量曾一度呈持续下降趋势。

近十年来，以习近平同志为核心的党中央高度重视破产在市场经济中的重要作用，在党中央的重视与部署下，《企业破产法》的实施有了重大改观。2013年11月12日，中国共产党第十八届中央委员会第三次全体会议审议通过《中共中央关于全面深化改革若干重大问题的决定》，该决定指出，要“健全优胜劣汰市场化退出机制，完善企业破产制度”。2018年11月14日，中央全面深化改革委员会第五次会议审议通过了《加快完善市场主体退出制度改革方案》，该方案完善了市场主体退出制度供给的顶层设计，将加快以破产法为核心的市场主体退出制度建立健全的步伐，以更好地服务供给侧结构性改革和营商环境优化建设。

与此同时，法院破产审判的法治化、专业化建设取得了长足的进步。最高人民法院于2016年6月21日发布《关于在中级人民法院设立清算与破产审判庭的工作方案》，截至2022年9月，全国各地已经组建了100多家清算与破产审判部门，并先后在深圳、北京、上海、天津、广州、温州、重庆、杭州、济南、青岛、南京、厦门、苏州、成都、海口、长春、武汉17地设立专门的破产法庭。破产案件受理数量出现较大幅度增加，案件的办理质量得到大幅提升。破产理念、文化与制度规则也得到了更广泛地传播和认可。我国在优化企业破产法治环境方面取得了明显进展。世界银行发布的历年营商环境报告显示，我国营商环境的世界排名从2013年的96位快速上升至2020年的31位（2021年世界银行因故暂停发布《营商环境报告》，未有最新数据）。我国的排名已与一些发达国家大致相同，我国的营商环境发生了巨大变革。

即便如此，我国破产法的历史还较为短暂。又因破产法涉及社会方方面面，破产法及其配套的制度还未完全系统化，特别是在法律和司法解释层面还缺少对近十年来社会新的破产需求和新情况的系统化的规定。如现行《企业破产法》对破产重整的制度设计缺少市场思维，对诸多问题语焉不详，对实践中上市公司和金融机构破产的特殊性未予相关规定，规定不够系统化，可操作性较弱。近年来，越来越多的法院已经在司法实践中尝试预重整、个人债务集中清理，甚至已经实施了个人破产，取得了良好的社会效果。然而，在法律和司法解释层面对相关问题尚无相关规定。此情况下，司法实践中各地法院的司法处置方式不统一，造成实践中的种种困惑，也导致相关制度未能在全国范围内常态化地推行，破产业务还未成为法院的常态化业务。民众甚至包括众多的法律工作者尚未形成破产意识和破产思维。

本书作者蒋阳兵、兰才明律师长期从事破产业务。作者结合自身的专业领域和工作经验，撰写的《破产与重生之道——360度解码破产程序》一书，较为全面地对破产程序的基础性知识进行了阐述，对破产程序实务操作规则进行了较为详细的讲解，并对实务中和理论上的疑难问题加以探讨。

本书分为十六章，详细解读了与企业破产有关的程序，对企业启动破产程序到破产终结整个流程及其中所涉及的管理人、债权人（债委会）、破产财产、破产债权、破产费用与共益债务、特殊主体的破产、破产法律责任等问题逐一讲解。同时也对最前沿或热点领域如个人破产（个人债务集中清理）、预重整、上市公司破产重整等问题分专章论述。对常见的9种破产衍生诉讼审判规则进行了论述和探讨，对一些经典案例进行了评析。

本书在论述中引用了最新的法律法规、司法解释、最高人民法院批复及其他司法指导性文件。在各章节所附的相关规定中不再附上常见的法律法规和司法解释，避免落入俗套、浪费笔墨，但在各章节后面附上了最高人民法院、各地法院所发布的不常见但较为实用，且对此章节相关内容做了较为系统规定的司法指导性文件。如前所述，在法律和司法解释层面未对相关问题进行详细规定的情况下，各级法院发布的对相关问题的一些较为系统的司法指导性文件无疑对法律工作者和法律学习者具有较高的学习参考价值。

习近平总书记曾强调，法治是最好的营商环境。我们法律工作者亦应当随时代洪流上下求索，积跬步以致千里，为中国法治事业贡献自己的力量。破产法理论与实务的发展、进步需要依靠大家的共同努力。

在《企业破产法》修改之际，也希望如蒋阳兵律师长期呼吁的一样，进一步充实、完善破产法，破产程序中所涉及的程序与实体上的种种问题由破产法进行统一系统的规定，将破产法打造成独立于民事诉讼、刑事诉讼和行政诉讼之外的，包括实体权利规定的同时具有中国特色的第四大诉讼程序，更好地发挥破产法在经济建设和司法进步中的作用。

是为序。

深圳市前海一带一路法律服务联合会会长

司法部原律师与公正指导司司长

目 录

第三章　管理人

第四章 接受指定后管理人工作

第五章 破产财产

第六章 破产债权

第七章 破产费用与共益债务

第八章 债权人会议与债权人委员会

第九章 破产重整

第十章　破产和解

第十一章　破产清算

第十二章 上市公司的破产重整

第十三章 特殊主体的破产

第十四章 破产制度法律责任

第十五章　与破产有关的争议解决

第一章　破产法概述

第一节　破产与破产法

一、破产与破产法的概念

在日常生活中，破产一般指债务人不能清偿到期债务的事实状态，而不论债务人是否已经进入法律规定的破产程序。而在法律层面上，破产包括广义和狭义两种。狭义的破产，是指债务人不能清偿到期债务时，由法院根据当事人的申请对债务人的破产案件受理后，对债务人财产进行处置，公平分配给全体债权人，并对债务人的主体进行注销的清算程序。广义的破产除了狭义的破产清算程序外，还包括债务人不能清偿到期债务时，由法院根据当事人的申请对债务人进行挽救性重整或和解，并调整债权债务关系程序的统称，即由破产清算、破产重整和破产和解统一组成的破产法律制度体系。

在我国立法中，尤其是《企业破产法》中，并未严格区分广义和狭义的破产概念的适用，既有使用广义概念，也有使用狭义概念。在大陆法系和英美法系，对于破产概念的表述也不尽相同。如德国的破产法便将其表述为“支付不能”，日本的破产法中狭义概念为“破产”，广义概念为“倒产”，[①]一般包括破产法、民事再生法和更生法。

对应破产概念的广义和狭义区分，破产法也存在广义和狭义的区分。狭义的破产法主要指当债务人出现不能清偿到期债务的破产原因时，宣告债务人破产并对其全部财产进行清算的法律制度的总称。广义的破产法除了前述狭义的破产法的制度外，还包括为了避免债务人被破产清算注销而建立的挽救性的破产重整与破产和解法律制度的总称。[②] 我国的《企业破产法》一般

---

① 参见［日］竹下守夫、刘荣军：《倒产法的现代课题和日本的倒产法》，载《中外法学》1996年第4期。

② 参见李永军：《破产法》，中国政法大学出版社2009年版，第1～5页。

指广义层面的破产法。

二、破产法的性质与内容

一般法律的性质以其立法目的作为区分标准。破产法律制度的出现，一开始是为了维护债权人的合法权益，保护其不为债务人的失败买单，同时也能使各债权人之间保持平衡、获得公平受偿。因此，其更体现为私法性质。

但是随着市场经济发展，企业规模扩大，不仅体现在地域上的数量有所增加，在员工、交易对象方面也是大量增加，对于社会经济的发展有着不可小觑的影响。在这种情况下，企业破产不仅对其债权人有所影响，而且对成百上千的员工乃至相关产业链都会有影响。因此，企业破产法律制度不仅要考虑债权人的利益，还要兼顾相关社会影响，让企业有序退出市场。通过对破产法律制度的设计、对法院权限的赋予，加强国家层面对企业破产的监督、干预，同时也有利于资本的流通和市场的优胜劣汰，体现了破产法律制度的公法性质。我国的企业破产法就是兼顾私法性质和公法性质的市场主体退出法，通过对债权债务的集中清理，保证债权人公平受偿。

同时，破产法又是实体法和程序法相结合的法律。实体规范中包含破产财产的范围、进入破产程序合同履行问题、取回权、撤销权、别除权、抵销权等法律问题，程序规范则包含破产申请和受理、管辖、债权人会议以及破产和解、破产重整、破产清算等详细程序。

三、破产法的制度价值

破产法的建立使各债权人能在法院的主持下，由法院以国家强制力保障债务人丧失债务清偿能力时公平清偿各债权人，维护债权人的合法权益，保证市场经济的正常运行。破产法具有以下制度价值：

（一）保障全体债权人公平受偿

公平受偿是破产程序进行的最终目的。一方面，使得未到期的债权加速到期，以免这部分债权人债权到期的时候已无财产可分，保障债权人的预期利益。另一方面，全体债权人分类按顺序公平受偿，如对债务人特定财产享有担保权的人具有优先受偿权，也是与其他民事法律相结合，避免破坏商事交易的稳定性。

（二）完善市场主体退出机制

如果没有破产法律制度，市场主体尤其是企业法人在负债累累、毫无价值创造能力的时候，还继续占用社会资源，债权人通过诉讼、仲裁等途径走入执行程序时，依然无法实现债权，最终各方利益都会受损，也不利于市场经济的良好发展。因此，破产法对于完善市场主体退出机制至关重要，能及时切断债务链条的膨胀，帮助债务人和相关交易主体在良好的市场环境中运行。

（三）帮助债务人挽救危机或重获新生

破产法的制度设计，尤其是预重整和重整程序的建立，能够帮助有存续希望的企业挽救债务危机，通过降低或消灭债务和调整经营策略，使得债务人能够转危为安、重获新生。即使债务人无法存续，通过破产程序也能正常退出市场，再谋发展。尤其是个人破产制度的存在，能够让自然人债务人不因为债务缠身而再难有机会重新进入市场经营环节，拥有再发展的机会，促进市场经济的繁荣发展。

第二节　我国破产法总则

一、立法宗旨

《企业破产法》第1条规定："为规范企业破产程序，公平清理债权债务，保护债权人和债务人的合法权益，维护社会主义市场经济秩序，制定本法。"本条款规定了其立法宗旨，即为什么要立法的问题。具体可分为四个方面：

（一）规范企业破产程序

企业破产程序是一个相对来说比较复杂的系统工程，需要有一套完整的规则程序来进行实践操作。我国《企业破产法（试行）》存在立法思想陈旧、体系杂乱、适用范围窄等缺陷，缺乏实际可操作性。为了符合现代先进破产法律制度的发展趋势，我国现行《企业破产法》有相对完善的制度设计与程序衔接，整个破产程序操作规范、透明，有利于保护债务人与债权人的合法利益。

（二）公平清理债权债务

公平是破产法的第一理念。在企业破产程序中，应公平清理案件所涉及的各债权债务关系，维护相关利益人的合法权益。我国现行《企业破产法》主要从三方面体现债权人公平受偿原则：一是规定所有破产债权人的法律地位平等；二是规定所有破产债权人的受偿机会均等；三是规定了不同类型的债权人之间合理的破产清偿程序。

（三）保护债权人和债务人的合法权益

随着现代先进破产法律制度的发展，单纯保护债权人利益，置债务人利益于不顾的立法理念已不再适应现代社会的需要。在办理破产案件中，债权人与债务人的法律地位平等，在保护债权人合法权益的同时，债务人的合法利益也应当得到保护。

（四）维护社会主义市场经济秩序

这是破产法立法宗旨最重要的内容，维护社会主义市场经济秩序需要通过一系列的法律、政策和监管措施，优化市场主体，促进社会资源的流通和有效配置。现行《企业破产法》的出台与完善，就是要通过规范企业破产程序、公平清理债权债务、保护债权人和债务人的合法权益，以达到维护社会主义市场秩序的目的。

二、企业破产的原因

破产原因，是指认定债务人丧失清偿能力，当事人提出破产申请，法院据以启动破产程序的法律事实，即引起破产程序发生的原因。破产原因以债务人不能清偿债务为客观标准，是判断破产申请能否成立、法院决定是否受理，以及能否作出破产宣告、重整、和解等裁定的法律依据。我国现行《企业破产法》第 2 条第 1 款规定："企业法人不能清偿到期债务，并且资产不足以清偿全部债务或者明显缺乏清偿能力的，依照本法规定清理债务。"

（一）不能清偿到期债务

一般而言，不能清偿，是指债务人由于缺乏清偿能力，对已经到期的债务，在债权人请求清偿时，债务人不能清偿或不能继续清偿的客观情况。在债务未届清偿期时，由于未产生债务人的清偿责任，即使债务人的财产额已不足以清偿债务总额，也无法认定债务人不能清偿到期债务。

不能清偿到期债务包括以下几个要素：（1）债务人丧失清偿能力，即不能以其财产、信用或者能力等任何方法清偿债务；（2）债务人不能清偿的债务应当是已经到期且债权人提出清偿要求、无争议或者已经司法确认的债务；（3）债务必须是能够以货币估价即能够折合成货币的债务；（4）债务人在相当长时期内持续不能清偿债务。

（二）资产不足以清偿全部债务

资产不足以清偿全部债务，是指债务人的资产总和小于其债务总和，即资不抵债。判断债务人的资产是否不足以清偿全部债务，最基本的财务依据是债务人的资产负债表和中介机构对债务人作出的专项审计或者会计报告。企业法人有债务超额时，已经对一般债权人利益构成不能足额清偿的潜在风险，增加了其交易的不安全因素。

（三）明显缺乏清偿债务的能力

明显缺乏清偿债务的能力，是指债务人客观上无法清偿债务，并不是指其暂时停止清偿债务或拒绝清偿债务。同时，债务人是否明显缺乏清偿债务的能力，需要结合债务人的可供偿债财产进行综合判断，不能仅以其拥有的财产来认定。

一般情况下，以上三个要素是法院认定债务人已临破产界限的客观标准。对《企业破产法》第 2 条从语法上理解，对于破产原因并不要求同时具备上述三要素。资产不足以清偿全部债务与明显缺乏清偿债务能力为并列选择条件。为了避免产生歧义，最高人民法院《关于适用〈中华人民共和国企业破产法〉若干问题的规定（一）》第 1 条第 1 款规定："债务人不能清偿到期债务并且具有下列情形之一的，人民法院应当认定其具备破产原因：（一）资产不足以清偿全部债务；（二）明显缺乏清偿能力。"即债务人不能清偿到期债务的情况下，满足资产不足以清偿全部债务或明显缺乏清偿能力任一要素均可。

三、企业重整的条件

《企业破产法》第 2 条第 1 款规定："企业法人不能清偿到期债务，并且资产不足以清偿全部债务或者明显缺乏清偿能力的，依照本法规定清理债务。"第 2 款规定："企业法人有前款规定情形，或者有明显丧失清偿能力可能的，可以依照本法规定进行重整。"《企业破产法》第 2 条第 2 款规定了重整的条件，即债务人有第 1 款规定的情形或者有明显丧失清偿能力可能的，可以进行重整。从上述规定的字面理解，并不要求已经实际丧失清偿能力，以便较早地对一些债务人进行重整，避免错失重整的良机。重整的目的主要在于使企业法人能够避免破产，起死回生，所以重整的条件相比破产原因要宽松一点。

四、企业破产案件的管辖

《企业破产法》第 3 条规定："破产案件由债务人住所地人民法院管辖。"破产案件的管辖同民事诉讼的管辖一样，都关系当事人、利害关系人以及社会等各方利益，我国确立了法院对破产案件的专属管辖，主要是因为破产案件比较特殊，是整体概括性地对债务人权利义务及财产的清理，涉及的当事人和法律关系比普通民事诉讼案件更复杂。无论债务人财产所在何处，都需严格受破产程序的限制，具有很强的司法属性。除法院外，任何机关都不能享有对破产案件的管辖。

（一）地域管辖

根据最高人民法院《关于审理企业破产案件若干问题的规定》第 1 条“企业破产案件由债务人住所地人民法院管辖。债务人住所地指债务人的主要办事机构所在地。债务人无办事机构的，由其注册地人民法院管辖”之规定，债务人住所地，是指主要办事机构所在地，无办事机构的，则由其注册登记地法院管辖，这样便于管辖法院查清债权债务，清理债务人财产，也便于管理人依法进行必要的民事活动，提高破产效率。

（二）级别管辖

《企业破产法》并未对破产案件的级别管辖问题作出明确规定。最高人民法院《关于审理企业破产案件若干问题的规定》第 2 条规定：“基层人民法院一般管辖县、县级市或者区的工商行政管理机关[①]核准登记企业的破产案件；中级人民法院一般管辖地区、地级市（含本级）以上的工商行政管理机关核准登记企业的破产案件；纳入国家计划调整的企业破产案件，由中级人民法院管辖。”该规定确定了法院级别管辖与企业主体登记机关相对应的管辖原则。

2017 年 1 月 20 日最高人民法院发布的《关于执行案件移送破产审查若干问题的指导意见》规定：“在级别管辖上，为适应破产审判专业化建设的要求，合理分配审判任务，实行以中级人民法院管辖为原则、基层人民法院管辖为例外的管辖制度。中级人民法院经高级人民法院批准，也可以将案件交由具备审理条件的基层人民法院审理。”广东省高级人民法院《关于审理企业破产案件若干问题的指引》则进一步明确破产案件原则上由中级法院管辖，影响重大的疑难、复杂、新类型案件，可以由高级法院管辖。司法实践中已经形成了以中级法院管辖为主，部分基层法院管辖为辅的格局。

（三）移送管辖与指定管辖

申请人向无管辖权的法院提交破产申请时，法院应当告知其向有管辖权

① 现为市场监督管理机关。

的法院申请，也可以将该申请转交至有管辖权的法院。法院受理案件后发现自己无管辖权，应当将案件移送至有管辖权的法院，受移送的法院应当受理。受移送的法院认为移送的案件不属于本院管辖，应当报上级法院指定管辖，不得再自行移送。但应当注意的是，根据管辖权恒定原则，即使债务人住所地于破产申请后发生了变化，也不影响申请时有管辖权的法院行使其管辖权。

因债务人住所地不明确，多个法院之间对管辖权发生争议的，应当报请共同的上级人民法院指定管辖。另外，采用实质合并方式审理关联企业破产案件的，应由关联企业中的核心控制企业住所地法院管辖，核心控制企业不明确的，由关联企业主要财产所在地法院管辖。因各关联企业不在同一行政区域的，需要报请各企业所在辖区法院共同的上级法院指定管辖。

五、企业破产案件审理程序法律适用

《企业破产法》第 4 条规定："破产案件审理程序，本法没有规定的，适用民事诉讼法的有关规定。"该条规定在一定程度上解决了审理程序上破产法与非破产法之间的关系问题，明确了《企业破产法》有规定的，适用《企业破产法》的规定；《企业破产法》没有规定的，适用《民事诉讼法》的规定。

六、诉讼费用

破产案件的诉讼费用按破产财产总额计算，按照财产案件受理费标准减半收取，最高不超过人民币 30 万元。

破产案件的诉讼费用，应根据《企业破产法》第 43 条的规定，从债务人财产中拨付。相关当事人以申请人未预先交纳诉讼费用为由，对破产申请提出异议的，法院不予支持。

七、破产程序的域外效力

破产程序的域外效力，是指本国法律规定的破产程序是否具有及于破产人在境外的财产的效力，主要分为普及破产主义、属地破产主义和折中主义。《企业破产法》第 5 条规定："依照本法开始的破产程序，对债务人在中华人民共和国领域外的财产发生效力。对外国法院作出的发生法律效力的破产案件的判决、裁定，涉及债务人在中华人民共和国领域内的财产，申请或者请求人民法院承认和执行的，人民法院依照中华人民共和国缔结或者参加的国际条约，或者按照互惠原则进行审查，认为不违反中华人民共和国法律的基本原则，不损害国家主权、安全和社会公共利益，不损害中华人民共和国领域内债权人的合法权益的，裁定承认和执行。"

根据该条可知，我国采取的是普及破产主义，即确认破产程序对债务人境外财产的效力。基于普及破产主义，我国对于外国法院作出的破产裁决也采取了比较开放的态度，以承认和执行为原则，但应由有关当事人向我国法院提出申请，我国法院经审查后作出裁定。境外破产案件的判决或裁定有下列情形之一的，则应当裁定不予承认和执行：（1）违反中国法律的基本原则的；（2）损害国家主权、安全和社会公共利益的；（3）损害中国领域内债权人的合法权益的。主张我国破产程序的域外效力只是单方面的，这种域外效力的实现最终取决于该境外财产所在国家或地区的承认与协助。

八、审理企业破产案件应当遵循的原则

《企业破产法》第 6 条规定："人民法院审理破产案件，应当依法保障企业职工的合法权益，依法追究破产企业经营管理人员的法律责任。"保护破产企业职工的合法权益，是《企业破产法》立法的一项重要指导思想，法院在审理破产案件时，应当依照《企业破产法》的规定，充分保障职工的合法权益。2009 年 6 月 12 日最高人民法院发布的《关于正确审理企业破产案件为维护市场经济秩序提供司法保障若干问题的意见》也重申："依法优先保护劳动者权益，是破产法律制度的重要价值取向。人民法院在审理企业破产案件中，要切实维护职工的合法权益，严格依法保护职工利益。"

同时，《企业破产法》在立法政策上设定企业的经营管理人员需承担相应的个人责任，包括民事责任、刑事责任与行政责任，以督促相应的经营管理人员积极履行自己的职责与义务。例如，根据《企业破产法》第 125 条的规定，企业董事、监事或者高级管理人员违反忠实义务、勤勉义务，致使所在企业破产的，依法承担民事责任。有上述情形的人员，自破产程序终结之日起 3 年内不得担任任何企业的董事、监事、高级管理人员。

相关规定

全国法院破产审判工作会议纪要（节选）

（2018 年 3 月 4 日发布　2018 年 3 月 4 日施行）

为落实党的十九大报告提出的贯彻新发展理念、建设现代化经济体系的要求，紧紧围绕高质量发展这条主线，服务和保障供给侧结构性改革，充分发挥人民法院破产审判工作

在完善社会主义市场经济主体拯救和退出机制中的积极作用，为决胜全面建成小康社会提供更加有力的司法保障，2017 年 12 月 25 日，最高人民法院在广东省深圳市召开了全国法院破产审判工作会议。各省、自治区、直辖市高级人民法院、设立破产审判庭的市中级人民法院的代表参加了会议。与会代表经认真讨论，对人民法院破产审判涉及的主要问题达成共识。现纪要如下：

一、破产审判的总体要求

会议认为，人民法院要坚持以习近平新时代中国特色社会主义经济思想为指导，深刻认识破产法治对决胜全面建成小康社会的重要意义，以更加有力的举措开展破产审判工作，为经济社会持续健康发展提供更加有力的司法保障。当前和今后一个时期，破产审判工作总的要求是：

一要发挥破产审判功能，助推建设现代化经济体系。人民法院要通过破产工作实现资源重新配置，用好企业破产中权益、经营管理、资产、技术等重大调整的有利契机，对不同企业分类处置，把科技、资本、劳动力和人力资源等生产要素调动好、配置好、协同好，促进实体经济和产业体系优质高效。

二要着力服务构建新的经济体制，完善市场主体救治和退出机制。要充分运用重整、和解法律手段实现市场主体的有效救治，帮助企业提质增效；运用清算手段促使丧失经营价值的企业和产能及时退出市场，实现优胜劣汰，从而完善社会主义市场主体的救治和退出机制。

三要健全破产审判工作机制，最大限度释放破产审判的价值。要进一步完善破产重整企业识别、政府与法院协调、案件信息沟通、合法有序的利益衡平四项破产审判工作机制，推动破产审判工作良性运行，彰显破产审判工作的制度价值和社会责任。

四要完善执行与破产工作的有序衔接，推动解决“执行难”。要将破产审判作为与立案、审判、执行既相互衔接、又相对独立的一个重要环节，充分发挥破产审判对化解执行积案的促进功能，消除执行转破产的障碍，从司法工作机制上探索解决“执行难”的有效途径。

二、破产审判的专业化建设

审判专业化是破产审判工作取得实质性进展的关键环节。各级法院要大力加强破产审判专业化建设，努力实现审判机构专业化、审判队伍专业化、审判程序规范化、裁判规则标准化、绩效考评科学化。

1. 推进破产审判机构专业化建设。省会城市、副省级城市所在地中级人民法院要根据最高人民法院《关于在中级人民法院设立清算与破产审判庭的工作方案》（法〔2016〕209 号），抓紧设立清算与破产审判庭。其他各级法院可根据本地工作实际需求决定设立清算与破产审判庭或专门的合议庭，培养熟悉清算与破产审判的专业法官，以适应破产审判工作的需求。

2. 合理配置审判任务。要根据破产案件数量、案件难易程度、审判力量等情况，合理分配各级法院的审判任务。对于债权债务关系复杂、审理难度大的破产案件，高级人民法院可以探索实行中级人民法院集中管辖为原则、基层人民法院管辖为例外的管辖制度；对于债权债务关系简单、审理难度不大的破产案件，可以主要由基层人民法院管辖，通过快速审理程序高效审结。

3. 建立科学的绩效考评体系。要尽快完善清算与破产审判工作绩效考评体系，在充分尊重司法规律的基础上确定绩效考评标准，避免将办理清算破产案件与普通案件简单对比、等量齐观、同等考核。

第二章　破产申请的启动

第一节　破产程序开始的起点——破产申请的提出

市场经济发展的必然趋势即不断有经济主体的进入与退出，经济主体退出市场的方式多样，破产即为其一。破产，是指在债务人无力清偿债务的情况下，以其全部财产对债权人进行概括性清偿的法律制度。启动我国破产程序的三个主要步骤为：（1）破产申请人提出申请；（2）法院对破产申请进行审查；（3）法院裁定受理破产程序。法院裁定受理破产程序之时，即为我国破产程序的正式启动。

破产申请是破产程序中的一个独立的阶段，是破产程序开始的必备要件。破产申请，是指当事人或者利害关系人基于法律事实和利益向有管辖权的法院申请债务人破产的行为。法院依照当事人的申请启动破产程序，没有当事人的申请，法院不能自行对债务人启动破产程序。

一、破产申请的主体

《企业破产法》第 7 条规定：“债务人有本法第二条规定的情形，可以向人民法院提出重整、和解或者破产清算申请。债务人不能清偿到期债务，债权人可以向人民法院提出对债务人进行重整或者破产清算的申请。企业法人已解散但未清算或者未清算完毕，资产不足以清偿债务的，依法负有清算责任的人应当向人民法院申请破产清算。”根据该款条文，《企业破产法》赋予了以下几种主体申请资格：

（一）债权人

我国破产法赋予债权人破产申请权是十分必要的，由债权人申请破产被称为非自愿破产。债权人提出破产申请是在特定情形下主张其民事权利、维护其民事权益的法定方式之一，该申请的提出产生的法律效果即中断了诉讼时效。

债权人向法院申请债务人破产的条件如下：（1）债务人不能清偿到期债权；（2）债权人享有的债权合法有效；（3）债权人的债权是具有金钱或财产给付内容的到期债权。

执行案件中的申请执行人（债权人）可向法院申请执行案件转破产程序审查。经法院审查，认为符合破产清算受理条件的，裁定受理破产申请。

（二）债务人

债务人提出破产申请的案件称为自愿破产。债务人认为自己不能清偿到期债务且资产不足以清偿全部债务或明显缺乏清偿能力的，债务人可以向法院申请破产。即当一个债务人具有了申请破产的原动因时，其可以通过破产程序来实现债务免责的优惠待遇，且一般情况下只有债务人最了解自己的财务状况与清偿能力，所以赋予债务人破产申请权是必然的。

在执行案件中，被执行人（债务人）亦可申请执行案件转破产程序审查。但实际操作中，对于被执行人申请执转破的，法院为了避免被执行人逃避执行，审查较为严格。

（三）依法负有清算责任的人

“依法负有清算责任的人”具体指哪些主体，我国破产法并未明确进行规定。参照《公司法》第 183 条与第 187 条的规定，有限责任公司的清算组由股东组成，股份有限公司的清算组由董事或者股东大会确定的人员组成。逾期不成立清算组进行清算的，债权人可以申请法院指定有关人员组成清算组进行清算。清算组在清理公司财产、编制资产负债表和财产清单后，发现公司财产不足清偿债务的，应当依法向法院申请宣告破产。

依据上述规定，在清算过程中，清算企业具有资不抵债情形时，清算组应当以自己的名义向法院提出对该清算企业进行破产清算的申请，无须得到债务人同意。清算组只能对债务人提出破产清算申请，不能提出破产和解申请和破产重整申请。

依据最高人民法院《关于审理企业破产案件若干问题的规定》第 48 条的规定，清算组成员可以从破产企业上级主管部门、清算中介机构以及会计、律师中产生，也可以从政府财政、市场监督管理、计委、经委、审计、税务、物价、劳动、社会保险、土地管理、国有资产管理、人事等部门中指定。政府基于社会管理职能和维护公共利益目的可以成立企业的清算组，在清算过程中认为企业具备破产原因的情况下可向法院申请破产清算，法院可裁定清算组作为管理人。

（四）金融监管机构和行政清理组

商业银行、证券公司、保险公司等金融机构也是法人主体，亦具有破产能力。根据《企业破产法》第 134 条的规定，商业银行、证券公司、保险公司等金融机构有《企业破产法》第 2 条规定情形的，国务院金融监督管理机构可以向法院提出对该金融机构进行重整或者破产清算的申请。

二、破产申请的材料

无论是债权人、债务人还是依法负有清算责任的人，提出破产申请时均应提交破产申请书以及相关的证据材料。

（一）破产申请书

根据《企业破产法》第 8 条的规定，破产申请书应当载明以下事项：

（1）申请人、被申请人的基本情况。包括申请人和被申请人的名称（姓名）、地址（住址）、法定代表人或者负责人的姓名、登记机关、委托代理人姓名及单位、债务人的法人营业执照等。

（2）申请目的。包括请求法院裁定债务人重整，或者请求法院宣告债务人破产清算。债务人提出的，还包括提出和解申请。

（3）申请的事实和理由。申请的事实和理由，是指破产原因存在的事实和申请破产的法定理由。债务人提出申请的，应当说明不能清偿到期债务，并且资产不足以清偿全部债务或者明显缺乏清偿能力的原因和事实。债权人提出申请的，应当说明债务人不能清偿到期债务的事实和理由。当事人提出申请的，应当提交有关证据，如能够证明债权清偿期已经届满，债权人已经提出清偿要求，债务人明显缺乏清偿能力或者停止支付是连续状态的证据，包括合同、借据等。

（4）法院认为应当载明的其他事项。法院认为应当记载于破产申请书中的其他事项，应当限于申请人可以提交的内容，而不应当扩大到申请人无法提交或者难以提交的内容，具体内容由法院根据破产申请个案的实际情况决定，但不能违反《企业破产法》的明文规定。

（二）债权人作为申请人需要准备的材料

债权人作为申请人提出破产申请，需要向法院提交如下资料：

（1）债权人及债务人的主体资格证明文件。

（2）债权发生的事实及债权性质、数额，有无担保的证据。

（3）债务人不能清偿到期债务的证据。

（三）债务人作为申请人需要准备的材料

债务人作为申请人提出破产申请，需要向法院提交如下资料：

（1）债务人的主体资格证明文件。

（2）债务人法定代表人与主要负责人名单。

（3）职工情况和安置预案（包括职工工资的支付和社会保险费用的缴纳情况）。

（4）债务人亏损情况的书面说明，并附审计报告。

（5）债务人的资产状况明细表，包括有形资产、无形资产和企业投资情况。

（6）债务人在金融机构开设账户的详细情况（包括开户审批资料、账号、金额等）。

（7）债务人债权情况表，列明企业的债务人名称、住所，金额，是否有担保，发生时间，催讨情况等。

（8）债务人债务情况表，列明企业的债务人名称、住所，金额，是否有担保，发生时间等。

（9）债务人涉及的对外担保情况。

（10）债务人涉及的诉讼情况。

（11）法院认为应当提供的其他材料。

在执行案件中，因法院在执行程序中能较好地了解债务人的资产和债权债务状况，申请执行人或被执行人申请执行案件转破产案件审查递交申请即可，法院另有其他要求的除外。

三、破产申请的效力

（一）对破产申请撤回的限制效力

《企业破产法》第 9 条规定，法院受理破产申请前，申请人可以请求撤回申请。破产申请是提出破产申请主体的一项权利，允许其撤回破产申请是对其处分权的尊重，但必须在法院受理破产申请前。当法院决定受理破产申请，意味着破产程序已经正式启动，法院也已经开始采取相应的措施，如此时仍然允许撤回破产申请，将浪费司法资源，损害司法公信力，也不利于保护相关利害关系人的权益。同时，法院准许申请撤回的，在撤回之前已经产生的费用由申请人承担。

（二）中断诉讼时效的效力

提出破产申请属于“提起诉讼”的范畴，具有中断诉讼时效的效力，但仅以债权人提起的非自愿破产申请为限，对债务人提起的自愿破产申请不产生中断诉讼时效的效力。

（三）债权人申请破产的，对申请人法律救济途径的限制

债权人申请债务人破产，即意味着申请人选择借助法院公权力的介入以第三方（管理人）对债务人现有资产和债权债务的清理公平受偿（设定了别除权的财产除外），申请人不可另行起诉债务人（可另行起诉共同债务承担人和担保人）。

四、网上平台申请

根据最高人民法院《关于企业破产案件信息公开的规定（试行）》的规定，申请人可以在全国企业破产重整案件信息网（网址：pccz. court. gov. cn）实名注册后申请预约立案并提交相关材料电子文档。最高人民法院于2016年发布的《企业破产案件法官工作平台使用办法（试行）》对该网上平台的使用有了更具体的规定。申请人在该平台网预约提交申请和相关材料电子文档后，法院经审查符合立案条件的，将以电子邮件、移动通信、电话等方式告知申请人另行以邮寄、现场等方式提交书面的申请材料。法院认为需要补充材料的，申请人可在规定时间内补充在线提交。

热点问题探究

▶ 债权人能否申请承担连带责任保证的企业破产？

《民法典》第688条第2款规定：“连带责任保证的债务人不履行到期债务或者发生当事人约定的情形时，债权人可以请求债务人履行债务，也可以请求保证人在其保证范围内承担保证责任。”连带责任保证的债务人在主合同规定的债务履行期届满没有履行债务的，债权人既可以要求债务人履行债务，也可以要求保证人在其保证范围内承担保证责任。只要主债务人在相应期限内没有履行义务，债权人就可以单独、直接向连带责任保证人主张权利，而无须以主债务人是否有能力履行义务为前提。《企业破产法》并未将保证人破产的情形排除在外。当主债务人在期限届满前无法履行义务时，保证人就应当按照规定承担保证责任，保证人即为“债务人”的身份，

债权人对保证人享有到期债权。至于承担连带责任保证的企业是否具备破产原因，则另行由法院进行审查。

相关规定

广东省高级人民法院关于审理企业破产案件若干问题的指引（节选）

（2019 年 11 月 29 日发布　2019 年 11 月 29 日施行）

第一条　【地域管辖】破产案件由债务人住所地人民法院管辖。债务人住所地是指债务人主要办事机构所在地。债务人主要办事机构所在地不能确定或无主要办事机构的，由注册地或登记地人民法院管辖。

第二条　【实质合并审理的地域管辖及案件协调】关联企业实质合并破产案件，由核心控制企业住所地人民法院管辖。核心控制企业不明确的，由主要财产所在地人民法院管辖。

债务人进入破产程序后，债权人、债务人以及利害关系人等提出将关联企业实质合并破产申请的，按照前款规定确定管辖。裁定实质合并破产后，先进入破产程序的破产案件，移送裁定实质合并破产的人民法院审理。

裁定实质合并破产的人民法院不宜审理或其他人民法院审理更有利于案件处理的，可以依照民事诉讼法第三十七条的规定，报请上级人民法院指定管辖。

第三条　【级别管辖】破产案件原则上由中级人民法院管辖；影响重大的疑难、复杂、新类型案件，可以由省法院管辖。

破产案件较多的中级人民法院经省法院批准，可以指定部分基层人民法院管辖本辖区的破产案件。但交下级人民法院审理，以及下级人民法院需要将所管辖的破产案件交由上级人民法院审理的，按照民事诉讼法第三十八条的规定办理。

第四条　【管辖权调整】上级人民法院审理下级人民法院管辖的破产案件，或者将所管辖的破产案件移交下级人民法院审理，以及下级人民法院需要将所管辖的破产案件交由上级人民法院审理的，按照民事诉讼法第三十八条的规定办理。

因特殊情况需对破产案件的地域管辖作调整的，须经共同上级人民法院批准。

有管辖权的人民法院由于特殊原因，不能行使破产案件管辖权的，可以报请上级人民法院指定管辖。

第五条　【管辖权争议解决程序】人民法院之间因破产案件管辖权发生争议的，应当先行协商解决。

人民法院指定管辖的，应当作出裁定。

报请指定管辖后、指定管辖裁定作出前，除情况紧急经上级人民法院批准外，不得就破产事项作出裁定、决定。

第六条　【管辖恒定原则】人民法院裁定受理破产申请后不得以债务人的住所地、登记注册机构、行政区划等发生变更导致没有管辖权为由移送管辖或裁定驳回申请。

第七条　【债权人申请】债权人所享有的债权符合下列条件的，可以向人民法院申请债务人破产清算、重整：

（一）具有财产给付内容的到期债权；

（二）未过诉讼时效或执行时效；

（三）未清偿或未完全清偿。

债务人以债权未经生效法律文书确认为由提出异议的，人民法院不予支持。

第八条　【担保权人申请】第三人提供物的担保，担保物权人申请担保人破产的，人民法院不予受理。已经受理的，裁定驳回申请。

对债务人特定财产享有担保物权的债权人申请债务人破产，债务人以债权存在担保为由提出异议的，人民法院不予支持。

债权人申请连带责任保证人破产，保证人以主债务人具备清偿能力为由提出异议的，人民法院不予支持。

第九条　【优先债权人、公法债权人申请】税款债权人、社保债权人等优先于普通债权的债权人，可以申请债务人破产。

民事惩罚性赔偿金、行政罚款、刑事罚金等惩罚性债权的债权人申请债务人破产的，人民法院不予支持。

第十条　【债务人申请】债务人向人民法院申请破产，应当提交债务人盖章或法定代表人签字的申请书以及有关机关、出资人同意或股东会（股东大会）决议同意文件。

执行法院在征询“执行案件移送破产审查”意见时，经债务人盖章、法定代表人或有特别授权的代理人同意即可以认定为债务人同意。

第十一条　【清算义务人申请】企业法人已解散但未成立清算组清算，资产不足以清偿全部债务的，有限责任公司的股东和股份有限公司的董事、控股股东、实际控制人可以向人民法院申请破产清算。

企业法人解散后成立清算组清算，资产不足以清偿债务的，清算组应当向人民法院申请破产清算。清算组未提出破产清算申请的，有限责任公司的股东和股份有限公司的董事、控股股东、实际控制人可以提出申请。

第十二条　【破产申请登记以及材料补充、补正】申请人提交破产申请材料的，人民法院立案部门应当在核对原件后出具书面接收凭证，将相关信息录入全国企业破产重整信息网，以“破申”案号登记，并在2个工作日内移送破产审判业务部门审查。

申请人提供或执行法院移送的材料不符合规定的，人民法院破产审判业务部门应以书面形式一次性告知需补充、补正的材料。申请人或执行法院应在 10 日内补交，无正当理由未按要求补充、补正的，可以裁定不予受理。

第十三条　【区分通知和送达】企业破产法及司法解释规定法律文书应当“通知”当事人的，人民法院应当向当事人发送有关文书；规定应当“送达”当事人的，人民法院按照民事诉讼法有关送达的规定办理。

第十四条　【审查形式】破产申请的审查原则上采取书面形式。申请重整、和解、实质合并破产以及证券公司、银行、保险公司等金融机构、上市公司破产清算的，人民法院应当组织申请人、债权人代表、债务人以及其他利害关系人听证。

通知申请人听证，申请人无正当理由拒不参加听证的，按撤回申请处理。

听证通知发出至听证结束，为听证期间。听证期间原则上不得超过 30 日。

第十五条　【破产上诉案件的审查期间】申请人对不予受理或驳回申请裁定上诉的，上一级人民法院应当自立案之日起 30 日内作出裁定。

第十六条　【审查期间的扣除】下列期间不计入破产案件的审查期间：

（一）竞争选任管理人的期间；

（二）通知补充、补正材料的期间；

（三）听证期间；

（四）申请人与被申请人协商、和解的期间；

（五）有关事项依照法律、司法解释规定需报上级人民法院批准的报批期间。

第十七条　【管辖异议及移送】申请人向没有管辖权的人民法院提出破产申请的，应引导其撤回申请后向有管辖权的人民法院提出。

债权人提出破产申请，债务人对人民法院管辖权有异议的，应在审查裁定作出前以债务人异议的方式提出。人民法院经审查认为异议不成立并裁定受理破产案件的，债务人不得上诉。

破产案件受理后，人民法院经审理发现不属于受理人民法院管辖的，应当按照民事诉讼法的规定移送有管辖权的人民法院审理。

第十八条　【债权人资格确认】申请人的债权经生效法律文书确认，债务人对债权真实性提出异议的，人民法院不予支持。

申请人的债权未经生效法律文书确认，债务人对债权真实性提出异议，或提出诉讼时效超过，能提供相应证据的，人民法院应裁定不予受理，并告知申请人可以通过诉讼或仲裁的方式解决债权问题。

第十九条　【破产申请之后的履行】债权人提出破产申请，在破产受理裁定作出前，债务人清偿申请人债务或与申请人达成延期债务清偿协议的，可以认定为不符合“不能清偿到期债务”条件。

第二十条　【受理前撤回申请】破产受理裁定作出前，申请人请求撤回申请的，人民法院应予以准许，并在收到申请之日起 7 日内作出裁定。

申请人不服人民法院作出的不予受理或驳回申请的裁定提起上诉，上一级人民法院作出裁定前，申请人撤回上诉或撤回申请的，应予以准许，并在收到请求之日起 7 日内作出裁定。

第二十一条　【受理后撤回申请】破产申请受理后，申请人请求撤回申请的，人民法院不予准许。申请人以债务人与全体债权人就债权债务的处理自行达成协议为由申请撤回的，可以按照企业破产法第一百零五条的规定办理。

文书模板

（债务人申请）

破产申请书

申请人：××有限公司。住所地：×××××××××××。统一社会信用代码：××××××××××××××××。

法定代表人：×××，该公司总经理。

委托代理人：×××，××××律师事务所律师。

请求事项：申请××××有限公司破产清算。

事实与理由：申请人系一家有限责任公司，××××年××月在某市工商局登记注册，注册资本为××万元人民币，主要经营范围是××××。

申请人因经营不善，到目前为止，已严重资不抵债。截至××××年××月，申请人账面资产总额为×××元，负债总额为××元。在公司的应付账款或借款中，绝大部分为到期债务，包括中国银行某分行的贷款××万元，公司已连续很长时间无法偿还。

以上情况有申请人公司财务审计报告、债务清册、债权清册、资产清册可以证明。现特向贵院提出破产申请，请求依法裁定申请人破产还债。

此致

××××人民法院

申请人（盖章）

××××年××月××日

（债权人申请）
破产申请书

申请人（债权人）：××，男，××××年××月××日出生，汉族。住所地：浙江省××××××。身份证号码：××××××××××××××××××。联系电话：×××××××。

被申请人（债务人）：××有限公司，住所地：××××××××××××。统一社会信用代码：××××××××××××××××××。

法定代表人：××，该公司总经理。

申请事项：

请求贵院对被申请人××有限公司进行破产清算。

事实和理由：

××××年4月，申请人与被申请人因××纠纷一案诉至贵院，贵院于××××年××月××日作出（××）××民初××号民事判决：判令被申请人××有限公司向申请人支付××××元，限判决生效十日内履行完毕。被申请人没有履行法院判决，申请人申请法院强制执行。在执行过程中，贵院"已依法对被执行人财产进行了相关查控，但所查得财产暂时不能满足该案件执行需要"，于××××年××月××日裁定终结本案本次执行。现该案已经穷尽执行措施，申请人的债权至今仍无法实现。

一、本案在执行阶段中，经执行法官多方调查，发现被申请人负债累计数额巨大，众多债权人至今无法实现对被申请人享有的合法债权，被申请人的资产明显无法清偿全部到期债务。因此被申请人属于不能清偿到期债务的情形。

二、根据申请人调查得知，被申请人公司几年来趋于持续停业状态。根据我国相关规定，被申请人应依法被认定为明显缺乏清偿能力。

综上，申请人认为被申请人已不能清偿到期债务，且明显缺乏清偿能力，已符合法律规定的破产条件。为实现申请人的债权，保障申请人的合法权益，依据《中华人民共和国企业破产法》及相关法律的规定，请求贵院依法对被申请人进行破产清算，并以破产财产对申请人进行清偿。

此致

××××人民法院

申请人：

××××年××月××日

（清算组申请）
破产申请书

申请人：×××清算组。住所地：××××××××××。

负责人：×××，×××清算组组长。联系电话：××××××××。

被申请人：××××××有限公司。住所地：××××××××××。

法定代表人：×××，职务：×××。联系电话：××××××××。

申请事项：

请求贵院对被申请人××××××有限公司破产清算。

事实和理由：

一、申请人有关情况：

被申请人于××××年××月××日在××市××区登记设立，注册资本为人民币×××元，统一社会信用代码为××××××××××××××××××，经营范围为×××××。

××××年××月××日，被申请人股东会作出决议，决定将被申请人解散，并成立清算组（申请人）。申请人依法向市场监督管理部门进行了登记，并根据法律规定接管了被申请人，进入了清算程序，并于××××年××月××日作出了清算报告。清算报告显示：

1. 根据经审计的财务报告，被申请人资产为×××万元，负债为×××万元，资产负债率为×××%，已属资不抵债。

2. 相关负债均已经到期，且无其他担保。

二、申请理由：

前述事实说明被申请人亏损严重，资不抵债，具备破产原因，无法正常完成清算。

为此，根据《中华人民共和国企业破产法》第七条第三款的规定，申请人特请求人民法院依法裁定被申请人破产还债。

此致

××××人民法院

申请人（盖章）：×××公司清算组

清算组负责人（签字）：×××

××××年××月××日

第二节　破产程序开始的标志
——破产申请的受理

破产申请的提出仅是破产程序开始的起点，法院裁定受理破产申请才是破产程序真正意义上的开始，是开启破产程序的关键。只有破产案件被法院依法受理，才发挥破产程序的作用。

一、破产程序开始的模式

破产程序包括法院受理破产申请与宣告债务人破产两个阶段。本质上，法院受理破产申请是对破产申请的许可。对于破产程序是何时开始的，当前主要存在两种模式。

（一）破产程序宣告开始主义

在对破产申请进行形式审查和实质审查后认为符合法律规定的，立即宣告债务人破产，开始破产程序，如法国、德国。在此种模式下，只要法院受理了破产申请，即为破产清算程序的开始，债务人即沦为破产债务人。

（二）破产程序受理开始主义

对破产案件的受理并不意味着对债务人宣告破产。根据我国破产法的规定，破产程序的开始以法院受理破产申请为标志。法院裁定受理破产申请后，同时指定管理人对债务人进行接管。债务人是否应被宣告破产，需要管理人接管债务人后对债务人资产和债务进行清理（不包括分配），未能进行破产和解或破产重整，债务人符合破产条件的，由管理人向法院提请宣告破产。

二、破产案件受理的形式审查

形式审查是对申请人提交的书面材料进行审查，且由于申请主体不同，审查的要求也有所区别。

（一）债权人为申请人的形式审查

就债权人而言，在其向法院提出破产申请时，首先，法院应审查破产申请人是否适格，包括申请人主体情况、是否具有行为能力、其代理人权限是否合法。其次，需要提交自身债权合法存在的事实及其证据。最后，审查债务人是否存在未清偿到期债务事实及其证据。

《企业破产法》第 11 条第 2 款规定：“债权人提出申请的，人民法院应当自裁定作出之日起五日内送达债务人。债务人应当自裁定送达之日起十五日内，向人民法院提交财产状况说明、债务清册、债权清册、有关财务会计报告以及职工工资的支付和社会保险费用的缴纳情况。”根据该条款，我国破产法并未以债务人资产不足以清偿全部债务或者明显缺乏清偿能力为债权人提出破产申请的必要条件。因债权人并不掌握债务人的财务账簿等资料，就无须要求债权人申请时提交债务人的财务账册等资产状况的材料。如前所述，债权人作为申请人的，只需要提供证明其自身对债务人享有合法债权和债务人存在未清偿到期债务的证据即可。

（二）债务人为申请人的形式审查

债务人自己申请破产即为自愿破产。在该情况下，法院通常会综合考量其未能清偿债务的客观行为和自愿申请破产的主观意愿，来认定其申请破产的事由是否合法合理。债务人需要如实提交相关财产状况说明、债务清册、债权清册、有关财务会计报告、职工安置预案以及职工工资的支付和社会保险费用的缴纳情况等证明材料。

三、破产案件受理的实质审查

（一）债权人作为破产申请人的审查标准

（1）企业法人已经解散但未清算，或者未在合理的期限内清算完毕，债权人申请债务人破产清算的，除债务人在法定异议期限内举证证明其未出现破产原因外，法院应当受理。

（2）债务人对法院管辖提出异议，法院经审查异议成立的，裁定不予受理破产申请。

（3）债务人对申请人的主体资格或自身的破产能力提出异议，法院经审查异议成立的，裁定不予受理破产申请。

（4）债权人提出破产申请，债务人对申请人债权的真实性及数额提出异议，但债权人申请所依据的债权已经得到生效裁判文书、仲裁裁决书等可强制执行的法律文书的确认且在申请执行时效内的，法院应认定债务人的该项异议不成立。如果申请人的债权未得到生效的可强制执行的法律文书的确认，且债务人的异议具有合理理由，法院应当裁定不予受理破产申请，并告知债权人向有管理权的法院提起民事诉讼。

（5）债权人提出破产申请，债务人对申请人债权的真实性与数额无异议，但对不能清偿到期债务的事实提出异议的，债务人应当实际清偿债务或与申请人达成债务清偿协议。否则，法院应认定债务人的该项异议不成立。

（6）债权人提出破产申请，债务人对不能清偿到期债务的事实无异议，但对其发生破产原因提出异议，应当证明其并非“资不抵债”和“明显缺乏清偿能力”。否则，法院应认定债务人的该项异议不成立。

（7）相关当事人以申请人未预先交纳诉讼费用为由对破产申请提出异议的，法院不予支持。

（8）债务人存在未清偿到期债务的情况下，并不要求申请人对债务人的债权为已到期债权。因为债务人存在未清偿的到期债务，其债权人可认为债务人符合破产条件致使债权人对债务人的未到期债权处于不安状态，债权人可提前主张清偿。申请债务人破产即寻求权利救济的一种方式。债务人如认为其不具备破产条件的，可提出异议，并未剥夺债务人的权利。

（二）债务人作为破产申请人的审查标准

（1）债务人持有的现金和可变现偿债的资产数额不足以清偿到期债务。债务人提交的财务资料中，货币存款数额和可变现偿债的资产数额之和均应少于到期债务数额。

（2）当期的资产负债表中资产数小于负债数，或者债务人的所有资产总额小于所有到期债务和将到期债务总额。

（3）对呆死债、积压无法销售的存货、设备已损坏或应淘汰、对外投资失败等情形，应按照会计法和会计准则的规定进行适当的核销，使资产负债表反映客观资产负债状况，或者另行证明债务人明显缺乏清偿能力。

（4）债务人存在资产损失较大、可灵活变现资产较少、经营能力下降等情形，可能影响到期债权清偿。

（三）对执行法院移送破产案件的审查

最高人民法院《关于适用〈中华人民共和国民事诉讼法〉的解释》第511 条规定：“在执行中，作为被执行人的企业法人符合企业破产法第二条第一款规定情形的，执行法院经申请执行人之一或者被执行人同意，应当裁定中止对该被执行人的执行，将执行案件相关材料移送被执行人住所地人民法院。”最高人民法院《关于执行案件移送破产审查若干问题的指导意见》，对执行转破产案件的程序进行了更具体的规定。

执行案件移送破产审查，应同时符合下列条件：

（1）被执行人为企业法人。

（2）申请执行人之一或者被执行人同意将执行案件移送破产审查。

（3）被执行人不能清偿到期债务，并且资产不足以清偿全部债务或者明显缺乏清偿能力。

债务人具有破产原因是法院适用破产程序的基础，法院需在接受破产申请后对债务人是否具有破产原因进行审查，根据已有的证据证明债务人不能清除到期债务或明显缺乏清偿债务可能的，即可初步认定为具有破产原因。是否真正存在宣告破产清算的条件，只能在法院受理破产案件后经过对债务人资产和债权债务的清理后予以确定。

四、破产申请受理的法律效力

（一）公告与通知

《企业破产法》第 14 条第 1 款规定："人民法院应当自裁定受理破产申请之日起二十五日内通知已知债权人，并予以公告。"

通知和公告应当载明下列事项：（1）申请人、被申请人的名称或者姓名；（2）法院受理破产申请的时间；（3）申报债权的期限、地点和注意事项；（4）管理人的名称或者姓名及其处理事务的地址；（5）债务人的债务人或者财产持有人应当向管理人清偿债务或者交付财产的要求；（6）第一次债权人会议召开的时间和地点；（7）法院认为应当通知和公告的其他事项。

（二）对债务人的效力

1. 丧失对财产的管理处分权

法院裁定受理破产申请时，应当同时指定管理人来接管债务人的财产和经营事务，债务人即丧失了对财产的处分权。

2. 个别清偿行为无效

《企业破产法》第 16 条规定："人民法院受理破产申请后，债务人对个别债权人的债务清偿无效。"破产程序具有保护全体合法债权人的宗旨，启动破产程序已意味着债务人的财产不足以清偿全部债务或明显缺乏清偿能力，此时若允许个别债务先行清偿，将有违所有破产债权人公平受偿的理念，但为了维持债务人正常生产生活所必需的除外。

3. 债务人有关人员的义务以及对其身份地位的限制

《企业破产法》第 15 条规定："自人民法院受理破产申请的裁定送达债务人之日起至破产程序终结之日，债务人的有关人员承担下列义务：（一）妥善保管其占有和管理的财产、印章和账簿、文书等资料；（二）根据人民法院、管理人的要求进行工作，并如实回答询问；（三）列席债权人会议并如实回答债权人的询问；（四）未经人民法院许可，不得离开住所地；（五）不得新任其他企业的董事、监事、高级管理人员。前款所称有关人员，是指企业的法定代表人；经人民法院决定，可以包括企业的财务管理人员和其他经营管理人员。”

4. 不得实施损害债权的行为

损害债权的行为包括放弃债权、无偿转让财产以及以明显不合理价格进行交易等行为，当债务人行为损害到破产债权人利益时，管理人可以请求法院予以撤销。

（三）对债权人的效力

1. 申报债权

债务人进入破产程序后，债权人不得再提起满足其债权的民事诉讼或仲裁，而应依破产程序申报债权和行使其相关债权。债权申报是有时间限制的。债权人应当在法院确定的债权申报期限内向管理人申报债权。在法院确定的债权申报期限内，债权人未申报债权的，可以在破产财产最后分配前补充申报。但是此前已进行的分配，不再对其补充分配。审查和确认补充申报债权的费用，由补充申报人承担。同时，未依破产法规定进行债权申报的，不得依破产程序行使权利。

2. 所有债权视为到期

破产程序具有加速债权到期的法律效力。同时，附利息的债权自破产申请受理之日起停止计息。

3. 债务人的清偿可能被撤销

债权人所接受的债务人的清偿无保持力，可能会被撤销。

4. 限制担保物权的行使

《企业破产法》第 75 条第 1 款规定：“在重整期间，对债务人的特定财产享有的担保权暂停行使。但是，担保物有损坏或者价值明显减少的可能，足以危害担保权人权利的，担保权人可以向人民法院请求恢复行使担保权。”

（四）对债务人的债务人和财产持有人的效力

《企业破产法》第 17 条规定：“人民法院受理破产申请后，债务人的债务人或者财产持有人应当向管理人清偿债务或者交付财产。债务人的债务人或者财产持有人故意违反前款规定向债务人清偿债务或者交付财产，使债权人受到损失的，不免除其清偿债务或者交付财产的义务。”

（五）其他效力

1. 专属管辖

《企业破产法》第21条规定：“人民法院受理破产申请后，有关债务人的民事诉讼，只能向受理破产申请的人民法院提起。”但需注意的是，在破产程序开始前就已进行的民事诉讼并不受影响，在管理人接管债务人的财产后继续在该法院审理。

2. 破产程序对民事诉讼程序（包括仲裁）的优先效力

根据《企业破产法》第19条、第20条的规定，为了避免损害债权人的合法权益，对于以债务人为当事人的有关财产的诉讼（仲裁）应当中止，等待法院指定管理人接管债务人后再继续。法院对有关债务人财产的保全措施应当解除，执行程序应当中止，并由管理人接管债务人的财产。

热点问题探究

▶ 热点问题一：对于指定管辖的破产案件，其衍生诉讼是否仍需报上级法院指定管辖？

根据《企业破产法》第21条的规定，法院受理破产申请后有关债务人的民事诉讼，只能向受理破产申请的法院提起。因此，破产衍生诉讼的案件应直接由受理破产申请的法院管辖，无须其上级法院另行指定管辖。

若破产衍生诉讼案件涉及海事纠纷、专利纠纷、涉外纠纷以及证券市场因虚假陈述引发的民事赔偿纠纷等专业性较强的案件，受理破产申请的法院不能行使管辖权的，受理破产申请的法院可以依据《民事诉讼法》第37条的规定，报请上级法院另行指定管辖。

对于行政诉讼案件，应按照《行政诉讼法》及司法解释的相关规定，在被告所在地法院管辖（同时受地方司法机关所确定的集中管辖的约束），不存在破产法中的集中由受理破产法院管辖的问题。

▶ 热点问题二：债权人提出破产申请，债务人人员下落不明、财产状况不清，法院如何审查受理？

根据最高人民法院《关于债权人对人员下落不明或者财产状况

不清的债务人申请破产清算案件如何处理的批复》《关于审理公司强制清算案件工作座谈会纪要》的相关规定和《最高人民法院民二庭负责人就〈关于审理公司强制清算案件工作座谈会纪要〉答记者问》的司法精神，债权人对人员下落不明或者财产状况不清的债务人申请破产清算，符合《企业破产法》规定的，法院应依法予以受理。债务人能否依据《企业破产法》第11条第2款的规定向法院提交财产状况说明、债权债务清册等相关材料，并不影响对债权人申请的受理。法院不能以被申请人的主要财产、账册、重要文件等灭失，或者被申请人人员下落不明无法进行清算为由，不予受理。

最高人民法院《关于适用〈中华人民共和国企业破产法〉若干问题的规定（一）》第6条第1款规定："债权人申请债务人破产的，应当提交债务人不能清偿到期债务的有关证据。债务人对债权人的申请未在法定期限内向人民法院提出异议，或者异议不成立的，人民法院应当依法裁定受理破产申请。"按照该规定，只要债权人提出申请时能证明债务人不能清偿其到期债务，且债务人未能依据《企业破产法》第10条第1款的规定及时举证证明自己不具备破产原因，法院即可当然推定债务人具备了《企业破产法》第2条所规定的两个破产原因之一。实践中，申请人和法院亦可通过公开渠道调查了解债务人的一些债务信息，如诉讼执行情况。对于存在诸多诉讼执行案件经强制执行不能的，可认定丧失清偿能力，具备破产原因。

最高人民法院受理的（2017）最高法民再284号再审申请人刘某辉、龚某英与被申请人江西亚细亚气门芯制造有限公司（以下简称亚细亚公司）及一审第三人杨某友、周某男、张某莲申请破产清算案[①]中，最高人民法院即认为，刘某辉、龚某英已经举证证明亚细亚公司存在不能清偿到期债务的情形，且亚细亚公司同意破产申请。因此，亚细亚公司已经具备破产原因，一审、二审裁定以刘某辉、龚某英提交的证据不足以证明亚细亚公司不能清偿到期债务并且资产不足以清偿全部债务或者明显缺乏清偿能力为由裁定不予受理破产申请，不仅举证责任分配不当，亦缺乏事实和法律依据，应予撤销。

① 参见最高人民法院民事裁定书，（2017）最高法民再284号。

相关规定

广东省高级人民法院关于审理企业破产案件若干问题的指引（节选）

（2019 年 11 月 29 日发布　2019 年 11 月 29 日施行）

第二十二条　【不同申请的处理】 不同申请人对同一企业申请破产清算、重整或和解的，人民法院可以并案审查，并结合申请人的请求和所依据的事实、理由进行审查。经审查符合重整或和解受理条件的，人民法院应当在同一裁定书中裁定受理重整或和解申请，同时裁定不予受理破产清算申请。提出破产清算申请人对裁定不服提出上诉的，人民法院不予准许，并告知其通过申报债权参与重整或和解程序的方式解决。

申请人提出破产申请后，债务人另案进入破产程序的，人民法院应当裁定终结审查程序，告知申请人通过向受理法院申请转换程序或依法申报债权解决。

债权人提出的破产清算申请受理后、宣告破产前，当事人依据企业破产法第七十条第二款、第九十五条第一款的规定申请重整、和解的，人民法院应当在企业破产法第十条第二款、第三款规定的期限内作出裁定。裁定不予受理的，申请人可以在裁定书送达之日起 10 日内向上级人民法院提起上诉。

第二十三条　【债务人下落不明或财产状况不清不构成受理障碍】 债权人对人员下落不明或者财产状况不清的债务人申请破产，符合企业破产法第二条规定的，人民法院应当受理。人民法院不得以债务人未能提交财产状况、债权债务清册等相关材料为由不予受理。

第二十四条　【破产费用不构成受理障碍】 破产案件的受理费、管理人报酬等费用，应根据企业破产法第四十三条的规定，从债务人财产中拨付，人民法院不得以申请人未预先交纳费用为由不予受理破产申请。

第二十五条　【债权人申请解散、清算中的债务人破产】 企业法人已解散或正在清算，债权人申请债务人破产的，除债务人或清算组在法定异议期限内举证证明其未出现破产原因外，人民法院应当受理。

第二十六条　【破产申请审查期间的保全措施】 破产申请审查期间，发现被申请人财产、印章和账簿、文书等可能被隐匿、转移、处分或者销毁的，申请人可以向人民法院申请对被申请人财产、印章和账簿、文书等采取保全措施。

采取保全措施前，人民法院认为必要的，可以责令申请人提供担保。申请人提供担保的，破产申请受理后，应当解除担保。

第二十七条　【裁定受理】 受理破产申请的，应以“破申”案号作出受理裁定。破产受理裁定自作出之日起生效，并应在 5 日内送达申请人和被申请人。

上级人民法院裁定指令下级人民法院受理破产申请的，自裁定作出之日起生效，并应在 5 日内送达申请人和被申请人。

受理破产申请裁定作出日期为破产案件受理日期。裁定作出后，应当及时交立案部门以“破”字号立案。

第二十八条　【违反受理规定的救济程序】人民法院未接收申请人的申请，或未按照《最高人民法院关于适用〈中华人民共和国企业破产法〉若干问题的规定（一）》第七条规定执行的，申请人向上一级人民法院提出破产申请的，上一级人民法院接到破产申请后，应当责令下级人民法院依法审查并在 15 日内作出是否受理的裁定；下级人民法院未按照期限作出裁定的，上一级人民法院可以径行裁定。

上级人民法院裁定受理破产申请的，可以直接审理，也可以指令下级人民法院审理。

第二十九条　【申请实质合并破产的案号及处理】债权人申请多个债务人实质合并破产或者多个债务人提出实质合并破产申请的，人民法院应当针对不同债务人分别编立“破申”案号。

人民法院应当结合单个债务人是否符合破产条件、是否达到实质合并条件等进行审查。符合实质合并条件的，裁定受理实质合并破产申请；不符合实质合并破产条件的，裁定驳回实质合并申请。单个债务人符合破产条件且审查法院有管辖权的，经申请人同意后，也可以就单个债务人破产作出受理裁定。

第三十条　【实质合并破产的救济】申请人、被申请人不服实质合并破产申请裁定的，可以自裁定书送达之日起 15 日内向上级人民法院申请复议。上级人民法院应当在受理之日起 30 日内作出复议裁定。

第三十一条　【受理通知、公告】破产案件受理后，人民法院应当在 25 日内自行或委托管理人向已知债权人发出书面受理通知，并予以公告。

已知债权人的范围可以结合债务人提交的债务清册或清算责任人提交的财务报告、清算报告及债务人作为被执行人的案件等有关材料确定。

第三十二条　【通知债务人停止清偿债务】破产案件受理后，人民法院应立即通知债务人停止向债权人清偿债务。债务人日常开支和其他必要开支，由管理人决定或人民法院审查批准。

破产案件受理后，债务人对个别债权人的债务清偿无效。但个别清偿使债务人财产受益的情形除外。

第三十三条　【破产保全措施】破产申请受理后，可能因有关利益相关人的行为或者其他原因，影响破产程序依法进行的，受理破产申请的人民法院可以根据管理人申请或者依职权，对债务人的全部财产或部分财产采取保全措施。

重整案件受理后，对于债务人的股东股权，管理人可以申请人民法院查封。

第三十四条　【受理后债务人的行为效力】受理破产申请后，债务人有关人员以债务人名义对外行为，未经人民法院许可或者未经管理人同意，且管理人事后也不予追认的，对债务人不发生法律效力。造成债务人或相对人损失的，由行为人承担相应民事责任。

第三章　管　理　人

第一节　管理人制度概述

管理人是破产法律制度中的一项重要制度。我国现行《企业破产法》以管理人制度取代原来的清算组，与国际惯例相接轨。同时，最高人民法院于2007年4月12日发布了《关于审理企业破产案件指定管理人的规定》《关于审理企业破产案件确定管理人报酬的规定》，这两部司法文件在《企业破产法》的基础上进一步完善了管理人制度，为实务提供了更为细化的制度支撑。

一、管理人性质

各国破产法普遍设立了管理人制度，但各国破产法对于管理人性质存在不同学说。主要分为代理说、职务说、破产财团代表说、管理机构人格说等。①

上述对管理人法律地位的学说，均是想从理论上对管理人在实体法和程序法上的行为作出合理性说明，均在某一侧面具有合理性，但却均有其不足，特别是与我国立法及司法实践存在一定的差距。

结合我国的立法和司法实践，笔者认为，管理人是由法院指定，在破产程序中具有独立法律地位的执行破产事务的人，其法律地位一般由法律直接规定，其职权源于法律的授权和法院的指定。管理人对外代表破产企业，可以破产企业的名义起诉与应诉，其结果由破产企业承受。此外，管理人在破产清算、破产重整和破产和解三程序中，所代表的利益倾向会有所不同，难以定论管理人代表哪方主体。如在破产清算中，管理人倾向于考虑债权人利益；在破产重整中，管理人需要平衡破产企业股东、债权人、重整投资人等各方利益，兼顾重整计划的可执行性；在破产和解中，管理人需要平衡和解各方主体利益。同时，无论在何种破产程序中，管理人均需要考虑国家利益

① 参见李南：《我国破产管理人制度的完善》，载《边疆经济与文化》2017年第2期。

和社会公共利益。

二、管理人的特征

（一）中立性

中立性，是指管理人不代表任何一方当事人，不是仅为某一当事人或关系人的利益而存在，应处于中立客观的立场。为了保证管理人客观中立的立场，我国破产法作了以下几种规定：（1）管理人的选任一般由法院指定，债权人会议有异议权，但无直接选任权，其他机构亦无直接指定管理人的权利；（2）管理人的报酬由法院确定，债权人会议可以向法院提出异议，无直接确定权；（3）禁止债权人、债务人、企业职工、取回权人、别除权人等担任管理人，同时禁止与上述人员存在利害关系的人担任管理人。

（二）独立性

独立性体现在以下三点：首先，管理人独立于破产程序中的其他当事人及利害关系人，在法律地位上不属于其他任何主体，能独立进行意思表示，只需遵守法律规定和接受法院的指导即可，不受债权人、债务人或法院的干涉。其次，管理人有独立的财产，能够独立地承担民事责任，对因其不当行为造成其他当事人利益损失的，管理人应以所接管的财产承担赔偿责任。最后，管理人对自己提供的服务有独立的报酬请求权，不受债权人、债务人等关系人实体利益变化的影响。

（三）专业性

现行《企业破产法》吸收了管理人应当具备专业资格的国际惯例，对管理人采用资格准入制度，明确规定管理人可以由有关部门、机构的人员组成的清算组或者依法设立的律师事务所、会计师事务所、破产清算事务所等社会中介机构担任。即管理人需为具有一定的专业知识和技能、具备相应专业资格的人。实践中，各地法院还以管理人入库资格考试等方式对担任管理人的机构设定资质要求和门槛。此举有利于提高管理人履职能力，顺利处理破产程序中的繁杂事务，使破产程序有序进行，同时保障了破产程序的效率目标，推动破产程序公平公正目标的实现。

（四）法定性

管理人自成立之日起，就开始承担相应的职责，具体承担哪种职责以及在哪个破产环节中承担，法律都做了规定，管理人须按照法律的规定从事法律行为。若管理人违反法律规定，造成当事人利益损失的，是否应当承担责任以及承担何种责任等，也都由法律规定。

（五）全程参与性

法院受理破产申请并指定管理人后，必须由其管理债务人的全部财产，其工作渗透破产程序的各个环节，随着破产程序的启动而开始，直到破产程序的终结而结束（法院决定继续保留管理人处理后续事宜或在一定期限内发现可供分配财产应予继续处理的除外）。

三、管理人类型

《企业破产法》第 24 条第 1 款、第 2 款规定：“管理人可以由有关部门、机构的人员组成的清算组或者依法设立的律师事务所、会计师事务所、破产清算事务所等社会中介机构担任。人民法院根据债务人的实际情况，可以在征询有关社会中介机构的意见后，指定该机构具备相关专业知识并取得执业资格的人员担任管理人。”即根据管理人身份的不同，可分为两种类型：

（一）自然人管理人

自然人管理人首先须进入法院编制的自然人管理人名册，具备相应的专业知识及执业资格。根据最高人民法院《关于审理企业破产案件指定管理人的规定》第 17 条之规定，对于事实清楚、债权债务关系简单、债务人财产相对集中的企业破产案件，法院可以指定管理人名册中的个人为管理人。同时，《企业破产法》第 24 条第 4 款规定：“个人担任管理人的，应当参加执业责任保险。”该规定强化了自然人管理人承担责任的能力。

（二）机构管理人

《企业破产法》规定的机构管理人有两种，分别是清算组和律师事务所、会计师事务所、破产清算事务所等社会中介机构。最高人民法院《关于审理企业破产案件指定管理人的规定》第 16 条规定：“受理企业破产案件的人民法院，一般应指定管理人名册中的社会中介机构担任管理人。”一般而言，与自然人管理人相比，其他普通企业破产案件与重大、复杂的企业破产案件，通常由社会中介机构担任管理人。另根据最高人民法院《关于审理企业破产案件指定管理人的规定》第 18 条之规定，企业破产案件有下列情形之一的，法院可以指定清算组为管理人：（1）破产申请受理前，根据有关规定已经成立清算组，法院认为符合该规定第 19 条的规定；（2）审理《企业破产法》第 133 条规定的案件；（3）有关法律规定企业破产时成立清算组；（4）法院认为可以指定清算组为管理人的其他情形。

相关规定

全国法院破产审判工作会议纪要（节选）

（2018年3月4日发布 2018年3月4日施行）

三、管理人制度的完善

管理人是破产程序的主要推动者和破产事务的具体执行者。管理人的能力和素质不仅影响破产审判工作的质量，还关系到破产企业的命运与未来发展。要加快完善管理人制度，大力提升管理人职业素养和执业能力，强化对管理人的履职保障和有效监督，为改善企业经营、优化产业结构提供有力制度保障。

4. 完善管理人队伍结构。人民法院要指导编入管理人名册的中介机构采取适当方式吸收具有专业技术知识、企业经营能力的人员充实到管理人队伍中来，促进管理人队伍内在结构更加合理，充分发挥和提升管理人在企业病因诊断、资源整合等方面的重要作用。

5. 探索管理人跨区域执业。除从本地名册选择管理人外，各地法院还可以探索从外省、市管理人名册中选任管理人，确保重大破产案件能够遴选出最佳管理人。两家以上具备资质的中介机构请求联合担任同一破产案件管理人的，人民法院经审查符合自愿协商、优势互补、权责一致要求且确有必要的，可以准许。

6. 实行管理人分级管理。高级人民法院或者自行编制管理人名册的中级人民法院可以综合考虑管理人的专业水准、工作经验、执业操守、工作绩效、勤勉程度等因素，合理确定管理人等级，对管理人实行分级管理、定期考评。对债务人财产数量不多、债权债务关系简单的破产案件，可以在相应等级的管理人中采取轮候、抽签、摇号等随机方式指定管理人。

7. 建立竞争选定管理人工作机制。破产案件中可以引入竞争机制选任管理人，提升破产管理质量。上市公司破产案件、在本地有重大影响的破产案件或者债权债务关系复杂，涉及债权人、职工以及利害关系人人数较多的破产案件，在指定管理人时，一般应当通过竞争方式依法选定。

8. 合理划分法院和管理人的职能范围。人民法院应当支持和保障管理人依法履行职责，不得代替管理人作出本应由管理人自己作出的决定。管理人应当依法管理和处分债务人财产，审慎决定债务人内部管理事务，不得将自己的职责全部或者部分转让给他人。

9. 进一步落实管理人职责。在债务人自行管理的重整程序中，人民法院要督促管理人制定监督债务人的具体制度。在重整计划规定的监督期内，管理人应当代表债务人参加监督期开始前已经启动而尚未终结的诉讼、仲裁活动。重整程序、和解程序转入破产清算程序后，管理人应当按照破产清算程序继续履行管理人职责。

10. 发挥管理人报酬的激励和约束作用。人民法院可以根据破产案件的不同情况确定管理人报酬的支付方式，发挥管理人报酬在激励、约束管理人勤勉履职方面的积极作用。管理人报酬原则上应当根据破产案件审理进度和管理人履职情况分期支付。案情简单、耗时较短的破产案件，可以在破产程序终结后一次性向管理人支付报酬。

11. 管理人聘用其他人员费用负担的规制。管理人经人民法院许可聘用企业经营管理人员，或者管理人确有必要聘请其他社会中介机构或人员处理重大诉讼、仲裁、执行或审计等专业性较强工作，如所需费用需要列入破产费用的，应当经债权人会议同意。

12. 推动建立破产费用的综合保障制度。各地法院要积极争取财政部门支持，或采取从其他破产案件管理人报酬中提取一定比例等方式，推动设立破产费用保障资金，建立破产费用保障长效机制，解决因债务人财产不足以支付破产费用而影响破产程序启动的问题。

13. 支持和引导成立管理人协会。人民法院应当支持、引导、推动本辖区范围内管理人名册中的社会中介机构、个人成立管理人协会，加强对管理人的管理和约束，维护管理人的合法权益，逐步形成规范、稳定和自律的行业组织，确保管理人队伍既充满活力又规范有序发展。

第二节　管理人的选任

一、主体资格要求

管理人的业务素质高低与道德水平状况是破产程序能否顺利进行的重要条件，《企业破产法》对于管理人的主体资格规定了积极资格和消极资格。

（一）积极的主体资格要求

《企业破产法》第 24 条第 1 款、第 2 款规定：“管理人可以由有关部门、机构的人员组成的清算组或者依法设立的律师事务所、会计师事务所、破产清算事务所等社会中介机构担任。人民法院根据债务人的实际情况，可以在征询有关社会中介机构的意见后，指定该机构具备相关专业知识并取得执业资格的人员担任管理人。”

（二）消极的主体资格要求

《企业破产法》第 24 条第 3 款规定：“有下列情形之一的，不得担任管理人：（一）因故意犯罪受过刑事处罚；（二）曾被吊销相关专业执业证书；（三）与本案有利害关系；（四）人民法院认为不宜担任管理人的其他情形。”

另外，根据最高人民法院《关于审理企业破产案件指定管理人的规定》第9条之规定，社会中介机构及个人具有下列情形之一的，法院可以适用《企业破产法》第24条第3款第4项的规定，认定不宜担任管理人：（1）因执业、经营中故意或者重大过失行为，受到行政机关、监管机构或者行业自律组织行政处罚或者纪律处分之日起未逾3年；（2）因涉嫌违法行为正被相关部门调查；（3）因不适当履行职务或者拒绝接受法院指定等原因，被法院从管理人名册除名之日起未逾3年；（4）缺乏担任管理人所应具备的专业能力；（5）缺乏承担民事责任的能力；（6）法院认为可能影响履行管理人职责的其他情形。

上海市高级人民法院《企业破产案件管理人管理办法》规定了对管理人停止担任或者予以除名的情形：（1）参与评审时未如实申报的；（2）存在请客送礼等不正当行为的；（3）无正当理由拒绝法院指定的；（4）擅自将其应当履行的职责全部或者部分转给他人的；（5）未经法院许可辞去职务，或者法院决定将其更换后拒不移交相关事务的；（6）执业许可证、营业执照被吊销或注销的；（7）出现解散、破产事由或者丧失承担执业责任风险能力的；（8）违法违规收费的；（9）利用管理人身份或地位为自己或他人谋取私利的；（10）履行职务时，因故意或重大过失导致债权人利益受到损害的；（11）因故意或重大过失，受到行政机关、法院或者行业自律组织的处罚处分的；（12）构成犯罪被追究刑事责任的；（13）经年度考核不合格的。

二、入编管理人名册程序

（一）公告

根据最高人民法院《关于审理破产案件指定管理人的规定》第5条之规定，法院应当通过本辖区有影响的媒体就编制管理人名册的有关事项进行公告。公告应当包括以下内容：（1）管理人申报条件；（2）应当提交的材料；（3）评定标准、程序；（4）管理人的职责以及相应的法律责任；（5）提交申报材料的截止时间；（6）法院认为应当公告的其他事项。

（二）申请

根据最高人民法院《关于审理破产案件指定管理人的规定》第6条之规定，律师事务所、会计师事务所申请编入管理人名册的，应当提供下列材料：（1）执业证书、依法批准设立文件或者营业执照；（2）章程；（3）本单位专职从业人员名单及其执业资格证书复印件；（4）业务和业绩材料；（5）行业自律组织对所提供材料真实性以及有无被行政处罚或者纪律处分情况的证明；（6）法院要求的其他材料。

根据最高人民法院《关于审理破产案件指定管理人的规定》第 7 条之规定，破产清算事务所申请编入管理人名册的，应当提供以下材料：（1）营业执照或者依法批准设立的文件；（2）本单位专职从业人员的法律或者注册会计师资格证书，或者经营管理经历的证明材料；（3）业务和业绩材料；（4）能够独立承担民事责任的证明材料；（5）行业自律组织对所提供材料真实性以及有无被行政处罚或者纪律处分情况的证明，或者申请人就上述情况所作的真实性声明；（6）法院要求的其他材料。

根据最高人民法院《关于审理破产案件指定管理人的规定》第 8 条之规定，个人申请编入管理人名册的，应当提供下列材料：（1）律师或者注册会计师执业证书复印件以及执业年限证明；（2）所在社会中介机构同意其担任管理人的函件；（3）业务专长及相关业绩材料；（4）执业责任保险证明；（5）行业自律组织对所提供材料真实性以及有无被行政处罚或者纪律处分情况的证明；（6）法院要求的其他材料。

（三）审核

根据最高人民法院《关于审理破产案件指定管理人的规定》第 10 条的规定，编制管理人名册的法院应当组成专门的评审委员会，决定编入管理人名册的社会中介机构和个人名单。评审委员会成员应不少于 7 人。法院应当根据本辖区社会中介机构以及社会中介机构中个人的实际情况，结合其执业业绩、能力、专业水准、社会中介机构的规模、办理企业破产案件的经验等因素制定管理人评定标准，由评审委员会根据申报人的具体情况评定其综合分数。法院根据评审委员会评审结果，确定管理人初审名册。

（四）公示及异议

最高人民法院《关于审理破产案件指定管理人的规定》第 11 条规定："人民法院应当将管理人初审名册通过本辖区有影响的媒体进行公示，公示期为十日。对于针对编入初审名册的社会中介机构和个人提出的异议，人民法院应当进行审查。异议成立、申请人确不宜担任管理人的，人民法院应将该社会中介机构或者个人从管理人初审名册中删除。"

（五）公告备案

最高人民法院《关于审理破产案件指定管理人的规定》第 12 条规定：

“公示期满后，人民法院应审定管理人名册，并通过全国有影响的媒体公布，同时逐级报最高人民法院备案。”该规定第2条第1款“高级人民法院应当根据本辖区律师事务所、会计师事务所、破产清算事务所等社会中介机构及专职从业人员数量和企业破产案件数量，确定由本院或者所辖中级人民法院编制管理人名册”的规定，即赋予了地方高级人民法院根据该辖区具体情况来编制管理人名册的权利。以广东省高级人民法院《关于编制广东省破产案件管理人名册有关事项的公告》为例，广东省高级人民法院细化了编制管理人名册的要求，对申报主体和条件进行了更为严格的规定，增加了专业能力测试考试环节来检验入编的管理人的专业水平。

三、选任方式

管理人的选任方式，就是如何选任管理人。在我国，法院选任管理人采取以下四种方式：

（一）法院直接指定清算组方式

根据最高人民法院《关于审理企业破产案件指定管理人的规定》第18条之规定，企业破产案件有下列情形之一的，法院可以指定清算组为管理人：（1）破产申请受理前，根据有关规定已经成立清算组，法院认为符合该规定第19条的规定；（2）审理《企业破产法》第133条规定的案件；（3）有关法律规定企业破产时成立清算组；（4）法院认为可以指定清算组为管理人的其他情形。

（二）随机方式

最高人民法院《关于审理企业破产案件指定管理人的规定》第20条规定：“人民法院一般应当按照管理人名册所列名单采取轮候、抽签、摇号等随机方式公开指定管理人。”即在管理人名册中采取轮候、抽签和摇号的方式公开指定管理人，一般适用于各类普通的破产案件。

（三）竞争方式

最高人民法院《关于审理企业破产案件指定管理人的规定》第21条规定：“对于商业银行、证券公司、保险公司等金融机构或者在全国范围有重大影响、法律关系复杂、债务人财产分散的企业破产案件，人民法院可以采取公告的方式，邀请编入各地人民法院管理人名册中的社会中介机构参与竞争，从参与竞争的社会中介机构中指定管理人。参与竞争的社会中介机构不得少于三家。采取竞争方式指定管理人的，人民法院应当组成专门的评审委员会。

评审委员会应当结合案件的特点，综合考量社会中介机构的专业水准、经验、机构规模、初步报价等因素，从参与竞争的社会中介机构中择优指定管理人。被指定为管理人的社会中介机构应经评审委员会成员二分之一以上通过。采取竞争方式指定管理人的，人民法院应当确定一至两名备选社会中介机构，作为需要更换管理人时的接替人选。”该种方式通常是由法院成立评审委员会，初步指定三家以上的在册社会中介机构，由各家在册机构提出管理人方案和报酬提取方案，评审委员会结合案件特点，综合考虑参与竞争的机构的专业水平、经验和初步报价等因素，从中择优指定管理人。该方式适用于商业银行、证券公司和保险公司等金融机构，或者在全国范围有重大影响、法律关系复杂、债务人财产分散的破产案件。

（四）推荐方式

最高人民法院《关于审理企业破产案件指定管理人的规定》第 22 条规定：“对于经过行政清理、清算的商业银行、证券公司、保险公司等金融机构的破产案件，人民法院除可以按照本规定第十八条第一项的规定指定管理人外，也可以在金融监督管理机构推荐的已编入管理人名册的社会中介机构中指定管理人。”因金融机构破产案较一般企业破产案存在特殊性，所以最高人民法院特此规定金融监督管理机构有权推荐管理人。国务院于 2021 年 10 月 31 日发布的《关于开展营商环境创新试点工作的意见》规定：“推行破产预重整制度，建立健全企业破产重整信用修复机制，允许债权人等推荐选任管理人。”现司法实践中已有部分法院根据实际情况接受债权人、意向重整投资人的推荐确定管理人（特别是在预重整阶段）。如北京破产法庭就于 2022 年 4 月 22 日出台了《接受债权人推荐指定管理人的工作办法（试行）》，对相关事宜进行了详细的规定。重庆市第五中级人民法院于 2022 年 5 月 5 日发布《破产案件管理人指定办法》，规定金融监督管理机构和主要债权人可以推荐管理人。

四、选任时间

根据法院受理破产案件的时间，可将管理人的选任时间分为两种：（1）破产宣告主义，即在宣告债务人破产时选任管理人；（2）破产受理主义，即在破产案件受理时就选任管理人。《企业破产法》第 13 条规定：“人民法院裁定受理破产申请的，应当同时指定管理人。”由该规定可知，我国采取的是破产受理主义，没有建立临时管理人制度（在预重整程序中，法院会指定临时管理人）。

五、管理人的更换

为了保持破产程序高效、有序地进行，管理人一旦被选定便不能随意进行更换，但是如果管理人在履行职责的过程中违反了法律的规定，表现出严重缺乏能力、严重失职以及未披露利害冲突关系等问题时，为了维护利害相关人的合法权益，并通过更换制度对管理人的工作进行监督，有必要对管理人进行更换。

根据最高人民法院《关于审理企业破产案件指定管理人的规定》第 33 条之规定，社会中介机构管理人有下列情形之一的，法院可以根据债权人会议的申请或者依职权迳行决定更换管理人：（1）执业许可证或者营业执照被吊销或者注销；（2）出现解散、破产事由或者丧失承担执业责任风险的能力；（3）与本案有利害关系；（4）履行职务时，因故意或者重大过失导致债权人利益受到损害；（5）有该规定第 26 条规定的情形。清算组成员参照适用上述规定。

根据最高人民法院《关于审理企业破产案件指定管理人的规定》第 34 条之规定，个人管理人有下列情形之一的，法院可以根据债权人会议的申请或者依职权迳行决定更换管理人：（1）执业资格被取消、吊销；（2）与本案有利害关系；（3）履行职务时，因故意或者重大过失导致债权人利益受到损害；（4）失踪、死亡或者丧失民事行为能力；（5）因健康原因无法履行职务；（6）执业责任保险失效；（7）有该规定第 26 条规定的情形。清算组成员的派出人员、社会中介机构的派出人员参照适用前款规定。

同时，根据最高人民法院《关于审理企业破产案件指定管理人的规定》第 38 条之规定，法院决定更换管理人的，应将决定书送达原管理人、新任管理人、破产申请人、债务人以及债务人的企业登记机关，并予公告。

热点问题探究

▶ **如果管理人所在的律师事务所的律师在债务人被申请破产前担任过债务人的诉讼代理人，是否会被认定为利害关系人而不能担任管理人？**

根据《企业破产法》第 24 条第 3 款第 3 项的规定，与本案有利害关系不得担任管理人。如何认定为有利害关系，依据最高人民法院《关于审理企业破产案件指定管理人的规定》第 23 条之规定，社会中介机构、清算组成员有下列情形之一，可能影响其忠实履行管理人职责的，法院可以认定为《企业破产法》第24条第3款第3项规定的利害关系：(1) 与债务人、债权人有未了结的债权债务关系；(2) 在法院受理破产申请前3年内，曾为债务人提供相对固定的中介服务；(3) 现在是或者在法院受理破产申请前3年内曾经是债务人、债权人的控股股东或者实际控制人；(4) 现在担任或者在法院受理破产申请前3年内曾经担任债务人、债权人的财务顾问、法律顾问；(5) 法院认为可能影响其忠实履行管理人职责的其他情形。

从上述第2项、第4项的规定来看，以提供相对固定的中介服务或法律顾问服务为范围，以3年为时间界限，但对于律师事务所为债务人提供案件的代理服务是否属于上述第2项、第4项中的范围，语焉不详。笔者认为，应具体问题具体分析。若律师事务所的律师只是代理诉讼案件，且该诉讼案件与破产案件不具有关联性的（如争议标的及相关财产并不需要在债务人破产程序中进行认定和处理），可不视为在限制担任债务人管理人的范围内。对于律师事务所的律师代理的案件争议标的与债务人的破产程序具有关联性（如案件争议标的需要在债务人的破产程序中进行债权确认、事关破产程序中对相关财产的权属认定和处置等），或涉及债务人公司治理与债务人及债务人股东具有利害关系的争议案件，则回避为好，以避免影响管理人忠实履行管理人职责。

同时，也需要考虑个别地区可以担任管理人的专业机构或个人不足的情况，可放宽存在上述第2项、第4项规定情形的社会中介机构和个人担任管理人的条件。可以考虑通过加强管理和事中、事后的监督来防范相关风险。

相关规定

最高人民法院关于审理企业破产案件指定管理人的规定

（法释〔2007〕8号　2007年4月12日发布　2007年6月1日施行）

为公平、公正审理企业破产案件，保证破产审判工作依法顺利进行，促进管理人制度的完善和发展，根据《中华人民共和国企业破产法》的规定，制定本规定。

一、管理人名册的编制

第一条　人民法院审理企业破产案件应当指定管理人。除企业破产法和本规定另有规定外，管理人应当从管理人名册中指定。

第二条　高级人民法院应当根据本辖区律师事务所、会计师事务所、破产清算事务所等社会中介机构及专职从业人员数量和企业破产案件数量，确定由本院或者所辖中级人民法院编制管理人名册。

人民法院应当分别编制社会中介机构管理人名册和个人管理人名册。由直辖市以外的高级人民法院编制的管理人名册中，应当注明社会中介机构和个人所属中级人民法院辖区。

第三条　符合企业破产法规定条件的社会中介机构及其具备相关专业知识并取得执业资格的人员，均可申请编入管理人名册。已被编入机构管理人名册的社会中介机构中，具备相关专业知识并取得执业资格的人员，可以申请编入个人管理人名册。

第四条　社会中介机构及个人申请编入管理人名册的，应当向所在地区编制管理人名册的人民法院提出，由该人民法院予以审定。

人民法院不受理异地申请，但异地社会中介机构在本辖区内设立的分支机构提出申请的除外。

第五条　人民法院应当通过本辖区有影响的媒体就编制管理人名册的有关事项进行公告。公告应当包括以下内容：

（一）管理人申报条件；

（二）应当提交的材料；

（三）评定标准、程序；

（四）管理人的职责以及相应的法律责任；

（五）提交申报材料的截止时间；

（六）人民法院认为应当公告的其他事项。

第六条　律师事务所、会计师事务所申请编入管理人名册的，应当提供下列材料：

（一）执业证书、依法批准设立文件或者营业执照；

（二）章程；

（三）本单位专职从业人员名单及其执业资格证书复印件；

（四）业务和业绩材料；

（五）行业自律组织对所提供材料真实性以及有无被行政处罚或者纪律处分情况的证明；

（六）人民法院要求的其他材料。

第七条 破产清算事务所申请编入管理人名册的，应当提供以下材料：

（一）营业执照或者依法批准设立的文件；

（二）本单位专职从业人员的法律或者注册会计师资格证书，或者经营管理经历的证明材料；

（三）业务和业绩材料；

（四）能够独立承担民事责任的证明材料；

（五）行业自律组织对所提供材料真实性以及有无被行政处罚或者纪律处分情况的证明，或者申请人就上述情况所作的真实性声明；

（六）人民法院要求的其他材料。

第八条 个人申请编入管理人名册的，应当提供下列材料：

（一）律师或者注册会计师执业证书复印件以及执业年限证明；

（二）所在社会中介机构同意其担任管理人的函件；

（三）业务专长及相关业绩材料；

（四）执业责任保险证明；

（五）行业自律组织对所提供材料真实性以及有无被行政处罚或者纪律处分情况的证明；

（六）人民法院要求的其他材料。

第九条 社会中介机构及个人具有下列情形之一的，人民法院可以适用企业破产法第二十四条第三款第四项的规定：

（一）因执业、经营中故意或者重大过失行为，受到行政机关、监管机构或者行业自律组织行政处罚或者纪律处分之日起未逾三年；

（二）因涉嫌违法行为正被相关部门调查；

（三）因不适当履行职务或者拒绝接受人民法院指定等原因，被人民法院从管理人名册除名之日起未逾三年；

（四）缺乏担任管理人所应具备的专业能力；

（五）缺乏承担民事责任的能力；

（六）人民法院认为可能影响履行管理人职责的其他情形。

第十条 编制管理人名册的人民法院应当组成专门的评审委员会，决定编入管理人名册的社会中介机构和个人名单。评审委员会成员应不少于七人。

人民法院应当根据本辖区社会中介机构以及社会中介机构中个人的实际情况，结合其执业业绩、能力、专业水准、社会中介机构的规模、办理企业破产案件的经验等因素制定管理人评定标准，由评审委员会根据申报人的具体情况评定其综合分数。

人民法院根据评审委员会评审结果，确定管理人初审名册。

第十一条 人民法院应当将管理人初审名册通过本辖区有影响的媒体进行公示，公示期为十日。

对于针对编入初审名册的社会中介机构和个人提出的异议，人民法院应当进行审查。异议成立、申请人确不宜担任管理人的，人民法院应将该社会中介机构或者个人从管理人初审名册中删除。

第十二条 公示期满后，人民法院应审定管理人名册，并通过全国有影响的媒体公布，同时逐级报最高人民法院备案。

第十三条 人民法院可以根据本辖区的实际情况，分批确定编入管理人名册的社会中介机构及个人。编制管理人名册的全部资料应当建立档案备查。

第十四条 人民法院可以根据企业破产案件受理情况、管理人履行职务以及管理人资格变化等因素，对管理人名册适时进行调整。新编入管理人名册的社会中介机构和个人应当按照本规定的程序办理。

人民法院发现社会中介机构或者个人有企业破产法第二十四条第三款规定情形的，应当将其从管理人名册中除名。

二、管理人的指定

第十五条 受理企业破产案件的人民法院指定管理人，一般应从本地管理人名册中指定。

对于商业银行、证券公司、保险公司等金融机构以及在全国范围内有重大影响、法律关系复杂、债务人财产分散的企业破产案件，人民法院可以从所在地区高级人民法院编制的管理人名册列明的其他地区管理人或者异地人民法院编制的管理人名册中指定管理人。

第十六条 受理企业破产案件的人民法院，一般应指定管理人名册中的社会中介机构担任管理人。

第十七条 对于事实清楚、债权债务关系简单、债务人财产相对集中的企业破产案件，人民法院可以指定管理人名册中的个人为管理人。

第十八条 企业破产案件有下列情形之一的，人民法院可以指定清算组为管理人：

（一）破产申请受理前，根据有关规定已经成立清算组，人民法院认为符合本规定第十九条的规定；

（二）审理企业破产法第一百三十三条规定的案件；

（三）有关法律规定企业破产时成立清算组；

（四）人民法院认为可以指定清算组为管理人的其他情形。

第十九条 清算组为管理人的，人民法院可以从政府有关部门、编入管理人名册的社会中介机构、金融资产管理公司中指定清算组成员，人民银行及金融监督管理机构可以按照有关法律和行政法规的规定派人参加清算组。

第二十条 人民法院一般应当按照管理人名册所列名单采取轮候、抽签、摇号等随机方式公开指定管理人。

第二十一条 对于商业银行、证券公司、保险公司等金融机构或者在全国范围有重大影响、法律关系复杂、债务人财产分散的企业破产案件，人民法院可以采取公告的方式，邀请编入各地人民法院管理人名册中的社会中介机构参与竞争，从参与竞争的社会中介机构中指定管理人。参与竞争的社会中介机构不得少于三家。

采取竞争方式指定管理人的，人民法院应当组成专门的评审委员会。

评审委员会应当结合案件的特点，综合考量社会中介机构的专业水准、经验、机构规模、初步报价等因素，从参与竞争的社会中介机构中择优指定管理人。被指定为管理人的社会中介机构应经评审委员会成员二分之一以上通过。

采取竞争方式指定管理人的，人民法院应当确定一至两名备选社会中介机构，作为需要更换管理人时的接替人选。

第二十二条 对于经过行政清理、清算的商业银行、证券公司、保险公司等金融机构的破产案件，人民法院除可以按照本规定第十八条第一项的规定指定管理人外，也可以在金融监督管理机构推荐的已编入管理人名册的社会中介机构中指定管理人。

第二十三条 社会中介机构、清算组成员有下列情形之一，可能影响其忠实履行管理人职责的，人民法院可以认定为企业破产法第二十四条第三款第三项规定的利害关系：

（一）与债务人、债权人有未了结的债权债务关系；

（二）在人民法院受理破产申请前三年内，曾为债务人提供相对固定的中介服务；

（三）现在是或者在人民法院受理破产申请前三年内曾经是债务人、债权人的控股股东或者实际控制人；

（四）现在担任或者在人民法院受理破产申请前三年内曾经担任债务人、债权人的财务顾问、法律顾问；

（五）人民法院认为可能影响其忠实履行管理人职责的其他情形。

第二十四条 清算组成员的派出人员、社会中介机构的派出人员、个人管理人有下列情形之一，可能影响其忠实履行管理人职责的，可以认定为企业破产法第二十四条第三款第三项规定的利害关系：

（一）具有本规定第二十三条规定情形；

（二）现在担任或者在人民法院受理破产申请前三年内曾经担任债务人、债权人的董事、监事、高级管理人员；

（三）与债权人或者债务人的控股股东、董事、监事、高级管理人员存在夫妻、直系血亲、三代以内旁系血亲或者近姻亲关系；

（四）人民法院认为可能影响其公正履行管理人职责的其他情形。

第二十五条 在进入指定管理人程序后，社会中介机构或者个人发现与本案有利害关系的，应主动申请回避并向人民法院书面说明情况。人民法院认为社会中介机构或者个人与本案有利害关系的，不应指定该社会中介机构或者个人为本案管理人。

第二十六条　社会中介机构或者个人有重大债务纠纷或者因涉嫌违法行为正被相关部门调查的，人民法院不应指定该社会中介机构或者个人为本案管理人。

第二十七条　人民法院指定管理人应当制作决定书，并向被指定为管理人的社会中介机构或者个人、破产申请人、债务人、债务人的企业登记机关送达。决定书应与受理破产申请的民事裁定书一并公告。

第二十八条　管理人无正当理由，不得拒绝人民法院的指定。

管理人一经指定，不得以任何形式将管理人应当履行的职责全部或者部分转给其他社会中介机构或者个人。

第二十九条　管理人凭指定管理人决定书按照国家有关规定刻制管理人印章，并交人民法院封样备案后启用。

管理人印章只能用于所涉破产事务。管理人根据企业破产法第一百二十二条规定终止执行职务后，应当将管理人印章交公安机关销毁，并将销毁的证明送交人民法院。

第三十条　受理企业破产案件的人民法院应当将指定管理人过程中形成的材料存入企业破产案件卷宗，债权人会议或者债权人委员会有权查阅。

三、管理人的更换

第三十一条　债权人会议根据企业破产法第二十二条第二款的规定申请更换管理人的，应由债权人会议作出决议并向人民法院提出书面申请。

人民法院在收到债权人会议的申请后，应当通知管理人在两日内作出书面说明。

第三十二条　人民法院认为申请理由不成立的，应当自收到管理人书面说明之日起十日内作出驳回申请的决定。

人民法院认为申请更换管理人的理由成立的，应当自收到管理人书面说明之日起十日内作出更换管理人的决定。

第三十三条　社会中介机构管理人有下列情形之一的，人民法院可以根据债权人会议的申请或者依职权迳行决定更换管理人：

（一）执业许可证或者营业执照被吊销或者注销；

（二）出现解散、破产事由或者丧失承担执业责任风险的能力；

（三）与本案有利害关系；

（四）履行职务时，因故意或者重大过失导致债权人利益受到损害；

（五）有本规定第二十六条规定的情形。

清算组成员参照适用前款规定。

第三十四条　个人管理人有下列情形之一的，人民法院可以根据债权人会议的申请或者依职权迳行决定更换管理人：

（一）执业资格被取消、吊销；

（二）与本案有利害关系；

（三）履行职务时，因故意或者重大过失导致债权人利益受到损害；

（四）失踪、死亡或者丧失民事行为能力；

（五）因健康原因无法履行职务；

（六）执业责任保险失效；

（七）有本规定第二十六条规定的情形。

清算组成员的派出人员、社会中介机构的派出人员参照适用前款规定。

第三十五条　管理人无正当理由申请辞去职务的，人民法院不予许可。正当理由的认定，可参照适用本规定第三十三条、第三十四条规定的情形。

第三十六条　人民法院对管理人申请辞去职务未予许可，管理人仍坚持辞去职务并不再履行管理人职责的，人民法院应当决定更换管理人。

第三十七条　人民法院决定更换管理人的，原管理人应当自收到决定书之次日起，在人民法院监督下向新任管理人移交全部资料、财产、营业事务及管理人印章，并及时向新任管理人书面说明工作进展情况。原管理人不能履行上述职责的，新任管理人可以直接接管相关事务。

在破产程序终结前，原管理人应当随时接受新任管理人、债权人会议、人民法院关于其履行管理人职责情况的询问。

第三十八条　人民法院决定更换管理人的，应将决定书送达原管理人、新任管理人、破产申请人、债务人以及债务人的企业登记机关，并予公告。

第三十九条　管理人申请辞去职务未获人民法院许可，但仍坚持辞职并不再履行管理人职责，或者人民法院决定更换管理人后，原管理人拒不向新任管理人移交相关事务，人民法院可以根据企业破产法第一百三十条的规定和具体情况，决定对管理人罚款。对社会中介机构为管理人的罚款 5 万元至 20 万元人民币，对个人为管理人的罚款 1 万元至 5 万元人民币。

管理人有前款规定行为或者无正当理由拒绝人民法院指定的，编制管理人名册的人民法院可以决定停止其担任管理人一年至三年，或者将其从管理人名册中除名。

第四十条　管理人不服罚款决定的，可以向上一级人民法院申请复议，上级人民法院应在收到复议申请后五日内作出决定，并将复议结果通知下级人民法院和当事人。

最高人民法院关于中国华融资产管理公司重庆办事处能否纳入企业破产案件社会中介机构管理人名册请示的答复

（〔2007〕民二他字第48号 2007年10月30日）

重庆市高级人民法院：

你院渝高法（2007）199号《关于中国华融资产管理公司重庆办事处能否纳入企业破产案件社会中介机构管理人名册的请示》收悉。经研究，答复如下：

根据《中华人民共和国企业破产法》第二十条、《最高人民法院关于审理破产案件指定管理人的规定》第二条规定，管理人名册的范围限于依法设立的律师事务所、会计师事务所、破产清算事务所等社会中介机构及符合条件的相关工作人员，金融资产管理公司不是中介机构，因此，不应将金融资产管理公司纳入管理人名册。

根据《最高人民法院关于审理企业破产案件指定管理人的规定》第十九条规定，人民法院指定清算组担任管理人的，可以根据案件实际需要，决定是否将金融资产管理公司列为清算组成员。

此复。

文书模板

（批准或驳回债权人会议更换管理人的申请用）

××××人民法院

决定书

（××××）×破字第×－×号

××××年××月××日，×××（债务人名称）债权人会议向本院提出申请，称……（写明依据的事实及理由），请求本院更换管理人，并提交了债权人会议决议。

管理人称：……（概括写明管理人所做书面说明的内容）。

本院查明：……

本院认为：……（写明审查意见及理由）。……（写明重新指定管理人的有关情况）。依照……（写明所依据的法律条款项）之规定，决定如下：

一、解除×××（原管理人的姓名或名称）的×××（债务人名称）管理人职务；

二、指定×××（新管理人的姓名或名称）为×××（债务人名称）管理人。

（或者）

驳回×××（债务人全称）债权人会议的申请。

××××年××月××日

（院印）

说明：

1. 本样式系根据《企业破产法》第22条及最高人民法院《关于审理企业破产案件指定管理人的规定》第31条、第32条制定，供法院根据债权人会议的申请决定更换管理人或驳回债权人会议的申请时使用。

2. 更换管理人的，应将本决定书送达原管理人、新管理人、破产申请人、债务人及债务人的企业登记机关；驳回申请的，应将本决定书送达债权人及管理人。

第三节 管理人职责、权利与义务

一、管理人的职责

根据《企业破产法》第25条之规定，管理人履行下列职责：（1）接管债务人的财产、印章和账簿、文书等资料；（2）调查债务人财产状况，制作财产状况报告；（3）决定债务人的内部管理事务；（4）决定债务人的日常开支和其他必要开支；（5）在第一次债权人会议召开之前，决定继续或者停止债务人的营业；（6）管理和处分债务人的财产；（7）代表债务人参加诉讼、仲裁或者其他法律程序；（8）提议召开债权人会议；（9）法院认为管理人应当履行的其他职责。

除以上列举的职责外，在《企业破产法》其他条款中还规定了管理人的相应职责。具体如下：

（1）追缴出资。《企业破产法》第35条规定："人民法院受理破产申请后，债务人的出资人尚未完全履行出资义务的，管理人应当要求该出资人缴纳所认缴的出资，而不受出资期限的限制。"

（2）追回被侵占的财产。《企业破产法》第36条规定："债务人的董事、监事和高级管理人员利用职权从企业获取的非正常收入和侵占的企业财产，管理人应当追回。”

（3）提请法院终结破产程序。《企业破产法》第 43 条第 4 款规定：“债务人财产不足以清偿破产费用的，管理人应当提请人民法院终结破产程序……”

（4）特殊债权的调查与公示。《企业破产法》第 48 条第 2 款规定：“债务人所欠职工的工资和医疗、伤残补助、抚恤费用，所欠的应当划入职工个人账户的基本养老保险、基本医疗保险费用，以及法律、行政法规规定应当支付给职工的补偿金，不必申报，由管理人调查后列出清单并予以公示……”

（5）审查申报的债权与材料的保存。《企业破产法》第 57 条规定：“管理人收到债权申报材料后，应当登记造册，对申报的债权进行审查，并编制债权表。债权表和债权申报材料由管理人保存，供利害关系人查阅。”

（6）制作重整计划草案，同时负有向法院提交及向债权人会议说明的职责。《企业破产法》第 80 条第 2 款规定：“管理人负责管理财产和营业事务的，由管理人制作重整计划草案。”第 79 条第 1 款规定：“债务人或者管理人应当自人民法院裁定债务人重整之日起六个月内，同时向人民法院和债权人会议提交重整计划草案。”第 84 条第 3 款规定：“债务人或者管理人应当向债权人会议就重整计划草案作出说明，并回答询问。”

（7）向法院提出批准重整计划的申请。《企业破产法》第 86 条第 2 款规定：“自重整计划通过之日起十日内，债务人或者管理人应当向人民法院提出批准重整计划的申请……”

（8）监督与报告重整计划的执行。《企业破产法》第 90 条规定：“自人民法院裁定批准重整计划之日起，在重整计划规定的监督期内，由管理人监督重整计划的执行。在监督期内，债务人应当向管理人报告重整计划执行情况和债务人财务状况。”

（9）拟订破产财产变价方案、适时变价出售破产财产。《企业破产法》第 111 条规定：“管理人应当及时拟订破产财产变价方案，提交债权人会议讨论。管理人应当按照债权人会议通过的或者人民法院依照本法第六十五条第一款规定裁定的破产财产变价方案，适时变价出售破产财产。”

（10）拟订破产财产分配方案，提交债权人会议讨论，并在通过后提请法院认可。《企业破产法》第 115 条规定：“管理人应当及时拟订破产财产分配方案，提交债权人会议讨论。……债权人会议通过破产财产分配方案后，由管理人将该方案提请人民法院裁定认可。”

（11）执行破产财产分配方案。《企业破产法》第 116 条第 1 款规定：“破产财产分配方案经人民法院裁定认可后，由管理人执行。”

（12）特殊债权分配额的提存与处理。《企业破产法》第 117 条规定：“对于附生效条件或者解除条件的债权，管理人应当将其分配额提存。管理人依照前款规定提存的分配额，在最后分配公告日，生效条件未成就或者解除条件成就的，应当分配给其他债权人；在最后分配公告日，生效条件成就或者解除条件未成就的，应当交付给债权人。”第 118 条规定：“债权人未受领的破产财产分配额，管理人应当提存。债权人自最后分配公告之日起满二个月仍不领取的，视为放弃受领分配的权利，管理人或者人民法院应当将提存的分配额分配给其他债权人。”

（13）请求破产程序的终结与注销。《企业破产法》第 120 条第 1 款、第 2 款规定：“破产人无财产可供分配的，管理人应当请求人民法院裁定终结破产程序。管理人在最后分配完结后，应当及时向人民法院提交破产财产分配报告，并提请人民法院裁定终结破产程序。”第 121 条规定：“管理人应当自破产程序终结之日起十日内，持人民法院终结破产程序的裁定，向破产人的原登记机关办理注销登记。”

二、管理人的权利

（一）聘用必要工作人员的权利

《企业破产法》第 28 条第 1 款规定：“管理人经人民法院许可，可以聘用必要的工作人员。”可知，管理人聘用工作人员是有“必要”这一限定条件的。那么该工作人员是否确为“必要”，就需由法院来认定许可，才可聘用。实践中，管理人通常因短期内无法拥有接管企业、继续经营的能力而将该企业原经营管理人员聘回来。

同时，根据《企业破产法》第 41 条“人民法院受理破产申请后发生的下列费用，为破产费用：（一）破产案件的诉讼费用；（二）管理、变价和分配债务人财产的费用；（三）管理人执行职务的费用、报酬和聘用工作人员的费用”之规定，聘用必要工作人员的费用属于破产费用，其工资支出不是从管理人报酬中支出，而是从债务人财产中支出。

（二）获取报酬的权利

《企业破产法》第 28 条第 2 款规定："管理人的报酬由人民法院确定。债权人会议对管理人的报酬有异议的，有权向人民法院提出。"我国管理人的报酬由受理破产案件的法院确定，且最高人民法院的司法解释确定了其大致范围。

根据最高人民法院《关于审理企业破产案件确定管理人报酬的规定》第 2 条之规定，法院应根据债务人最终清偿的财产价值总额，在以下比例限制范围内分段确定管理人报酬：（1）不超过 100 万元（含本数，下同）的，在 12% 以下确定；（2）超过 100 万元至 500 万元的部分，在 10% 以下确定；（3）超过 500 万元至 1000 万元的部分，在 8% 以下确定；（4）超过 1000 万元至 5000 万元的部分，在 6% 以下确定；（5）超过 5000 万元至 1 亿元的部分，在 3% 以下确定；（6）超过 1 亿元至 5 亿元的部分，在 1% 以下确定；（7）超过 5 亿元的部分，在 0.5% 以下确定。担保权人优先受偿的担保物价值，不计入前款规定的财产价值总额。高级人民法院认为有必要的，可以参照上述比例在 30% 的浮动范围内制定符合当地实际情况的管理人报酬比例限制范围，并通过当地有影响的媒体公告，同时报最高人民法院备案。

另外，根据最高人民法院《关于审理企业破产案件确定管理人报酬的规定》第 17 条"债权人会议对管理人报酬有异议的，应当向人民法院书面提出具体的请求和理由。异议书应当附有相应的债权人会议决议"、第 18 条"人民法院应当自收到债权人会议异议书之日起三日内通知管理人。管理人应当自收到通知之日起三日内作出书面说明。人民法院认为有必要的，可以举行听证会，听取当事人意见。人民法院应当自收到债权人会议异议书之日起十日内，就是否调整管理人报酬问题书面通知管理人、债权人委员会或者债权人会议主席"之规定，债权人会议有权对法院确定的管理人报酬提出异议，但最终仍由法院决定。

三、管理人的义务

（一）报告义务

《企业破产法》第 23 条第 1 款规定："管理人依照本法规定执行职务，向人民法院报告工作，并接受债权人会议和债权人委员会的监督。"第 69 条规定："管理人实施下列行为，应当及时报告债权人委员会：（一）涉及土地、房屋等不动产权益的转让；（二）探矿权、采矿权、知识产权等财产权的转让；（三）全部库存或者营业的转让；（四）借款；（五）设定财产担保；（六）债权和有价证券的转让；（七）履行债务人和对方当事人均未履行完毕的合同；（八）放弃权利；（九）担保物的取回；（十）对债权人利益有重大影响的其他财产处分行为。未设立债权人委员会的，管理人实施前款规定的行为应当及时报告人民法院。”

（二）勤勉、忠实义务

《企业破产法》第 27 条规定：“管理人应当勤勉尽责，忠实执行职务。”第 130 条规定：“管理人未依照本法规定勤勉尽责，忠实执行职务的，人民法院可以依法处以罚款；给债权人、债务人或者第三人造成损失的，依法承担赔偿责任。”即若管理人违反该义务给当事人权益造成损害的，应当承担赔偿责任。

另外，最高人民法院《关于审理企业破产案件指定管理人的规定》第 39 条规定：“管理人申请辞去职务未获人民法院许可，但仍坚持辞职并不再履行管理人职责，或者人民法院决定更换管理人后，原管理人拒不向新任管理人移交相关事务，人民法院可以根据企业破产法第一百三十条的规定和具体情况，决定对管理人罚款。对社会中介机构为管理人的罚款 5 万元至 20 万元人民币，对个人为管理人的罚款 1 万元至 5 万元人民币。管理人有前款规定行为或者无正当理由拒绝人民法院指定的，编制管理人名册的人民法院可以决定停止其担任管理人一年至三年，或者将其从管理人名册中除名。”

热点问题探究

▶ 管理人接管企业后，需要找相关单位或人员调查了解企业的资产、债权债务等情况，接管属于债务人的财产和资料，有关单位或人员不予配合，该如何处理？

此问题需要具体问题具体分析。

第一，对于《企业破产法》规定的有义务协助债务人的有关人员和直接责任人违反破产法律义务的，《企业破产法》明确规定了其应承担的相应法律责任。在管理人行使管理职责的过程中，根据《企业破产法》第 15 条的规定，债务人的有关人员在破产程序中负有合作与协助义务、信息提供义务和附属义务。债务人的有关人员，是指企业的法定代表人，经法院决定，还可以包括企业的财务管理人员和其他经营管理人员。《企业破产法》也规定了上述主体违反协助义务的法律后果，法院可以对直接责任人员依法进行司法惩戒，亦可向法院申请采取司法强制措施。除了履行经营管理职责的人员外，职务上不具有经营管理职责，但直接实施了上述行为的债务人的工作人员也要承担责任，法院也可以对其处以罚款。情节严重的，可能构成《刑法》第162条所规定的妨碍清算罪，可以追究对其直接负责的主管人员和其他直接责任人员的刑事责任。

第二，对于破产债权人、破产债务人的关联公司、破产债务人原经营管理人等其他民事主体、金融机构以及行政机关，管理人可以申请法院出面协调，若相关民事主体、金融机构及行政机关不予配合会严重影响破产程序的进行，可以准用《民事诉讼法》对妨害民事诉讼的强制措施的规定。对于管理人履行职务过程中因上述主体不配合而遇到的障碍，目前可能需要法院出面进行协调。法院可以应管理人的请求，出具调查令或协助执行通知书甚至裁定书，要求相关主体配合管理人的工作，协助进行调查或者办理相关手续。如果法院出具了相应的法律文书，协助义务主体仍不配合的，可以根据《民事诉讼法》的规定，对其进行司法惩戒。

第三，对于提出正当事由拒不配合移交财产和资料的民事主体，管理人应通过诉讼程序解决。如其他民事主体因保管、仓储、承揽等合同关系或共有关系占有债务人财产或对财产权属有争议，占有人提出相关诉求拒不移交的，为了公平保障平等主体之间的权利，此情况下不宜由法院对该民事主体进行司法惩戒和强制措施，而应由管理人通过民事诉讼解决为宜。如由法院作出相关的民事裁判后，管理人再向法院申请强制执行。

从立法完善的角度来看，目前《企业破产法》对于管理人调查权、处置权的规定存在协助事项和协助义务主体范围过于狭窄、未规定政府有关部门配合义务、未规定被调查主体不予配合时的法律责任、未明确管理人可依法采取的措施等问题。《企业破产法》修订时应将管理人可调查和开展工作的措施的范围扩大至所有与保护债权人利益、维护债务人财产等与破产案件相关的事项，协助义务主体的范围也应当扩大到所有为了保障破产程序顺利进行而需要配合、协助的主体，并明确协助义务主体不配合时的法律责任。

相关规定

最高人民法院关于审理企业破产案件确定管理人报酬的规定

（法释〔2007〕9号 2007年4月12日发布 2007年6月1日施行）

为公正、高效审理企业破产案件，规范人民法院确定管理人报酬工作，根据《中华人民共和国企业破产法》的规定，制定本规定。

第一条 管理人履行企业破产法第二十五条规定的职责，有权获得相应报酬。

管理人报酬由审理企业破产案件的人民法院依据本规定确定。

第二条 人民法院应根据债务人最终清偿的财产价值总额，在以下比例限制范围内分段确定管理人报酬：

（一）不超过一百万元（含本数，下同）的，在12%以下确定；

（二）超过一百万元至五百万元的部分，在10%以下确定；

（三）超过五百万元至一千万元的部分，在8%以下确定；

（四）超过一千万元至五千万元的部分，在6%以下确定；

（五）超过五千万元至一亿元的部分，在3%以下确定；

（六）超过一亿元至五亿元的部分，在1%以下确定；

（七）超过五亿元的部分，在0.5%以下确定。

担保权人优先受偿的担保物价值，不计入前款规定的财产价值总额。

高级人民法院认为有必要的，可以参照上述比例在30%的浮动范围内制定符合当地实际情况的管理人报酬比例限制范围，并通过当地有影响的媒体公告，同时报最高人民法院备案。

第三条 人民法院可以根据破产案件的实际情况，确定管理人分期或者最后一次性收取报酬。

第四条 人民法院受理企业破产申请后，应当对债务人可供清偿的财产价值和管理人的工作量作出预测，初步确定管理人报酬方案。管理人报酬方案应当包括管理人报酬比例和收取时间。

第五条 人民法院采取公开竞争方式指定管理人的，可以根据社会中介机构提出的报价确定管理人报酬方案，但报酬比例不得超出本规定第二条规定的限制范围。

上述报酬方案一般不予调整，但债权人会议异议成立的除外。

第六条　人民法院应当自确定管理人报酬方案之日起三日内，书面通知管理人。

管理人应当在第一次债权人会议上报告管理人报酬方案内容。

第七条　管理人、债权人会议对管理人报酬方案有意见的，可以进行协商。双方就调整管理人报酬方案内容协商一致的，管理人应向人民法院书面提出具体的请求和理由，并附相应的债权人会议决议。

人民法院经审查认为上述请求和理由不违反法律和行政法规强制性规定，且不损害他人合法权益的，应当按照双方协商的结果调整管理人报酬方案。

第八条　人民法院确定管理人报酬方案后，可以根据破产案件和管理人履行职责的实际情况进行调整。

人民法院应当自调整管理人报酬方案之日起三日内，书面通知管理人。管理人应当自收到上述通知之日起三日内，向债权人委员会或者债权人会议主席报告管理人报酬方案调整内容。

第九条　人民法院确定或者调整管理人报酬方案时，应当考虑以下因素：

（一）破产案件的复杂性；

（二）管理人的勤勉程度；

（三）管理人为重整、和解工作做出的实际贡献；

（四）管理人承担的风险和责任；

（五）债务人住所地居民可支配收入及物价水平；

（六）其他影响管理人报酬的情况。

第十条　最终确定的管理人报酬及收取情况，应列入破产财产分配方案。在和解、重整程序中，管理人报酬方案内容应列入和解协议草案或重整计划草案。

第十一条　管理人收取报酬，应当向人民法院提出书面申请。申请书应当包括以下内容：

（一）可供支付报酬的债务人财产情况；

（二）申请收取报酬的时间和数额；

（三）管理人履行职责的情况。

人民法院应当自收到上述申请书之日起十日内，确定支付管理人的报酬数额。

第十二条　管理人报酬从债务人财产中优先支付。

债务人财产不足以支付管理人报酬和管理人执行职务费用的，管理人应当提请人民法院终结破产程序。但债权人、管理人、债务人的出资人或者其他利害关系人愿意垫付上述报酬和费用的，破产程序可以继续进行。

上述垫付款项作为破产费用从债务人财产中向垫付人随时清偿。

第十三条　管理人对担保物的维护、变现、交付等管理工作付出合理劳动的，有权向担保权人收取适当的报酬。管理人与担保权人就上述报酬数额不能协商一致的，人民法院应当参照本规定第二条规定的方法确定，但报酬比例不得超出该条规定限制范围的 10%。

第十四条 律师事务所、会计师事务所通过聘请本专业的其他社会中介机构或者人员协助履行管理人职责的，所需费用从其报酬中支付。

破产清算事务所通过聘请其他社会中介机构或者人员协助履行管理人职责的，所需费用从其报酬中支付。

第十五条 清算组中有关政府部门派出的工作人员参与工作的不收取报酬。其他机构或人员的报酬根据其履行职责的情况确定。

第十六条 管理人发生更换的，人民法院应当分别确定更换前后的管理人报酬。其报酬比例总和不得超出本规定第二条规定的限制范围。

第十七条 债权人会议对管理人报酬有异议的，应当向人民法院书面提出具体的请求和理由。异议书应当附有相应的债权人会议决议。

第十八条 人民法院应当自收到债权人会议异议书之日起三日内通知管理人。管理人应当自收到通知之日起三日内作出书面说明。

人民法院认为有必要的，可以举行听证会，听取当事人意见。

人民法院应当自收到债权人会议异议书之日起十日内，就是否调整管理人报酬问题书面通知管理人、债权人委员会或者债权人会议主席。

文书模板

文书模板一：

（请求法院准许聘请人员用）

关于提请人民法院许可聘用工作人员的报告

（××××）××破管字第×号

××××人民法院：

本管理人在破产管理工作中，根据《中华人民共和国企业破产法》第二十八条之规定，拟聘请以下人员作为×××（债务人名称）（重整/和解/破产清算）案件的工作人员：

1. 拟聘工作人员姓名________；工作内容：________；拟聘请期限为××××年××月××日至××××年××月××日；拟聘请费用为×××元；聘用理由：________。

2. 拟聘工作人员姓名________；工作内容：________；拟聘请期限为××××年××月××日至××××年××月××日；拟聘请费用为×××元；聘用理由：________。

……

特此报告。

（管理人印鉴）

××××年××月××日

附：1. 拟签订的《聘用合同》复印件；

2. 拟聘请工作人员简历复印件；

3. 拟聘请工作人员证件复印件；

4. 拟聘请工作人员联系方式：________________。

说明：

1. 本文书依据的是《企业破产法》第28条第1款“管理人经人民法院许可，可以聘用必要的工作人员”之规定。由管理人在拟聘用工作人员时向破产案件受理法院提出。

2. 破产案件审理过程中，法院与管理人处于监督与被监督的关系。因此，聘用申请应当列明聘用理由、聘用岗位职责、聘用费用标准，供法院许可时参考。

3. 拟聘用工作人员有多名的，逐一列明姓名、拟聘岗位、聘用期限及费用。

文书模板二：

（要求债务人的高管返还财产用）

返还财产通知书

（××××）××破管字第×号

×××（高管姓名）：

×××（债务人名称）因________（写明破产原因），×××（申请人名称/姓名）于××××年××月××日向××××人民法院提出对×××（债务人名称）进行重整/和解/破产清算的申请［债务人自行申请破产的，写×××（债务人名称）因________（写明破产原因），于××××年××月××日向××××人民法院提出重整/和解/破产清算申请］。

××××人民法院于××××年××月××日作出（××××）×破

（预）字第×－×号民事裁定书，裁定受理×××（债务人名称）重整/和解/破产清算，并于××××年××月××日作出（××××）×破字第×－×号决定书，指定×××担任管理人。

根据管理人调查，在你担任×××（债务人名称）×××（职位）期间，获取非正常收入人民币××元（或者侵占了企业的财产），具体为：

1. ________（列明各笔非正常收入金额、时间及认定理由）；

2. ________________（列明被侵占的企业财产及认定理由）；

……

根据《中华人民共和国企业破产法》第三十六条之规定，现要求你于接到本通知书之日起×日内，向本管理人返还你收取的上述非正常收入（或者侵占的企业财产）（列明返还收入或者财产的方式和地点）。

如对上述通知内容有异议，可在接到本通知书之日起×日内向本管理人提出，并附相关证据，配合管理人核实。

特此通知。

（管理人印鉴）

××××年××月××日

附：1. 受理破产申请裁定书复印件一份；

2. 指定管理人的决定书复印件一份；

3. 高管非正常收入清单或者被侵占的财产清单；

4. 管理人联系方式：________________。

说明：

本文书依据的是《企业破产法》第 36 条之规定："债务人的董事、监事和高级管理人员利用职权从企业获取的非正常收入和侵占的企业财产，管理人应当追回。"由管理人要求债务人的董事、监事和高级管理人员返还利用职权获取的非正常收入或者侵占的企业财产时使用。

第四章　接受指定后管理人工作

第一节　组建团队，制订工作计划和相关制度

一、组建团队

管理人在接到法院决定书后，需要立即开展工作，做好工作预案，组建管理人团队，部署接管工作。管理人根据案件情况合理配备管理人团队成员，确定项目负责人、各具体事务的对接人。一个完善成熟的管理人团队，需要配备一名负责人以及若干名主办人员、财会人员和后勤行政人员。其中，主办人员负责案件法律事务的处理，财会人员负责对破产财产的收支管理，后勤行政人员负责档案和印章的管理等。管理人组建团队后，还需要制作《管理人团队成员信息及联系方式报告》向法院报告备案。律师或实习律师作为团队成员的，可将执业证号或实习证号一并注明，以便法院和债权人了解团队成员情况。

二、制订工作计划

为使管理人各项工作有序开展，管理人应当根据初步了解的债务人情况，拟订工作计划。

管理人工作计划的内容一般包括：（1）破产案件所要求管理人履行的具体职责；（2）为履行该职责而指派的管理人团队成员及联系方式；（3）负责人及其具体分工；（4）接管债务人企业的方案；（5）各项工作计划完成的时间、思路、步骤和程序；（6）有关人员及其他专业机构的聘用计划、管理人报酬；（7）管理人执行职务费用预算；（8）管理人执业风险管理措施。

工作计划应全面完整、切实可行。管理人可以根据工作的进展情况对工作计划作出必要调整。管理人团队负责人根据工作需要召集和主持管理人工作会议，必要时可以邀请法院的法官并要求债务人法定代表人及其他有关人员参加。建议制作一张反映各具体事项、时间节点的工作计划表，在后续的

工作中将完成情况在表中做好备注，避免遗漏程序。

三、制定工作制度

“不以规矩，不成方圆。”被编入法院公布的管理人名册的机构，应当结合自身的实际情况制定担任管理人的相关管理制度。同时，根据债务人的实际情况，分析案件的特性，制定管理人团队工作在具体个案中的各项规章制度并报人民法院备案。此外，还要拟定具体个案中管理人文件格式范本。

文书模板

文书模板一：

管理人团队成员信息及联系方式报告

（××××）××破管字×－×号

××市中级人民法院：

贵院受理的××公司破产清算一案（案号：××号），选任我所为××公司的管理人，现向贵院报告本团队组成人员及债权申报联系方式，具体如下：

一、管理人团队成员名单

管理人团队成员名单		
职务（组别）	成员姓名	联系电话
负责人	×××（律师执业证号：×××××××××××××××）	××××××××××
综合组	×××（律师执业证号：×××××××××××××××）	××××××××××
资产组	×××（律师执业证号：×××××××××××××××）	××××××××××
法律组	×××（律师执业证号：×××××××××××××××）	××××××××××

二、债权申报联系方式

联系人：××：×××××××××××；××：×××××××××××。

联系地址：×××××××。

特此报告。

××律师事务所

××××年×月×日

文书模板二：

××××有限公司破产案件工作计划表

案号：　　　书记员：　　　　　主办法官：　　　　制表日期：××××年××月××日

收到指定管理人决定书后								
序号	启动日期	工作内容	工作期限	组别	负责人	完成情况	注意事项和所涉及的文书	备注
1	××××年××月××日	在企业破产信息网发布受理公告并向法院报备	××月××日内	综合组			受理暨债权申报公告	
2		刻制管理人印章并向法院报备	××月××日内	综合组			刻章申请书（给印章店）；印章信息函（给法院）	
3		开立管理人账户	××月××日内	综合组			确认看是否需要开户；提前和法官联系，取得印鉴和身份证复印件	
4		查询债务人工商内档（获取股东、董监高信息，确认是否存在出资不实的情形）	××月××日内	法律组			带管理人授权，助理也可代办	
5		阅卷（同时视情况申请财产查询：有执行卷且“五查”无过期的，不需要申请；无执行卷的申请阅卷；有执行卷且“五查”过期的，申请“五查”）	××月××日内	法律组			阅卷时带着“五查”申请，可以直接和书记员沟通“五查”	
6		查询商标、专利情况（制作清单）并征询债权人处置意见（利用默示规则）	××月××日内	法律组			关于拟放弃处置债务人注册商标的征询意见函	

续表

序号	启动日期	工作内容	工作期限	组别	负责人	完成情况	注意事项和所涉及的文书	备注
7		查询债务人涉诉被执行情况（诉讼服务网、天眼查、裁判文书网、被执行人信息公开网、alpha、深圳仲裁委）；处理执行冻结等事项	××月××日内	法律组			××有限公司涉诉情况报告	
8		通知法院、仲裁机构中止诉讼仲裁执行	××月××日内	法律组			中止审理告知函；恢复审理告知函	
9		前往债务人住所地查看实际状况，并联系债务人主要人员（如债务人下落不明，应在其住所地张贴受理破产案件裁定书、决定书、公告、接管通知，并拍照留档；无法联系债务人股东、实际控制人的，向公安机关查询身份信息和联系方式）	××月××日内	综合组			接管通知	
10		向债务人、股东、董监高、实际控制人送达裁定书、决定书、公告、接管通知书、义务责任告知书、缴付出资通知书（如出资不实）	××月××日内	综合组			多种送达方式，邮寄、电话、短信、电子邮件、公告等	
11		接管后未接收到公章、证照，要声明作废并在系统上公告	××月××日内	综合组			公章、证照作废公告	

续表

序号	启动日期	工作内容	工作期限	组别	负责人	完成情况	注意事项和所涉及的文书	备注
12		制作工作计划表并向法院报备	××月××日内	综合组			内部的计划表更为详细	
13		查询债务人公积金情况(包括缴交公积金职员名单、缴交公积金明细、是否欠缴公积金及欠缴明细等)	××月××日内	法律组			关于查询住房公积金情况及通知申报债权的函	
14		查询债务人社会保险情况(包括参保职员名单、缴纳社会保险费明细、是否欠缴社会保险费及欠缴明细等)	××月××日内	法律组			关于查询社会保险情况及通知申报债权的函	
15		查询债务人税务情况(包括缴税明细、是否欠缴税费及欠缴明细等)	××月××日内	法律组			关于查询税务情况及通知申报债权的函	
16		通知已知债权人申报债权	××月××日内	法律组			公告	
17		查明债务人现有所有财产,并接管控制(执行程序中法院控制的财产、债务人一般动产、债务人特殊动产、债务人不动产、债务人股东未缴纳的出资),如有不实出资,询问债权人是否垫付资金追缴;决定债务人内部管理事务	××月××日内	综合组			公告:出资义务	

续表

序号	启动日期	工作内容	工作期限	组别	负责人	完成情况	注意事项和所涉及的文书	备注
18		接管法院已划扣、冻结的款项；接管法院查封、冻结的财产	××月××日内	综合组			划款申请书；解除保全措施的告知函	
19		如有库存、机器设备和办公用品等财产，指定保管人，及时向法院申请指定评估机构。鲜活、不宜长期保存的物品，向法院请示先行变价处置，经法院批准后予以处置	××月××日内	综合组			指定评估机构申请书	
20		处理股东高管占用公司财产；合同未履行完毕的，告知合同相对人；有应收账款的，催收账款	××月××日内	综合组			告知合同相对人继续履行合同或解除合同；解除未履行完毕的合同通知书；催收书（按需要制作文书）	
21		向法院递交接管情况报告	××月××日内	综合组				
债权申报期限届满后								
序号	日期	工作内容	工作期限		负责人	完成情况	注意事项和所涉及的文书	备注
1	债权申报期限	对申报的债权（包括职工债权）审查并登记造册，并将债权审查结果书面通知相应债权人	××月××日内	资产组			债权表（分类：普通、优先、职工等）、债权审查意见、债权审查工作报告	
2		向债务人送达债权表、意见反馈表	××月××日内	资产组			多种送达方式，邮寄、电话、短信、电子邮件、公告等	

续表

序号	日期	工作内容	工作期限		负责人	完成情况	注意事项和 所涉及的文书	备注
3		召开第一次债权人会议 （须在会议召开2日前向法院报备）	××月××日内	综合组			债权人会议资料：关于公司财产状况的报告；关于拟实施处分债务人财产行为的报告；关于提请审议重整计划草案的报告；关于提请债权人会议核查债权的报告；关于提请债权人会议审查管理人报酬方案的报告；管理人执行职务的工作报告。授权管理人自行决定处置小额财产的权利。充分利用默示规则	
4		报请法院确认债权	债权人会议后	资产组			第一次债权人会议情况报告、提请确认无异议债权请示	
宣告破产								
序号	日期	工作内容	工作期限		负责人	完成情况	注意事项和 所涉及的文书	备注
1	宣告破产 日期	向法院提交申请宣告破产材料	法院确认债权 无异议后	法律组			终结破产程序的请示。附：财产状况报告、共益债务的报告（关于债务人财产不足以清偿破产费用提请法院宣告破产并终结破产程序的请示）	

续表

序号	日期	工作内容	工作期限		负责人	完成情况	注意事项和所涉及的文书	备注
2		即时征询债权人拍卖意见，执行债务人财产变价方案	宣告破产后即时执行	资产组			引导债权人放弃处置小额或变现难度大或变现成本高的财产	
3		财产变价完成后3日内编制债务人财产分配方案并报债权人会议表决，报法院审查	财产变价完成后3日内	综合组			债务人财产分配方案（没有财产的话可以事先将此方案做好）	
4		分配完成后2日内向法院提交清算工作报告并申请终结破产程序	分配完成后2日	综合组			清算工作报告	
5		破产程序终结10日内完成工商注销登记	破产程序终结10日内	综合组				
6		终止执行管理人工作报告	工作完成后	综合组			附破产财产分配报告、企业注销通知书	

文书模板三：

××公司管理人处理突发事件应急预案

为保证××公司破产重整工作合法、有序、高效地进行，根据《中华人民共和国企业破产法》的规定，结合××公司破产重整案件的实际情况，特制定处理突发事件应急预案，以便在破产重整程序中遵照执行：

成立突发事件处置工作领导小组。管理人负责人任组长，为突发事件处置工作的第一责任人；成员由管理人团队组成。

工作原则：

1. 快速反应，及时向人民法院及有关部门报告；

2. 依法处置，防止激化。注意工作方法和策略，综合运用法律、经济等手段和宣传、协商、调解等方法处置群体性突发事件，引导当事人以理性、合法的方式表达利益诉求，解决矛盾，防止矛盾激化和事态扩大。

处理程序：

1. 接到突发事件信息后应及时报告应急领导小组和应急领导小组组长，及时向人民法院及有关部门报告；

2. 应急领导小组根据突发事件性质和法院及有关部门的指示，及时安排管理人工作人员作应急处置，确定专人负责处置工作，实行24小时值班制度，时刻保持联络畅通；

3. 事件平息后，做好善后处理工作，消除可能导致事件反复的不安定因素，加强跟踪和督查，防止事件反复。

突发事件处置工作领导小组应当根据突发事件的变化和实施中发现的问题，及时修订应急预案，充实应急预案内容，提高应急预案的科学性和可操作性。

本规定与××市中级人民法院的规定不一致的，以××市中级人民法院的规定为准，本规定报××市中级人民法院后开始执行。

××公司管理人

××××年××月××日

文书模板四：

××公司管理人保密制度

为保证××××公司（以下简称××公司）破产××公司工作合法、有序、高效地进行，根据《中华人民共和国企业破产法》的规定，结合××公司破产××公司案件的实际情况，特制定本保密制度，以供在破产××公司程序中遵照执行。

第一条 破产企业秘密是关系破产企业权益和利益，依照特定程序确定，在一定时间内只限一定范围的人员知悉的事项。

第二条 保密工作实行既确保秘密又便利工作的方针。

第三条 本制度第一条规定的破产企业秘密包括下列秘密事项：

（一）重大决策中的秘密事项；

（二）尚未付诸实施的经营战略、经营方向、经营规划、经营项目及经营决策；

（三）管理人内部掌握的合同、协议、意见书、可行性报告和主要会议记录；

（四）财务预决算报告及各类财务报表、统计报表；

（五）管理人所掌握的尚未进入市场或尚未公开的各类信息；

（六）破产企业职员人事档案，包括工资性、劳务性收入及资料；

（七）其他经破产企业确定应当保密的事项；

（八）一般性决定、决议、通告、通知、行政管理资料等内部文件不属于保密范围。

第四条 破产企业秘密的密级分为“绝密”“机密”“秘密”三级。绝密是最重要的破产企业秘密，泄露绝密会使破产企业的权益和利益遭受特别严重的损害；机密是重要的破产企业秘密，泄露机密会使破产企业权益和利益遭受严重的损害；秘密是一般的破产企业秘密，泄露秘密会使破产企业的权益和利益遭受损害。

第五条 破产企业密级的确定：

（一）破产企业经营发展中，直接影响破产企业权益和利益的重要决策文件资料为绝密级；

（二）破产企业的规划、财务报表、统计资料、重要会议记录和破产企业经营情况为机密级；

（三）破产企业人事档案、合同、协议、职工工资性收入、尚未进入市场或尚未公开的各类信息为秘密级。

第六条　属于破产企业秘密的文件、资料和其他物品的制作、收发、传递、使用、复制、摘抄、保存和销毁，由总经理办公室或主管副总经理委托专人执行；采用电脑技术存取、处理、传递的破产企业秘密由电脑部门负责保密。

第七条　对于密级文件、资料和其他物品，必须采取以下保密措施：

（一）非经管理人负责人批准，不得复制或摘抄；

（二）收发、传递和外出携带，由指定人员担任，并采取必要的安全措施。

第八条　在对外交往与合作中需要提供破产企业秘密事项的，应当事先经管理人负责人批准。

第九条　属于破产企业秘密内容的会议和其他活动，主办人员应采取下列保密措施：

（一）选择具备保密条件的会议场所；

（二）根据工作需要，限定参加会议人员的范围，对参加涉及密级事项会议的人员予以指定；

（三）依照保密规定使用会议设备和管理会议文件；

（四）确定会议内容是否传达及传达范围。

第十条　不准在私人交往或通信中泄露破产企业秘密，不准在公共场所谈论破产企业秘密，不准通过其他方式传递破产企业秘密。

第十一条　破产企业工作人员发现破产企业秘密已经泄露或者可能泄露时，应当立即采取补救措施并及时报告管理人负责人，负责人接到报告后，应立即作出处理。

第十二条　如出现下列情况之一，给予警告并酌情予以罚款：

（一）泄露破产企业秘密，尚未造成严重后果或经济损失的；

（二）违反本制度第十条、第十一条、第十二条或第十三条规定的秘密内容的；

（三）已泄露破产企业秘密但采取补救措施的。

第十三条 如出现下列情况之一，予以辞退并酌情赔偿经济损失：

（一）故意或过失泄露破产企业秘密，造成严重后果或重大经济损失的；

（二）违反本保密制度规定，为他人窃取、刺探、收买或违章提供破产企业秘密的；

（三）利用职权强制他人违反保密规定的。

第十四条 本制度规定的泄密包括下列行为：

（一）使破产企业秘密被不应知悉者知悉的；

（二）使破产企业秘密超出了限定的接触范围，而不能证明未被不应知悉者知悉的。

第十五条 本规定与××市中级人民法院作出的关于管理人保密规定不一致的，以××市中级人民法院的规定为准，本规定报××市中级人民法院后开始执行。

××公司管理人

××××年××月××日

文书模板五：

××公司管理人财务管理制度

管理人为规范××公司破产清算期间的财务行为，严肃财经纪律，保障各项工作的顺利开展，依据《中华人民共和国企业破产法》、最高人民法院《关于审理企业破产案件指定管理人的规定》等相关法律、规范的规定，制定本制度。

第一条 本制度适用于管理人、××公司在破产清算期间的所有财务活动。

第二条 管理人、管理人工作机构、××公司及其人员不得擅自使用管理人和××公司的账户、资金，任何人员不得将未经审批的财务收支进行会计账务处理。

第三条 管理人和××公司的财务人员要认真执行各项财务规章制度，廉洁自律，严格依法履行职责。

第四条 财务核算必须做到日清月结，财务人员依法对各项支出的票据、凭证及核算手续的合法性、合规性进行审核和监督。会计账务核算要做到账账、账款、账实、账证和账表相符。

第五条　财务人员应及时整理好会计资料，接受管理人或管理人指定的会计师进行的审计。

第六条　出纳员应根据审核无误的收付款凭证及时办理现金收支业务，收入现金必须及时存入银行、不得坐支；收到现金，应开具收据，收据应连续编号；支付现金应及时向对方索要凭据。对于发生的现金收支业务应根据收付款凭证及时登记入账。对应存档的收据、借据及时装订成册、保存备查。

第七条　××公司破产清算期间为开展工作需要，设立管理人银行账户，设立或指定××公司的专用银行账户。

现金收入原则上必须存入管理人开设的银行账户，经××××（管理人负责人或其他有权主体）审核同意后可以存入××公司的专用银行账户。

第八条　对外支出要本着“保证必要、合理控制、厉行节约”的原则。

第九条　管理人发生日常工作费用的支出和报销经××××（管理人指定的财务人员）审核后报××××（管理人负责人或其他有权主体）决定。

管理人、管理人工作机构需要发生其他破产费用或共益债务时，应按《中华人民共和国企业破产法》《××××方案》（以及管理人制定的其他有关文件、方案、规定，如有）的规定进行决策，由相应的工作机构报法律顾问、财务顾问审核后交管理人负责人决定。

第十条　××公司破产清算期间的费用支出按照公司现有流程审查后，需报××××（管理人负责人或其他有权主体）审核后决定。

管理人向××公司（债务人名称）拨付的费用应专款专用，不得用于日常经营（或其他用途）之外的任何用途。

第十一条　××公司破产清算期间，除公司正常经营必需开支外，不得违反破产法的规定进行个别清偿。

第十二条　除本制度及法律和管理人另有规定外，××公司现行财务制度原则上保持不变。

第十三条　本制度由管理人负责解释。

第十四条　本制度自××××年××月××日起执行。

附件：财务审批单

××公司管理人

××××年××月××日

附件：

××公司（债务人名称）

财务审批单

申请部门	
申请日期	年 月 日
申请事由	
申请人签字	××××签字（如有）
××××签字（如有）	管理人负责人签字

文书模板六：

××公司管理人工作机构议事规则

为更好地履行管理人各项职责，保障管理人合法、有序开展破产清算工作，管理人依据《企业破产法》等相关法律规定，结合××公司破产清算案具体情况，特制定本议事规则。

第一条　管理人的议事决策机构分为管理人组长联席会议（管理人组长扩大会议）、管理人大会（管理人成员扩大会议）、工作例会（每周五）。破产清算程序中的一般事项由管理人组长会议进行日常决策，重大事项由管理人大会讨论决定，并形成书面决议。

第二条　对于管理人组长联席会议和管理人大会已决策事项的执行，在未发生重大重要因素变更的前提下，不属于需再进行决策的事项，由管理人各工作组负责完成。

第三条　管理人组长联席会议由管理人组长和副组长组成（管理人组长扩大会议，要求××公司董事会成员参会）。根据工作的需要，管理人相关工作小组代表经管理人组长（或其委托授权的副组长）同意后可以参加会议。联席会议可以邀请××××代表（聘请的中介机构或其他利害关系人）列席会议。参会人员不能实际参加的，可以授权代表参加会议。管理人组长联席会议履行以下职责：

（一）对破产清算程序中管理人的日常工作事项进行决策；

（二）根据破产清算工作的进展情况制定管理人工作计划，布置工作任务；

（三）对管理人工作中遇到的问题进行讨论等。

第四条　管理人组长联席会议采取民主讨论组长集中决策制。

第五条　管理人大会（管理人成员扩大会议）由管理人组长或其委托授权的副组长负责召集和主持，管理人成员参加会议。管理人成员扩大会议由管理人工作小组副组长及以上人员参会。参会人员不能实际参加的，可以授权代表参加会议。

本案合议庭法官可以列席管理人大会。

第六条　管理人大会（管理人成员扩大会议）负责决策的重大事项包括：

（一）管理人组织机构设置、人员组成、工作职责、议事规则及各项规章制度的建立；

（二）涉及土地、房屋等不动产权益的转让；

（三）探矿权、采矿权、知识产权等财产权的转让；

（四）全部库存或者营业的转让；

（五）借款；

（六）设定财产担保；

（七）债权和有价证券的转让；

（八）履行债务人和对方当事人均未履行完毕的合同；

（九）放弃权利；

（十）担保物的取回；

（十一）对债权人利益有重大影响的其他财产处分行为；

（十二）破产清算中涉及的其他重大事项。

第七条 管理人大会应有二分之一（含）以上的管理人成员到会，需要讨论后作出决议的事项，应经全体管理人参会成员人数的二分之一以上表决同意方为通过。

管理人大会对会议讨论事项形成书面决议的，出席会议的管理人成员应当在决议上签名。管理人的综合协调组负责会议的表决、记录，并负责将决议存档。

第八条 必要或紧急时管理人大会可采取电话、书面或电子邮件的方式完成相关会议内容，参会成员书面签字确认。

第九条 管理人工作例会每周五召开，由管理人组长或其委托授权的副组长负责召集和主持，管理人副组长、各工作小组组长及以上人员参加会议。根据工作需要，可以邀请××公司（债务人名称）负责人及财务人员、××××代表（聘请的中介机构或其他利害关系人）列席会议。参会人员不能实际参加的，可以授权代表参加会议。工作例会主要内容为：

（一）各工作小组汇报本周工作情况和下周工作计划；

（二）管理人组长或其委托授权的副组长安排部署下周工作；

（三）统筹协调各工作小组工作的具体事务，跟踪工作进度，落实工作任务等常规工作；

（四）加强各工作小组之间的沟通和合作。

第十条 为避免因管理人所议事项相关信息的扩散导致不良影响，管理人各成员及其与会代表、管理人下设各工作小组的负责人及相关工作人员对通过参加管理人大会所获取的相关信息应严格保密。

第十一条 本议事规则经管理人大会第一次会议通过。本议事规则的修订权和解释权归管理人所有。

××公司管理人

××××年××月××日

文书模板七：

× ×公司管理人文件收发归档管理制度

管理人为加强× ×公司期间文件收发归档工作的管理与监督，保障× ×公司工作顺利实施，依据《中华人民共和国企业破产法》、最高人民法院《关于审理企业破产案件指定管理人的规定》等相关法律、规范的规定，制定本制度。

第一条　× ×公司期间内，管理人根据文件信息依赖存储介质的不同，可将文件分为电子版文件和纸质版文件，两种形式的文件统一由本制度管理。

第二条　公文的签收

× ×公司期间所有文件均由× × × ×（管理人负责人或其他有权主体）授权专人登记、签收、拆封。在签收和拆封时，需注意检查封口，对开口和邮票撕毁函件应查明原因，同时还要进行文件、文号、编号的核定，如果其中一项不对口，应立即报告。

第三条　公文的编号保管

（一）拆封和签收后应及时附上文件处理传阅单，做分类登记编号、保管。

（二）外出开会带回的文件及资料应及时送交管理人专人处进行登记编号保管，不得个人保存。

第四条　公文的阅批与分转

（一）凡正式文件均需由法律顾问根据文件内容和性质阅签后，送具体承办人员阅办，为避免文件积压，一般应在当天阅签完。

（二）一般性质的函、电、单据等，可由法律顾问授权专人直接分转处理；涉及重要事项的文件，由法律顾问与承办人员联系后再分转处理。

第五条　文件的传阅与催办

（一）传阅文件应严格遵守传阅范围和保密规定，不得将有密级的文件带回家或带至公共场所，也不得将文件转借其他人阅看。对尚未传达的文件不得向外泄露内容。

（二）阅读文件应抓紧时间，当天阅完后应在下班前将文件交回× × × ×（管理人负责人或其他有权主体），批阅文件一般不得超过两天，阅后应签名以示负责。

（三）阅文时不得抄录全文，不得任意取走文件夹内任何文件及附件，如确系工作需要，要办理借阅手续，以防止丢失泄密。

（四）文件阅完后，应交专人保管，切忌横传。

（五）××××（管理人负责人或其他有权主体）对文件负有催办、检查、督促的责任，承办人员接到文件、函电应立即指定专人办理。不得将文件压放分散，如需备查，应按照有关保密规定，予以复印或摘抄，原件应及时归档。

第六条 发文的规定

管理人对外发文的，由××××（管理人负责人或其他有权主体）负责签字或盖章，需由具体承办人员签字或盖章的，必须在文件中明文标注，由承办人员签字或盖章后发出。

第七条 发文的范围和用途

（一）以管理人名义发出的文件、通告、决定、决议、请示、报告，编写的会议纪要，均属发文范围。

（二）管理人发出文件主要用于：

1. 依法依规作出管理人相关决定或决议；

2. 转发法院的决定或文件；

3. 公布管理人组织机构变动或人事任免事项；

4. 公布管理人关于××公司有关工作的决定；

5. 发布管理人规章制度；

6. 根据法律规定，代理债务人诉讼出具司法文件；

7. 其他有关重大事项。

（三）发文的类别主要包括：

1. 管理人发文

以管理人名义发出的文件主要有管发、管函、管报（××公司工作动态）等公文字号。

（1）管发：用于向法院、政府请示、报告工作；向各工作组布置工作等。××公司管发字公文中包括请示、报告、决定、公告、通告、通知、通报等文件。

（2）管函：用于各地人民政府及其有关部门、各金融机构商洽工作、回复意见等。××公司管函公文文种为函。

(3) 管报（××公司工作动态）：专用于向法院、政府报告××公司工作动态，或者对具体事项说明情况。

2. 综合协调组发文

综合协调组发文是管理人发文的补充形式，主要是管理人对内部的发文，适用于管理人内部管理办法、规定及其修订补充；向各工作组发出有关事项的批复、通知；向××公司各部门、相关人员发出各类内部通知；管理人内部确需以公文形式处理的事项等。综合协调组发文的公文字号为管综。文种包括通知、请示、报告、通报等。

第八条　发文程序规定

（一）管理人需要发文的，应事先由拟稿人向××××（管理人负责人或其他有权主体）提出发文申请。

（二）××××（管理人负责人或其他有权主体）同意后，拟稿人出具文件初稿。

（三）管理人发文拟好后，拟稿人应填发文申请单，详细写明文件标题、发送范围、印刷份数、拟稿单位与拟稿人，报送法律顾问，并交管理人备份。

（四）××××（管理人负责人或其他有权主体）根据发文内容，召集有关人员对文稿进行审查并提出修改意见。

（五）拟稿人按照修改意见修改发文，××××（管理人负责人或其他有权主体）同意的，可以直接办理会签或者盖章。

（六）拟稿人认为修改意见需要进一步沟通的，可以约见有关人员讨论，形成一致意见后再与××××（管理人负责人或其他有权主体）沟通，最终达成一致意见的，可以安排会签或者盖章。

（七）文稿定稿后，由拟稿人校对，并确认份数，办理最终的会签、盖章。

第九条　借阅文件应严格履行借阅登记手续，就地阅看，按时归还。任何人不得将文件带走或全文抄录，不允许拆卷和在文件上勾画等。

第十条　管理人收发文件，均应授权专人负责归档，编号保管，拟稿人对文件归档是否要留原件给出明确要求。

第十一条　公文立卷要求

（一）文件立卷应按照内容、名称、时间顺序，分门别类地进行整理归档。

（二）立卷时，要求把文件的批复、正本、底稿、主件、附件收集齐全，保持文件、材料的完整性。

（三）要坚持平时立卷与阶段性立卷归档相结合的原则。重要工作、重要会议形成的文件材料，要及时立卷归档。

第十二条 文件的时效性

文件内容在一定时间阶段是有效的，超过这个时间段，该文件上记载的信息则是无效的，只供备查使用。超过时效性且无保存价值的文件，进入文件的销毁管理程序。

第十三条 文件销毁流程

对于多余、重复、过时和无保存价值的文件（纸张），办公室应定期责成相关职能部门办理申请销毁手续，认真填写文件资料销毁申请表，对无价值文件进行销毁，并登记造册。

第十四条 文件销毁要求

经审核同意销毁的文件，必须化为纸浆或焚毁，不准出卖和做他用。参与销毁文档的人员要在“档案销毁清册”上签字，以示负责，未经审批，任何人不得私自销毁档案材料。

第十五条 本制度由管理人负责解释。

第十六条 本制度自××××年××月××日起执行。

××公司管理人

××××年××月××日

文书模板八：

××公司管理人印章管理制度

管理人为规范××公司破产清算期间印章的使用及保管，保障破产清算工作顺利实施，依据《中华人民共和国企业破产法》、最高人民法院《关于审理企业破产案件指定管理人的规定》等相关法律、规范的规定，制定本制度。

第一条 破产清算期间管理人印章以及××公司印章的管理适用本制度。管理人印章包括管理人公章、管理人财务专用章、管理人负责人名章。印章是指××公司在进入破产清算程序前使用的所有印章，包括但不限于××公司公章、财务专用章、法定代表人名章等。

第二条　破产清算期间管理人印章和××公司印章由专人保管。任何部门和个人未经授权，不得私自持有管理人印章或××公司印章。

第三条　破产清算期间需要使用××公司印章、管理人印章的，必须经××××（管理人指定的工作人员）审核后交××××（管理人负责人或其他有权主体）签字批准，但本制度另有规定的除外。印章的使用审批程序如下：

1. 使用印章必须按规定填写《印章使用审批单》及《印章使用登记表》（附件1、附件2），经办人填写内容必须真实、清楚、明确；

2.《印章使用审批单》需经有审批权的人员逐级审批同意；

3. 印章保管人员加盖印章，并将文件原件或复印件留存一份；

4. 文件加盖印章后需要修改的，在修改后重新盖章之前必须收回原盖章文件。

第四条　印章保管人应严格按本制度使用和保管印章，不得擅自使用，并如实做好记录。印章使用记录应于每月最后一个工作日报综合协调组办公室备案。

第五条　各类印章应在规定的地点使用，未经批准，不得将印章私自带出办公地点使用；特殊情况下需携印章外出使用的，须经××××（管理人指定的工作人员）审核后报××××（管理人负责人或其他有权主体）批准，由二人监印，并做好登记。

第六条　遇有急件需要用印而有审批权限的人员不在场的，印章保管人应先通过电话请示，在获得有审批权限的人员口头批准后，方可用印，并应在事后及时补齐手续。

第七条　盖印章的文字要端正、清晰，盖印要做到“齐年盖月”，不得在空白处加盖印章。

第八条　凡违反本制度使用印章者，管理人将视情节轻重给予行政、经济处罚直至追究其法律责任。

第九条　严禁在空白介绍信、空白函等一切空白纸上盖章。

第十条　本制度由管理人负责解释。

第十一条　本制度自××××年××月××日起执行。

附件：1. 印章使用审批单；
2. 印章使用登记表。

××公司管理人
××××年××月××日

附件1

××公司（债务人名称）
印章使用审批单

<table>
<tr><td>用印名称</td><td colspan="3"></td></tr>
<tr><td>用印部门</td><td colspan="3"></td></tr>
<tr><td>用印日期</td><td>年　月　日</td><td>用印份数</td><td></td></tr>
<tr><td colspan="4">用印事由</td></tr>
<tr><td colspan="4"></td></tr>
<tr><td colspan="2">用印申请人签字</td><td colspan="2">××××签字（如有）</td></tr>
<tr><td colspan="2"></td><td colspan="2"></td></tr>
<tr><td colspan="2">××××签字（如有）</td><td colspan="2">管理人负责人签字</td></tr>
<tr><td colspan="2"></td><td colspan="2"></td></tr>
</table>

附件2

××公司（债务人名称）

印章使用登记表

序号	印章名称	份数	用印事由	用印人	日期
1					
2					
3					
4					
5					
6					
7					
8					
9					
10					
11					
12					
13					
14					

第二节　刻制印章，开立账户

一、刻制印章

管理人印章是对外行使管理人职责的法律身份标识。管理人接受法院指定后，可以凭法院受理破产申请裁定书、指定管理人决定书、致公安机关刻制管理人印章的函件、法院指定管理人负责人身份证复印件（验原件）、管理人单位的函件、管理人单位法定代表人（负责人）身份证明书和身份证复印件等资料（具体以当地公安机关的相关要求为准），前往经公安机关审批，具备公章刻制资质的企业刻制管理人印章。

印章刻制完毕后，管理人工作成员凭身份证到印章店领取公章，应及时向法院汇报并备案。若由于管理人的过失导致印章丢失，管理人应及时刊登遗失公告、并向法院说明情况，领取新的刻章函并重新刻制印章和备案。

为维护管理人印章使用的规范性、严肃性和安全性，保障管理人的合法权益，促进管理人的工作顺利开展，公章的刻制、使用和销毁都需要经过严格的程序。公章的使用可以参考上一节中的文书模板八：印章管理制度。管理人印章只能限于管理人履行职责时使用。

二、开立账户

管理人可以持法院受理破产申请的裁定书、指定管理人的决定书、管理人身份证明等文件材料到银行申请开立管理人账户（具体材料需要联系开户银行工作人员后确定）。

管理人账户开立后，管理人可以将债务人的银行存款划入管理人账户统一管理。不能执行划转的，管理人可以申请法院扣划。管理人依法履行职责时发生的所有资金收支，均应当通过管理人账户。管理人银行账户由法院监督，管理人应按法院要求定时向法院汇报账户变动情况，大额支出应事先征询法院的意见。

一般管理人账户的有效期与管理人公章同步，期限为两年，在破产案件审理终结前，管理人账户因银行管理需要办理续用申请时，管理人应当及时向法院和银行申请延续使用管理人账户。

鉴于目前实务中法院受理了很多经执行程序执行不能已经无产可破的案件，经进行初步的财产调查未发现有财产可供接收，为了减少破产费用的支出、避免浪费时间精力，也可先不予开立账户。

文书模板

文书模板一：

刻章申请书

申请人：××律师事务所，地址：×××××××××，统一社会信用代码：××××××××××××××××××××。

负责人（法定代表人）：××，居民身份证号码：×××××××××××

××××××××。

××××年××月××日，××××人民法院裁定受理××公司破产清算一案，并指定××律师事务所为××公司管理人，××（居民身份证号码：××××××××××××××××××）为管理人团队的负责人。

现我所指派×××同志到贵处重新刻制“××公司管理人”公章一枚，请予批准。

此致

××市公安局××分局

××律师事务所

××××年××月××日

文书样式二：

关于管理人印章信息的报告

××人民法院：

贵院于××××年××月××日作出××号民事裁定书，裁定受理××公司破产清算一案，并于××××年××月××日作出××号决定书，指定××律师事务所担任管理人，××为管理人负责人。

管理人自接受指定后，为便于有关工作的开展，已于××××年××月××日刻制了管理人印章（见附件），现就印章信息向贵院汇报并备案。

特此报告。

××公司管理人

××××年××月××日

附件：1. 管理人印模；

2. 管理人联系方式：×××，电话：×××××××××××

单位名称：××律师事务所

地址：××××××××××××。

附件：

印章名称	××公司管理人
印模	（管理人印鉴）
启用时间	××××年××月××日

第三节　管理人接管

一、全面调查

管理人应当自法院受理破产申请之日起25日内协助法院依照《企业破产法》第14条的规定通知已知债权人，并予以公告。

已知债权人，是指管理人根据债务人提供的资料、本案卷宗材料以及公开的渠道初步判断对债务人享有债权并且能够查明联系方式的债权人。管理人可以通过中国裁判文书网、中国执行信息公开网、天眼查等网站查询债务人涉诉涉执行情况，以便了解债权人情况，再通过与诉讼仲裁执行案件法院（或仲裁机构）联系获取债权人的联系方式。

管理人接受法院指定后，应当对债务人财产状况进行调查。调查的范围一般包括：（1）债务人的股东出资情况：出资人名册、出资协议、公司章程、验资报告及实际出资情况、非货币财产出资的评估报告、批准文件、财产权属证明文件、权属变更登记文件、历次资本变动情况及相应的验资报告、是否存在抽逃出资等情况；（2）债务人的货币财产状况：库存现金、银行存款及其他货币资金；（3）债务人的债权状况：债权的形成原因、形成时间、具体债权内容、债务人的债务人实际状况、债权催收情况、债权是否涉及诉讼或仲裁、是否已过诉讼时效、已诉讼或仲裁的债权的履行期限等；（4）债务人的存货状况：存货的存放地点、数量、状态、性质及相关凭证；（5）债务人的设备状况：设备权属、债务人有关海关免税的设备情况；（6）债务人的交通运输工具状况：类型、数量、型号、状态等；（7）债务人的不动产状况：土地使用权、房屋所有权、在建工程、未登记不动产的立项文件、相关许可、工程进度、施工状况及相关技术资料；（8）债务人的对外投资状况：各种投资证券、全资企业、参股企业等资产情况；（9）债务人分支机构的资产状况：无法人资格的分公司、无法人资格的工厂、办事处等分支机构的资产情况；（10）债务人的无形资产状况：专利权、商标权、著作权、许可或特许经营权情况；（11）债务人的营业事务状况；（12）债务人依法可以追回的财产状况；（13）债务人与相对人均未履行完毕的合同情况；（14）债务人是否存在符合退税或退费等的情况；（15）债务人其他具有处置价值的财产和财产权益。

管理人应当及时对债务人及其分支机构的财产状况进行调查。调查方式包括现场走访，前往银行、市场监督管理部门、自然资源部门、房产部门、车辆管理部门、证券登记部门等进行查询，向债权人、职工、股东等了解情况，通过网络进行查询查证等。管理人也可以向破产案件受理法院申请通过网络执行查控系统查询债务人财产信息。

管理人对债务人财产的调查一般包括如下方面：

1. 调查债务人的营业状况。

管理人应当前往债务人住所地调查债务人营业状况，债务人下落不明的，管理人可以通过走访调查了解，并拍照留存。同时，管理人可以向债务人注册登记的市场监督管理部门调取债务人工商档案信息，核查债务人注册登记信息及营业状况。

2. 调查债务人的资产状况。

（1）对库存现金、各类单据等，管理人可根据接管的库存现金信息、各类单据等材料清点核查，对于账证不符的，管理人应当要求债务人作出书面说明并如实登记。

（2）对银行存款，管理人可根据接管的银行账户信息、法院点对点及总对总查询信息，前往对应的开户行查询银行账户基本信息、历年交易流水、司法冻结情况、余额情况等。账户内有余额的，应当及时划转至管理人账户。

管理人可以查询债务人是否存在支付宝、微信等第三方支付结算平台以及保险、理财类资产。管理人无法接管时，可以申请法院查询债务人银行账户信息、保险信息、理财信息、支付宝、微信等第三方支付结算平台信息，并将账户内余额划转至管理人账户。

（3）对实物资产：①管理人可以前往存货的存放地，实地清点核实存货的数量、状态、性质及相关凭证。存货包含债务人开发房产的，管理人应当通过各地的房屋交易管理部门网站核实房产的预售网签备案信息、实地核查房产实际入住状况以及相关发票凭证等。②管理人可以进行实地调查，对设备、构筑物和房屋以外的其他地上附着物的权属、相关合同、凭证、施工文件、债务人有关海关免税的设备情况进行核实。③不动产所有权，管理人可以前往不动产所在地登记部门调取相关登记信息，涉及国有企业的不动产可以向国有资产管理部门申请调取。④不动产所有权，管理人可以前往车辆管理部门查询债务人名下的车辆，核实车辆的所有权证、行驶证、购买发票、保险单、车钥匙等。⑤管理人在接管中可以向债务人调查立项文件、相关许可、施工合同、工程进度、付款进度、施工状况及相关数据，并根据案件情况接管有关资料核查在建工程信息。

（4）对有价证券，管理人可以前往证券登记结算机构调查证券信息。

（5）对无形资产，管理人应当根据接管到的专利权、商标权、著作权、域名、许可或特许经营权等权利证明文件、相关合同文件、权利期限与账目记载，以及国家知识产权局等公开渠道全面查询债务人的无形资产信息。

3. 调查债务人的对外债权。

管理人可以调查债权的形成原因、形成时间、具体债权内容、债务人的债务人相关情况、债权催收情况、债权是否涉及诉讼或仲裁、是否已过诉讼时效、已诉讼或仲裁的债权履行期限及是否超过申请执行期限等情况。管理人通过查账进行核实的，要核实债权内容是否账账相符，将核查属实的债权进行重新分类登记，并予以确认。

4. 调查债务人的股东出资情况。

管理人可以查阅出资人名册、出资协议、公司章程、出资凭证、验资报告及实际出资情况、非货币财产出资的批准文件、财产权属证明文件、权属变更登记文件、历次资本变动情况及相应的验资报告。管理人未能获得验资报告、出资凭证等资料的，可通过银行账户交易流水及财务凭证确定出资情况。同时，应注意是否存在抽逃出资的情形。

5. 调查债务人对外投资情况。

管理人可以对投资证券、全资企业、参股企业情况及投资额、现存票面数额、出资证明书数额等进行核实，核对无误后进行登记；对其他长期投资，管理人可以对被投资主体、投资额及相关合同、票据等文件进行核实，核对无误后进行登记。债务人为国有企业的，管理人也可以向国有资产管理部门咨询具体的出资情况。

6. 调查债务人财产被其他人占用的情况。

管理人可以查明财产被占用的原因、相关依据等。

7. 调查债务人占用他人财产的情况。

管理人可以查明债务人占用他人财产的原因、数量、相关依据等。

8. 调查债务人是否存在《企业破产法》第 16 条、第 31 条、第 32 条和第 33 条规定的行为。

9. 调查债务人的董事、监事和高级管理人员是否存在利用职权获取非正常收入或者侵占债务人财产的行为。

10. 调查债务人未履行完毕的合同情况。

11. 调查有关债务人的未审结诉讼、仲裁及未执行完毕的案件情况。

12. 调查债务人是否存在应退未退税款的情况。

管理人可以向债务人的税务主管部门查询债务人是否存在应退未退税的情况。如存在，管理人应及时申请退税。

13. 调查有关债务人财产的其他情况。

二、接收、清查和保管财产

根据《企业破产法》第 25 条第 1 款、第 31 条、第 32 条、第 33 条、第 43 条、第 48 条之规定，法院受理企业重整后，管理人应当接管债务人的财产、印章和账簿、文书等资料，以及履行与债权申报、继续履行合同、资产处置等相关的法定职责。管理人可以就债务人的财产、印章和账簿、文书等资料的接管制定接管方案，并按照接管方案进行接管。

（一）接管移交事项

1. 接管公司的公章、财务专用章、合同专用章、税务登记专用章、法定代表人私章、预留银行的私人印鉴、掌握在公司手中的关联公司公章等印章，并由专人保管。公司及其职员因正当原因需使用印章时，必须遵循管理人制定的印章使用制度，履行相关报批程序。加盖印章后，管理人需复印相应文件资料留底，以防止文件在加盖印章后被篡改，并对使用人等情况予以登记备查。

2. 接管公司的营业执照、法人代码证等经营凭证。债务人未进行“五证合一”的，除营业执照外，管理人还应接管组织机构代码证、税务登记证和社会保险登记证等。

3. 接管公司的财务会计资料，包括历年的审计报告、验资报告、财务凭证、总账册、明细账册等。网上报税账号是债务人依法履行税务申报义务的登录账号，若债务人下落不明或者拒不告知的，管理人应及时与属地税务机关联系，获取账号信息。金税盘系债务人（一般纳税人）开具增值税发票、抄税的工具，若金税盘无法正常使用，管理人应及时与属地税务机关联系，恢复金税盘的使用。未开具的空白增值税发票数量应与金税盘中的数据一致。若不一致，管理人需要前往公司所在地税务机关进行发票挂失。

4. 接管公司的文件、合同、协议等原始档案材料。

5. 接管公司的资产权属证明，包括商标注册证书、专利证书、对外投资权益凭证、对外债权凭证、不动产权属证书、车辆登记证书等各类资产凭证。

6. 接管债务人的批准设立文件、章程、管理制度、股东名册、股东会决议、董事会决议、监事会决议以及债务人内部会议记录等档案文件。

7. 不属于债务人所有但由债务人占有或者管理的相关财产、印章和账簿、文书等资料，管理人应当一并接管。债务人有分支机构的，分支机构的证照、财产、印章和账簿、文书等资料，管理人应当一并接管。

8. 对车辆、房产、机器设备等资产进行接管。对车辆接管不能的，应对外发布遗失声明，避免车辆造成第三人损害而由债务人继续承担赔偿责任。

9. 接管公司的人事档案资料。

10. 接管公司的银行账户和现金。

11. 接管公司的涉诉案件材料（包括以债务人为原告、被告的所有一审、二审、再审、执行案件及仲裁等）。

12. 其他事项的接管和移交。

管理人对上述公章、证照和权利凭证等接管不能的，应予及时对外公告遗失，声明失效。

（二）接管工作的基本程序

1. 债务人工作人员要提前进行资料清理、准备工作，这是接管工作能够顺利开展的前提之一。在准备过程中，债务人工作人员可随时就有关问题与管理人进行沟通、协商。

2. 根据工作进程的需要，对于急需处理事宜所涉及的移交事项，应当优先安排移交。对于其他事项，可配合重整工作进度陆续移交。

3. 管理人和公司留守人员按照所移交和接管的事项，由上述专人调动本组人力，分工负责移交和接管，所有移交和接管事项必须制作交接清单，一式两份。

4. 公司留守人员向管理人实际交接时，应该按照交接清单逐项交接，管理人认真核对、清点，严格做到账实相符，即交接清单记载事项与实物必须一致。

5. 管理人清点资产的同时，开展对资产的评估工作，努力做到清点与评估工作同步完成，为后期工作的迅速开展打下坚实基础。

6. 交接工作完成，公司、管理人负责交接的人员、监督交接的人员分别在“移交人”、“接收人”和“监交人”栏上签字，并由移交人签署保证全部移交承诺书。

7. 移交后暂不使用，需要封存的资产，由管理人以封条形式封存，并由管理人相关负责人员在封条上签字。

8. 需要由原占有人员继续保管使用的财产、资料等，由管理人委托原占有人员继续妥善保管使用，并由原占有人员出具相关承诺书。

9. 对于无法交接的资料，或交接资料中无法体现出来的信息，公司要向管理人进行详细的介绍，必要时，出具书面的情况说明。

（三）接管工作的具体操作

一般情况下，对于有形资产和书面文件，采取实物移交的方式。对于不动产和特殊的动产，在实物移交的同时，还要移交权利凭证。对于银行账户等，则通过移交钥匙、印鉴，变更密码等方式，将实际控制权移交。根据移交接管事项的不同，结合项目推进的具体情况，对接管移交操作如下：

1. 公章、权证类

公章、权证类事项的交接，包括接管移交事项中的第 1 项、第 2 项、第 5 项内容，由管理人法律组专人负责接收，并在破产清算程序中监管、使用。

2. 文件、诉讼档案类

文件、诉讼档案类事项的交接，包括接管移交事项中的第 4 项、第 9 项内容，由管理人法律组专人负责接收。

3. 账簿、资产类

账簿类事项的交接，指接管移交事项中的第 3 项、第 6 项、第 8 项内容，由管理人财务组专人负责接收。

4. 人事档案类

管理人在接管过程中综合各种情况，经审慎判定，认为债务人已无破产重整或者破产和解的可能性，且不需要继续营业的，可以书面通知职工终止劳动合同。

上述材料，如管理人或债权人会议决定由债务人继续开展营业的，管理人可委托债务人的相关部门自行保管，并对保管、使用事宜进行监督。

（四）接管流程

1. 通知债务人有关人员

管理人应通过电话等方式联系债务人有关人员，向其介绍破产程序、告知相关权利义务，并向其住所邮寄告知书、破产受理裁定书、决定书和公告。若债务人有关人员下落不明，则需前往其住所走访调查，张贴上述法律文书。

2. 制作接管调查笔录

管理人在接管债务人相关财产和资料时，应制作接管调查笔录，向相关人员调查了解债务人的基本情况、财产状况、债务结构、破产原因等内容，并明确交接内容。管理人认为有必要的，可以要求债务人的有关人员协助管理人对债务人财产状况的调查。管理人调查询问有关人员应有两名调查人员在场并制作调查笔录，调查人员和被询问人员应当在笔录上签字确认。

债务人的有关人员拒绝协助的，管理人可以书面报告法院，请求法院采取相应措施，责令有关人员协助。

（五）接管清单

接管清单在管理人接收债务人的证照、印章、财务资料、文件资料、财产和其他资料时使用。

三、收回债务人财产

1. 法院受理破产申请后，债务人的出资人尚未完全履行出资义务的，管理人应当要求该出资人缴纳所认缴的出资，而不受出资期限的限制。

（1）管理人代表债务人提起诉讼，主张出资人向债务人依法缴付未履行的出资或者返还抽逃的出资本息，出资人不得以认缴出资尚未届至公司章程规定的期限，或者违反出资义务已经超过诉讼时效为由进行抗辩。

（2）管理人有权依法代表债务人提起诉讼，主张公司的发起人和负有监督股东履行出资义务的董事、高级管理人员，或者协助抽逃出资的其他股东、董事、高级管理人员、实际控制人等，对股东违反出资义务或者抽逃出资承担相应责任，并将财产归入债务人财产。

2. 债务人的董事、监事和高级管理人员利用职权从企业获取的非正常收入和侵占的企业财产，管理人应当追回。

3. 质物和留置物的取回。

（1）在法院受理破产申请后，管理人可以通过清偿债务或者提供为债权人接受的担保，取回质物、留置物。

（2）管理人所作的债务清偿或者替代担保，在质物或者留置物的价值低于被担保的债权额时，以该质物或者留置物当时的市场价值为限。

第一次债权人会议召开之前，管理人认为有必要通过清偿债务或者提供为债权人接受的担保的方式取回质物、留置物的，管理人应当事先取得法院的许可。

第一次债权人会议召开之后，管理人认为有必要取回质物、留置物的，可以通过清偿债务或者提供为债权人接受的担保的方式，取回质物、留置物。管理人应当事先制作财产管理或者变价方案，并提交债权人会议表决。债权人会议表决未通过且法院未依照《企业破产法》第65条的规定裁定确认的，管理人不得处分。

管理人实施处分行为前，应当提前10日书面报告债权人委员会。未设立债权人委员会的，应当提前10日书面报告法院。

相关规定

深圳市中级人民法院破产案件管理人工作规范（节选）

（2015年2月5日发布　2015年2月5日施行）

第二章　接管调查职责

第六条　管理人应当根据破产案件的实际情况组建管理人工作团队，合理配置工作人员，并将团队名单报本院备案。

第七条　管理人应当自收到指定管理人决定书之日起三个工作日内，到本院查阅有关材料，通知债务人的有关人员，确定接管时间。

第八条　管理人应当在收到指定管理人决定书之日起十个工作日内制定工作计划和全

面的管理人工作制度，包括管理工作规程、会议议事规则、财务收支管理制度、证照和印章管理制度、档案管理制度、保密制度等，报本院备案。

第九条 管理人应当根据案情需要制订突发事件应急预案，并及时报告突发事件情况，对可能影响社会稳定的突发性、群体性事件的处理方案应当报本院批准。

第十条 管理人应当在收到指定管理人决定书之日起十个工作日内，持受理破产申请裁定书、指定管理人决定书、刻制印章函等法律文书到公安机关刻制管理人印章，管理人印章交本院封样备案后启用，管理人印章应有专人保管并设置使用登记记录，管理人印章不得在所涉破产事务之外的任何场合使用。

第十一条 管理人应当持本院受理破产申请裁定书、指定管理人决定书、管理人公章及破产案件承办法官印鉴向银行申请开立管理人账户。

管理人可以将债务人的存款划入管理人账户集中统一管理，不能自行划转的可以申请本院扣划。

第十二条 管理人应当严格执行财务收支管理制度，所有开支必须按内部审批程序批准后从管理人账户列支，大额支出应当经本院审核批准。

第十三条 管理人接管时应当制作移交清单、接管笔录，告知债务人有关人员法律责任，接管工作完成后由管理人和债务人的有关人员签名确认，并在债务人营业场所公告有关事项。

第十四条 管理人应当接管的债务人财产、印章和账簿、文书等资料包括：

（一）债务人占有或管理的现金、银行存款、有价证券、债权债务清册、存货、流动资产、固定资产、在建工程、对外投资、无形资产等财产及相关凭证；

（二）公章、财务专用章、合同专用章、发票专用章、海关报关章、职能部门章、各分支机构章、电子印章、法定代表人名章等印章；

（三）总账、明细账、台账、日记账等账簿及全部会计凭证、重要空白凭证；

（四）批准设立文件、营业执照、税务登记证书及各类资质证书、章程、合同、协议及各类决议、会议记录、人事档案、电子文档、管理系统授权密码等资料；

（五）有关债务人的诉讼、仲裁、执行案件的材料；

（六）债务人的其他重要资料。

第十五条 管理人接管过程中，应当根据案情需要及时申请本院通知有关机关解除对债务人财产的保全措施、中止有关债务人的诉讼、仲裁或者执行程序，申请本院对可能被转移的财产采取保全措施。管理人完成接管后，应当向审理案件的人民法院、仲裁机构申请恢复诉讼和仲裁。

第十六条 债务人的有关人员因客观原因无法交出应交接的财产、印章、账册、文书等资料的，管理人应当要求其作出书面说明或者提供有关证据、线索。债务人的有关人员拒不移交财产、印章和账簿、文书等资料的，管理人可以申请本院采取强制措施。

管理人对所接管的财产、印章、账册、文书等资料应当妥善保管，防止毁损或遗失。

第十七条　管理人清算过程中发现债务人的有关人员隐匿财产，对资产负债表或者财产清单作虚伪记载或者在未清偿债务前分配债务人财产，严重损害债权人或者其他人利益的，应当及时向公安机关报案。

管理人发现债务人的有关人员隐匿或者故意销毁依法应当保存的会计凭证、会计账簿、财务会计报告，情节严重的，应当及时向公安机关报案。

管理人发现债务人的有关人员伪造、销毁有关证据材料，通过隐匿财产、承担虚假的债务或者以其他方法转移、处分财产，实施虚假破产，严重损害债权人或者其他人利益的，应当及时向公安机关报案。

第十八条　在接管过程中，管理人应当对下列事项进行调查：

（一）债务人的营业状况；

（二）债务人的资产状况；

（三）债务人的债权债务情况；

（四）债务人职工安置情况，职工工资、经济补偿金支付情况及社会保险费用的缴纳情况；

（五）债务人出资人的出资情况；

（六）债务人是否存在企业破产法第三十一条、第三十二条或者第三十三条规定的行为；

（七）债务人的董事、监事和高级管理人员是否存在利用职权获取非正常收入或者侵占债务人财产的行为；

（八）债务人未履行完毕的合同情况；

（九）有关债务人的未审结诉讼、仲裁以及未执行完毕的案件情况；

（十）有关债务人的其他情况。

第十九条　管理人可以要求债务人的有关人员协助调查，管理人调查询问有关人员应有两名调查人员在场并制作调查笔录，调查人员和被询问人员应当在笔录上签字确认。债务人的有关人员拒不协助调查的，管理人可以报告本院依法处理。

第二十条　管理人完成接管后，经本院许可，可以聘用债务人的有关人员作为留守人员。管理人决定聘用留守人员时，应当与其重新签订聘用合同，同时解除原劳动合同。

聘用合同应当对双方的权利义务、劳动报酬标准、以及养老、医疗、工伤、失业、生育等五项社会保险和住房公积金等事项作出明确约定。留守人员的劳动报酬根据债务人的实际情况确定，从破产费用中支付。

第二十一条　管理人完成接管后应当制作阶段性工作报告，向本院报告接管工作情况。

第三章　权利审核职责

第二十二条　管理人接收债权申报材料后，应当登记造册，对申报的债权进行审查，并将债权审查结论书面通知申报人。

管理人在第一次债权人会议召开之前应当完成债权审核和债权表的编制，因特殊情况未完成债权审核和债权表编制的，应当向债权人会议书面说明。管理人应当保存债权表和债权申报材料，供利害关系人查阅。

第二十三条　债权人申报债权材料不全的，管理人应当允许债权人在指定的期限内补正、补充。

第二十四条　债权人未在债权申报期限内申报，在破产财产最后分配前向管理人补充申报债权的，此前已进行的分配，不再对其补充分配，管理人可以要求债权人承担审查和确认补充申报债权的必要合理费用，但不得单独就此收取管理人报酬。

前款规定的已进行的分配，是指债权人补充申报时本院已裁定认可破产财产分配方案。

第二十五条　管理人应当根据债务人财务资料、人事资料、考勤记录等证据材料确认职工的劳动债权，必要时可以向债务人的有关人员核实情况；职工对劳动债权清单记载有异议并要求更正的，管理人应当进行复核并将复核结果书面通知职工。管理人复核后不予更正的，应当告知职工可以依法提起诉讼。

第二十六条　管理人受理取回权申请，应当自收到申请书之日起三十日内完成审查。管理人确认取回权成立的，应当报本院批准后向申请人送达书面审查结论；管理人不予确认的，应当报本院备案并向申请人送达书面审查结论，同时告知申请人可以依法提起诉讼。

管理人不得单独对取回权申请收取报酬，但本院另有规定的除外。

管理人受理抵销权、担保权、优先权申请的，参照取回权审查程序办理。

第四章　财产管理职责

第二十七条　管理人办理重大复杂破产案件应当制定财务收支管理制度，接管完成后向本院提交债务人的日常开支和其他必要开支的预算报告，根据破产程序的进度定期报告财务收支情况，提请本院终结破产程序时应当同时提交财务决算报告。

第二十八条　管理人决定债务人的日常开支和其他必要开支时应当严格坚持合法、合理、必要的原则，厉行节约，勤俭办事，降低清算成本。

管理人不得将破产费用用于破产管理工作以外的事项。

第二十九条　在第一次债权人会议召开之前，管理人不得实施对债权人利益有重大影响的财产处分行为，管理人决定继续或者停止债务人的营业或者实施企业破产法第六十九条规定行为之一的，应当经本院许可。

在第一次债权人会议召开之后，管理人决定继续或者停止债务人的营业的，应当经债权人会议表决通过。实施企业破产法第六十九条规定行为之一的，应当事前报本院审查。

第三十条　管理人对破产申请前成立且债务人和对方当事人均未履行完毕的合同，应当在法定期限内决定予以解除或者继续履行，并通知对方当事人。

第三十一条　管理人对债务人财产应当及时登记、清理、审计、评估、变价，在第一次债权人会议之前，管理人处置易损、易腐、易贬值、保管费用较高的财产，应当报本院批准。

第三十二条　管理人对债务人财产进行审计、评估、拍卖应当申请本院以摇号方式确定中介机构，深圳市内的不动产应当委托深圳市土地房产交易中心拍卖。

第三十三条　债务人设立的不具有法人资格的分支机构，管理人应当将其财产列为债务人财产进行管理和处置。

第三十四条　管理人应当向债务人的债务人和财产持有人发出书面通知，要求债务人的债务人和财产持有人于限定的时间内向管理人清偿债务或者交付财产。

债务人的债务人和财产持有人拒绝清偿债务或者交付财产的，管理人应当以债务人名义依法向本院提起诉讼。

第三十五条　管理人对债务人的知识产权、专有技术、商业秘密、企业商号等无形资产应当及时确定权属，适时变价出售。对于债务人的对外投资，管理人应当依法行使出资人的权利，及时变价处置。

第三十六条　管理人经调查发现债务人存在企业破产法第三十一条、第三十二条或者第三十三条规定行为的，应当向相对人发出书面通知，要求其清偿债务或返还财产。

相对人在限定时间内未清偿债务或者交付财产的，管理人应当依法向本院提起诉讼。

经上述程序债权人损失仍不能得以弥补的，管理人应当依法对债务人的有关人员提起赔偿之诉。

第三十七条　本院受理破产申请后，债务人的出资人尚未完全履行出资义务的，管理人应当要求该出资人缴纳所认缴的出资，不受出资期限的限制。

债务人的出资人在限定时间内未履行出资义务的，管理人应当依法向本院提起诉讼。

第三十八条　管理人经调查发现债务人的董事、监事和高级管理人员利用职权获取非正常收入或者侵占债务人财产的，应当书面通知其返还财产。

上述人员在限定时间内未返还财产的，管理人应当依法向本院提起诉讼。构成犯罪的，管理人应当向有关机关报案，追究其刑事责任。

第三十九条　本院受理破产申请后，经本院许可，管理人可以通过清偿债务或者提供为债权人接受的担保，取回质物、留置物。

前款规定的债务清偿或者替代担保，在质物或者留置物的价值低于被担保的债权额时，以该质物或者留置物当时的市场价值为限。

第四十条 管理人决定提起诉讼，诉讼过程中决定撤诉、和解，或者承认、放弃诉讼请求的，应当事前报本院审查，必要时应征得债权人会议或者债权人委员会同意。

第五章 会议召集职责

第四十一条 债权人会议表决有关事项以现场表决为主，也可以采用通讯、网络等方式表决。采用通讯、网络等方式表决有关事项的，管理人应当告知债权人表决程序和规则。

第四十二条 管理人应当在债权人会议召开前三日申请本院指定债权人会议主席，并将债权人会议的筹备情况及相关文件报送本院。

需要设立债权人委员会的，管理人应当在第一次债权人会议召开前三日将成员候选名单报本院初审，债权人会议决定设立后将债权人委员会成员名单提请本院决定认可。

第四十三条 管理人提交第一次债权人会议的文件应当包括下列内容：

（一）会议议程；

（二）管理人阶段性工作报告；

（三）债权审核报告及债权表；

（四）职工安置情况，工资、经济补偿金及社会保险费用的支付情况；

（五）债务人财产的管理方案；

（六）破产财产的变价方案；

（七）管理人报酬方案；

（八）本院认为应当说明的其他内容。

第四十四条 管理人应当向债权人会议报告职务执行情况，并回答债权人的询问。

第四十五条 债权人会议结束后三日内，管理人应当将债权人会议的到会情况、表决情况及决议书面报告本院。

第四十六条 债权人会议核查债权表后，债权人、债务人对债权表记载的债权有异议的，可以在债权人会议上提出异议，也可以在债权人会议结束后十五日内提出异议。管理人应当对有异议的债权进行复核，经复核仍有异议的，管理人应当书面告知异议人在收到复核通知之日起十五日内依法向本院提起诉讼，并将受理情况反馈给管理人。逾期不起诉的，视为无异议。

管理人申请本院裁定确认债权表记载的债权时，应当说明债权审查过程和债权人会议核查债权的情况。

第四十七条 债权人会议表决未通过债务人财产管理方案、破产财产变价方案的，或者经债权人会议二次表决仍未通过破产财产分配方案的，管理人应当及时申请本院裁定。

文书模板

文书模板一：

接管通知书

××公司及法定代表人、董事、监事、高级管理人员、财务负责人：

××××人民法院于××××年××月××日作出×××号民事裁定书，裁定受理××公司破产清算一案，并于××××年××月××日作出×××号决定书，指定××律师事务所担任管理人，×××为管理人负责人。管理人现就接管事宜告知如下：

一、管理人应从××公司接管财产、印章和账簿、文书等资料

贵方应向管理人移交的××公司资料包括但不限于：

1. 财产类：(1) 公司占有或管理的现金、银行存款等货币资金及相关凭证；(2) 公司占有或管理的固定资产、在建工程等有形财产及相关凭证，包括但不限于××公司的房屋建筑物、运输设备、机器设备、电子设备、存货等；(3) 公司占有或管理的有价证券、对外投资、知识产权及其他无形资产及相关凭证；(4) 债权债务清册及相关合同、协议等凭证；(5) 公司占用或管理的其他财产及相关凭证。

2. 证照、印章类：(1) 公司经营证照，包括但不限于营业执照、税务登记证、社会保险登记证、组织机构代码证、各类经营许可证书及资质证书等；(2) 公司印章，包括但不限于公章、财务专用章、合同专用章、发票专用章、电子印章、法定代表人名章等。

3. 账簿类：(1) 公司的财务会计资料，包括但不限于总账、明细账、台账、日记账等账簿及全部会计凭证；(2) 公司审计资料和年检资料，包括但不限于历年审计报告、年检报告、验资报告。

4. 文书类：(1) 公司设立运营资料，包括但不限于批准设立文件、章程、合同、协议、企业变更（备案）登记申请书及各类决议、会议记录等资料；(2) 公司员工的劳动合同及相关人事档案资料；(3) 公司经营资料，包括但不限于各类合同、协议等。

5. 涉诉材料：有关公司的诉讼、仲裁、执行案件的卷宗材料，包括但不

限于以××公司为原告、被告、第三人的所有案件。

6. 需要移交接管的其他重要资料及财产。

以上准备工作请在××××年××月××日前完成，并请将上述移交事项制作详细清单。

二、接管工作安排

管理人拟于××××年××月××日上午××时在××××××××（地址）办理接管事宜，请贵司法定代表人、财务管理人员和其他经营管理人员等有关人员按时参加。

三、责任告知

自人民法院受理××公司破产清算申请的裁定送达公司之日起至破产程序终结之日止，××公司的有关人员应承担下列义务：（1）妥善保管其占有和管理的财产、印章和账簿、文书等资料；（2）根据人民法院、管理人的要求进行工作，并如实回答询问；（3）列席债权人会议并如实回答债权人的询问；（4）未经人民法院许可，不得离开住所地；（5）不得新任其他企业的董事、监事、高级管理人员。

公司应当按照本通知之内容及要求如实详尽地向管理人进行移交。如因公司怠于履行保管、移交义务，导致公司因主要财产、账册、重要文件等缺失、灭失而无法进行清算的，××公司的有关人员将承担无法清算的法律后果。

以上所称的有关人员包括公司的法定代表人、股东、实际控制人、董事、监事、总经理、财务管理人员以及其他高级管理人员。

四、员工安排

人民法院裁定受理破产清算申请后，管理人将通知公司的全体职工终止劳动合同。公司职工可按照公告提供的联系方式与管理人联系，确认工资、解除劳动合同经济补偿金等安置事宜。根据清算工作需要，经人民法院认可，管理人可以聘用公司的有关人员作为留守人员。

特此通知。

××公司管理人

××××年××月××日

文书模板二：

××公司破产清算案件
接管调查笔录

时间：××××年××月××日

地点：

询问人：

被询问人：股东××

以下为询问笔录内容：

管理人：××××年××月××日，××××人民法院以×××号民事裁定书裁定受理××公司破产清算一案。××××年××月××日，××××人民法院以×××号决定书指定××律师事务所担任管理人开展破产工作。根据《中华人民共和国企业破产法》第15条的规定，自人民法院受理破产申请的裁定送达债务人之日起至破产程序终结之日，债务人的有关人员承担下列义务：(1) 妥善保管其占有和管理的财产、印章和账簿、文书等资料；(2) 根据人民法院、管理人的要求进行工作，并如实回答询问；(3) 列席债权人会议并如实回答债权人的询问；(4) 未经人民法院许可，不得离开住所地；(5) 不得新任其他企业的董事、监事、高级管理人员。违者应当承担相应的法律责任，构成犯罪的，依法追究刑事责任，是否清楚？

#：

管理人：根据《中华人民共和国企业破产法》的规定，债权人申请的，债务人应当自受理破产裁定送达之日起15日内，向人民法院提交财产状况说明、债务清册、债权清册、有关财务会计报告以及职工工资的支付和社会保险费用的缴纳情况，是否清楚？

#：

管理人：你在公司的身份？在公司的经历情况？

#：

管理人：请谈谈公司登记、公司章程、股权结构、股东出资等情况及变更情况。

#：

管理人：公司的业务状况？

#：

管理人：公司的管理机构状况？

#：

管理人：公司的银行开户、账户、存款等情况？

#：

管理人：公司何时出现不能支付到期债务的情况？

#：

管理人：公司资产负债情况，能否相抵？

#：

管理人：公司出现资不抵债、不能支付到期债务的原因是什么？

#：

管理人：公司财务管理是否健全？报表、账簿、凭证是否完整？

#：

管理人：公司印章、证照、文件、资料是否完整？

#：

管理人：对照接管清单目录，请描述有关情况？

#：

管理人：（如被询问人称不能或部分不能移交的）请说明不能移交的事项和原因是什么？

#：

管理人：你认为应于何时何方式移交较为妥当？或限你何时移交，是否清楚？

#：

管理人：股东出资是否及时到位？有无虚假出资、欠缴出资、抽逃出资的情况？

#：

管理人：股东股权有无设定担保？有无被采取冻结、监管等保全、执行措施？

#：

管理人：公司董事、监事和高级管理人员的工资状况？

#:

管理人：公司董事、监事和高级管理人员有无侵占或变相侵占公司财产？

#:

管理人：公司董事、监事和高级管理人员有无过错造成经营亏损或破产？

#:

管理人：公司有无未履行完毕的合同，状况如何，你认为应如何处理？

#:

管理人：公司是否应当继续营业，理由是什么？

#:

管理人：公司应留用哪些人员？理由是什么？工资标准多少？

#:

管理人：公司需要哪些日常开支和其他必要开支？

#:

管理人：公司有哪些诉讼、仲裁、执行情况？

#:

管理人：公司在人民法院受理破产申请前一年内，有无存在下列情况：无偿转让财产的；以明显不合理的价格进行交易的；对没有财产担保的债务提供财产担保的；对未到期的债务提前清偿的；放弃债权的。

#:

管理人：公司在人民法院受理破产申请前六个月内，有无对个别债权人进行清偿？个别清偿是否使公司财产受益？

#:

管理人：有无存在为逃避债务而隐匿、转移财产，或者虚构债务或承认不真实的债务的情形？

#:

管理人：公司的财产有哪些？应如何处理为妥？

#:

管理人：公司有多少现金、存款？存放在哪里？

#:

管理人：公司有哪些存货？有哪些原材料、半成品、产成品？应如何处理？

#：

管理人：公司有哪些固定资产？厂房、设备、车辆情况如何？

#：

管理人：公司有哪些不动产，面积是多少？产权登记、编号等情况？

#：

管理人：在建工程进展情况如何？工程款结算、支付情况如何？

#：

管理人：车辆登记、审验、违章情况？应如何处理？

#：

管理人：设备情况，购置时间、使用情况、现值情况分别如何？应如何处理较好？

#：

管理人：公司的应收账款有哪些？应如何处理为妥？

#：

管理人：公司的对外投资有哪些？应如何处理为妥？

#：

管理人：公司的无形资产有哪些？应如何处理为妥？

#：

管理人：应如何让公司的债务人、财产持有人向管理人清偿债务或交付财产？

#：

管理人：公司有无财产为他人所有？

#：

管理人：公司哪些财产已经设立抵押？

#：

管理人：公司有无财产为他人设定质押或留置情况？情况如何？

#：

管理人：公司有无财产被采取保全、执行措施？

#：

管理人：公司主要财产的去向、处理等情况如何？

#：

管理人：公司有哪些债务？有多少类型、多少户，金额是多少？要求整理、提供已知债权人清单。

#：

管理人：公司有多少职工？是否都订立劳动合同？是否都有办理社会保险？要求提供职工名册。

#：

管理人：公司有无拖欠职工的工资和医疗、伤残补助、抚恤费用？有无拖欠应划入职工个人账户的基本养老保险、基本医疗保险费用，以及法律、行政法规规定应当支付给职工的补偿金？

#：

管理人：公司现有职工如何处理为妥？

#：

管理人：公司有无欠缴税款？情况如何？有哪些税种？欠税金额是多少？

#：

管理人：公司最大（主要）的债权人是谁？最主要的债权有哪些种类？应付材料款情况？民间借贷情况？银行借款情况？

#：

管理人：公司为他人债务担保情况？他人为公司债务担保情况？

#：

管理人：公司有无重整可能？意向如何？有无可行性方案？

#：

管理人：公司有无与债权人和解可能？有无和解的意向和努力？

#：

管理人：你认为公司破产应如何处理为妥？有何想法或具体的意见、建议？

#：

管理人：公司有无需要紧急处理的事项？应如何处理为妥？

#：

管理人：根据《中华人民共和国企业破产法》第16条的规定，债务人不能对个别债权人的债务进行清偿。是否清楚？

#：

管理人：有无其他需要说明的情况？

#：

管理人：本次询问暂就到此，根据《中华人民共和国企业破产法》的相关规定，在破产清算过程中，如管理人还有相关情况需要向你调查询问，你有义务配合，否则应当承担相应的法律责任，请问是否清楚？

#：

管理人：请你核对笔录。若有与你陈述不一致的地方，请直接在该处修改后签名确认。如无误，请在底部签名处签名确认。

#：（看笔录后签名）

#：（记明阅读核对、确认情况）

被谈话人：

谈话人：

记录人：

日期：××××年××月××日

文书模板三：

××××有限公司破产案接管清单——证照类

序号	名称	数量	编号	有效期	备注

移交人（签字或盖章）：________　　接收人（签字或盖章）：________

××××年××月××日　　××××年××月××日

××××有限公司破产案接管清单——印章类

序号	印章字样	数量	类型	印模留样	备注

移交人（签字或盖章）：________　　接收人（签字或盖章）：________

××××年××月××日　　××××年××月××日

××××有限公司破产案接管清单——财务资料类

序号	名称	年份	月份	册数（编号）	备注

附注：1. 记账凭证封面记载的册数总数与实际接管不一致的，应在备注中进行说明。

2. 账簿资料应按最短期间（月或年）进行接管，如实填写接管清单。

移交人（签字或盖章）：________　　接收人（签字或盖章）：________

××××年××月××日　　××××年××月××日

××××有限公司破产案接管清单——文件资料类

序号	文件名称	数量	原件/复印件	内容	备注

××××有限公司破产案接管清单——财产类

序号	种类	描述	存放地点	限制状态	备注

移交人（签字或盖章）：________　　接收人（签字或盖章）：________

××××年××月××日　　××××年××月××日

××××有限公司破产案接管清单——其他资料

序号	名称	内容	状态	备注

移交人（签字或盖章）：________　　接收人（签字或盖章）：________

××××年××月××日　　××××年××月××日

第四节　决定债务人事务

一、对债务人营业继续与否的处理

在第一次债权人会议召开之前，管理人决定债务人继续或者停止营业的，应当将债务人营业的实际状况以及继续或者停止营业的决定及理由报告法院并取得法院的许可。

在第一次债权人会议召开之后，管理人对于债务人营业事务的继续或者停止可以作出建议，并将该建议及其理由报告债权人会议，由债权人会议决定债务人营业事务的继续或者停止。管理人建议债务人继续营业的，可以同时就债务人营业事务的管理作出方案，一并报告给债权人会议讨论决定。

管理人可以按照下列标准作出债务人继续或者停止营业的判断：（1）如果继续营业有利于提高债务人财产价值及债权人清偿比例的，应当继续债务人营业；（2）如果停止营业有利于提高债务人财产价值及债权人清偿比例的，应当停止债务人营业。

二、对于未履行完毕合同的处理

《企业破产法》第18条规定："人民法院受理破产申请后，管理人对破产申请受理前成立而债务人和对方当事人均未履行完毕的合同有权决定解除或者继续履行，并通知对方当事人。管理人自破产申请受理之日起二个月内未通知对方当事人，或者自收到对方当事人催告之日起三十日内未答复的，视为解除合同。管理人决定继续履行合同的，对方当事人应当履行；但是，对方当事人有权要求管理人提供担保。管理人不提供担保的，视为解除合同。"根据该条规定，对于双方均未履行完毕合同的解除权完全在于管理人，是否继续履行合同应取决于继续履行是否能够给债务人带来更多的收益。

但是，并非管理人认为应该继续履行就一定会得到对方当事人的支持与配合，考虑债务人经营状况恶劣，交易风险较大，即使管理人决定继续履行合同，应依据《企业破产法》第42条第1款第1项的规定，将法院受理破产申请后发生的，因管理人或者债务人请求对方当事人履行双方均未履行完毕的合同所产生的债务认定为共益债务，对方当事人仍然有可能无法完全实现债权。因此，对方当事人有权要求管理人提供担保，而管理人综合考虑继续履行合同并提供担保是否能为债务人带来明显的有利于全体债权人的收益来作出决定。同时，根据《证券法》第18条第2款第3项的相关规定，"提供重大担保"属于上市公司应进行信息披露的事项。根据《企业破产法》第69条第7项的规定，管理人决定履行债务人和对方当事人均未履行完毕的合同，应当及时报告债权人委员会。

相反的是，如果管理人认为继续履行合同不能给债务人增加收益，甚至有可能加剧债务人的经营危机的话，则可以决定不继续履行合同，由此给对方当事人带来的合同解除所产生的损害，对方当事人可以依据《企业破产法》第53条的规定，以该合同解除损害赔偿请求权向管理人申报债权。

值得注意的是，《企业破产法》第54条规定："债务人是委托合同的委托人，被裁定适用本法规定的程序，受托人不知该事实，继续处理委托事务的，受托人以由此产生的请求权申报债权。"这是一项较为特殊的，不需要管理人决定是否继续履行合同的合同形式，只要受托人不知道债务人进入破产程序的事实，因继续处理委托事务所产生的债权仍可继续作为破产债权。

债务人在进入破产重整程序，制定经营方案时还可以缔结新的合同，产生新的债权债务关系，经过债权人会议表决通过和人民法院批准即可。但目前我国破产法并未明确由此产生的债权债务关系应当作何认定，是普通债权还是共益债务，其存在立法模糊。笔者认为，在破产重整程序中缔结新的合同产生的债务应当认定为共益债务。值得参考的是，为了继续经营进行融资借款能够被认定为共益债务，那为了稳定发展债务人的生产经营而缔结的新合同，交易相对人亦是承担着无法获得对价的风险，如果不能认定为共益债务获得随时清偿，则会打击交易相对人的交易信心，使得债务人在重整中经营困难，无法取得预期成果。因此，将在破产重整程序中缔结新的合同产生的债务认定为共益债务既有利于维护市场交易安全，又有利于促进债务人通过正常的市场交易和经营获得收益，从而增加重整成功的希望。

文书模板

文书模板一：

（解除双方均未履行完毕的合同用）

通知书

×××（合同相对人名称/姓名）：

××××人民法院于××××年××月××日作出×××号民事裁定书，裁定受理××公司破产清算，并于××××年××月××日作出×××号决定书，指定×××担任管理人。

根据管理人掌握的材料，在法院裁定受理破产申请前，公司于××××年××月××日与你公司/你签订了《××××合同》。现双方均未履行完毕上述合同，______（简述合同履行情况）。

根据《中华人民共和国企业破产法》第十八条之规定，管理人决定解除上述合同。你公司/你如因上述合同解除产生损失的，可以损害赔偿请求权向管理人申报债权。

特此通知。

××公司管理人
××××年××月××日

文书模板二：

（继续履行双方均未履行完毕的合同用）
通知书

×××（合同相对人名称/姓名）：

××××人民法院于××××年××月××日作出×××号民事裁定书，裁定受理××公司破产清算，并于××××年××月××日作出×××号决定书，指定×××担任管理人。

根据管理人掌握的材料，在法院裁定受理破产申请前，××公司于××××年××月××日与你公司/你签订了《××××合同》。现双方均未履行完毕上述合同，________（简述合同履行情况）。

根据《中华人民共和国企业破产法》第十八条之规定，管理人决定继续履行上述合同，________（简述要求相对方继续履行的合同义务）。

特此通知。

××公司管理人
××××年××月××日

文书模板三：

（是否同意抵销用）
通知书

×××（申请抵销人名称/姓名）：

你公司/你关于要求抵销____________________（主张抵销的债务内容）的申请收悉。经本管理人核实：____________________（简述核实的内容）。

（同意抵销时适用）

根据《中华人民共和国企业破产法》第四十条之规定，决定同意你公司/

你的抵销申请。经抵销，你公司/你尚欠债务人债务××元，请于收到本通知书××日内向本管理人清偿，债务清偿款应汇入：××银行（列明开户单位和银行账号）。（抵销后债务人欠申请抵销人债务的，写明债务人尚欠你公司/你债务××元。）

（不同意抵销时适用）

本管理人认为，____________________（简述不同意抵销的理由），根据《中华人民共和国企业破产法》第四十条之规定，不同意你公司/你的抵销申请。

如你公司/你对管理人不同意抵销的决定有异议，可于接到本通知书之日起××日内向本管理人提出，并附相关证据，配合管理人核实。

特此通知。

××公司管理人

××××年××月××日

文书模板四：

（继续履行合同提供担保用）

通知书

×××（合同相对人名称/姓名）：

法院于××××年××月××日作出×××号民事裁定书，裁定受理××公司破产清算，并于××××年××月××日作出×××号决定书，指定×××担任管理人。

本管理人于××××年××月××日向你公司/你发送×××号通知书，决定继续履行××公司于××××年××月××日与你公司/你签订的《××××合同》。你公司/你于××××年××月××日要求本管理人提供担保。

根据《中华人民共和国企业破产法》第十八条第二款之规定，本管理人现提供下列担保：

（提供保证人的）

列明保证人的姓名或名称、保证方式、保证担保的范围、保证期间等。

（提供物的担保的）

列明担保人的姓名或名称、担保方式、担保物的情况、担保范围等。

你公司/你对管理人提供的担保无异议的，请于××××年××月××日与本管理人签订担保合同。

特此通知。

××公司管理人

××××年××月××日

文书模板五：

（回复相对人催告继续履行合同用）
通知书

×××（合同相对人名称/姓名）：

你公司/你于××××年××月××日向本管理人发送的__________（合同相对人所发送关于继续履行合同的催告函件名称）已收到。经管理人核实，在法院裁定受理破产申请前，×××（债务人名称）确于××××年××月××日与你公司/你签订了《××××合同》，且目前双方均未履行完毕，_________（简述合同履行情况）。

（同意继续履行合同的）

本管理人认为，___________（简述同意继续履行的理由），根据《中华人民共和国企业破产法》第十八条之规定，管理人决定继续履行上述合同。

（同意继续履行合同，但商请延期的）

本管理人认为，_________（简述同意继续履行合同但需要延期的理由），根据《中华人民共和国企业破产法》第十八条之规定，管理人商请将上述合同延期至××××年××月××日履行。

（不同意继续履行合同，决定解除的）

本管理人认为，_________（简述不同意继续履行的理由），根据《中华人民共和国企业破产法》第十八条之规定，管理人决定解除上述合同。你公司/你可就因上述合同解除所产生的损害赔偿请求权向管理人申报债权。

特此通知。

××公司管理人

××××年××月××日

第五节　审计与评估

一、审计与评估的概念

破产案件管理人委托审计，是指破产案件管理人委托具有审计资质的专业机构对债务人的会计凭证、会计账簿、财务会计报告，及与审计有关的文件、资料进行审计并出具专项审计报告，或者对债务人某事项出具专项审计报告的行为。

破产案件管理人委托评估，是指破产案件管理人委托具有评估资质的专业机构对债务人的不动产、动产、无形资产等全部财产（含抵押资产）进行评估并出具评估报告或者咨询报告的行为。

二、管理人的工作原则

（一）忠实履职

管理人应当忠实履职，不得利用管理人身份为自己或者他人谋取私利，坚持合法、公平、合理的履职原则，以及以维护社会安定为目标的工作指导思想。

（二）接受监督

管理人委托审计和评估应当接受法院、债权人会议以及债权人委员会的监督，接受法院的指导。需要审计和评估的，应当及时通报已知债权人或向债权人会议报告。

三、委托方式

管理人可以采用自主决定、摇珠或者公开招募等方式选聘审计和评估机构。审计和评估机构的选聘过程和选聘结果应当遵循公开、公平、公正的原则。

管理人自主选聘审计和评估机构的，可以同时选聘备选机构。管理人通过摇珠或者公开招募方式选聘审计和评估机构的，应当同时选聘备选机构。

四、签订委托审计和评估协议

审计和评估机构应当自被选聘之日起 3 个工作日内与管理人签订委托协议，委托协议应当包括委托事项的完成时限及违约责任。审计期限一般不超过 30 日，评估期限一般不超过 15 日。违约责任应当包括审计和评估机构无故超期的，管理人有权解除委托协议并要求退还已支付费用，因不当履行职责给债务人、债权人或者第三人造成损害的，应当承担赔偿责任等内容。委托协议由本会拟定格式文本供管理人采用，具体事项可以特别约定。

五、更换机构

出现审计和评估机构拒不接受委托、管理人与审计和评估机构无法达成委托协议，或者审计和评估机构不能按期完成审计和评估工作等需要更换审计和评估机构的情形时，管理人直接委托备选机构。备选机构仍不接受委托的，管理人应当在报告法院后按照相关规范重新选聘审计和评估机构。

审计和评估机构发生更换的，原审计和评估机构应当妥善保管接收的资料，并在管理人要求的期限内向管理人或者新的审计和评估机构移交其接收的债务人财务账册等资料。

六、审计报告内容

审计机构出具的专项审计报告应当包括但不限于以下内容：

1. 清产核资结果。包括但不限于审计核实后的截至破产申请受理日的企业总资产及其构成、企业总负债及其构成、企业净资产及其构成；资产负债比、是否资不抵债的结论性意见；审计的主要调整事项等。

2. 主要资产负债项目情况。包括但不限于货币资金情况、应收款情况、存货情况、固定资产情况、对外投资情况、无形资产情况、长短期银行借款情况、应付款情况、欠付职工工资情况、欠付税款情况等。

3. 破产特别事项情况。包括但不限于法院受理破产申请前一年内的可撤销事项；法院受理破产申请前6个月内，债务人对个别债权人进行清偿的事项；债务人隐匿转移财产和承认不实债务事项；股东是否出资及抽逃出资事项；高级管理人员侵占财产事项；对外提供财产担保事项；债务人占有的他人财产事项；债权人可能行使抵销权的互负债务事项等。

七、报告的沿用

债务人在申请破产清算前6个月内自行委托审计和评估机构对企业财务进行审计，管理人经审查认定审计报告符合破产清算审计要求的，经债权人会议表决通过后，管理人可以直接沿用审计结论，不再另行委托审计。

债务人申请预重整情况下，适用上述规定。

债务人的评估事宜，参照适用上述规定。

八、无法支付审计和评估费用的处理

债务人股东及其他配合清算义务人有义务提供债务人财务状况。对于债

务人无财产或者财产不足以支付破产费用的案件，管理人应当通知债务人股东及其他配合清算义务人垫付审计费用。配合清算义务人均不垫付审计费用的，管理人可以决定不委托审计。法院认为确有审计必要的，由管理人自行聘请审计机构，例如，在深圳地区，深圳市破产管理人协会负责协调支付审计费用。

管理人决定不委托审计的，应当在 3 日内通报已知债权人。债权人要求管理人委托审计的，应当垫付审计费用。债务人无财产或者财产不足以支付破产费用，且无人垫付的，管理人应当依照《企业破产法》的规定申请宣告债务人破产并终结破产程序。

对于评估费，管理人可征求债权人意见决定是否垫付费用进行评估。债权人垫付费用的，此费用可作为破产费用，从后续处置破产财产所得优先清偿。如无债权人垫付的，有些评估机构亦接受先予进行评估，再从处置破产财产所得作为破产费用清偿。

相关规定

上海市破产管理人协会破产案件管理人工作指引（试行）（节选）

（2021 年 1 月 20 日发布　2021 年 1 月 20 日施行）

第六章　审计评估

第四十八条　（委托审计评估）管理人应在接受指定后合理期间决定是否对债务人进行破产专项审计或评估，需要审计或评估的，由管理人根据公开、公平、公正的原则选聘或由人民法院指定有资质的审计评估机构进行。管理人原则上应向人民法院报送选定审计或评估机构的方案，直接委托的需报送书面申请。

债务人在破产申请受理之前已经完成评估、审计工作的，管理人应当以节约成本、提高履职效率为原则，根据债务人实际情况考量是否采用。如需重新评估、审计的，依照前款规定执行。

第四十九条　（签署委托协议）审计、评估机构选定后，管理人应及时与审计、评估机构签订委托协议。委托协议应当包括完成相应工作的时限以及违约责任。违约责任可以包括中介机构无正当理由未按期完成的，管理人有权另行委托，原中介机构已收取的费用予以退还或者未收取的费用不再收取等内容。管理人应当对审计、评估机构的工作予以必要的指导和监督。

第五十条　（列席债权人会议）管理人应通知审计或评估机构有关责任人员列席债权人会议，接受债权人关于审计或评估报告的询问。

第五十一条　（利害关系人查阅）债权人、股东或者其他利害关系人以书面形式提出查阅审计或评估报告请求的，管理人应当进行审查。对于符合条件的查阅请求，管理人在报告法院后，应允许利害关系人查阅。

文书模板

文书模板一：

（提交破产管理人协会申请摇珠用）

关于管理人申请安排摇珠聘请审计、评估机构的公告

深圳市××××人民法院于××××年××月××日下达（××××）粤×破申×号民事裁定书，依法裁定受理债权人对深圳市××有限公司的破产清算申请，并于同日下达（××××）粤×破×号决定书，指定×××担任管理人。管理人在破产清算程序开始后，马上积极投入清算工作，为保证破产清算程序的顺利进行，管理人拟聘请审计、评估机构开展重整专项审计与评估工作。

一、审计事项。对××有限公司破产清算（或和解、重整）案进行审计；

二、预算金额：________元；

三、财务资料接管情况：________（有无电子账册，有无财务人员配合审计等）；

四、预计工作量：________（可以“账本和财务凭证数量”“审计年限”等来表达）；

五、对机构的要求：________（如是否需要特别资质、经验）；

六、中介机构报名截止时间________；

七、联系方式________；

八、其他管理人认为需要列明的事项。

××有限公司管理人

××××年××月××日

文书模板二：

关于管理人聘请审计、评估机构的汇报

（××××）粤×破×号

深圳市××人民法院：

深圳市××人民法院于××××年××月××日下达（××××）粤×破申×号民事裁定书，依法裁定受理债权人对深圳市××有限公司的破产清算申请，并于同日下达（××××）粤×破×号决定书，指定×××担任管理人。管理人在破产清算程序开始后，马上积极投入清算工作，为保证破产清算程序的顺利进行，管理人拟聘请审计、评估机构开展重整专项审计与评估工作。

一、审计机构

1. 基本情况：______________________________。

2. 相关业务经验：_________________________。

3. 聘任方式：______________________________。

二、评估机构

1. 基本情况：______________________________。

2. 相关业务经验：_________________________。

3. 聘任方式：______________________________。

4. 聘任上述机构的原因：__________________________。

特此汇报。

××有限公司管理人

××××年××月××日

第五章　破 产 财 产

第一节　破产财产概述

一、破产财产的概念

《企业破产法》第30条规定："破产申请受理时属于债务人的全部财产，以及破产申请受理后至破产程序终结前债务人取得的财产，为债务人财产。"第107条第2款规定："债务人被宣告破产后，债务人称为破产人，债务人财产称为破产财产，人民法院受理破产申请时对债务人享有的债权称为破产债权。"

从上述规定可知，在我国法律规定中，债务人被宣告破产后，债务人财产就被称为破产财产。实际上，破产财产会更加直接地指向债权人最终获得清偿的部分。

二、破产财产的特征

（一）破产财产是财产或财产性权利

财产，是指具有经济价值的物或权利，既包括有形物，也包括无形物，既包括积极财产，也包括消极财产。破产财产不包括消极财产，仅指积极财产。因为破产财产系用于清偿，因此应当可以进行转让、变卖、价值可估量。价值不可估量、不可变卖也不可转让的，如荣誉权等专属于破产人的权利，不属于破产财产的范畴。

（二）破产财产具有可执行性

破产财产需用于清偿债务，能够通过一定的途径转换为金钱或其他有形物，或者直接以实物抵偿给债权人。因此，破产财产应当具有执行的可能。法律规定不能被强制执行的财产则不能作为破产财产，如未公开的发明或者未发表的著作、划拨的土地的使用权等。

（三）破产财产由管理人管理和处分

根据《企业破产法》的规定，管理人应当及时拟订破产财产分配方案，提交债权人会议讨论，破产财产分配方案经法院裁定认可后，由管理人执行。管理人按照破产财产分配方案实施多次分配的，应当公告本次分配的财产额和债权额。债权人未受领的破产财产分配额，管理人应当提存。破产财产分配时，对于诉讼或者仲裁未决的债权，管理人应当将其分配额提存。

（四）破产财产具有动态性

根据《企业破产法》第 31 条、第 32 条的相关规定，债务人在被破产申请前的特定时间内的违法处置财产的行为应当被撤销。因此，破产财产既包括破产宣告时债务人的财产，也包括破产宣告前特定时间内被债务人违法处置的财产，还包括破产宣告后至破产程序终结前债务人取得的财产，甚至包括破产程序终结后在追加分配期内追回的被违法处置的财产，故破产财产的数额是可能产生变化的。

第二节　破产财产的范围与例外

一、破产财产的范围

《企业破产法》第 30 条规定："破产申请受理时属于债务人的全部财产，以及破产申请受理后至破产程序终结前债务人取得的财产，为债务人财产。"最高人民法院《关于审理企业破产案件若干问题的规定》第 64 条规定："破产财产由下列财产构成：（一）债务人在破产宣告时所有的或者经营管理的全部财产；（二）债务人在破产宣告后至破产程序终结前取得的财产；（三）应当由债务人行使的其他财产权利。"破产财产的范围一般是债务人在破产宣告时所有的或者经营管理的全部财产，以及债务人在破产宣告后至破产程序终结前取得的财产，在一定条件下也包括破产宣告前特定时间内被债务人违法处置的财产。

破产财产的范围还包括债务人的域外财产。《企业破产法》第 5 条规定："依照本法开始的破产程序，对债务人在中华人民共和国领域外的财产发生效力。对外国法院作出的发生法律效力的破产案件的判决、裁定，涉及债务人在中华人民共和国领域内的财产，申请或者请求人民法院承认和执行的，人民法院依照中华人民共和国缔结或者参加的国际条约，或者按照互惠原则进行审查，认为不违反中华人民共和国法律的基本原则，不损害国家主权、安全和社会公共利益，不损害中华人民共和国领域内债权人的合法权益的，裁定承认和执行。”

二、破产财产的例外

另外，还要注意不属于破产财产的财产。最高人民法院《关于审理企业破产案件若干问题的规定》第 71 条规定：“下列财产不属于破产财产：（一）债务人基于仓储、保管、加工承揽、委托交易、代销、借用、寄存、租赁等法律关系占有、使用的他人财产；（二）抵押物、留置物、出质物，但权利人放弃优先受偿权的或者优先偿付被担保债权剩余的部分除外；（三）担保物灭失后产生的保险金、补偿金、赔偿金等代位物；（四）依照法律规定存在优先权的财产，但权利人放弃优先受偿权或者优先偿付特定债权剩余的部分除外；（五）特定物买卖中，尚未转移占有但相对人已完全支付对价的特定物；（六）尚未办理产权证或者产权过户手续但已向买方交付的财产；（七）债务人在所有权保留买卖中尚未取得所有权的财产；（八）所有权专属于国家且不得转让的财产；（九）破产企业工会所有的财产。”第 81 条规定：“破产企业的职工住房，已经签订合同、交付房款，进行房改给个人的，不属于破产财产……”第 82 条规定：“债务人的幼儿园、学校、医院等公益福利性设施，按国家有关规定处理，不作为破产财产分配。”

热点问题探究

▶ 热点问题一：买受人与出卖人签署《商品房买卖合同》办理备案登记，并支付完毕购房款，出卖人未依约交付房屋及办理产权登记。出卖人被法院裁定受理破产后，此房产是否为破产财产？买受人可否请求继续履行合同办理过户登记和交付？

最高人民法院《关于审理企业破产案件若干问题的规定》第 71 条第 5 项规定：“下列财产不属于破产财产：……（五）特定物买卖中，尚未转移占有但相对人已完全支付对价的特定物；（六）尚未办理产权证或者产权过户手续但已向买方交付的财产；……”第 81 条规定：“破产企业的职工住房，已经签订合同、交付房款，进行房改给个人的，不属于破产财产……”上述规定明确了已经完全支付对价的特定物、已经签订合同和支付房款进行房改给个人的房产不属于破产财产。同理，对于商品房亦应适用，应可认定不属于破产财产。

最高人民法院《关于适用〈中华人民共和国企业破产法〉若干问题的规定（二）》第 35 条第 2 款规定："买受人未依约支付价款或者履行完毕其他义务，或者将标的物出卖、出质或者作出其他不当处分，给出卖人造成损害，出卖人管理人依法主张取回标的物的，人民法院应予支持。但是，买受人已经支付标的物总价款百分之七十五以上或者第三人善意取得标的物所有权或者其他物权的除外。"上述规定明确了消费者对所购买房产的优先权超过其他债权人的优先权，同时明确对于已经支付 75% 以上价款的标的物，出卖人管理人不能主张取回权。另外，根据《企业破产法》第 18 条第 1 款"人民法院受理破产申请后，管理人对破产申请受理前成立而债务人和对方当事人均未履行完毕的合同有权决定解除或者继续履行，并通知对方当事人。管理人自破产申请受理之日起二个月内未通知对方当事人，或者自收到对方当事人催告之日起三十日内未答复的，视为解除合同"之规定，管理人对于购房者已经支付完毕房款的房屋买卖合同亦不能单方主张解除合同。在购房者已经完全履行付款义务的情况下，购房者可主张继续履行房屋买卖合同。

综上，在消费者已经支付完毕购房款的情况下，消费者对特定房屋享有优先权，同时出卖人管理人不得主张解除房屋买卖合同，该特定物房屋应不属于破产财产。消费者可以主张继续履行房屋买卖合同。至于房屋是否实际具有交付和过户的条件，则需要法院或管理人视具体情况进行处理。

▶ **热点问题二：破产申请受理前已经划扣到执行法院账户，尚未支付给申请执行人的款项，是否属于债务人财产？执行法院收到管理人中止执行告知函后应否中止执行？**

在最高人民法院《关于如何理解最高人民法院〈关于破产法司法解释〉第六十八条的请示的答复》（〔2003〕民二他字第 52 号）中，最高人民法院认为，"人民法院受理破产案件前，针对债务人的财产，已经启动了执行程序，但该执行程序在人民法院受理破产案件后仅作出了执行裁定，尚未将财产交付给申请人的，不属于司法解释指的执行完毕的情形，该财产在债务人被宣告破产后应列入破产财产。但应注意以下情况：一、正在进行的执行程序不仅作出了生效的执行裁定，而且就被执行财产的处理履行了必要的评估拍卖程序，相关人已支付了对价，此时虽未办理变更登记手续，且非该相关人的过错，应视为执行财产已向申请人交付，该执行已完毕，该财产不应列入破产财产；二、人民法院针对被执行财产采取了相应执行措施，该财产已脱离债务人实际控制，视为已向权利人交付，该执行已完毕，该财产不应列入破产财产”。该规定显然倾向于保护申请执行人的利益。

但在最高人民法院《关于对重庆高院〈关于破产申请受理前已经划扣到执行法院账户尚未支付给申请执行人的款项是否属于债务人财产及执行法院收到管理人中止执行告知函后应否中止执行问题的请示〉的答复函》（〔2017〕最高法民他72号）中，最高人民法院废止了上述规定，认为，“人民法院裁定受理破产申请时已经扣划到执行法院账户但尚未支付给申请人执行的款项，仍属于债务人财产，人民法院裁定受理破产申请后，执行法院应当中止对该财产的执行。执行法院收到管理人发送的中止执行告知函后仍继续执行的，应当根据最高人民法院《关于适用〈中华人民共和国破产法〉若干问题的规定（二）》第五条依法予以纠正”。

更多地方法院的操作指引对上述情形进行了更明确的规定。如广东省高级人民法院《关于审理企业破产案件若干问题的指引》第39条第1款、第2款规定，“破产案件受理前已经开始但尚未完毕的针对债务人财产的执行程序应当中止。破产受理法院应当向已知执行机关发出中止执行的通知，并附破产受理裁定。执行机关收到通知或知悉破产申请受理后，应当立即中止执行。破产案件受理后，执行法院继续执行债务人财产的，管理人有权向执行法院申请执行回转”。

因此，破产申请受理前已经划扣到执行法院账户，尚未支付给申请执行人的款项，属于债务人财产，执行法院收到管理人中止执行告知函后应当中止执行，已经执行划转至申请执行人的，应予执行回转。

相关规定

最高人民法院关于对重庆高院《关于破产申请受理前已经划扣到执行法院账户尚未支付给申请执行人的款项是否属于债务人财产及执行法院收到管理人中止执行告知函后应否中止执行问题的请示》的答复函

（〔2017〕最高法民他 72 号　2017 年 12 月 12 日发布　2017 年 12 月 12 日施行）

重庆市高级人民法院：

你院（2017）渝民他 12 号《关于破产申请受理前已经划扣到执行法院账户尚未支付给申请执行人的款项是否属于债务人财产及执行法院收到管理人中止执行告知函后应否中止执行问题的请示》收悉，经研究，答复如下：

人民法院裁定受理破产申请时已经扣划到执行法院账户但尚未支付给申请人执行的款项，仍属于债务人财产，人民法院裁定受理破产申请后，执行法院应当中止对该财产的执行。执行法院收到管理人发送的中止执行告知函后仍继续执行的，应当根据最高人民法院《关于适用〈中华人民共和国破产法〉若干问题的规定（二）》第五条依法予以纠正，故同意你院审判委员会的倾向性意见，由于法律、司法解释和司法政策的变化，我院 2004 年 12 月 22 日作出的《关于如何理解〈最高人民法院关于破产司法解释〉第六十八条的请示的答复》（〔2003〕民二他字第 52 号）相应废止。

此复。

最高人民法院

2017 年 12 月 12 日

最高人民法院关于破产企业国有划拨土地使用权应否列入破产财产等问题的批复

（法释〔2020〕18 号　2020 年 12 月 29 日发布　2021 年 1 月 1 日施行）

（2002 年 10 月 11 日最高人民法院审判委员会第 1245 次会议通过，根据 2020 年 12 月 23 日最高人民法院审判委员会第 1823 次会议通过的《最高人民法院关于修改〈最高人民法院关于破产企业国有划拨土地使用权应否列入破产财产等问题的批复〉等二十九件商事类司法解释的决定》修正）

湖北省高级人民法院：

你院鄂高法〔2002〕158 号《关于破产企业国有划拨土地使用权应否列入破产财产以

及有关抵押效力认定等问题的请示》收悉。经研究，答复如下：

一、根据《中华人民共和国土地管理法》第五十八条第一款第（三）项及《城镇国有土地使用权出让和转让暂行条例》第四十七条的规定，破产企业以划拨方式取得的国有土地使用权不属于破产财产，在企业破产时，有关人民政府可以予以收回，并依法处置。纳入国家兼并破产计划的国有企业，其依法取得的国有土地使用权，应依据国务院有关文件规定办理。

二、企业对其以划拨方式取得的国有土地使用权无处分权，以该土地使用权设定抵押，未经有审批权限的人民政府或土地行政管理部门批准的，不影响抵押合同效力；履行了法定的审批手续，并依法办理抵押登记的，抵押权自登记时设立。根据《中华人民共和国城市房地产管理法》第五十一条的规定，抵押权人只有在以抵押标的物折价或拍卖、变卖所得价款缴纳相当于土地使用权出让金的款项后，对剩余部分方可享有优先受偿权。但纳入国家兼并破产计划的国有企业，其用以划拨方式取得的国有土地使用权设定抵押的，应依据国务院有关文件规定办理。

三、国有企业以关键设备、成套设备、建筑物设定抵押的，如无其他法定的无效情形，不应当仅以未经政府主管部门批准为由认定抵押合同无效。

本批复自公布之日起施行，正在审理或者尚未审理的案件，适用本批复，但对提起再审的判决、裁定已经发生法律效力的案件除外。

此复。

典型案例评析

损害第三人利益进行财产处置、未登记在债务人名下的财产不属于破产财产

——评中国建设银行股份有限公司佛山市分行诉广东银一百创新铝业有限公司破产财产确认纠纷案①

【裁判要旨】

尽管邝某鸿出具《确认书》将其对其基金的份额权益确认给债务人广东银一百创新铝业有限公司（以下简称银一百铝业公司），但该《确认书》只是邝某鸿和银一百铝业公司双方的意思表示，尚未办理权益变更登记手续，

① 参见广东省高级人民法院民事判决书，（2017）粤民终638号。

在法律上并不必然产生银一百铝业公司享有该基金份额权益的物权效力。在第三人提出异议的情况下，该《确认书》中所涉的财产权益不属于破产财产。

【基本案情】

中国建设银行股份有限公司佛山市分行（以下简称建行佛山分行）向佛山市中级人民法院起诉广东一百铜业有限公司（以下简称一百铜业公司）、一百投资公司、银一百铝业公司、邝某鸿等人金融借款合同纠纷两案。佛山市中级人民法院于2015 年2 月9 日分别作出（2015）佛中法民二初字第28 号、第29 号民事调解书，分别确认银一百铝业公司尚欠建行佛山分行贷款本金66,000,000 元及相应利息、一百铜业公司尚欠建行佛山分行贷款本金142,600,000 元及相应利息，上述其他主体对上述债务承担连带清偿责任。

上述调解书生效后，因上述各债务人没有履行生效法律文书确定的义务，建行佛山分行于2015 年2 月12 日向佛山市中级人民法院申请强制执行。佛山市中级人民法院依法立案受理。

执行中查明：2015 年1 月4 日，邝某鸿向银一百铝业公司出具《确认书》，内容如下："贵公司因银根收紧缺乏流动资金，经营困难，拟申请破产重整。本人自愿同意本人对雄鹰基金的43% 的出资及其所有权益（含出资及投资等）确认给贵公司享有，列入破产重整财产，以清偿债务，以促进贵公司重整成功。"随后，银一百铝业公司以资不抵债、不能清偿到期债务为由向佛山市中级人民法院申请破产重整。

佛山市中级人民法院于2015 年3 月16 日作出（2015）佛中法民二破字第14 -5 号民事裁定书，裁定受理银一百铝业公司的破产重整申请。佛山市中级人民法院于2015 年3 月27 日，根据上述书面确认以及管理人的申请作出（2015）佛中法民二破字第14 -15 号民事裁定书，裁定冻结邝某鸿在雄鹰基金持有的43% 的出资及其所有者权益。后因重整计划草案未获得债权人会议的通过，2016 年4 月14 日，佛山市中级人民法院作出（2015）佛中法民二破字第14 -49 号民事裁定书，裁定终止银一百铝业公司的重整程序，宣告银一百铝业公司破产。

在上述破产清算程序中，建行佛山分行向佛山市中级人民法院提起诉讼，请求确认邝某鸿在深圳市一百雄鹰股权投资基金（有限合伙）持有的43% 的出资及其所有者权益不属于银一百铝业公司的破产财产。

【裁判结果】

佛山市中级人民法院经审理，判决确认邝某鸿持有的雄鹰基金43%的出资份额及投资权益由邝某鸿享有，不属于银一百铝业公司的破产财产。银一百铝业公司不服一审判决，向广东省高级人民法院提起上诉。广东省高级人民法院判决驳回上诉，维持原判。

【评析】

本案争议的焦点问题主要是邝某鸿对于雄鹰基金所享有的出资份额及投资权益能否作为银一百铝业公司的破产财产。

在企业进入破产程序后，备受关注的必然是破产财产。破产财产的多少关系债权人的合法权益是否能够实现，能否贯彻破产法公平受偿原则。

首先，关于邝某鸿对其基金份额的权益确认为银一百铝业公司的破产财产是否损害建行佛山分行利益的问题。

涉案的合伙基金份额登记为邝某鸿享有。《合伙企业法》第13条规定："合伙企业登记事项发生变更的，执行合伙事务的合伙人应当自作出变更决定或者发生变更事由之日起十五日内，向企业登记机关申请办理变更登记。"第66条规定："有限合伙企业登记事项中应当载明有限合伙人的姓名或者名称及认缴的出资数额。"最高人民法院《关于人民法院办理执行异议和复议案件若干问题的规定》第25条第1款第5项规定："其他财产和权利，有登记的，按照登记机构的登记判断；无登记的，按照合同等证明财产权属或者权利人的证据判断。"根据上述规定，除非有相反的证据，认定有限合伙企业出资份额的持有者一般应当以工商行政管理机关①的登记和企业信用信息公示系统公示的信息作为判断的标准。在邝某鸿为被执行人的案件中，建行佛山分行可在执行程序中径行处置邝某鸿名下的基金份额权益受偿。如果将邝某鸿的资产无偿转移到银一百铝业公司，将增加建行佛山分行向邝某鸿追偿的难度，甚至追偿不能，给建行佛山分行造成现实的利益损失。

虽然建行佛山分行为邝某鸿及银一百铝业公司的债权人，将涉案基金份额权益认定为银一百铝业公司破产财产，在法律上和形式上建行佛山分行可对该财产权益的变价款参与受偿，但在银一百铝业公司存在诸多债权人，债务巨额的情况下，建行佛山分行能否得到受偿，所受偿的比例、受偿效率等

① 现为市场监督管理机关。

都将受到极大的影响和损害。

其次，关于能否依《确认书》认定涉案出资及其投资权益为银一百铝业公司的破产财产的问题。

《企业破产法》第 30 条规定："破产申请受理时属于债务人的全部财产，以及破产申请受理后至破产程序终结前债务人取得的财产，为债务人财产。"基金份额以工商登记部门的登记为准。涉案的合伙基金份额登记为邝某鸿享有。尽管邝某鸿出具《确认书》将涉案出资及其投资权益确认给银一百铝业公司，但《确认书》只是一百投资公司和银一百铝业公司双方的意思表示，在法律上并不必然产生银一百铝业公司享有该基金份额的物权效力。双方须到工商登记部门变更登记在银一百铝业公司名下后，才能确定涉案出资及其投资权益为银一百铝业公司享有。《确认书》损害了邝某鸿债权的利益，相关权利人亦可主张撤销。

涉案基金份额权益要成为银一百铝业公司的破产财产，必须以银一百铝业公司依法享有为前提。事实上，涉案出资登记在邝某鸿名下，并非由银一百铝业公司享有。

此外，《确认书》中提及"确认给贵公司享有，列入破产重整财产，以清偿债务，以促进贵公司重整成功"的内容，在法院裁定终止重整计划执行转破产清算程序后，该协议的内容是否适用于破产清算程序，亦存在不确定性。

第六章　破产债权

第一节　破产债权概述

一、破产债权的含义

破产债权，是指破产受理前成立的债权，依法申报确认并由破产财产中获得公平清偿且可强制执行的财产请求权。[①] 在破产程序启动之后，债务人即丧失对财产的管理、处分权，破产财产由管理人接管。任何其他人以破产企业名义进行民事活动，所发生的债务都不属于破产债权，应由行为人自行负责清偿。管理人接受法院的指定后以破产人名义开展活动所产生的债务，亦不属破产债权，而是破产费用或共益债务。

由于破产法律制度是程序法与实体法的统一体，破产债权需要有形式和内容的有机统一才算完整。从程序的角度看，破产债权是债权人依破产程序申报和确认，并由破产财产清偿的债权，也称形式意义上的破产债权。从实体的角度看，破产债权是在破产程序启动前成立的，对债务人享有的金钱债权或可以用金钱衡量的债权，也称实质意义上的破产债权。实质意义上的破产债权是形式意义上的破产债权的基础，实质意义上的破产债权只有转化为形式意义上的破产债权才有破产法律上的意义，从而真正实现破产债权的权利。

二、破产债权的特征

（一）破产债权一般是破产受理前成立

破产债权是破产程序启动前就已客观有效存在的。《企业破产法》第45条规定："人民法院受理破产申请后，应当确定债权人申报债权的期限。债权申报期限自人民法院发布受理破产申请公告之日起计算，最短不得少于三十

① 参见李永军、王欣新、邹海林：《破产法》，中国政法大学出版社2009年版，第149页。

日，最长不得超过三个月。”可知，我国是以法院受理破产申请之日作为确定破产债权成立的临界点，法院受理破产申请之日后发生的相关费用将不列入破产债权，通常列为破产费用或共益债务，由债务人破产财产随时清偿。破产债权是从普通债权转化而来，能有效平衡破产财产与破产债权人之间的平衡，保障各债权人的公平受偿权。

在特殊情况下，虽有些债权发生在破产程序启动后，但仍需被列为破产债权。《企业破产法》第 53 条规定：“管理人或者债务人依照本法规定解除合同的，对方当事人以因合同解除所产生的损害赔偿请求权申报债权。”第 54 条规定：“债务人是委托合同的委托人，被裁定适用本法规定的程序，受托人不知该事实，继续处理委托事务的，受托人以由此产生的请求权申报债权。”第 55 条规定：“债务人是票据的出票人，被裁定适用本法规定的程序，该票据的付款人继续付款或者承兑的，付款人以由此产生的请求权申报债权。”可知，有时为了更好地维护特殊事项中相关主体的利益，尽管该债权发生在破产程序启动后，也只能申报破产债权而非共益债务或破产费用。

另外，虽破产债权是于破产程序启动前成立，但并不要求其必须在破产程序启动前就已生效，未生效的债权仍有可能被认定为破产债权。如《企业破产法》第 47 条规定：“附条件、附期限的债权和诉讼、仲裁未决的债权，债权人可以申报。”第 51 条规定：“债务人的保证人或者其他连带债务人已经代替债务人清偿债务的，以其对债务人的求偿权申报债权。债务人的保证人或者其他连带债务人尚未代替债务人清偿债务的，以其对债务人的将来求偿权申报债权。但是，债权人已经向管理人申报全部债权的除外。”

（二）破产债权是财产请求权

破产程序的主要目的是把破产财产公平分配给破产债权人，破产债权人获得的清偿应该是物质利益和财产，这是破产债权的主要核心。在具体分配时，为使破产债权人公平受偿，需适用统一的尺度，即必须将破产财产和破产债权变价为能以金钱评价的债权，非财产上的请求权将不能成为破产债权，如具有人身性质的债权等。

（三）破产债权是可以强制执行的债权

破产程序是在债务人不能清偿到期债务的情况下，对其财产采取的一般强制执行程序，即作为破产程序的清偿对象的破产债权同样是可以强制执行的。其执行范围与强制执行程序范围相同，限于受司法机关保护的债权才可强制执行，即基于非法原因产生的不合法、不真实的债权，不得列入破产债权。如《企业破产法》第33条规定：“涉及债务人财产的下列行为无效：（一）为逃避债务而隐匿、转移财产的；（二）虚构债务或者承认不真实的债务的。”并且对于已超诉讼时效的债权，因其已丧失程序上的意义，不能通过强制执行程序来实现，故不能列入破产债权。

但该强制执行与强制执行程序中的执行也有区别，强制执行程序并非限于财产，破产债权的执行仅限于金钱的执行。

（四）破产债权是无对特定物的财产担保和法定优先权的债权

各个债权人之间地位平等，拥有公平的受偿权，前提是无对特定物的财产担保和法定优先权的债权。对特定物有财产担保或法定优先权的债权，通常通过行使别除权来实现权利，不再通过破产程序来行使权利，故不属于破产债权。但对特定物享有财产担保或法定优先权的债权，若其不能就特定物获得足额清偿，未能受偿的债权部分属破产债权。

（五）通常情况下破产债权需依法申报

《企业破产法》第48条规定：“债权人应当在人民法院确定的债权申报期限内向管理人申报债权。债务人所欠职工的工资和医疗、伤残补助、抚恤费用，所欠的应当划入职工个人账户的基本养老保险、基本医疗保险费用，以及法律、行政法规规定应当支付给职工的补偿金，不必申报，由管理人调查后列出清单并予以公示。职工对清单记载有异议的，可以要求管理人更正；管理人不予更正的，职工可以向人民法院提起诉讼。”第56条规定：“在人民法院确定的债权申报期限内，债权人未申报债权的，可以在破产财产最后分配前补充申报；但是，此前已进行的分配，不再对其补充分配。为审查和确认补充申报债权的费用，由补充申报人承担。债权人未依照本法规定申报债权的，不得依照本法规定的程序行使权利。”可知，除劳动债权外，破产债权应在债权申报期间内向管理人申报。

典型案例评析

法院受理破产案件前债务人的迟延履行利息属于破产债权

——评福建漳州农村商业银行股份有限公司与福建圣大实业有限公司破产债权确认纠纷案①

【裁判要旨】

《企业破产法》规定，受理破产后停止计算利息。最高人民法院《关于审理企业破产案件若干问题的规定》第 61 条和最高人民法院《关于适用〈中华人民共和国企业破产法〉若干问题的规定（三）》第 3 条仅规定破产申请受理后对于滞纳金、迟延履行利息不予确认。福建漳州农村商业银行股份有限公司（以下简称漳州农村商业银行）请求确认迟延履行期间的债务利息 1,398,659.96元系破产申请受理之前产生的，该债权为破产债权。

【基本案情】

漳州农村商业银行因与福建圣大实业有限公司（以下简称福建圣大公司）金融借款纠纷，漳州市中级人民法院审理后作出（2014）漳民初字第 135 号民事判决书，判决福建圣大公司应于判决生效后 10 日内支付漳州农村商业银行承兑汇票票款垫款本金 6,901,850.28 元及相应罚息，如果未按判决指定的期间还款，福建圣大公司还需加倍支付迟延履行期间的债务利息。此外，福建圣大公司还需承担该案的诉讼费 63,086 元、公告费 700 元。之后，福建圣大公司严重资不抵债，并且丧失清偿债务能力，漳州市中级人民法院于 2018 年 6 月 21 日裁定受理福建圣大公司的破产清算申请，并于 2018 年 9 月 6 日指定平和县人民法院受理福建圣大公司破产清算一案。2019 年 5 月 3 日，福建圣大公司管理人组织召开第一次债权人会议，并向漳州农村商业银行寄送《债权审查结论通知书》，审核认定漳州农村商业银行债权金额为 10,714,721.35 元，其中迟延履行期间的债务利息 1,398,659.96 元不予认定。

【裁判结果】

漳州农村商业银行不服上述债权认定，向平和县人民法院提起债权确认之诉，请求确认迟延履行利息 1,398,659.96 元为破产债权。平和县人民法院

① 参见平和县人民法院民事判决书，(2019) 闽 0628 民初 1979 号。

经审理，裁判确认上述迟延履行利息 1,398,659.96 元为破产债权。

【评析】

本案争议的焦点问题主要是福建圣大公司因未执行生效的（2014）漳民初字第 135 号民事判决书，自 2015 年 4 月 20 日起至 2018 年 6 月 21 日止，应当支付的迟延利息 1,398,659.96 元是否应当认定为破产债权。

《企业破产法》第 46 条第 2 款规定，“附利息的债权自破产申请受理时起停止计息”。最高人民法院《关于审理企业破产案件若干问题的规定》第 61 条规定：“下列债权不属于破产债权：（一）行政、司法机关对破产企业的罚款、罚金以及其他有关费用；（二）人民法院受理破产案件后债务人未支付应付款项的滞纳金，包括债务人未执行生效法律文书应当加倍支付的迟延利息和劳动保险金的滞纳金；（三）破产宣告后的债务利息；（四）债权人参加破产程序所支出的费用；（五）破产企业的股权、股票持有人在股权、股票上的权利；（六）破产财产分配开始后向清算组申报的债权；（七）超过诉讼时效的债权；（八）债务人开办单位对债务人未收取的管理费、承包费。上述不属于破产债权的权利，人民法院或者清算组也应当对当事人的申报进行登记。”最高人民法院《关于适用〈中华人民共和国企业破产法〉若干问题的规定（三）》第 3 条规定：“破产申请受理后，债务人欠缴款项产生的滞纳金，包括债务人未履行生效法律文书应当加倍支付的迟延利息和劳动保险金的滞纳金，债权人作为破产债权申报的，人民法院不予确认。”此处的滞纳金，一般指行政滞纳金和司法滞纳金，是否能够申报破产债权以破产申请是否受理作为时间分界点。在破产申请受理后，则不能确认为破产债权。

又如最高人民法院《关于税务机关就破产企业欠缴税款产生的滞纳金提起的债权确认之诉应否受理问题的批复》中规定，税务机关就破产企业欠缴税款产生的滞纳金提起的债权确认之诉，法院应依法受理。依照《企业破产法》《税收征收管理法》的有关规定，破产企业在破产案件受理前因欠缴税款产生的滞纳金属于普通破产债权。可见，对于破产案件受理前所产生的债务人未支付应付款项的滞纳金可作为破产债权。

司法实践中对上述问题亦有不同做法的。如深圳市中级人民法院《破产案件债权审核认定指引》第 54 条将最高人民法院《关于审理企业破产案件若干问题的规定》第 61 条所列的相关项目，无论是否属于案件受理前或受理后，均不予认定为破产债权。深圳市中级人民法院《破产案件债权审核认定指引》第54 条的具体规定如下："债权人申报的下列债权不予认定：（一）行政、司法机关对债务人的罚款、罚金及其他有关费用；（二）债务人未履行生效法律文书应当加倍支付的迟延利息和劳动保险金的滞纳金；（三）债务人逾期不履行行政决定的金钱给付义务，行政机构加处的超过金钱给付义务数额一倍的滞纳金；（四）破产案件受理日以后的债务利息；（五）债权人参加破产程序所支出的费用；（六）债务人的股权、股票持有人在股权、股票上的权利；（七）超过诉讼时效的债权，超过法律规定的期限未申请强制执行的债权；（八）债务人开办单位对债务人未收取的管理费、承包费；（九）管理人或债务人在破产程序内解除合同，合同相对方申报的超出实际损失的赔偿请求或者要求返还定金的加倍部分；（十）政府无偿拨付给债务人的资金，但财政扶贫、科技管理等行政部门通过签订合同，按有偿使用、定期归还原则发放的款项除外；（十一）超过债权人申报范围的债权；（十二）其他依据相关法律法规不予认定的债权。"笔者在深圳所办理的担任破产管理人的案件，则严格按照深圳市中级人民法院《破产案件债权审核认定指引》的要求，对相关债权不予确认。

第二节　破产债权的范围、种类与例外

《企业破产法》并未专门规定破产债权的范围与例外，只在某些具体条款中规定了可以进行申报的债权，另在相关法律及司法解释中对例外情况有过提及。对于破产债权的种类，则主要是根据受偿的先后顺序来划分。

一、破产债权的范围

最高人民法院《关于审理企业破产案件若干问题的规定》第 55 条规定："下列债权属于破产债权：（一）破产宣告前发生的无财产担保的债权；（二）破产宣告前发生的虽有财产担保但是债权人放弃优先受偿的债权；（三）破产宣告前发生的虽有财产担保但是债权数额超过担保物价值部分的债权；（四）票据出票人被宣告破产，付款人或者承兑人不知其事实而向持票人付款或者承兑所产生的债权；（五）清算组解除合同，对方当事人依法或者依照合同约定产生的对债务人可以用货币计算的债权；（六）债务人的受托人在债务人破产后，为债务人的利益处理委托事务所发生的债权；（七）债务人发

行债券形成的债权；（八）债务人的保证人代替债务人清偿债务后依法可以向债务人追偿的债权；（九）债务人的保证人按照《中华人民共和国担保法》第三十二条①的规定预先行使追偿权而申报的债权；（十）债务人为保证人的，在破产宣告前已经被生效的法律文书确定承担的保证责任；（十一）债务人在破产宣告前因侵权、违约给他人造成财产损失而产生的赔偿责任。（十二）人民法院认可的其他债权。以上第（五）项债权以实际损失为计算原则。违约金不作为破产债权，定金不再适用定金罚则。"

债务人具备破产原因后，债务人的董事、监事和高级管理人员利用职权获取的非正常收入应返还给债务人作为破产财产。董事、监事和高级管理人员返还非正常收入后所产生的对债务人的债权属破产债权。最高人民法院《关于适用〈中华人民共和国企业破产法〉若干问题的规定（二）》第24条规定："债务人有企业破产法第二条第一款规定的情形时，债务人的董事、监事和高级管理人员利用职权获取的以下收入，人民法院应当认定为企业破产法第三十六条规定的非正常收入：（一）绩效奖金；（二）普遍拖欠职工工资情况下获取的工资性收入；（三）其他非正常收入。债务人的董事、监事和高级管理人员拒不向管理人返还上述债务人财产，管理人主张上述人员予以返还的，人民法院应予支持。债务人的董事、监事和高级管理人员因返还第一款第（一）项、第（三）项非正常收入形成的债权，可以作为普通破产债权清偿。因返还第一款第（二）项非正常收入形成的债权，依据企业破产法第一百一十三条第三款的规定，按照该企业职工平均工资计算的部分作为拖欠职工工资清偿；高出该企业职工平均工资计算的部分，可以作为普通破产债权清偿。"

管理人解除正在履行中的合同，合同的相对方可就由此造成的损害赔偿申报债权。《企业破产法》第53条规定："管理人或者债务人依照本法规定解除合同的，对方当事人以因合同解除所产生的损害赔偿请求权申报债权。"

企业破产受理前所产生的税款滞纳金为普通破产债权。最高人民法院《关于税务机关就破产企业欠缴税款产生的滞纳金提起的债权确认之诉应否受理问题的批复》规定："税务机关就破产企业欠缴税款产生的滞纳金提起的债

① 《担保法》已于2021年1月1日因《民法典》的施行而废止，《民法典》未再保留该条规定，参照《民法典》总则编及《企业破产法》等相关法律的规定适用。

权确认之诉，人民法院应依法受理。依照企业破产法、税收征收管理法的有关规定，破产企业在破产案件受理前因欠缴税款产生的滞纳金属于普通破产债权。”

二、破产债权的种类①

（一）普通债权

普通债权，是指不具备优先受偿的特殊条件，但在破产债权中往往占主要份额，次于优先破产债权受偿的债权，包括企业因合同关系、无因管理、不当得利、侵权等事由而产生的各种债权。在破产程序中享有普通债权的债权人一般是无担保和法定优先权的债权人。

普通债权往往是在破产程序中份额最大的债权各类，但在债权受偿方面，普通债权人的地位是非常不利的。在大多数破产案件中，破产财产在清偿完毕破产费用、共益债务、担保债权、法定优先债权、职工债权、税收和社会保险债权后，已经所剩不多，普通债权得到偿付的比例很小，甚至往往为零清偿。鉴于普通债权所占的份额最大，所涉及的债权人数量也最多，可能影响社会的和谐稳定，对他们进行保护亦是较有必要的。对此，可充分利用破产重整程序和破产和解程序，平衡全体债权人和债务人的利益，而不仅是个别担保债权人和法定优先债权人的利益。

（二）职工债权

职工债权，又称劳动债权，是指劳动者个人享有的，基于劳动关系产生、以工资为基本形态的债权。根据《企业破产法》第 113 条的规定，职工债权包括破产人所欠职工的工资和医疗、伤残补助、抚恤费用，所欠的应当划入职工个人账户的基本养老保险、基本医疗保险费用，以及法律、行政法规规定应当支付给职工的补偿金。

职工债权具有一些与其他债权不同的法律属性。职工债权具有社会属性、公法性质，不同于民商法中基于经营行为而产生的合意债权，同时是受劳动与社会保障法特殊保护的债权。职工债权的权利客体不仅体现为劳动报酬，更多地体现为生存利益，即保障个人生存和健康、维持个人自由和社会存在的最基本的利益。各国破产立法大多规定职工债权具有一定优先清偿顺序。

① 参见李永军、王欣新、邹海林：《破产法》，中国政法大学出版社 2009 年版，第 153 页。

(三) 社会保险债权

社会保险债权，主要是指《企业破产法》第113条第1款第2项规定的“除前项规定以外的社会保险费用”。具体包括基本养老保险和基本医疗保险中的社会统筹部分，以及除基本养老保险和基本医疗保险以外的其他依法设置的失业保险、工伤保险和生育保险等社会保险所产生的费用。社会保险债权计算截止日为劳动合同解除之日或破产受理之日。社会保险债权与税收债权处于同一清偿顺位。

(四) 税收债权

税收债权是税务机关请求税收债务人缴纳税款的权利。税收债权是可以用货币来进行衡量和评价的财产权，是一种特殊债权。税收债权具有如下几方面的特征：第一，据以产生的法律基础是公法而非私法，体现出的是税务机关与纳税人之间的征管关系。第二，权利主体的特殊性，税收债权的权利主体是国家。第三，从性质和用途上看，税收为国家行使管理职能所必须，具有公益性。根据我国《企业破产法》的规定，税收债权具有优先性。

如前所述，破产企业在破产案件受理前因欠缴税款产生的滞纳金属于普通破产债权，不可以与税收本身一并优先受偿。破产案件受理后因欠缴税款产生的滞纳金，则不作为破产债权。

三、破产债权的例外

最高人民法院《关于审理企业破产案件若干问题的规定》第61条规定：“下列债权不属于破产债权：(一) 行政、司法机关对破产企业的罚款、罚金以及其他有关费用；(二) 人民法院受理破产案件后债务人未支付应付款项的滞纳金，包括债务人未执行生效法律文书应当加倍支付的迟延利息和劳动保险金的滞纳金；(三) 破产宣告后的债务利息；(四) 债权人参加破产程序所支出的费用；(五) 破产企业的股权、股票持有人在股权、股票上的权利；(六) 破产财产分配开始后向清算组申报的债权；(七) 超过诉讼时效的债权；(八) 债务人开办单位对债务人未收取的管理费、承包费。上述不属于破产债权的权利，人民法院或者清算组也应当对当事人的申报进行登记。”第62条规定：“政府无偿拨付给债务人的资金不属于破产债权。但财政、扶贫、科技管理等行政部门通过签订合同，按有偿使用、定期归还原则发放的款项，可以作为破产债权。”

上述债权大致可以分为五类：(1) 具有惩罚性质的债权，如罚款、滞纳金等，本着“国不与民争利”的原则，不将其认定为破产债权可以更大限度地使其他债权人实现债权；（2）破产程序开始后形成的债权，如破产宣告后的债务利息、债权人参加破产程序所支出的费用，但不包括法律规定的例外情形；（3）股东的投资利益，如破产企业的股权，股票持有人在股权、股票上的权利，股东的权益应在所有破产债权均得到清偿后才有机会实现；（4）丧失强制执行效力的债权，如破产财产分配开始后向清算组申报的债权、超过诉讼时效的债权；（5）政府无偿划拨给债务人的资金。但上述规定仍允许当事人申报登记，一方面，是因为该债权是否不属于破产债权，不能轻易下定论，需要经过审查后才好确定，甚至需要通过债权确认之诉判决确定。另一方面，在其他债权人实现债权后，这几类债权仍有可能作为劣后债权受偿。

破产案件受理后所产生的税款滞纳金不属于破产债权。最高人民法院《关于税务机关就破产企业欠缴税款产生的滞纳金提起的债权确认之诉应否受理问题的批复》规定：“对于破产案件受理后因欠缴税款产生的滞纳金，人民法院应当依照最高人民法院《关于审理企业破产案件若干问题的规定》第六十一条规定处理。”

相关规定

最高人民法院关于人民法院受理破产案件前债务人应付未付款项的滞纳金是否应当确认为破产债权请示的答复

（〔2013〕民二他字第 9 号　2013 年 6 月 27 日发布　2013 年 6 月 27 日施行）

广东省高级人民法院：

你院粤高法［2013］107 号《关于人民法院受理破产案件前债务人应付未付款项的滞纳金是否应当确认为破产债权的请示》收悉。经研究，答复如下：

同意你院意见，即人民法院受理破产案件前债务人未付款项的滞纳金应确认为破产债权。

此复。

典型案例评析

仲裁裁决未确定最高额担保金额的，管理人可依据基础交易文件确定债权金额

——中国农业银行股份有限公司深圳布吉支行与甘肃建新实业集团有限公司普通破产债权确认纠纷案①

【裁判要旨】

本案涉及的两份仲裁裁决没有因当事人向法院申请撤销仲裁裁决或不予执行仲裁裁决失去法律效力，中国农业银行股份有限公司深圳布吉支行（以下简称布吉支行）可以以裁决的给付债权数额为依据进行破产债权申报。两份《最高额保证合同》明确甘肃建新实业集团有限公司（以下简称建新公司）在最高额4.3亿元范围内承担保证责任，管理人据此确认布吉支行对建新公司的破产债权总额为4.3亿元并无不当，既未损害布吉支行基于两份《最高额保证合同》应当享有的权利，同时也保障了建新公司其他债权人的合法利益。

【基本案情】

2013年7月15日，布吉支行与深圳冠欣矿业集团有限公司（以下简称冠欣矿业公司）签订了两份《最高额综合授信合同》，布吉支行与被上诉人建新公司签订了两份《最高额保证合同》，建新公司对冠欣矿业公司向布吉支行所借两笔贷款在4.3亿元的范围内承担连带清偿责任。

深圳仲裁委员会于2016年4月8日作出（2015）深仲裁字第2365号、第2366号裁决书裁决，裁决冠欣矿业公司偿还上述借贷所欠本金及利息。

2016年5月18日，布吉支行申请深圳市中级人民法院执行该两份生效的裁决书，深圳市中级人民法院立案受理。

后建新公司因严重亏损，丧失清偿债务的能力，向陇南市中级人民法院提出破产重整申请。陇南市中级人民法院于2016年12月2日裁定受理建新公司的重整申请。布吉支行于2017年2月28日依据深圳仲裁委员会（2015）深仲裁字第2365号、2366号仲裁裁决书向管理人申报债权，金额为人民币

---

① 参见最高人民法院民事判决书，（2019）最高法民申410号。

442,833,497.25 元、美元 24,346,978.98 元，其中本金为人民币 297,791,737.78 元、美元 18,497,447.57 元；利息为人民币 142,390,663.47 元、美元 5,849,531.41 元；其他为人民币 2,651,096.00 元。建新公司的管理人经审核，确认布吉支行的债权为 427,535,927.65 元，其中本金人民币 425,122,617.62 元，利息人民币 2,413,310.03 元，美元部分的债务按汇率 6.8837 折算。

2017 年 3 月 27 日，布吉支行向管理人提出了债权审核异议。2017 年 4 月 6 日，管理人向布吉支行发出了债权异议复核通知书，管理人复核认为，布吉支行的债权中建新公司是担保人，以 4.3 亿元为限提供最高额保证，超出最高额的部分担保人不承担责任，故对布吉支行的债权确认以 4.3 亿元为限，减去建新公司已偿还的部分，确认布吉支行的债权为 427,535,927.65 元。复核结论：异议不成立，债权确认数额以债权表上的数额为准。布吉支行遂向陇南市中级人民法院提起诉讼，请求对管理人未予确认债权的部分认定为破产债权。

【裁判结果】

陇南市中级人民法院经审理认为，根据《最高额保证合同》的约定，建新公司应在 4.3 亿元的范围内承担担保责任。建新公司所举的证据不能证明其偿还的 2,464,072.35 元的利息是代本案主债务人冠欣矿业公司偿还的利息，建新公司管理人扣除错误，建新公司管理人扣除的该笔利息应该确认为布吉支行的破产债权。为此，判决确认布吉支行未被管理人确认的债权利息人民币 2,464,072.35 元为破产债权，驳回布吉支行的其他诉讼请求。布吉支行不服一审判决，向甘肃省高级人民法院提起上诉，甘肃省高级人民法院驳回上诉，维持一审判决。布吉支行后向最高人民法院申请再审，最高人民法院经审查后驳回布吉支行的再审申请。

【评析】

依照最高人民法院《关于审理企业破产案件若干问题的规定》第 55 条第 1 款第 10 项的规定，确认建新公司应对布吉支行承担的保证责任在建新公司被裁定破产重整前已为生效仲裁裁决所确定，为破产债权。深圳仲裁委员会（2015）深仲裁字第 2365 号、第 2366 号仲裁裁决中在确认建新公司对主债务承担连带保证责任时未作最高担保额限定。然而，根据最高人民法院《关于适用〈中华人民共和国担保法〉若干问题的解释》第 23 条[1]“最高额保证合同的不特定债权确定后，保证人应当对在最高债权额限度内就一定期间连续发生的债权余额承担保证责任”的规定和两份《最高额保证合同》的明确约定，建新公司仅应在 4.3 亿元债务的范围内承担连带清偿责任。

本案涉及的两份仲裁裁决没有因当事人向法院申请撤销仲裁裁决或不予执行仲裁裁决失去法律效力，布吉支行可以以裁决的给付债权数额为依据进行破产债权申报。然而，破产程序中的破产债权申报、审核、确认，不仅要保护单个债权人的债权利益，还涉及保障所有破产债权人的合法利益，要保障公平受偿。

最高人民法院《关于民事诉讼证据的若干规定》第 9 条[2]第 1 款第 5 项：“下列事实，当事人无需举证证明：……（五）已为仲裁机构的生效裁决所确认的事实……”本条第 2 款规定：“前款（一）、（三）、（四）、（五）、（六）项，当事人有相反证据足以推翻的除外。”根据两份《最高额保证合同》的内容，可以明确建新公司在最高额 4.3 亿元范围内承担保证责任，从而确认布吉支行对建新公司的破产债权总额为 4.3 亿元并无不当，既未损害布吉支行基于两份《最高额保证合同》应当享有的权利，同时也保障了建新公司其他债权人的合法利益。布吉支行要求法院确认 4.3 亿元最高担保额以外的 150,054,552.65 元为破产债权，与其与建新公司签订《最高额保证合同》时约定的合同利益不符，有违诚实信用原则。

布吉支行对冠欣矿业公司和冠欣投资公司的主债权还享有其他案外人提供的抵押担保和保证担保，建新公司仅是该债权的保证人之一。布吉支行在本案破产债权确认并按重整方案受偿后，其对冠欣矿业公司和冠欣投资公司的主债权的不足部分还可通过抵押财产优先受偿权、受信债务人偿还及其他保证人偿还受偿。法院判决结果并未缩减布吉支行的权利范围。

综上所述，如超过 4.3 亿元的部分债务仍由建新公司承担，明显超出了各方当事人设立《最高额保证合同》的意思表示，也将损害毫无过错的建新公司债权人的利益，明显不公平。本案法院的判决是在现有法律规定和事实的基础上，权衡各方利益所作出的适当的判决。

---

① 此解释已于 2021 年 1 月 1 日因《民法典》施行而废止，相关规定参见《民法典》第 690 条。

② 本案中适用的是 2008 年调整的最高人民法院《关于民事诉讼证据的若干规定》，相关规定参见 2019 年修正版第 10 条。

第三节　破产债权的申报与确认

债权申报，是指债权人本人或其代理人在法院裁定受理破产案件后，依照法定程序主张并证明其对债务人享有债权，以便参与破产程序的法律行为。债权申报是债权人参加破产程序行使权利的基础，也是债权人获得公平清偿的前提条件。

一、破产债权的申报

（一）特征

1. 债权申报的实质是债权人行使其债权请求权。该债权请求权不同于一般的请求权，一般债权请求权行使的对象是债务人，债权申报行使的对象是特定主体，是根据法律规定的管理人、受理破产的法院或其他主体，且需在法定期间内向特定的主体提示。

2. 债权申报是民事债权转化为破产债权的程序性条件。民事债权是债权人对债务人的实体请求权，而破产债权还包含了重要的程序性权利，如异议权、表决权、破产财产的分配权等。

3. 债权人申报是以主张并证明债权为内容。债权人申报并不代表债权的合法有效，仅是纯粹的程序性事项，待债权调查与确认完毕，才能确定债权人是否能真正参加破产程序。

4. 债权申报是债权人的单方意思表示。根据意思自治原则，债权人享有放弃债权申报的权利，若其在法定期限内未向法院申报债权，将会对其产生一些不利后果，且破产程序可能是处理特定债务人财产的最后一道防线，若债权人明确表示放弃该次债权的申报，可能永久丧失该债权的实现。

5. 申报债权必须符合法定的程序规范。债权申报对申报期限、申报方式、申报的对象、申报内容及申报范围等都有相应的规定，债权人进行债权申报时需严格遵守规定。①

---

① 参见付翠英：《论破产债权的申报、调查与确认》，载《政治与法律》2015 年第 2 期。

（二）期限

1. 债权申报期限

申报期限，是指破产法规定或法院指定的申报债权的期限，破产程序开始后，所有的债权人都应当在破产法规定或法院指定的期间内，向受理破产案件的法院申报其债权。债权人在破产程序开始前以破产申请或诉讼提示债权，以及债权人逾期申报债权，都不能构成债权申报。

关于债权申报期限，《企业破产法》第 45 条规定："人民法院受理破产申请后，应当确定债权人申报债权的期限。债权申报期限自人民法院发布受理破产申请公告之日起计算，最短不得少于三十日，最长不得超过三个月。"由此可见，我国法院可以根据具体个案的不同，在法定最短和最长期限范围内确定债权申报期限。

2. 逾期申报债权

《企业破产法》第 56 条第 1 款规定："在人民法院确定的债权申报期限内，债权人未申报债权的，可以在破产财产最后分配前补充申报；但是，此前已进行的分配，不再对其补充分配。为审查和确认补充申报债权的费用，由补充申报人承担。"以及最高人民法院《关于〈中华人民共和国企业破产法〉施行时尚未审结的企业破产案件适用法律若干问题的规定》第 8 条的规定："债权人未在人民法院确定的债权申报期内向人民法院申报债权的，可以依据企业破产法第五十六条的规定补充申报。"虽债权人未在法院确定的债权申报期限内申报债权，但从理论上来说，只要债务人有可供分配的财产，债权人都可以向债务人主张债权，但为审查和确认补充申报债权而产生的费用，需要由债权人自己承担。

（三）申报方式

《企业破产法》第 49 条规定："债权人申报债权时，应当书面说明债权的数额和有无财产担保，并提交有关证据。申报的债权是连带债权的，应当说明。"由此可知，我国规定以书面形式进行债权申报并提交相关证据，若采用口头形式申报、电子邮件形式申报以及未提供相关证据的债权申报，可能会导致申报无效的后果。

（四）申报内容及材料

申报内容，是指债权申报应当记载的法定事项。债权调查和确认的对象，是债权表制作的依据，也是债权申报变更的依据。《企业破产法》第 49 条规定："债权人申报债权时，应当书面说明债权的数额和有无财产担保，并提交有关证据。申报的债权是连带债权的，应当说明。"具体而言，债权人申报债权时应说明以下内容：（1）债权人的姓名或者名称、地址、债权人合法有效的身份证明；（2）债权的数额及其法律依据；（3）该债权有无财产担保；（4）债权人的开户银行账户；（5）申报的债权是连带债权的，应当附相关说明。债权人申报债权除应当申报上述内容外，还应当提交有关证据，包括债权成立的证据、债权数额的证据、债权清偿期限的证据、债权有无财产担保的证据、其他债权折算为破产债权的证据、债权抵销的证据等。

《企业破产法》对于债权申报需提交的材料并未进行明确规定。参考深圳市律师协会《律师担任破产案件管理人债权申报及审查业务指导标准》第 7 条之规定，债权人应提供如下文件：

1. 债权人身份的证明材料。自然人提交身份证，公司/企业提交企业法人营业执照、法定代表人或负责人的有效身份证明等；若委托他人代为申报，还应提交授权委托书、受托人的有效身份证明，受托人是律师的，还应提交律师事务所的指派函及律师执业证。如受托人出席债权人会议，应提交特别授权委托书。

2. 《债权申报表》。《债权申报表》应当包括以下内容：（1）债权人的名称或姓名，住所，法定代表人、委托代理人的姓名；（2）申报债权的数额和计算依据；（3）债权发生的时间、到期日；（4）债权发生的原因；（5）有无财产担保；（6）是否为连带债权；（7）有无连带债务人；（8）是否为求偿权或将来求偿权申报债权；（9）债权是否附有条件和期限等情况。

3. 债权金额和债权发生事实的证据材料。债权申报文件清单应包括但不限于：（1）债权基础文件，如合同、协议、欠条等；（2）债权人的支付凭证，如付款证明、发货记录等；（3）债权人请求偿债的证明、财产担保证明、债务人已偿还部分债务的证明、法院及仲裁机构文书等文件。

4. 债权有无财产担保的证据材料。申报的债权有财产担保的，应当提交证明财产担保的证据，如抵押合同、质押合同、抵押物登记凭证及他项权证等。

5. 《申报债权人信息表》。申报人应如实填写债权人名称、联系人的姓名、联系地址、联系方式，及收款银行、账号、户名等确认信息；有委托代理人的，还应载明代理人的姓名、住址、联系方式及授权委托权限等事项。

管理人可以向债权人提供债权申报表、债权申报文件清单、申报债权人信息表等示范文本，以便规范债权申报的文书统一。

（五）公告

从《企业破产法》第45条的规定可知，我国破产申请受理的公告由法院发布，且我国于2016年正式启动使用“全国企业破产重整案件信息网”来发布企业破产重整等信息，向全社会公开，该网站已成为破产案件受理公告最权威、最完整的信息平台。另根据《企业破产法》第14条之规定，法院应当自裁定受理破产申请之日起25日内通知已知债权人，并予以公告。

通知和公告应当载明下列事项：（1）申请人、被申请人的名称或者姓名；（2）法院受理破产申请的时间；（3）申报债权的期限、地点和注意事项；（4）管理人的名称或者姓名及其处理事务的地址；（5）债务人的债务人或者财产持有人应当向管理人清偿债务或者交付财产的要求；（6）第一次债权人会议召开的时间和地点；（7）法院认为应当通知和公告的其他事项。

（六）变更和撤回

破产债权申报的变更，是指债权人在依法申报债权之后，对其所申报的债权性质或数额等事项作出的变动。若在债权申报期限届满前作出变动，债权人可以重新办理债权申报；若在债权申报期限届满后，破产财产最终分配完成之前变更，则可以按照《企业破产法》第56条的规定进行补充申报。

破产债权申报的撤回，是指债权人放弃参加债权人会议的权利、异议权、表决权和破产财产分配的权利。因破产债权申报是债权人的单方意思表示，根据意思自治原则，债权人享有放弃债权申报的权利，无须取得他人的同意，但有证据证明其是受胁迫等情况下作出决定的除外。债权申报撤回后，在破产财产最终分配完成前仍可重新申报债权。

二、破产债权的确认

（一）债权审查

债权审查是整个破产债权确认程序的基础，管理人接收了债权人的申报材料后，需对债权人申报的材料进行审查。《企业破产法》第57条规定：“管理人收到债权申报材料后，应当登记造册，对申报的债权进行审查，并编制债权表。债权表和债权申报材料由管理人保存，供利害关系人查阅。”管理人对破产债权的审查应包括形式审查与实质审查，先对债权人提交的相关材料进行形式审查，并制作《债权申报表》《申报债权人信息表》；《债权申报表》

完成后，继续对编入《债权申报表》中的债权进行实质审查。

（二）债权核查

《企业破产法》第 58 条第 1 款规定："依照本法第五十七条规定编制的债权表，应当提交第一次债权人会议核查。"因债权申报关系每一个债权人的实际利益，所以需提交债权人会议进行再次核查。

（三）债权确认

1. 债权确认程序

在我国，债权确认可通过法院直接裁定确认债权和通过诉讼方式确认债权两种程序完成。

（1）《企业破产法》第 58 条第 2 款规定："债务人、债权人对债权表记载的债权无异议的，由人民法院裁定确认。"即法院直接裁定确认债权。

（2）《企业破产法》第 58 条第 3 款规定："债务人、债权人对债权表记载的债权有异议的，可以向受理破产申请的人民法院提起诉讼。"即通过诉讼方式确认债权。

2. 债权异议的处理

对于有异议的债权，管理人应当在合理的期限内进行审查，并向异议人发出书面审查意见，同时参照《企业破产法》第 64 条第 2 款"债权人认为债权人会议的决议违反法律规定，损害其利益的，可以自债权人会议作出决议之日起十五日内，请求人民法院裁定撤销该决议，责令债权人会议依法重新作出决议"之规定，异议人可在债权人会议核查债权结束后 15 日之内向法院提起诉讼。

同时，根据《企业破产法》第 59 条第 2 款之规定，债权尚未确定的债权人，除法院能够为其行使表决权而临时确定债权额的外，不得行使表决权。

热点问题探究

▶ **债权人不申报债权时，债权人的债权人是否可以代位申报？**

《民法典》第 535 条第 1 款、第 2 款规定："因债务人怠于行使其债权或者与该债权有关的从权利，影响债权人的到期债权实现的，债权人可以向人民法院请求以自己的名义代位行使债务人对相对人的权利，但是该权利专属于债务人自身的除外。代位权的行使范围以债权人的到期债权为限。债权人行使代位权的必要费用，由债务人负担。”第536条规定：“债权人的债权到期前，债务人的债权或者与该债权有关的从权利存在诉讼时效期间即将届满或者未及时申报破产债权等情形，影响债权人的债权实现的，债权人可以代位向债务人的相对人请求其向债务人履行、向管理人申报或者作出其他必要的行为。”

从上述规定可知，在债务人进入破产程序后，债权人不申报债权时，债权人的债权人可以向管理人代位申报，既符合法律规定，也符合公平原则。其代位申报需符合三个条件：(1) 债权合法；(2) 债权人怠于行使该到期债权，损害其债权人利益；(3) 该债权非债权人专属债权，即非基于抚养关系、劳动关系、人身损害赔偿等而产生的专属于债权人自身的债权。

相关规定

深圳市中级人民法院破产案件债权审核认定指引

(2017年9月4日发布 2017年9月4日施行)

第一章 总 则

第一条 为规范和统一破产案件债权审核认定流程和标准，维护债权人、债务人和其他利害关系人的合法权益，根据《中华人民共和国企业破产法》等法律、法规和司法解释的规定，结合本院破产案件审判实践，制定本指引。

第二条 本指引所称的破产案件债权审核认定，是指对破产案件中债权人申报债权的真实性、合法性以及性质、数额等进行审核和认定的过程和结论。

第三条 破产案件债权审核认定包括债权通知和公告、债权申报的受理、债权表的编制、债权的审核认定等内容。

第四条 破产案件债权审核认定应当遵循标准统一、实体与程序并重、保障实质公平的原则。

第五条 审核认定债权应当在债权人申报的范围之内，不得超出债权人申报的数额和范围。

审核认定债权适用法律法规，应当查明效力和适用范围，遵守上位法优于下位法、特别法优于一般法的原理，优先适用企业破产法和相关司法解释。

部门规章、地方政府规章、行业监督管理机构或者具备行业监督管理职能的机构制定的规则及其他规范性文件，不违反上位法规定的，可以参照适用。

第二章　债权审核认定流程

第一节　债权通知和公告

第六条　自本院裁定受理破产申请之日起二十五日内，管理人应当协助本院通知已知债权人申报债权，公布包括债权申报内容的破产案件受理公告或者单独的债权申报公告。

第七条　管理人协助本院通知已知债权人申报债权，应当按照民事诉讼法的规定采取直接送达、邮寄送达或者债权人确认的其他方式送达债权申报通知。

管理人协助本院通知已知债权人时应当提供债权申报登记表、授权委托书、法定代表人（负责人）身份证明书、证据清单的范本，以及其他便于债权人申报债权的说明性文件。

第八条　本指引所称已知债权人是指根据债务人提供的资料，以及通过本案卷宗或者其他途径获得的信息，初步判断对债务人享有债权并且能够查明联系方式的债权人。

管理人根据债务人提供的资料初步判断债务人欠缴税款的，应当通知相应税收征管机关申报债权。

第九条　债务人应当为管理人调查已知债权人的范围提供协助，及时向管理人提供业务资料、财务资料、诉讼仲裁和执行案件资料、债权人催收资料，以及其他涉及负债情况的资料。

第十条　债权申报公告应当根据案件的影响范围，按照以下原则确定刊载的媒体：

（一）小额破产案件在“全国企业破产重整案件信息网”发布；

（二）普通破产案件在深圳市发行的报纸和《人民法院报》上发布；

（三）债务人在境外拥有财产或者境外的债权人数量较多、比例较高的，可以同步在境外发行的报纸上发布；

（四）债务人具有特别行业属性的，可以同步在行业内有影响的报纸上发布；

（五）债务人属于公众公司的，应当在监管部门要求的信息披露载体上发布。

上述（二）至（四）项公告应当同时录入最高人民法院“全国企业破产重整案件信息网”相应栏目。

第二节　债权申报的受理

第十一条　管理人应当在本院确定的债权申报期限内指派专门工作人员在通知和公告的债权申报地点受理债权申报。

债权申报期限由本院依法确定。管理人可以根据破产案件实际情况向本院提出关于债权申报期限的建议。

债权申报地点可以是管理人处理事务的地址、债务人住所地，或者是管理人报本院备案后专门设立的债权申报地点。

第十二条　管理人在受理债权人申报时应当进行形式审查。形式审查包括审查债权人的身份证明文件、申报的债务人是否为破产案件的债务人、申报的权利种类和性质。

第十三条　管理人经形式审查合格的，应当受理债权申报并进行登记，出具债权申报回执。

管理人经形式审查不合格的，应当指令申报人限期补充材料。申报人逾期不补充或者补充后仍不合格的，管理人可以根据申报人的要求出具不予受理的回执。

第十四条　管理人应当向债权人释明其在破产程序中的权利和义务。管理人可以要求债权人填写债权申报表和送达地址、送达方式确认书。

第十五条　管理人受理债权申报后应当编制债权申报统计表。债权申报统计表应当包括以下内容：

（一）债权人的姓名或者名称。债权人委托代理人申报债权的，应当包括代理人的姓名和代理权限；

（二）债权人或者代理人的地址和电话等联系方式；

（三）债权申报的时间；

（四）申报的债权性质和债权数额；

（五）债权有无担保和担保形式；

（六）债权是否经过生效法律文书确认，是否经过人民法院强制执行或者采取了保全措施；

（七）管理人认为应当统计的其他内容。

第十六条　债务人应当自破产案件受理之日起十五日内向管理人提供职工名册、工资发放记录、社会保险费用和住房公积金缴纳记录，说明是否欠付职工工资和医疗、伤残补助、抚恤费用，所欠的基本养老保险、基本医疗保险费用，以及法律、行政法规、地方性法规规定应当支付给职工的补偿金。债务人在破产案件受理前已经自行安置职工的，应当向管理人说明职工安置情况。

管理人根据职工债权调查的需要，可以要求债务人提供劳动合同、考勤记录、解除或者终止劳动合同的通知、劳动仲裁裁决书等涉及职工权益的生效法律文书、死亡证明书、工伤认定书、伤残登记鉴定报告等资料。债务人下落不明、债务人不提供或者无法提供上述资料的，管理人可以通过债务人住所地的劳动监察机构和社会保险机构进行调查。

第十七条　职工主动申报债权的，管理人予以登记。

劳动监察机构、社会保险机构、欠薪保障基金管理机构、工会、债务人经营场所的房屋出租方以及其他为债务人垫付了工资和医疗、伤残补助、抚恤费用、基本养老保险、基本医疗保险费用、住房公积金、补偿金等职工债权的主体向管理人申报债权的，管理人应当受理。

第三节　债权的审核认定

第十八条　债权审核认定流程包括管理人审查、债务人核查、反馈、异议和复核、债权表编制。

第十九条　管理人应当结合债权人的申报材料和债务人提供的材料对债权是否成立、债权性质、债权数额、担保情况等进行实质审查。

管理人可以根据审查需要通知债权人补充材料或者说明情况。

第二十条　管理人可以将债权申报统计表和债权人的申报材料送交债务人核查，债务人应当在管理人规定的期限内反馈意见。管理人可以根据审查需要，通知债务人的相关人员到场配合并说明情况。

债务人反馈意见应当包括债权是否成立、债权性质、债权数额、担保情况和管理人要求说明的其他情况。

债务人下落不明或者不发表意见的，管理人可以依据债权人的申报材料径行审查。

第二十一条　管理人应当将审查结论通知债权人。

审查结论认定债权不成立、债权性质和担保与申报不一致、债权数额与申报差异较大的，应当在通知中说明债权不成立或者产生相关差异的原因。

第二十二条　管理人通知债权人审查结论，应当给予债权人不少于七日的异议期。

债权人提出异议的，管理人可以将异议送交债务人核查。

第二十三条　管理人应当书面通知债权人复核结论，并告知债权人有权自收到审查结论之日起十五日内向本院提起诉讼。逾期不起诉的，管理人可以按无异议处理。

第二十四条　管理人应当根据债权审查结论编制债权表。债权表应当列明债权人的姓名或者名称、申报的债权性质和债权数额、审查认定的债权性质和债权数额。

第二十五条　暂缓认定的债权和不予认定的债权应另行列表并提交债权人会议。

暂缓认定的债权包括管理人尚未作出审查结论或者复核结论的债权、管理人作出审查结论或者复核结论后债权人提起诉讼的债权、附条件但条件尚未成就的债权、诉讼和仲裁未决的债权、债务人的保证人或者其他连带债务人对债务人将来求偿权申报的债权等。

管理人可以告知债权人暂缓认定的原因。暂缓认定的原因消除后，管理人应当及时完成审查并将审查结论通知债权人。

第二十六条　管理人应当在第一次债权人会议召开之前完成债权审查和债权表的编制，因特殊情况未完成债权审查和债权表编制的，应当向债权人会议作出书面说明。

管理人应当保存债权表和债权申报材料，供利害关系人查阅。

第二十七条　管理人应当编制并公示职工债权清单。职工债权清单应当包括职工债权人的姓名或者名称、职工债权的类别、职工债权的数额。职工对职工债权清单记载有异议并要求更正的，管理人应当进行复核并将复核结论书面通知职工。管理人复核后不予更正的，应当告知职工可以在接到书面通知之日起十五日内依法提起诉讼。逾期不起诉的，管理人可以按无异议处理。

管理人应当在第一次债权人会议召开之前完成职工债权清单的编制并在债权申报地点、债务人住所地或者相关场地、网络平台进行公示，因特殊情况未完成职工债权清单编制并公示的，应当向债权人会议作出书面说明。

第四节 债权人会议核查

第二十八条 管理人应当将债权表提交第一次债权人会议核查。第一次债权人会议未能核查的债权，管理人应当提交之后的债权人会议核查。

第二十九条 管理人将债权表提交债权人会议核查时，应当同时送交债务人核查。

第三十条 债权人和债务人对债权表记载的内容有异议的，管理人应告知其自债权人会议核查债权之日或收到债权表之日起十五日内向本院提起诉讼。逾期不起诉的，管理人应当申请本院裁定确认。

职工对职工债权清单记载的内容有异议的，应当自清单公示之日起十五日内向有管辖权的法院提起诉讼。

第三十一条 债权人可以在破产案件受理后转让债权。债权人在破产案件受理后转让债权的，应当通知管理人。

第三十二条 债权人在债权人会议核查债权表之前通知管理人债权转让的，管理人应将受让方列入债权表并提交债权人会议核查；债权人在债权人会议核查债权表之后通知的，管理人可以在向债权人会议通报债权转让事项后申请本院重新裁定确认。

第三十三条 债权人在破产案件受理后转让债权的，受让方自债权转让通知管理人之日起以自己的名义行使权利。但债权人为了增加表决权数量将同一笔债权向多个受让方转让的除外。

第三章 债权审核认定的一般标准

第一节 普通债权审核认定的标准

第三十四条 债权人申报的债权已经人民法院生效判决书、裁定书、调解书，仲裁机构、劳动仲裁机关生效裁决书，或者公证机关公证债权文书确定的，管理人按照生效法律文书确定的数额或者生效法律文书确定的计算方法予以认定。

第三十五条 生效法律文书确有错误，符合申请再审条件或者符合第三人撤销之诉要件的，管理人可以在取得相应证据后申请再审或者提起第三人撤销之诉。

管理人申请再审或者提起第三人撤销之诉的，应当报告本院，相应债权暂缓认定。

第三十六条 诉讼、仲裁未决的债权暂缓认定。管理人可以根据案件实际情况决定是否上诉。

第三十七条 未经诉讼或者仲裁的债权，管理人应当按照法律法规和司法解释的规定予以审核认定。

第三十八条 债务人下落不明、不反馈意见、不提交证据材料，或者财务记录不明的债权，管理人可以根据债权人申报材料和管理人依法取得的其他材料予以审核认定。

第三十九条 管理人应当依照民事诉讼证据的相关规定对债权人的申报材料、债务人的反馈材料和财务账册以及管理人取得的其他证据材料进行审核，必要时可以申请本院调查取证，也可以申请专项鉴定。

第四十条 债权人申报合同之债的，管理人应当查明合同成立、生效、履行、变更、中止和发生争议的情况。

第四十一条 债权人申报侵权之债的，管理人应当查明债务人行为的违法性、债权人受损害事实和损害后果、因果关系和债务人过错的情况。

第四十二条 债权人申报不当得利之债的，管理人应当查明债权人受损与债务人获益之间的因果关系、债务人获益有无法律或者合同依据的情况。

第四十三条 债权人申报无因管理之债的，管理人应当查明债权人管理债务人的事务、债权人确无法定或者约定义务的情况。

第四十四条 未到期的债权在破产案件受理时视为到期。

附条件的债权，管理人应当审查所附条件是否成就；条件尚未成就的，暂缓认定。

第四十五条 债务人是社会团体、公益组织、政府投融资平台公司、公众公司的，管理人应审查债务人对外提供担保是否符合法律、法规、章程的规定。管理人认定担保合同无效后，债权人主张债务人承担赔偿责任的，应当向本院提起诉讼。

第四十六条 连带债权人可以由其中一人代表全体连带债权人申报债权，也可以共同申报债权。连带债权人由其中一人代表全体连带债权人申报债权或者共同申报债权的，应当认定为一笔债权。

第四十七条 债权人未向管理人申报全部债权时，债务人的保证人或者其他连带债务人尚未代替债务人清偿债务，但以其对债务人的将来求偿权申报债权的，管理人应当受理并暂缓认定。

第四十八条 债权人在数个连带债务人的破产案件中分别申报全部债权的，应当如实作出书面说明。

第四十九条 债权人以管理人或者债务人依照企业破产法规定解除合同产生的损害赔偿请求权申报债权的，债权数额按照解除合同产生的实际损失认定。

第五十条 债权人申报的债权是受让而来的，应当提交已经通知债务人的证据。符合规定的金融资产管理公司受让或转让国有银行债权，金融资产管理公司或国有银行在全国或者省级有影响的报纸上公布的有催收内容的债权转让公告或者通知的，视为已经通知债务人。债权转让未履行通知义务的，债权转让对债务人不发生效力。

债权发生多次转让的，债权转让和通知债务人的证据应当连续。

第五十一条　债权人应当书面向管理人如实说明债权受偿的情况，包括债务人、担保人和其他债务人已经履行清偿义务的情况。债务人、担保人和其他债务人已经履行的清偿义务，管理人在审核认定时应予相应核减。

债权人申报的债权已经获得部分清偿但清偿本息约定不明的，视为按照下列顺序受偿：

（一）实现债权的费用；

（二）债权的利息；

（三）债权的本金。

第五十二条　债权人申报的债权涉及犯罪嫌疑，已经进入侦查、起诉或者审判程序，且刑事案件与债权基于同一法律关系、其结果对债权认定有影响的，在人民法院作出生效的刑事判决或者裁定前，管理人应暂缓认定。

第五十三条　外币债权审核认定后，按照本院受理破产申请之日中国外汇交易中心或者中国人民银行授权机构公布的人民币与该种外币汇率中间价折算为人民币；没有中间价的，按照现汇买入价折算；没有现汇买入价的，按照现钞买入价折算。

第五十四条　债权人申报的下列债权不予认定：

（一）行政、司法机关对债务人的罚款、罚金及其他有关费用；

（二）债务人未履行生效法律文书应当加倍支付的迟延利息和劳动保险金的滞纳金；

（三）债务人逾期不履行行政决定的金钱给付义务，行政机构加处的超过金钱给付义务数额一倍的滞纳金；

（四）破产案件受理日以后的债务利息；

（五）债权人参加破产程序所支出的费用；

（六）债务人的股权、股票持有人在股权、股票上的权利；

（七）超过诉讼时效的债权，超过法律规定的期限未申请强制执行的债权；

（八）债务人开办单位对债务人未收取的管理费、承包费；

（九）管理人或债务人在破产程序内解除合同，合同相对方申报的超出实际损失的赔偿请求或者要求返还定金的加倍部分；

（十）政府无偿拨付给债务人的资金，但财政扶贫、科技管理等行政部门通过签订合同，按有偿使用、定期归还原则发放的款项除外；

（十一）超过债权人申报范围的债权；

（十二）其他依据相关法律法规不予认定的债权。

第二节　债权利息审核认定的标准

第五十五条　本指引所称的债权利息，包括依照法律法规、生效法律文书、合同以及根据交易习惯应当计算的利息、逾期利息、罚息、复利、逾期还款或付款的违约金或滞纳金、资金占用费等。

借贷合同的债权人向债务人收取的咨询费、顾问费、管理费、手续费、综合费等费用按利息处理。

第五十六条　管理人应当按照生效法律文书确定的方法计算迟延履行期间的利息，但债务人未履行生效法律文书应当加倍支付的迟延利息除外。生效法律文书未确定给付迟延履行期间利息的，迟延履行期间不计算利息。

第五十七条　合同约定的利率超过年利率 24% 的，超过部分的利息不予认定。

合同约定逾期利息、罚息、复利、违约金、滞纳金，或资金占用费、管理费、手续费、咨询费、综合费等费用的，从其约定，但总额折算不得超过年利率 24% 。

债务人已支付超过年利率 36% 部分的利息，超过部分应在申报的债权数额中核减。

本院受理破产申请前一年内，债务人支付的利息超过年利率 24% 但不足 36% 的部分，应核减债权数额。

第五十八条　债权申报依据的合同未约定利息或者生效法律文书未确定给付利息的，不予认定债权利息，但履行期限届满后或者法律规定催告后的利息除外。

债权申报依据的合同约定利息不明，但根据交易习惯应当计算利息或者资金占用费的，可以按照中国人民银行公布的同期银行一年期贷款利率计算利息。

中国人民银行不公布基准利率的，参照银行同业机构或者主要国有商业银行公布的同期利率计算。

第五十九条　国有独资企业或者国有控股企业破产，债权人申报的债权系金融机构转让的，自金融机构转让时起停止计息。

前款规定以外的其他企业破产，债权人受让经生效法律文书确认的金融不良债权，或受让的金融不良债权经生效法律文书确定，受让日在 2009 年 3 月 30 日前的，2009 年 3 月 30 日前的利息依照相关法律规定计算，2009 年 3 月 30 日后不再计付利息；受让日在 2009 年 3 月 30 日后的，受让日之前的利息按照相关法律规定计算，受让日之后不再计付利息。

第六十条　债务人是担保人的，承担担保责任中的利息自破产申请受理时起停止计算。

第六十一条　债权人申报的债权是外币的，以原币种审核认定债权的利息。外币利率规定或者约定不明的，参照中国外汇交易中心、中国人民银行授权机构、银行同业机构或者主要国有商业银行公布的同币种同期利率计算。

第三节 其他债权审核认定的标准

第六十二条 其他债权是指建设工程价款优先受偿权、船舶优先权、航空器优先权、有财产担保债权、职工债权、税款债权和抵销权。

除本节另有规定外，其他债权按照普通债权的审核认定标准执行。

第六十三条 债权人申报建设工程价款优先受偿权、船舶优先权和航空器优先权的，应当在法律规定的期限内申报或者提交在法律规定的期限内主张的证据。债权人未在法律规定的期限内申报或者不能提交在法律规定的期限内主张证据的，作为普通债权审核认定。

第六十四条 建设工程价款优先受偿权的审核认定，按照《中华人民共和国合同法》第二百八十六条和最高人民法院《关于建设工程价款优先受偿权问题的批复》执行。消费者已支付商品房的全部或者大部分购买款项的，承包人就该商品房享有的工程价款优先受偿权不得对抗买受人。

建设工程价款优先受偿权的审核认定，应当参考相应建设工程的结算书。相应建设工程未结算的，可以暂缓认定，待结算完成后认定；无法结算的，管理人根据债权人和债务人提供的证据材料审核认定，必要时可以申请本院选定有资质的机构进行工程造价专项审计和鉴定。

第六十五条 有财产担保债权是指债务人以不动产、动产、权利提供担保所对应的债权。

有财产担保债权的担保权包括抵押权、质权和留置权。以转让物或者权利的所有权作为债权担保的，管理人应当在取回转让物或者权利后认定债权人的普通债权。

第六十六条 破产案件的债务人仅是抵押人、出质人、留置物的所有权人，不是主债务人，担保权人要求在破产程序内实现担保物权的，参照法律和本指引关于有财产担保债权的规定审核认定。

第六十七条 依法应当办理登记的担保物权，未办理登记的，作为普通债权审核认定。

以动产设定抵押的，未登记或者登记不符合法律法规规定的，不得对抗已经对动产取得相应权利的善意第三人。

第六十八条 抵押登记时土地上已有建筑物的，债权人仅办理了土地使用权抵押登记或者建筑物抵押登记，抵押权的范围包括地上建筑物和土地使用权，但土地和房产已分别办理了抵押登记的除外。

土地使用权抵押后，该土地上新增的建筑物不属于抵押财产。

第六十九条 同一财产向两个以上债权人抵押的，依照《中华人民共和国物权法》第一百九十九条之规定确定优先受偿权。

第七十条 债权人对担保财产的优先受偿权，及于担保财产的保险赔偿金、损害赔偿金、征收款、拆迁补偿金，以及担保财产变价所得的价款。

上述资金在破产案件受理前取得的，债权人主张优先受偿需符合独立存放且未被挪用的条件。

第七十一条 管理人审核认定职工债权，应当调查债务人财务账册、审计报告、劳动合同、工资发放记录、社会保险和住房公积金缴纳记录、考勤记录、人事档案等证据材料。

管理人可以向社会保险管理机构、住房公积金管理机构、劳动监察机构调取证据，必要时可以申请本院向上述机构调取证据。

第七十二条 劳动监察机构、社会保险机构、欠薪保障基金管理机构、工会、债务人经营场所的房屋出租方以及其他主体为债务人垫付工资和医疗、伤残补助、抚恤费用、基本养老保险、基本医疗保险费用、住房公积金、补偿金等费用的，视为职工债权。

第七十三条 管理人审核认定税款债权，应当核查债务人财务账册和税收征管机关的申报材料。

第七十四条 债务人欠缴税款以及欠缴税款对应的各类附加属于税款债权。

债务人在破产案件受理前因欠缴税款产生的滞纳金属于普通债权。

债务人因欠缴税款产生的罚款，以及破产案件受理后因欠缴税款产生的滞纳金，不认定为破产债权。

第七十五条 管理人不应主动通知债权人进行抵销，但抵销使债务人财产受益或者享有抵销权的债权人亦已被人民法院受理破产的除外。

互负债权债务的双方当事人均已破产的，以破产案件受理前的双方债权债务进行抵销，不得以一方的全部债权额与另一方的破产债权分配额进行抵销。

第四章　债权审核认定的特别规定

第一节　重整程序的债权审核认定

第七十六条 债务人自行管理财产和营业事务的重整案件一律由管理人负责受理债权申报、审核认定债权、编制债权表。

第七十七条 债权人未在债权申报期限内申报债权，但其在重整计划草案提交债权人会议表决前补充申报债权的，管理人应当受理并进行审查。债权在重整计划草案表决前未经本院裁定确认的，债权人不享有重整计划草案的表决权，但在本院裁定批准重整计划后，该债权人被确认的债权可依照重整计划确定的债权受偿方案获得清偿。

债权人未在债权申报期限内申报债权，在本院裁定批准重整计划后重整计划执行完毕前补充申报债权的，管理人可以受理申报并进行审查，但债权人在重整计划执行期间不得行使权利；在重整计划执行完毕后，可以按照重整计划规定的同类债权的清偿条件行使权利。

债权人未在债权申报期限内申报债权，在重整计划执行完毕后补充申报债权的，管理人不再受理申报，告知债权人向债务人主张权利。

第七十八条　管理人可以根据重整案件的实际情况制定符合法律和司法解释规定的供个案适用的债权审核认定标准，经债权人会议通过并报本院备案后施行。

第二节　和解程序的债权审核认定

第七十九条　和解案件应当由管理人负责受理债权申报、审核认定债权、编制债权表。

第八十条　债权人未在债权申报期限内申报债权，但其在和解协议草案提交债权人会议表决前补充申报债权的，管理人应当受理并进行审查。债权在和解协议草案表决前未经本院裁定确认的，债权人不享有和解协议草案的表决权，在本院裁定认可和解协议后，该债权人被确认的债权可依照和解协议确定的债权受偿方案获得清偿。

债权人未在债权申报期限内申报债权，在本院裁定认可和解协议后和解协议执行完毕前补充申报债权的，管理人可以受理申报并进行审查，但债权人在和解协议执行期间不得行使权利；在和解协议执行完毕后，可以按照和解协议规定的同类债权的清偿条件行使权利。

债权人未在债权申报期限内申报债权，在和解协议执行完毕后补充申报债权的，管理人不再受理申报，告知债权人向债务人主张权利。

第八十一条　管理人可以根据和解案件的实际情况制定符合法律和司法解释规定的供个案适用的债权审核认定标准，经债权人会议通过并报本院备案后施行。

第三节　破产清算程序的债权审核认定

第八十二条　债权人未在债权申报期限内申报债权的，可以在本院裁定认可最后分配方案之前补充申报。

第八十三条　债权人未在债权申报期限内申报，对于其申报债权之前已经进行的分配，不再对其补充分配。

前款规定的已经进行的分配，是指债权人补充申报时本院已经裁定认可破产财产分配方案。

第八十四条　为审核认定补充申报债权产生的核查债权额外支出的费用，包括重新召开债权人会议费用和差旅费用等，由补充申报人承担。

第八十五条　本院受理破产申请前，债务人已经自行清算的，管理人可以参考债务人清算组自行清算期间的工作成果审核认定债权和编制债权表。

第八十六条 本院受理破产申请前，债务人已经人民法院指定清算组进行强制清算的，破产程序可以不再指定新的债权申报期间。强制清算期间的债权申报视为破产债权申报。

第五章 附 则

第八十七条 本指引自公布之日起施行。

第八十八条 本指引由本院审判委员会负责解释。

典型案例评析

债权人未经向管理人申报债权，不能径行向法院起诉确认债权

——曹某林、汪某元与池州市滨江置业有限公司破产债权确认纠纷案①

【裁判要旨】

法院对债权人提起债权确认之诉的司法审查应当以业经管理人的审查为前置，以管理人的审查范围为边界。债权人不得以未向管理人申报的债权及未向管理人提出的证明材料径行向法院主张确认其债权。

【基本案情】

2015 年 8 月 11 日，池州市滨江置业有限公司（以下简称滨江置业）因资不抵债及其他不明原因向池州市贵池区人民法院申请破产重整。2015 年 8 月 19 日，池州市贵池区人民法院裁定受理滨江置业破产重整申请。

2015 年 11 月 8 日，曹某林、汪某元向滨江置业管理人申报债权，申报书载明：申报事项为滨江置业开发的地下 3#车库项目保证金本金 500 万元，截至 2015 年 10 月 27 日利息 1,731,670 元。经管理人审核，确认了 500 万元的保证金本金债权，利息未予确认。

曹某林、汪某元遂以其与滨江置业存在民间借贷关系为由，向池州市贵池区人民法院提起诉讼，请求裁定确定借款债权本金 500 万元、利息 173.167 万元债权。

---

① 参见安徽省池州市贵池区人民法院民事判决书，（2017）皖 1702 民初 2059 号。

【裁判结果】

池州市贵池区人民法院以曹某林、汪某元所提出的借贷债权未经向管理人申报债权为由，驳回曹某林、汪某元全部诉讼请求。

【评析】

《企业破产法》规定了管理人对申报债权的审查职责，法院接收管理人的工作报告，依法监督管理人履职，并就管理人提请的程序性事项作出批准或不批准的裁定。债权人就管理人的决定事项、债权人会议表决事项不服的，可以向法院提起诉讼，请求法院进行司法裁判。

《企业破产法》第44条规定："人民法院受理破产申请时对债务人享有债权的债权人，依照本法规定的程序行使权利。"第48条规定："债权人应当在人民法院确定的债权申报期限内向管理人申报债权。"第57条第1款规定："管理人收到债权申报材料后，应当登记造册，对申报的债权进行审查，并编制债权表。"第58条规定："依照本法第五十七条规定编制的债权表，应当提交第一次债权人会议核查。债务人、债权人对债权表记载的债权无异议的，由人民法院裁定确认。债务人、债权人对债权表记载的债权有异议的，可以向受理破产申请的人民法院提起诉讼。"上述法律规定了债权人必须依照《企业破产法》所规定的程序行使权利，即应向管理人申报债权，管理人审查后编制债权表，并提交债权人会议供债权人、债务人核查。债权人对债权表记载的债权有异议的，可向法院提起债权确认之诉。

具体到本案中，债权人曹某林、汪某元原以保证金的事由向管理人申报了保证金债权本金及利息。管理人经审查后，确认了债权本金500万元，但未确认所申报的利息。如债权人曹某林、汪某元不服管理人的上述审查意见，应就所申报保证金本金及利息在规定的期限内向法院提起债权确认之诉。债权人曹某林、汪某元却另以借贷为由向起诉请求确认借款债权本金500万元及利息1,731,670元。债权人曹某林、汪某元所主张的借贷债权未经向管理人申报，未经管理人审查、债权人和债务人核查程序，径行向法院起诉请求确认债权，不符合《企业破产法》关于债权申报、审查、核查和确认的程序。

另外，笔者认为，本案中池州市贵池区人民法院以债权人未经向管理人申报债权这一前置程序径行向法院提起确权诉讼，不符合法律规定为由，判决驳回债权人曹某林、汪某元的全部诉讼请求，貌似有不妥之处。如认为债权人曹某林、江某元的起诉尚不符合起诉条件，仅是进行了程序方面的审查，未予进行实体审理，应予裁定驳回起诉更为妥当。因为，如果债权人未经向管理人申报债权而直接向法院起诉确认债权，若法院从实体上驳回了债权人的诉讼请求，则债权人再另行向管理人申报债权，管理人可能会基于原先驳回诉讼请求的生效判决，不好再作出确认债权的审查意见；若债权人后续申报债权后再提起债权确认之诉，法院还可能会出现就同一个债权诉求作出两个裁判结果相冲突的裁判的情况。

文书模板

文书模板一：

债权申报表

<table>
<tr><td>申报债权人名称</td><td colspan="3"></td></tr>
<tr><td>债务人名称</td><td colspan="3"></td></tr>
<tr><td>申报债权日期</td><td colspan="3">年　月　日</td></tr>
<tr><td>申报债权数额</td><td colspan="3">元（未特别注明，均为人民币/元）</td></tr>
<tr><td>是否有共同债权人</td><td></td><td>共同债权人名称</td><td></td></tr>
<tr><td>有/无财产担保</td><td></td><td>担保类型（抵押或质押）</td><td></td></tr>
<tr><td>债权发生日期</td><td></td><td rowspan="2">债权是否经法院判决或仲裁机构裁决，若有，请注明案号</td><td rowspan="2"></td></tr>
<tr><td>债权到期日期</td><td></td></tr>
<tr><td>是否有连带债务人</td><td></td><td>连带债务人名称</td><td></td></tr>
<tr><td>申报债权情况说明</td><td colspan="3">附债权申报书，包括债权债务发生的经过、债权数额、相关依据以及计算标准等</td></tr>
<tr><td rowspan="5">申报债权数额</td><td>本金</td><td colspan="2"></td></tr>
<tr><td>利息</td><td colspan="2"></td></tr>
<tr><td>诉讼费</td><td colspan="2"></td></tr>
<tr><td>其他</td><td colspan="2"></td></tr>
<tr><td>合计</td><td colspan="2"></td></tr>
<tr><td>备注</td><td colspan="3">申报的债权一笔一表</td></tr>
</table>

填报人（签名或盖章）：＿＿＿＿＿＿＿＿

债权申报书

申报人	
住所	
法定代表人	
被申报人	
申报事项	
申报债权总额	本金： 利息（利息计算请附计算依据、标准及过程）： 其他： 总计：
第一笔债权（每笔债权分项列明，并分项在事实和理由处说明）	
第二笔债权（每笔债权分项列明，并分项在事实和理由处说明）	
银行账户信息（供财产分配之用，请准确填写）	开户名称： 开户银行： 银行账号：
联系地址及联系方式等信息	住所地： 邮编：传真： 联系人： 联系电话： 其他联系方式（邮箱）：
声明和保证	本公司/人保证所提供的上述信息均真实、准确，如变更上述信息，将及时书面通知管理人。因上述信息变更未及时通知管理人，本公司/人保证自愿承担由此产生的一切法律后果。 申报债权人（签字或盖章）： 委托代理人（签字）： 年月日
申报人（签章）	
代理人（签章）	
备注	

文书模板二：

债权申报文件清单

<table>
<tr><td colspan="2">申报债权人名称：</td><td colspan="3"></td></tr>
<tr><td colspan="2">文件名称</td><td>页数</td><td colspan="2">原件/复印件</td></tr>
<tr><td>1</td><td></td><td></td><td colspan="2"></td></tr>
<tr><td>2</td><td></td><td></td><td colspan="2"></td></tr>
<tr><td>3</td><td></td><td></td><td colspan="2"></td></tr>
<tr><td>4</td><td></td><td></td><td colspan="2"></td></tr>
<tr><td>5</td><td></td><td></td><td colspan="2"></td></tr>
<tr><td>6</td><td></td><td></td><td colspan="2"></td></tr>
<tr><td>7</td><td></td><td></td><td colspan="2"></td></tr>
<tr><td>8</td><td></td><td></td><td colspan="2"></td></tr>
<tr><td>9</td><td></td><td></td><td colspan="2"></td></tr>
<tr><td>10</td><td></td><td></td><td colspan="2"></td></tr>
<tr><td colspan="5">债权人声明和保证：本公司/人保证所提交的上述文件均真实、有效。上述文件与原件相一致，不存在任何变造、伪造等情形，否则，本公司/人自愿承担由此产生的一切法律责任。</td></tr>
</table>

申报债权人（签字或盖章）：________

委托代理人：______________　　　　签收人：____________

日期：××××年××月××日　　　　日期：××××年××月××日

第七章　破产费用与共益债务

第一节　破 产 费 用

一、破产费用概述

破产费用，是指在破产程序进行过程中，为破产程序的顺利进行以及为破产财产的管理、处分等而必须随时支付的费用。[①] 简言之，是为全体破产债权人的共同利益所支出的费用。

《企业破产法》第 41 条规定：“人民法院受理破产申请后发生的下列费用，为破产费用：（一）破产案件的诉讼费用；（二）管理、变价和分配债务人财产的费用；（三）管理人执行职务的费用、报酬和聘用工作人员的费用。”顾名思义，破产费用即为申请破产及法院受理破产申请后产生的，为顺利开展破产相关活动而支出的费用。破产费用的实质是为保障破产程序的顺利进行、维护全体债权人的共同利益所支出的费用。

二、破产费用的清偿

《企业破产法》第 43 条规定：“破产费用和共益债务由债务人财产随时清偿。债务人财产不足以清偿所有破产费用和共益债务的，先行清偿破产费用。债务人财产不足以清偿所有破产费用或者共益债务的，按照比例清偿。债务人财产不足以清偿破产费用的，管理人应当提请人民法院终结破产程序。人民法院应当自收到请求之日起十五日内裁定终结破产程序，并予以公告。”因此，债务人应当具有清偿破产费用的能力，才能使破产程序继续开展下去，否则当期财产不足以清偿破产费用时，继续其他破产程序已无意义，就会被法院裁定终结破产程序。

最高人民法院《关于适用〈中华人民共和国企业破产法〉若干问题的规

① 参见付翠英：《论破产费用和共益债务》，载《政治与法律》2010 年第 9 期。

定（三）》第 1 条规定："人民法院裁定受理破产申请的，此前债务人尚未支付的公司强制清算费用、未终结的执行程序中产生的评估费、公告费、保管费等执行费用，可以参照企业破产法关于破产费用的规定，由债务人财产随时清偿。此前债务人尚未支付的案件受理费、执行申请费，可以作为破产债权清偿。"

第二节　共 益 债 务

一、共益债务概述

共益债务，又称财团债务或财团债权，是指在破产程序开始后，为全体债权人的共同利益和破产程序的顺利推进而对第三人所负担的债务。对共益债务的相对人来说，即为共益债权。

《企业破产法》第 42 条规定："人民法院受理破产申请后发生的下列债务，为共益债务：（一）因管理人或者债务人请求对方当事人履行双方均未履行完毕的合同所产生的债务；（二）债务人财产受无因管理所产生的债务；（三）因债务人不当得利所产生的债务；（四）为债务人继续营业而应支付的劳动报酬和社会保险费用以及由此产生的其他债务；（五）管理人或者相关人员执行职务致人损害所产生的债务；（六）债务人财产致人损害所产生的债务。"

二、可主张共益债务的情形

根据最高人民法院《关于适用〈中华人民共和国企业破产法〉若干问题的规定（二）》的相关规定，可主张共益债务的情形具体包括以下几种：

1. 对共有财产分割所产生的对共有人的损害。根据最高人民法院《关于适用〈中华人民共和国企业破产法〉若干问题的规定（二）》第 4 条的规定，债务人对按份享有所有权的共有财产的相关份额，或者共同享有所有权的共有财产的相应财产权利，以及依法分割共有财产所得部分，属于债务人财产。法院宣告债务人破产清算，应将共有财产进行分割，作为破产财产。对因分割共有财产导致其他共有人损害而产生的债务，其他共有人可以请求作为共益债务清偿。

2. 管理人撤销交易，债务人应返还的价款。根据最高人民法院《关于适用〈中华人民共和国企业破产法〉若干问题的规定（二）》第 11 条的规定，管理人请求撤销涉及债务人财产的以明显不合理价格进行的交易，买卖双方应当依法返还从对方获取的财产或者价款。交易相对方对于债务人应返还受让人已支付价款所产生的债务，请求作为共益债务清偿的，法院应予支持。

3. 法院受理债务人破产后，债务人越权转让他人财产给第三人，第三人因未能取得财产所有权所主张的返还对价款。根据最高人民法院《关于适用〈中华人民共和国企业破产法〉若干问题的规定（二）》第 31 条的规定，债务人在法院受理其破产后将其占有的他人财产被违法转让给第三人，第三人已向债务人支付了转让价款，但依据《民法典》第 311 条的规定未取得财产所有权，原权利人依法追回转让财产的，对因第三人已支付对价而产生的债务，可作为共益债务清偿。如转让行为发生在破产申请受理前的，则只能作为普通破产债权清偿。

4. 法院受理债务人破产后，债务人占有他人的财产毁损、灭失所获得的因与债务人财产混同而无法返还的保险金、赔偿金、代偿物。根据最高人民法院《关于适用〈中华人民共和国企业破产法〉若干问题的规定（二）》第 32 条的规定，在法院受理破产后，债务人占有他人的财产毁损、灭失所获得的保险金、赔偿金、代偿物已经交付给债务人，但与债务人财产混同而无法返还的，可视为因管理人或者相关人员执行职务导致权利人损害产生的债务，作为共益债务清偿。

5. 管理人或者相关人员在执行职务过程给他人造成的财产损害。根据最高人民法院《关于适用〈中华人民共和国企业破产法〉若干问题的规定（二）》第 33 条的规定，管理人或者相关人员在执行职务过程中，因故意或者重大过失不当转让他人财产或者造成他人财产毁损、灭失，导致他人损害产生的债务作为共益债务，由债务人财产随时清偿不足弥补损失，权利人向管理人或者相关人员主张承担补充赔偿责任的，法院应予支持。

6. 管理人单方解除债务人为出卖人的所有权保留买卖合同，买受人应得的返还价款。根据最高人民法院《关于适用〈中华人民共和国企业破产法〉若干问题的规定（二）》第 36 条的规定，所有权保留的买卖合同中的出卖人破产，其管理人可决定解除所有权保留买卖合同，并依据《企业破产法》第 17 条的规定，要求买受人向其交付买卖标的物的。买受人依法履行合同义务并依据该条第一款将买卖标的物交付出卖人管理人后，买受人已支付价款损失形成的债权作为共益债务清偿。但是，买受人存在违约情形的，管理人可主张为普通债权。

7. 管理人决定继续履行债务人为买受人的所有权保留买卖合同，出卖人应得的价款。根据最高人民法院《关于适用〈中华人民共和国企业破产法〉若干问题的规定（二）》第 37 条的规定，买受人破产，其管理人决定继续履行所有权保留买卖合同的，原买卖合同中约定的买受人支付价款或者履行其他义务的期限在破产申请受理时视为到期，买受人管理人应当及时向出卖人支付价款或者履行其他义务。对因买受人未支付价款或者未履行完毕其他义务，以及买受人管理人将标的物出卖、出质或者作出其他不当处分导致出卖人损害产生的债务，出卖人可主张作为共益债务清偿。

8. 管理人单方解除债务人为买受人的所有权保留买卖合同，出卖人就标的物价值减少的损失赔偿。根据最高人民法院《关于适用〈中华人民共和国企业破产法〉若干问题的规定（二）》第 38 条的规定，买受人破产，其管理人决定解除所有权保留买卖合同，出卖人可依据《企业破产法》第 38 条的规定主张取回买卖标的物。取回的标的物价值明显减少，给出卖人造成损失的，出卖人可从买受人已支付价款中优先予以抵扣后，将剩余部分返还给买受人。对买受人已支付价款不足以弥补出卖人标的物价值减损损失形成的债权，出卖人可主张作为共益债务清偿。

三、相关权利人的权利救济

根据《企业破产法》第 43 条第 1 款之规定，共益债务由债务人财产随时清偿，不受破产法关于禁止个别清偿规定的限制。相关权利人可向管理人申请对其债权作为债务人的共益债务从破产财产中随时清偿。但是，司法实践中，也常常存在管理人对相关权利人提出作为共益债务予以清偿的请求未予回复，亦较长时间不予清偿的情况。对此情况，法律未予明确相关债权人的诉讼维权路径，最高人民法院《民事案件案由规定》中的“与破产有关的纠纷”亦无相应的案由。在进行大量的类案检索后，笔者发现，实践中所提起的诉讼主要有以下三类情形：

第一类，是作为“与破产有关的纠纷”提起诉讼，如林州市华日工贸有限公司诉河南红旗渠电炭有限公司与破产有关的纠纷案[①]，则以“与破产有关

---

① 参见河南省林州市人民法院民事判决书，（2019）豫 0581 民初 8028 号。

的纠纷”的案由提起诉讼，请求确认为共益债务，并限期进行清偿。该案中，法院经审理后认定原告所主张的款项为共益债务，论述中有提及“在处置破产财产后优先清偿”，判项未予判令被告期限支付款项。以此案由提起诉讼的判例较少。

第二类，是以“破产债权确认纠纷”为由提起诉讼。例如，宿迁市烨明工贸有限公司诉宿迁市中健玻璃工艺有限公司破产债权确认纠纷案①、新疆北泉天康饲料科技有限公司诉新疆伊犁中洲高科技发展有限责任公司破产债权确认纠纷案②。其中前一个案例与本案案情更为相似，也是原告向管理人申请支付诉请租金部分共益债务，管理人予以拒绝，原告才提起诉讼。在该案中，法院确认原告所主张的款项为共益债务，但亦未判令被告期限进行清偿。

第三类，是以原被告双方之间的基础合同法律作为案由提起诉讼。如“房屋租赁合同纠纷”“融资租赁合同纠纷”“买卖合同纠纷”等。例如，在柳州山本轴承制造有限公司诉柳州正菱鹿寨水泥有限公司买卖合同纠纷案③中，柳州山本轴承制造有限公司支诉请求支付欠款，一审判令柳州正菱鹿寨水泥有限公司给付柳州山本轴承制造有限公司配件货款。二审撤销一审判决，判决确认相关债务为共益债务，并按照《企业破产法》第 43 条之规定进行清偿。在重庆万隆融资租赁有限公司诉重庆大唐科技股份有限公司融资租赁合同纠纷案④中，判决确认相关欠款为共益债务，未予判决期限清偿。

由于法律上对债权人对于共益债务如何实现清偿没有明确规定，在司法实践中出现了多种不同情况。又因法院仅予确认为共益债务，未作出给付判决，破产法所规定的共益债务“随时清偿”实际上落空。绝大部分债权人得在管理人执行法院裁定确认的分配方案或重整计划后才可获得清偿，极大地拖延了时间，甚至部分权利人因此陷入困境，影响了破产程序中相关合同的继续履行，影响了破产程序特别是破产重整程序的推进，最终损害了债务人和债权人的利益。

笔者认为，立法应当明确债权人共益债务的权利救济途径，可在《民事案件案由规定》“与破产有关的纠纷”中增加“共益债务纠纷”，作为破产衍

---

① 参见江苏省宿迁市宿豫区人民法院民事判决书，(2020) 苏 1311 民初 5502 号。
② 参见新疆维吾尔自治区伊宁市人民法院民事判决书，(2020) 新 4002 民初 5143 号。
③ 参见广西壮族自治区柳州市中级人民法院民事判决书，(2020) 桂 02 民终 4041 号。
④ 参见重庆市北碚区人民法院民事判决书，(2019) 渝 0109 民初 11257 号。

生诉讼，由受理破产案件的法院管辖审理，确认是否为共益债务，并根据管理人所接管的破产财产状况，判决何时予以清偿。一方面为此类债权人提供明确的救济途径，另一方面也有利于破产案件与此类相关争议解决的衔接，同时更好地落实共益债务“随时清偿”的基本原则，在破产程序中获得相关当事人的配合与支持，保障破产程序的顺利进行，亦是更好地维护债权人的利益。

热点问题探究

▶ 管理人单方解除合同所造成的损失是否包括违约金和可得利益损失?

在民法中，守约方可向有过错的单方解除合同方主张可得利益损失或者违约金。在破产程序中，管理人单方解除合同的违约金是否可被认定为破产债权的问题，则有着不一样的规定。

《企业破产法》第 53 条规定：“管理人或者债务人依照本法规定解除合同的，对方当事人以因合同解除所产生的损害赔偿请求权申报债权。”最高人民法院《关于审理企业破产案件若干问题的规定》第 55 条规定：“下列债权属于破产债权：……（五）清算组解除合同，对方当事人依法或者依照合同约定产生的对债务人可以用货币计算的债权；……以上第（五）项债权以实际损失为计算原则。违约金不作为破产债权，定金不再适用定金罚则。”由上述规定可知，因管理人单方解除合同所造成的损失可以申报债权，违约金不可申报债权，定金不适用定金罚则。

笔者在检索了 100 多个案例后发现，除极个别案例确认违约金债权外，绝大部分都对违约金债权不予认定。司法实践中，各地的相关规定不尽一致。如深圳市中级人民法院《破产案件债权审核认定指引》第 49 条规定：“债权人以管理人或者债务人依照企业破产法规定解除合同产生的损害赔偿请求权申报债权的，债权数额按照解除合同产生的实际损失认定。”遵循了最高人民法院的司法精神。

但北京市高级人民法院《企业破产案件审理规程》第 160 条规定：“（解除合同赔偿的申报）管理人或者债务人因债务人进入破产程序而解除合同的，对方当事人以因合同解除所产生的损害赔偿请求权申报债权。损害赔偿额的计算以实际损失为原则，不能以合同约定的违约金申报债权。债务人收取定金的，合同相对方可以双倍定金申报债权。”其一方面认为损害赔偿额仅以实际损失为限，另一方面又支持了定金罚则在破产程序中的适用。

因此，实务和法律规定上，管理人单方解除合同所造成的损失不包括违约金和可得利益损失是通常做法。因为管理人为维护全体债权人利益依法行使合同解除权并无恶意，无惩罚必要。如认定违约金或定金罚则所产生的债务作为破产债务，亦是对其他债权人的不公平，特别是在约定较高额的违约金的情况下。同时，根据《民法典》的规定，法院可依当事人的请求调整违约金金额。如将违约金亦作为破产债权，管理人一方面是代表合同一方的债务人，另一方面又依职权审查此债权，对于违约金金额的确定并无客观的标准，必将造成违约金债权认定的争议和浪费司法资源。守约方认为管理人的解约行为给其造成了损害，向管理人申报债权即可。

相关规定

北京市高级人民法院企业破产案件审理规程（节选）

（2013 年 7 月 22 日发布　2013 年 7 月 22 日施行）

137.（破产费用）人民法院受理破产申请后发生的，为全体债权人的共同利益、保障破产程序顺利进行所必需的程序上的费用，为破产费用。包括：

（1）破产案件的申请费；

（2）管理、变价和分配债务人财产的费用；

（3）管理人执行职务的费用、报酬和聘用工作人员的费用。

138.（破产案件申请费）破产案件申请费依据破产财产总额计算，按照《诉讼费用交纳办法》规定的财产案件受理费标准减半交纳，但是，最高不超过 30 万元。

破产案件申请费不预交，从破产财产中拨付。

139.（管理、变价和分配债务人财产的费用）管理、变价和分配债务人财产的费用包括：

（1）破产企业留守人员工资；

（2）破产程序期间债务人财产、设施的保管、维护、仓储、运输、保险等费用；

（3）催收破产企业债权所需费用及诉讼中发生的费用；

（4）审计、评估、拍卖、变卖债务人财产的费用。

140.（债权人会议费用）召开债权人会议所必需的会场租赁、材料、通讯等费用应列入破产费用。债权人参加破产程序的费用不列入破产费用。

141.（债权人委员会的费用）债权人委员会及其成员履行职责所必需的费用，经债权人会议同意或者授权，可以列入破产费用。

142.（破产前的清算费用）在债务人破产案件受理前，尚未支付的公司强制清算费用，符合本规程关于破产费用范围的规定的，可以列入破产费用。

债务人为金融机构的，国务院金融监督管理机构核准而尚未支付的行政处置费用，可以列入破产费用。

143.（共益债务）共益债务是指人民法院受理破产申请后，为全体债权人的共同利益而由债务人财产负担的债务。包括：

（1）因管理人或者债务人请求对方当事人履行双方均未履行完毕的合同所产生的债务；

（2）债务人财产受无因管理所产生的债务；

（3）因债务人不当得利所产生的债务；

（4）为债务人继续营业而应支付的劳动报酬和社会保险费用以及由此产生的其他债务；

（5）管理人或者相关人员执行职务致人损害所产生的债务；

（6）债务人财产致人损害所产生的债务。

144.（破产费用和共益债务的清偿）破产费用和共益债务由债务人财产随时清偿。债务人财产不足以清偿所有破产费用和共益债务的，先行清偿破产费用。

债务人财产不足以清偿欠付的破产费用或者共益债务的，按照比例清偿。

145.（清偿的执行主体）破产费用的支付和共益债务的清偿，由管理人执行。

管理人应将清偿的项目、时间、数额等列清单记明，并定期向人民法院通报。

146.（审查申请费用的垫付）债权人为破产申请人的，案件受理前人民法院审查申请所发生的通知债务人等必要的费用，由债权人垫付。

147.（债务人财产不足以清偿破产费用）债务人财产不足以清偿破产费用的，管理人应当提请人民法院宣告债务人破产并终结破产程序。即使债权申报期未届满，亦可申请。

债权人、管理人、债务人的出资人或者其他利害关系人愿意垫付破产费用的，破产程序可以继续进行。垫付款项作为破产费用，从债务人财产中向垫付人随时清偿。

148.（税费的交纳）人民法院受理破产申请后，因变价和分配债务人财产而发生债务人土地使用权、房屋所有权、有价证券等转移的，债务人依税法规定交纳应由其承担的税费。

149.（控制破产成本）破产程序中应尽量降低破产成本。各种破产费用的支出要按照保证工作需要的最低标准支付。

文书模板

关于破产费用、共益债务清偿情况的报告

（××××）××破管字第×号

×××（债务人名称）债权人会议：

本管理人接受指定后，接管了×××（债务人名称）的财产，依法履行了相应职责。经管理人查实，自××××人民法院受理×××（债务人名称）破产申请之日起至××××年××月××日止（以下简称报告期间），发生破产费用、共益债务合计人民币××元，其中：

一、破产费用共计人民币××元，已清偿××元。（不足以全部清偿的，写明未清偿金额）

[分别列明：(1) 破产案件诉讼费用；(2) 管理、变价、分配破产财产的费用；(3) 聘用工作人员的费用；(4) 管理人执行职务的费用，以及其他各项费用的发生金额、明细与清偿情况。]

二、共益债务共计人民币××元，已清偿××元。（不足以全部清偿的，写明未清偿金额）

[分别列明：(1) 继续履行合同所产生的债务；(2) 债务人财产受无因管理所产生的债务；(3) 因债务人不当得利所产生的费用；(4) 为债务人继续营业而应支付的劳动报酬和社会保险费用以及由此产生的其他债务；(5) 管理人或工作人员执行职务致人损害所产生的债务；(6) 债务人财产致人损害所产生的债务；以及其他各项费用的发生金额、明细与清偿情况。]

以上破产费用和共益债务清偿情况，请债权人会议审查。

特此报告。

（管理人印鉴）

××××年××月××日

第八章　债权人会议与债权人委员会

第一节　债权人会议

一、债权人会议的性质

债权人会议，是指在破产程序中，维护债权人共同利益、表达债权人意志的机构。其性质主要体现在以下几点：

（一）临时性

债权人会议因破产程序的开始而成立，随着破产程序的终结而解散，其并不是常设机构，而是在破产程序中为了维护全体债权人利益而临时成立的机构。

（二）自治性

债权人会议作为债权人的自治性组织，在破产程序进行过程中，具有自己的权限与范围，有关债权人权利行使和权利处分的一切事项，均应由债权人会议独立地作出决议，债权人在债权人会议上应享有充分的自由表达和自主表决的权利。

（三）法定性

债务人会议是依照破产法的规定而成立的机构，其召开时间、提议或决定召开会议的主体、会议的主持与程序等均由法律明文规定，不允许债权人自己任意设定。

（四）不具有民事一般主体资格

债权人会议不同于管理人，其不具有民事主体资格，不能直接作为诉讼的原告或被告，不能独立承担民事责任。

二、债权人会议的必要性

（一）维护了全体债权人利益

在破产程序中，无论债权人身份地位如何，无论其债权金额多少，全体债权人都享有公平受偿的权利，债权人会议可以让每个债权人了解债务人的实际财务状况、变现难度、操作可行性等，选择合理的方式变现，充分表达其意志，保护债权人的债权得到有效清偿。

（二）促进破产程序的有序化进行

债权人会议可以引导债权人理性地参与破产程序，将处于散沙无序状态的利益冲突变为具有内部制约机制的民主集中表决，有利于提高破产程序效率，使破产工作有序展开。

（三）监督管理人的工作

债务人会议作为全体债权人参与破产程序的自治性组织，维护的是每个债权人的自身利益，债权人会议对管理人的工作起到了很好的监督作用。

三、债权人会议的召开

《企业破产法》第 62 条规定："第一次债权人会议由人民法院召集，自债权申报期限届满之日起十五日内召开。以后的债权人会议，在人民法院认为必要时，或者管理人、债权人委员会、占债权总额四分之一以上的债权人向债权人会议主席提议时召开。"由此可知，我国债权人会议的召开可以分为两种情况：一是按照法律规定必须召开的债权人会议，如第一次债权人会议；二是必要时召开的债权人会议。

根据《企业破产法》第 63 条之规定，召开债权人会议，管理人应当提前 15 日通知已知的债权人。

四、债权人会议职责

《企业破产法》第 61 条规定："债权人会议行使下列职权：（一）核查债权；（二）申请人民法院更换管理人，审查管理人的费用和报酬；（三）监督管理人；（四）选任和更换债权人委员会成员；（五）决定继续或者停止债务人的营业；（六）通过重整计划；（七）通过和解协议；（八）通过债务人财产的管理方案；（九）通过破产财产的变价方案；（十）通过破产财产的分配方案；（十一）人民法院认为应当由债权人会议行使的其他职权。债权人会议应当对所议事项的决议作成会议记录。"

五、债权人会议的组成及表决权分配

（一）依法申报债权的债权人

根据《企业破产法》第 59 条第 1 款的规定，依法申报债权的债权人为债权人会议的成员，有权参加债权人会议。即未申报债权的债权人就不能成为债权人会议的成员。但有例外，《企业破产法》第 48 条第 2 款规定，“债务人所欠职工的工资和医疗、伤残补助、抚恤费用，所欠的应当划入职工个人账户的基本养老保险、基本医疗保险费用，以及法律、行政法规规定应当支付给职工的补偿金，不必申报，由管理人调查后列出清单并予以公示”。即涉及职工债权问题的，即使债权人没有申报债权也可成为债权人会议成员。

（二）债权人的代理人

根据《企业破产法》第 59 条第 4 款之规定，债权人可以委托代理人出席债权人会议，行使表决权。代理人出席债权人会议，应当向法院或者债权人会议主席提交债权人的授权委托书。

（三）列席会议的人员

1. 债务人的职工和工会代表

《企业破产法》第 59 条第 5 款规定：“债权人会议应当有债务人的职工和工会的代表参加，对有关事项发表意见。”

2. 债务人企业的法定代表人、财务管理人员和其他经营管理人员

根据《企业破产法》第 15 条的规定，债务人的法定代表人及法院决定的财务管理人员和其他经营管理人员，应列席债权人会议并如实回答债权人的询问。

3. 管理人

《企业破产法》第 23 条第 2 款规定：“管理人应当列席债权人会议，向债权人会议报告职务执行情况，并回答询问。”

4. 债务人的出资人

《企业破产法》第 85 条第 1 款规定：“债务人的出资人代表可以列席讨论重整计划草案的债权人会议。”

（四）债权人会议主席

《企业破产法》第 60 条第 2 款规定：“债权人会议主席主持债权人会议。”由此可知，债权人会议主席也是债权人会议不可缺少的组成部分。

（五）表决权的分配

首先，《企业破产法》对债权人会议成员的表决权作了相关的明文规定，即依法申报债权的债权人为债权人会议的成员，有权参加债权人会议，享有表决权。债权尚未确定的债权人，除法院能够为其行使表决权而临时确定债权额的外，不得行使表决权。对债务人的特定财产享有担保权的债权人，未

放弃优先受偿权利的，对于通过和解协议、通过破产财产的分配方案不享有表决权。

其次，我国对于职工债权的规定虽是无须申报，但并不代表此种豁免就剥夺了职工的实体权利，特别是表决权的行使。因职工人数众多，全部参加债权人会议行使表决权难以实现，所以可通过委派职工代表人来行使表决权。

最后，《企业破产法》规定依法申报债权的债权人享有表决权，因此对于最高人民法院《关于审理企业破产案件若干问题的规定》中列举的不属于破产债权的范围，其债权人当然不享有表决权。

六、债权人会议的决议

《企业破产法》第 64 条规定："债权人会议的决议，由出席会议的有表决权的债权人过半数通过，并且其所代表的债权额占无财产担保债权总额的二分之一以上。但是，本法另有规定的除外。债权人认为债权人会议的决议违反法律规定，损害其利益的，可以自债权人会议作出决议之日起十五日内，请求人民法院裁定撤销该决议，责令债权人会议依法重新作出决议。债权人会议的决议，对于全体债权人均有约束力。"此规定明确了债权人会议的决议规则和决议效力。

从决议的规则来看，区分了一般事项的表决规则与特殊事项的表决规则。前者即债权人会议的决议，是在债权人会议的职责范围内，对会议议题进行讨论，由出席会议的有表决权的债权人通过表决所形成的，代表债权人共同意志的决定，债权人会议的决议应当由出席会议的有表决权的债权人过半数通过，并且其所代表的债权额占无财产担保债权总额的 1/2 以上。后者即《企业破产法》第 97 条之规定："债权人会议通过和解协议的决议，由出席会议的有表决权的债权人过半数同意，并且其所代表的债权额占无财产担保债权总额的三分之二以上。"

从决议的效力来看，债权人会议的决议是债权人团体一致的意思表示，对全体债权人均有约束力，除法律特别规定债权人会议的决议须经法院许可外，决议一经作出就对全体债权人产生法律效力，而无须法院的许可。债权人如果认为债权人会议的决议违反法律规定，损害其利益，可以自债权人会议作出决议之日起 15 日内，请求法院裁定撤销该决议，责令债权人会议依法重新作出决议。

相关规定

上海市破产案件债权人会议的筹备及召开操作指引（节选）

（2017 年 12 月 7 日发布　2017 年 12 月 7 日施行）

第一章　律师担任管理人时关于债权人会议的筹备工作

第一条　【债权人会议的成员】依法申报债权的债权人为债权人会议的成员，有权参加债权人会议，享有表决权。对债务人的特定财产享有担保权的债权人，未放弃优先受偿权利的，依法对债权人会议的部分事项享有表决权。

债权尚未确定的债权人，可以参加债权人会议，但未经人民法院允许，不得行使表决权。

债权人可以委托代理人出席债权人会议，行使表决权。代理人出席债权人会议，应当向人民法院或者债权人会议主席提交债权人的授权委托书。中国境外的债权人委托代理人出席债权人会议的，应当提交经公证认证的授权委托书原件或复印件，或者提交由境外债权人或其代表人在中国境内签署的、经中国公证机构公证的授权委托书。

第二条　【债权人会议的职工代表】债务人的职工和工会的代表有权参加债权人会议，该代表由债务人职工大会、职工代表大会或工会组织推选并书面指定，有权就与职工利益相关问题发表意见，但不参与表决。

第三条　【债权人会议主席】第一次债权人会议前，管理人应当向人民法院推荐债权人会议主席人选，并就债权人会议主席人选的情况和推荐理由作出说明。

债权人会议主席由人民法院指定。债权人会议主席为单位的，该单位应当指派固定的工作人员履行职责，该工作人员未经人民法院同意不得更换。

债权人会议接受指定后若不适当履行职责的，管理人可以向人民法院书面提议重新指定债权人会议主席。

第四条　【债权人会议的列席人员】管理人应当列席债权人会议，向债权人会议报告职务执行情况，并回答询问。

债务人的法定代表人应当列席债权人会议并如实回答债权人的询问。人民法院、管理人、债权人委员会认为需要列席债权人会议的其他人员，也可向债权人会议主席申请邀请相关人员参与会议。必要时，人民法院、管理人或债权人会议主席可以通知债务人的股东、政府相关部门或其他相关人员列席债权人会议。

第五条　【准备工作】在召开债权人会议前，管理人应当做好以下准备工作

（一）确定会议议题，拟定会议议程；

（二）提前十五天向应当参会的债权人发出会议通知；

（三）通知债务人的法定代表人以及其他应当到场的经营管理人员到会；

（四）邀请人民法院、管理人、债权人委员会认为需要列席债权人会议的其他人员到会；

（五）必要时邀请管理人聘请的会计师事务所、资产评估机构等中介机构列席会议；

（六）通知其他相关人员列席会议；

（七）在召开第一次债权人会议前，拟定债权人会议主席候选名单；

（八）准备会场；

（九）指定会议记录人员；

（十）准备会议文件。

第六条　【第一次债权人会议的召集】第一次债权人会议由人民法院召集，自债权申报期限届满之日起十五日内召开。以后的债权人会议，在人民法院认为必要时，可以提议召开债权人会议。

管理人、债权人委员会、占债权总额四分之一以上的债权人可以向债权人会议主席提议召开债权人会议。

第七条　【后续债权人会议的召集】出现下列情形的，管理人可以向债权人会议主席提议召开债权人会议：

（一）需要债权人会议核查债权表；

（二）需要债权人会议审查通过债务人财产的管理方案；

（三）需要债权人会议决定继续或者停止债务人的营业；

（四）需要债权人会议审查通过破产财产的变价方案；

（五）需要债权人会议审查通过破产财产的分配方案；

（六）需要召开债权人会议讨论决定的其他事项。

第八条　【债权人会议的预案】在债权人会议通知发出前，管理人应当就会议议题事项与人民法院及相关债权人或其他相关人员事先讨论交流意见，并将相关意见做好记录并报告人民法院。

管理人应当准备债权人会议会务预案，包括并不限于通知发送时间与方式、会场选址与布置、物资配备、人员配备、文件准备、咨询与查询安排、费用预算等。

召开规模较大或者可能存在不稳定因素的债权人会议，管理人必须事先与人民法院、相关债权人等进行充分沟通，制定维稳保障方案并报送人民法院，接受人民法院指导。

第九条　【第一次债权人会议后的会议通知】第一次债权人会议以后的债权人会议的召开，无论是否由管理人提议召开，均由管理人通知。管理人应当将债权人会议召开的时间、地点、讨论议题和参加会议所需手续材料等，提前十五天通知已知的债权人。会议通知可以采取函件、传真、电子信件、现场送达等安全有效的方式。管理人应当保留相关的会议通知记录。

对于境外债权人，管理人可以通过传真或电子邮件的方式通知，或将相关通知送达其在境内的委托代理人。

会议通知的内容应当包含会议时间、地点、内容、议程以及相关会议资料。

第十条　【会务文件】债权人会议应当准备以下会议文件：

（一）程序类：会议通知单、会议议程、债权人签到表、列会人员签到表、表决票、表决票统计表等；

（二）报告类：管理人工作报告、债务人财产状况报告、债权审查报告及分类债权表、资产评估报告等；

（三）议案类：债务人财产管理方案、债务人财产分配方案、破产财产变价方案、职工安置方案、债务人重整计划草案、债权人会议主席候选名单、管理人报酬方案等。

第十一条　【文件提供】在准备上述会议文件时，管理人可根据实际情况，要求债务人的法定代表人、财务负责人或其他相关经营管理人员提供相关信息或资料，上述人员应当根据管理人的要求提供，拒不提供的，管理人应当及时向人民法院报告。

第十二条　【会议形式】第一次债权会议应当尽量采取现场召开的形式。如债权人人数众多，分布不集中或出现其他债权人不便于现场参加债权人会议的情形，管理人可准备采取现场召开与网络表决、电话表决或视频召开与网络表决、电话表决等方式相结合的会议召开和表决方式。

第一次债权人会议之后，如还需债权人会议表决，可通过邮寄或邮件形式发送到已知债权人处，告知表决事项并附表决表，通过债权人回复表决表统计表决结果。表决结果的统计可邀请债权人会议主席、债权人代表参与现场监票，统计结果应当告知各债权人。

第十三条　【会议协助】为保证债权人会议的顺利召开，管理人认为有必要聘用管理人团队以外的机构、工作人员协助管理人履行管理人职责的，经人民法院许可，管理人可以聘用。

第二章　律师担任管理人时关于债权人会议的召开工作

第十四条　【会议主持】在人民法院指定债权人会议主席前，合议庭或管理人主持债权人会议。在人民法院指定债权人会议主席后，债权人会议主席主持债权人会议。

第十五条　【参会情况】债权人会议开始前，管理人应当向主持人报告本次债权人会议的出席情况，并确定本次会议能否形成有效决议。

因债权人会议到会人员不足导致不能形成有效决议，管理人可建议主持人在向人民法院报告后调整该次债权人会议的议程。

第十六条　【管理人报告工作】管理人应当向债权人会议报告职务执行情况，回答债权人会议成员的询问，接受债权人会议和债权人委员会的监督。

债权人会议、债权人委员会要求管理人对其职权范围内的事务作出说明或者提交有关文件的，管理人应当执行。

第十七条　【核查债权】主持人应当询问债权人、债务人对债权表记载的债权是否有异议，并要求对债权表记载的债权有异议的债权人或债务人于会后限期向管理人提交债权异议函的方式核查债权。

第十八条　【处理异议】管理人可以与对债权表记载的债权提出异议的债权人、债务人进行沟通。沟通后，相关债权人、债务人可选择撤销异议或坚持异议。若其仍坚持异议的，异议人可以在债权人会议确定的日期内提出债权确认诉讼。

第十九条　【休会】当债权人会议出现以下情形时，管理人可以向主持人申请休会：

（一）债权人要求立即查阅债权申报资料；

（二）债务人、债权人对债权表记载的债权提出异议且管理人认为有必要与其单独沟通；

（三）债权人会议成员就个别复杂问题向管理人进行询问；

（四）破产财产分配方案的第一次表决未获通过；

（五）重整计划草案的第一次分组表决未获通过；

（六）债权人会议讨论后产生临时代表决议案；

（七）债权人会议的秩序受到严重影响；

（八）会场内产生安全隐患或突发安全事故；

（九）其他需要通过休会方式解决问题的事项。

除前款第（七）（八）项外，单次休会时间一般不超过一个小时，管理人应当注意保障债权人会议的连续性。

第二十条　【表决形式】管理人可以根据债权人会议的参会人数、会场的客观条件及其他实际情况，以举手、填写表决票、使用电子表决器等方式安排债权人会议表决。

第二十一条　【统计表决数据】债权人会议表决完毕后，管理人应当现场统计、公布表决结果。

计票时，管理人应当注意依法区分出席会议的债权人与未出席会议的债权人、有表决权的债权人与无表决权的债权人、有财产担保的债权人与无财产担保的债权人。

管理人可以邀请债权人会议推选的代表监督计票过程。

第二十二条　【公布表决结果】计票完毕后，管理人应当将相关议案的表决结果报告债权人会议的主持人，由主持人向债权人会议通报表决结果。

第二十三条　【第二次表决的事项】债权人会议未表决通过的方案，在向人民法院报告后，管理人可以立即或者推迟至后续债权人会议对该方案进行第二次表决。

第二次表决前，管理人可以对该方案做必要修订。

第二十四条　【会议记录】以现场方式召开债权人会议且以笔录方式记录债权人会议的，管理人应当在债权人会议后召集与会各方签署会议记录。

若以录音、录像形式记录债权人会议的，管理人应当妥善保存影像资料，并做必要的备份。

第二十五条　【非现场方式召开债权人会议】债权人会议以非现场方式召开的，应当事先征得人民法院或债权人会议的许可。

在以非现场方式召开债权人会议的过程中，管理人应当采取合理方式，充分保障债权人的知情权以及行使债权核查、异议、表决的权利，并及时将会议结果通报债权人会议成员和人民法院。

第二十六条　【提请法院裁定】管理人应当及时提请人民法院裁定认可或表决通过的破产财产分配方案。

第二十七条　【债权人委员会】债权人会议决定成立债权人委员会的，管理人实施《企业破产法》第六十九条第一款规定的行为，应当及时报告债权人委员会。

管理人应当定期向债权人委员会汇报工作进展，听取其意见或建议。债权人委员会要求管理人对其职权范围内的事务作出说明或者提交有关文件的，管理人应当执行。

第三章　律师担任管理人时关于重整计划草案的表决工作

第二十八条　【重整计划草案的送达】管理人应当在召开对重整计划草案进行表决的债权人会议前将重整计划草案送达债权人，并可同时送达债务人的出资人。若重整计划草案涉及出资人权益调整事项的，应当同时送达涉及权益调整的出资人。

第二十九条　【普通债权分组的安排】若重整计划草案对普通债权的调整和受偿按债权金额予以区别规定的，则管理人可以向人民法院申请在普通债权组中按债权金额大小分组对重整计划草案进行表决。

第三十条　【重整计划草案表决前的沟通和讨论】在对重整计划草案进行表决的债权人会议召开前，管理人应当及时对债权人或涉及权益调整的出资人就重整计划草案提出的问题进行说明或解答；管理人可主动就重整计划草案的重要事项与债权人或涉及权益调整的出资人进行充分的沟通和讨论。

如债权人会议设立债权人委员会的，管理人可提议召开债权人委员会对重整计划草案进行审议和讨论。管理人可根据债权人会议召开前的沟通、讨论，及时对重整计划草案作出相应的调整。

第三十一条　【重整计划草案的说明】管理人或债务人应当在债权人会议上就重整计划草案向出席会议的债权人及出资人作出说明，并回答债权人及涉及权益调整的出资人的询问。

第三十二条　【重整计划草案的分组表决】出席会议的同一表决组的债权人过半数同意重整计划草案，并且其所代表的债权额占该组债权总额的三分之二以上的，即为该组通过重整计划草案。

重整计划草案涉及出资人权益调整事项的，对该事项的表决按照出资比例行使表决权，代表三分之二以上出资人权益的出资人同意权益调整事项的，即为出资人组通过重整计划草案。

第三十三条　【重整计划草案的二次表决】 部分表决组未通过重整计划草案的，债务人或者管理人可以同未通过重整计划草案的表决组协商。该表决组可以在协商后再表决一次。双方协商的结果不得损害其他表决组的利益。

第三十四条　【重整计划草案的表决通过】 各表决组均通过重整计划草案的，重整计划即为通过。

自重整计划表决通过之日起十日内，提交重整计划草案的管理人应当向人民法院提出批准重整计划的申请。若重整计划草案由债务人提交的，管理人应当督促债务人及时向人民法院提出批准重整计划的申请。若债务人逾期未向人民法院提出批准重整计划的申请的，管理人应及时向人民法院提出批准重整计划的申请。

第三十五条　【重整计划草案的强裁通过】 管理人制作的重整计划草案未获全部表决组表决通过，但重整计划草案符合《企业破产法》第八十七条第二款所列条件的，管理人应当及时向人民法院提出批准重整计划草案的申请，赞成重整计划草案的表决组均同意不向人民法院提出批准重整计划草案申请的除外。

第二节　债权人委员会

一、债权人委员会的必要性

债权人会议因其全体债权人参与议事的制度设计，议事成本较高，要充分行使职权在客观上困难极大，且债权人会议为非常设机构，难以对破产程序中出现的问题进行及时有效的监督。因此，在债权人会议之外，可另设债权人委员会来代表全体债权人承担日常性监督职责。

二、债权人委员会的设立与组成

债权人委员会是债权人会议的常设机构。《企业破产法》第 67 条规定："债权人会议可以决定设立债权人委员会。债权人委员会由债权人会议选任的债权人代表和一名债务人的职工代表或者工会代表组成。债权人委员会成员不得超过九人。债权人委员会成员应当经人民法院书面决定认可。"设立债权人委员会是一项权利，可设定也可不设定，是否设立由债权人根据实际情况以决议的方式来确定。上海市高级人民法院《破产审判工作规范指引（试行）》则规定简易审理程序的破产案件一般不设立债权人委员会。

另外，根据规定，债权人委员会应由两类人员组成：一是债权人代表；二是一名破产企业的职工代表或者工会代表。债权人委员会的成员人数限定为 9 人以下，并且必须经过法院的书面决定认可。

三、债权人委员会的职责与议事规则

《企业破产法》对债权人委员会职责的规定较为概括，即第 68 条之规定："债权人委员会行使下列职权：（一）监督债务人财产的管理和处分；（二）监督破产财产分配；（三）提议召开债权人会议；（四）债权人会议委托的其他职权。债权人委员会执行职务时，有权要求管理人、债务人的有关人员对其职权范围内的事务作出说明或者提供有关文件。管理人、债务人的有关人员违反本法规定拒绝接受监督的，债权人委员会有权就监督事项请求人民法院作出决定；人民法院应当在五日内作出决定。"

最高人民法院于 2019 年 3 月 28 日发布（已于 2020 年 12 月 23 日修正）的《关于适用〈中华人民共和国企业破产法〉若干问题的规定（三）》对债权人委员会的授权范围、议事规则等方面做了进一步明确。如第 13 条规定："债权人会议可以依照企业破产法第六十八条第一款第四项的规定，委托债权人委员会行使企业破产法第六十一条第一款第二、三、五项规定的债权人会议职权。债权人会议不得作出概括性授权，委托其行使债权人会议所有职权。"即债权人委员会的职权可以来自债权人会议的授权，但授权的范围不能超过《企业破产法》第 61 条规定的债权人会议本身的职权范围，且《企业破产法》明确规定应当由债权人会议表决通过的事项或专属于债权人会议的职权不宜交由债权人委员会行使。上海市高级人民法院《破产审判工作规范指引（试行）》中则规定，债权人委员会根据《企业破产法》第 68 条的规定行使职权，债权人会议委托债权人委员会行使其他职权的，不得对其职权作概括性授权。

《企业破产法》第 67 条只对债权人委员会的组成人员及人数要求作了规定，并未规定其如何行使职权。最高人民法院《关于适用〈中华人民共和国企业破产法〉若干问题的规定（三）》第 14 条规定："债权人委员会决定所议事项应获得全体成员过半数通过，并作成议事记录。债权人委员会成员对所议事项的决议有不同意见的，应当在记录中载明。债权人委员会行使职权应当接受债权人会议的监督，以适当的方式向债权人会议及时汇报工作，并接受人民法院的指导。"为了提高决策效率，司法解释规定决议的通过以人数

过半即可，且应当接受债权人会议的监督与法院的指导。

四、债权人委员会接收报告的事项

根据《企业破产法》第69条之规定，管理人实施下列行为时，应当及时报告债权人委员会：（1）涉及土地、房屋等不动产权益的转让；（2）探矿权、采矿权、知识产权等财产权的转让；（3）全部库存或者营业的转让；（4）借款；（5）设定财产担保；（6）债权和有价证券的转让；（7）履行债务人和对方当事人均未履行完毕的合同；（8）放弃权利；（9）担保物的取回；（10）对债权人利益有重大影响的其他财产处分行为。未设立债权人委员会的，管理人实施上述规定的行为应当及时报告法院。

热点问题探究

▶ 当依法申报债权的债权人过多时，如何开展债权人会议？

依法申报债权的债权人为债权人会议的成员，有权参加债权人会议，享有表决权，但这些债权人数量庞大时，债权人会议的召开会比较困难。因此，最高人民法院《关于推进破产案件依法高效审理的意见》第10条规定："第一次债权人会议可以采用现场方式或者网络在线视频方式召开。人民法院应当根据企业破产法第十四条的规定，在通知和公告中注明第一次债权人会议的召开方式。经第一次债权人会议决议通过，以后的债权人会议还可以采用非在线视频通讯群组等其他非现场方式召开。债权人会议以非现场方式召开的，管理人应当核实参会人员身份，记录并保存会议过程。"第11条规定："债权人会议除现场表决外，可以采用书面、传真、短信、电子邮件、即时通信、通讯群组等非现场方式进行表决。管理人应当通过打印、拍照等方式及时提取记载表决内容的电子数据，并盖章或者签字确认。管理人为中介机构或者清算组的，应当由管理人的两名工作人员签字确认。管理人应当在债权人会议召开后或者表决期届满后三日内，将表决结果告知参与表决的债权人。"

在信息技术发达的时代，采取网络在线视频等灵活方式来完成会议的召开以及表决等，能够产生与现场会议同等的效果，还能为各方当事人节省时间和成本，更好地维护债权人的权利，提高破产效率，应当在现代破产制度中予以肯定。例如，在处理海航集团系列破产重整案件中，涉及债权人达上万人，债权人会议均是在全国企业破产重整案件信息网线上进行，取得了很好的效果。

相关规定

上海市高级人民法院破产审判工作规范指引（试行）（节选）

（2018年8月31日发布　2018年8月31日施行）

12. 债权人委员会的组成和职权。债权人会议可以根据实际情况决定是否设立债权人委员会及其成员。简化审理程序的破产案件一般不设立债权人委员会。债权人委员会应当接受人民法院、债权人会议的监督，对债权人会议负责。债权人委员会根据《企业破产法》第六十八条的规定行使职权，债权人会议委托债权人委员会行使其他职权的，不得对其职权作概括性授权。

13. 债权人委员会议事规则。债权人委员会表决实行一人一票，所议事项应获得全体成员过半数通过，并制作会议记录，对所议事项的决议有不同意见的，应当在记录中载明。

14. 管理人实施财产处分行为的报告。管理人实施《企业破产法》第六十九条规定的财产处分行为，应当及时书面报告债权人委员会，债权人委员会可以依照《企业破产法》第六十八条第二款、第三款的规定，要求管理人对处分行为作出相应说明或者提供有关文件，债权人委员会认为管理人实施财产处分行为不当的，可以请求人民法院责令管理人停止财产处分行为。

未设立债权人委员会的，管理人实施财产处分行为应当及时报告人民法院，人民法院认为管理人实施财产处分行为不当的，可以责令管理人停止财产处分行为。

第九章　破 产 重 整

第一节　破产重整制度概述

一、破产重整的概念

破产重整是对已经具备或者可能具备破产条件而又有再生希望的债务人，保护其继续营业并挽救其生存的程序。破产重整制度的意义在于为濒临破产的企业增加恢复生机的机会，挽救具有增长潜力的企业，同时平衡各方利益。一方面，在债务人复兴的基础上保障债权人的利益，维护职工利益和社会和谐稳定，尽力获得各方满意的清偿结果；另一方面，通过调整债务，消除企业的破产原因，令企业摆脱破产困境，重新恢复经营能力，创造更多的社会价值。

二、破产重整制度的特征

（一）申请主体多元化

《企业破产法》第70条规定："债务人或者债权人可以依照本法规定，直接向人民法院申请对债务人进行重整。债权人申请对债务人进行破产清算的，在人民法院受理破产申请后、宣告债务人破产前，债务人或者出资额占债务人注册资本十分之一以上的出资人，可以向人民法院申请重整。"即在我国有提出破产重整权的主体包括企业本身、债权人、出资额占债务人注册资本1/10以上的出资人。同时，对债务人的出资人提出申请有两点限制：（1）出资额必须占债务人注册资本额的1/10以上；（2）债权人对债务人提出破产清算申请并为法院受理后，且法院尚未宣告债务人破产前，才能提出重整申请。

（二）重整措施灵活多样

重整措施不仅包括债权人对债务人的妥协和让步，还包括合并与转移、增加投资、租赁、资源融合等各种方式。

（三）重整程序优先化

当重整程序开启后，正在进行的民事执行程序、破产程序、和解程序都应当中止。

（四）担保物权的限制性

《企业破产法》第 75 条规定：“在重整期间，对债务人的特定财产享有的担保权暂停行使。但是，担保物有损坏或者价值明显减少的可能，足以危害担保权人权利的，担保权人可以向人民法院请求恢复行使担保权。在重整期间，债务人或者管理人为继续营业而借款的，可以为该借款设定担保。”据此可知，只要重整程序开启，担保权益将失去优先性，以确保重整程序的顺利进行。

第二节　重整程序的启动

《企业破产法》第 2 条规定：“企业法人不能清偿到期债务，并且资产不足以清偿全部债务或者明显缺乏清偿能力的，依照本法规定清理债务。企业法人有前款规定情形，或者有明显丧失清偿能力可能的，可以依照本法规定进行重整。”第 70 条规定：“债务人或者债权人可以依照本法规定，直接向人民法院申请对债务人进行重整。债权人申请对债务人进行破产清算的，在人民法院受理破产申请后、宣告债务人破产前，债务人或者出资额占债务人注册资本十分之一以上的出资人，可以向人民法院申请重整。”第 71 条规定：“人民法院经审查认为重整申请符合本法规定的，应当裁定债务人重整，并予以公告。”因此，在我国，企业启动重整程序需要满足两个条件：一是具备重整原因；二是需要有相关利害关系人的申请。

一、重整原因

根据重整申请提出时间的不同，重整原因有两点。

一是根据《企业破产法》第 7 条的规定，债务人不能清偿到期债务并且资产不足以清偿全部债务或者明显缺乏清偿能力，或者有可能丧失清偿能力时，可以直接向法院申请进行重整。当债务人不能清偿到期债务时，债权人可以向法院提出对债务人进行重整的申请。

二是根据《企业破产法》第 70 条的规定，债权人申请对债务人进行破产清算的，在法院受理破产申请后、宣告债务人破产前，债务人或债务人的出资人为了避免破产清算主体消亡，可以向法院申请进行重整。

二、重整申请人

（一）债务人

债务人可以在自身不能清偿债务时，向法院申请重整。在债权人向法院申请对债务人进行破产清算时，法院受理后，债务人也可以申请转为重整程序，并提出可行的方案。

（二）债权人

债权人对债务人享有债权，在债务人已经不能清偿的情形下，如果债权人不能及时获得公平受偿或债务人不能恢复盈利能力，损失将会继续扩大。因此，应当赋予债权人申请债务人重整、和解或者破产清算的权利。

（三）债务人的出资人

出资人申请破产重整需要符合如下两个条件：一是申请时间，必须是债权人申请对债务人进行破产清算时，在法院受理破产申请后、宣告债务人破产前；二是出资人的出资额，必须是出资额占债务人注册资本1/10以上的出资人才有资格向法院申请对债务人进行重整。这里的“注册资本”，在有限责任公司，是指在公司登记机关登记的全体股东认缴的出资额。在股份有限公司，采取发起设立方式设立的，是指在公司登记机关登记的全体发起人认购的股本总额；采取募集方式设立的，是指在公司登记机关登记的实收股本总额。

这里的“出资人”既可以是一个出资人，也可以是多个出资人，既可以是自然人出资人，也可以是法人出资人。设计此制度是为了保护债务人的中小股东，因为重整往往涉及调整公司的经营方针、增资减资、发行股票债券、合并或分立公司等事项，依照我国《公司法》的相关规定，须经过股东（大）会通过，但并非全部债务人的股东都具有重整意愿，如果重整意愿须经股东（大）会等其他程序去表决通过，可能无法实现。因此，《企业破产法》规定只要是占债务人注册资本1/10以上的出资人，就允许其申请对债务人进行重整。

另外，不允许出资额较低的出资人随意申请对债务人进行重整，也是为了防止有股东滥用重整申请权、扰乱公司的正常经营。允许出资人申请债务人重整也是重整制度与破产清算制度、破产和解制度的区别之一，表明了重整程序旨在调动各方主体的积极性，以达成挽救债务人企业，使其恢复生产经营能力的目标。实际上，股东与公司利益一致，在重整程序中如果股东能够对债务人追加资金投入，能够大大有助于债务人重整成功。

三、重整程序的受理

《企业破产法》第 71 条规定："人民法院经审查认为重整申请符合本法规定的，应当裁定债务人重整，并予以公告。"如上节所述，申请重整需要满足两个条件，一是具备重整原因，二是需要有相关利害关系人的申请。符合申请条件后，法院还需要审查债务人是否具备重整成功的可能性。事实上，上述规定中的"符合本法规定"给予了法官一定的自由裁量权，如果过于苛刻地规定相关条件，可能不利于重整程序的灵活运用。

一般情况下，对重整申请进行审查的事项主要有：（1）债务人是否是企业法人。（2）债务人是否具备《企业破产法》第 2 条所规定的重整原因，即不能清偿到期债务，并且资产不足以清偿全部债务或者明显缺乏清偿能力，或者有明显丧失清偿能力的可能。但值得注意的是，在债务人具备重整原因的情况下，法院还要注意审查债务人、出资人申请重整的目的是避免破产，恢复企业生产经营能力，还是借此逃避债务。为了查明债务人是否意图借助重整程序逃避债务或者有其他不正当意图，法院还需审查债务人是否隐匿或转移财产，如果查明存在上述情形，则应当裁定不受理重整申请或者驳回重整申请。（3）申请人是否符合《企业破产法》对重整申请权人的规定。（4）申请人或债务人是否提交符合《企业破产法》第 8 条规定的破产申请书和有关证据。债务人提出申请的，还应当向法院提交财产状况说明、债务清册、债权清册、有关财务会计报告、职工安置预案，以及职工工资支付和社会保险费用缴纳的情况。（5）接受重整申请的法院对债务人是否有管辖权。

除上述事项以外，为了更好地查明债务人的相关情况，法院还可以向市场监督管理机关、劳动行政部门、税务机关、银行、证券监督管理机构等调查核实债务人企业的财务状况和相关债权债务关系，了解债务人企业的重整原因、分析债务人企业的重整前景，从而综合各方面情况来明晰债务人是否有重整的希望。

法院经审查后，认为对债务人的重整申请符合《企业破产法》规定的，应当裁定债务人重整，并予以公告。自法院裁定债务人重整之日起，重整程序开始。重整程序所特有的规定将影响所有利害关系人，因为在重整期间债务人经申请可自行管理财产和营业事务，对债务人的特定财产享有的担保权暂停行使，债务人的出资人不得请求投资收益分配等。法院将裁定债务人重整向全社会不特定的人进行公告，一方面是司法公开的要求，另一方面也能告知无法通知的、未知的债权人以及其他利害关系人相关事实和有关事项，以维护其合法权益。

相关规定

北京破产法庭破产重整案件办理规范（试行）

（2019 年 12 月 30 日发布　2019 年 12 月 30 日施行）

第一章　总　　则

第一条　为正确适用法律，规范审理破产重整案件，保护债权人、债务人等破产重整参与人的合法权益，维护社会主义市场经济秩序和公共利益，充分发挥破产重整制度功能，持续优化营商环境，根据《中华人民共和国企业破产法》《中华人民共和国公司法》《中华人民共和国民事诉讼法》等法律及相关司法解释的规定，结合本市破产重整审判实际，制定本规范。

第二条　北京破产法庭应充分运用破产重整制度，积极拯救具有重整价值和重整可能的困境企业。

第三条　审理破产重整案件应当坚持依法、公平、高效的原则，并应当尊重商业规律和市场主体意思自治，切实发挥能动司法理念和创新精神。

第四条　北京破产法庭管辖债务人住所地位于本市的企业法人破产重整案件。

关联企业实质合并重整案件，关联企业中的核心控制企业住所地位于本市的，由北京破产法庭管辖。核心控制企业不明确，本市为关联企业主要财产所在地的，由北京破产法庭管辖。

人民法院之间对管辖权发生争议的，应当报请共同的上级人民法院指定管辖。

第二章　申请审查

第一节　重整申请

第五条　债务人具有下列情形之一的，即具有重整原因，可以依照企业破产法的规定进行重整：

（一）不能清偿到期债务，并且资产不足以清偿全部债务；

（二）不能清偿到期债务，并且明显缺乏清偿能力；

（三）有明显丧失清偿能力的可能。

第六条 债务人不能清偿到期债务，债权人可以向人民法院提出对债务人进行重整的申请。债务人具备重整原因的，可以向人民法院提出重整申请。

上市公司具备重整原因的，持有上市公司十分之一以上股份的股东可以向人民法院申请对上市公司进行重整。

第七条 破产清算申请受理后、破产宣告前，债权人、债务人或者出资额占债务人注册资本十分之一以上的出资人，可以向人民法院申请重整。

第八条 商业银行、证券公司、保险公司等金融机构具备重整原因的，该金融机构、国务院金融监督管理机构可以向人民法院提出对该金融机构进行重整的申请。

第九条 债权人向人民法院提出重整申请的，应当提交下列材料：

（一）破产重整申请书，并应当列明申请人和被申请人基本情况、申请重整的事实和理由等；

（二）申请人和被申请人的主体资格证明；

（三）债权发生的事实，以及债权性质、数额、有无担保的证据；

（四）债务人不能清偿到期债务的证据；

（五）债务人具有重整价值和重整可能的说明材料；

（六）申请上市公司重整的，还应当提交关于上市公司具有重整可能的报告、上市公司住所地省级人民政府向证券监督管理部门的通报情况材料以及证券监督管理部门的意见、上市公司住所地人民政府出具的维稳预案等材料，以及债权人已将申请事项告知上市公司的有关证据；

（七）其他与申请事实、理由有关的材料。

第十条 债务人向人民法院提出重整申请的，应当提交下列材料：

（一）破产重整申请书，并应当列明申请人基本情况、申请重整的事实和理由等；

（二）债务人主体资格证明，以及最近一个年度的企业年度报告材料；

（三）债务人股东会或股东大会等权力机构同意申请重整的文件。债务人为外商投资企业的，可依照法律法规及企业章程的规定提交董事会等同意申请重整的文件。

债务人为国有独资企业、国有独资公司的，还应当提交对债务人履行出资人职责的机构同意申请重整的文件；

（四）债务人的法定代表人或者主要负责人名单、联系方式，以及债务人董事、监事、高级管理人员和其他管理部门负责人名单、联系方式；

（五）财产状况说明；

（六）债务清册，并应当列明相应债权人名称、住所、联系方式、债务数额、债务性质、债务成立时间和被催讨情况；

（七）债权清册，并应当列明相应债务人名称、住所、联系方式、债权数额、债权性质、债权成立时间和催讨情况；

（八）有关财务会计报告；

（九）有关诉讼、仲裁、执行情况；

（十）企业职工情况和职工安置预案，并应当列明债务人解除职工劳动关系后依法对职工的补偿方案。债务人为国家出资企业的，职工安置预案应列明拟安置职工基本情况、安置障碍及主要解决方案等，并提交职工安置预案报对债务人履行出资人职责的机构备案的材料；

（十一）企业职工、高级管理人员工资的支付和社会保险费用、住房公积金的缴纳情况；

（十二）具有重整价值和重整可能的证明材料；

（十三）上市公司申请重整的，还应当提交关于上市公司具有重整可能的报告、上市公司住所地省级人民政府向证券监督管理部门的通报情况材料以及证券监督管理部门的意见、上市公司住所地人民政府出具的维稳预案等材料；

（十四）其他与申请事实、理由有关的材料。

第十一条 债务人的出资人申请重整的，参照债务人申请重整的情形向人民法院提交材料。

第十二条 商业银行、证券公司、保险公司等金融机构或者其出资人提出对该金融机构进行重整申请的，除分别依照本规范第十条、第十一条的规定提交材料外，还应当提交国务院金融监督管理机构等同意或批准的意见。

第二节 重整识别审查

第十三条 有证据证明债务人具备下列情形之一的，应当认定债务人符合本规范第五条第三项所称“有明显丧失清偿能力的可能”：

（一）已经资不抵债且难以持续经营；

（二）即将因清偿大额到期债务、接受强制执行等原因出现持续无法清偿债务情形；

（三）由于市场、政策、人员等原因，经营即将发生困难且不通过重整程序无法脱困；

（四）有明显丧失清偿能力的其他合理可能。

第十四条 申请审查期间，人民法院根据现有材料和现有情况，查明债务人是否具有重整原因，并初步判断债务人是否具有一定的重整价值和重整可能。

第十五条 对于债务人是否具有重整价值和重整可能，人民法院可以通过审查材料、调查询问、组织听证等方式进行判断，也可以通过掌握专业技术知识、了解行业市场情况、具备商业判断能力的专业社会中介机构或专业人员等第三方出具的有关意见进行判断。经过预重整的，还可以通过预重整管理人提交的预重整工作报告进行判断。

第十六条 在考虑了重整成本的情况下，债务人的继续经营价值仍然大于清算价值，可以认定债务人具有重整价值。债务人具有下列情形之一的，可以认定其不具有重整价值：

（一）根据市场、资源、社会公共功能等，可以合理判断债务人已经丧失经营价值或继续经营价值极低；

（二）重整成本明显过高；

（三）重整后债务人的所属行业根据国家产业政策或首都区位功能等需要，属于应当淘汰、疏解的产能、产业；

（四）其他不具有重整价值的情形。

第十七条 债务人具有下列情形之一的，一般应当认定其不具有重整可能：

（一）重整具有无法克服的法律障碍；

（二）经营计划明显不具有商业可行性；

（三）其他不具有重整可能的情形。

第三节 登记立案

第十八条 北京破产法庭负责接收重整申请材料并出具书面凭证。

第十九条 北京破产法庭对重整申请材料依法进行形式审查。经审查认为符合法律规定的，以“破申”作为案件类型代字编制案号登记立案。不符合法律规定的，应一次性告知申请人限期补充、补正材料，补充、补正材料期间不计入重整申请审查期限。

第二十条 人民法院应当自登记立案之日起五日内将合议庭组成情况通知重整申请人。申请人不是债务人的，应当自登记立案之日起五日内将重整申请及合议庭组成情况通知债务人。

第二十一条 债权人提出重整申请，债务人对申请有异议的，自收到人民法院通知之日起七日内，可以就立案法院的管辖权、申请人的申请资格、债务人的主体资格和重整原因等事由向人民法院提出书面异议。

第二十二条 重整申请受理前，申请人请求撤回重整申请的，由人民法院作出是否准许的裁定。

第二十三条 申请审查期间，人民法院可就重整申请组织听证。符合下列情形之一的，人民法院一般应当组织听证：

（一）上市公司、金融机构重整；

（二）关联企业重整；

（三）决定是否预重整；

（四）判断是否存在重整原因、重整可能或重整价值存在困难；

（五）债务人重整涉及国家利益或社会公共利益。

第二十四条 听证一般由下列人员参加：

（一）申请人；

（二）被申请人的法定代表人、财务管理人员和其他经营管理人员；

（三）预重整临时管理人；

（四）重整投资人；

（五）人民法院认为应当参加听证的其他人员。

经人民法院准许，债务人的有关监督管理部门、能够提供专业意见的人员或机构、债权人、出资人、实际控制人及其他利害关系人可以参加听证。

第二十五条 听证应当制作会议记录，由审判人员、参加人员签字。

第二十六条 听证期间不计入重整申请审查期限。

第三章 预 重 整

第二十七条 本规范所称“预重整”，系指为了准确识别重整价值和重整可能、降低重整成本、提高重整成功率，人民法院在以“破申”案号立案后、受理重整申请前指定临时管理人履行本规范第三十六条规定的职责，债务人自愿承担本规范第三十八条规定的义务，由临时管理人组织债务人、债权人、出资人、重整投资人等利害关系人拟定预重整方案的程序。

第二十八条 本规范所称“预重整方案”，系指在预重整程序中，债务人与债权人、出资人、重整投资人等利害关系人通过自愿平等商业谈判拟定的有关债权分类、债权调整和清偿、出资人权益调整、债务人治理和经营以及其他有利于债务人重整内容的协议。预重整方案应当参照本规范第九十七条第一款、第二款的规定制定。

第二十九条 申请审查期间，债务人书面承诺接受预重整程序中临时管理人的调查和监督、履行预重整相关义务的，人民法院可以决定对债务人进行预重整。

第三十条 包括全体债权人在内的各方预重整参与人一致同意预重整方案，申请人请求撤回重整申请，由各方自行庭外重组的，人民法院一般应当裁定准许。

第三十一条 破产清算期间不适用本节有关预重整的规定。破产清算期间债权人、债务人或其出资人拟申请重整程序的，管理人可以开展引进投资人、组织各方协商拟定与重整有关的协议、准备重整申请文件等工作。

第三十二条 决定预重整的，人民法院应当指定临时管理人，并参照重整程序指定管理人制作决定书，向临时管理人、重整申请人及债务人送达。

第三十三条 自人民法院决定预重整之日起至临时管理人提交预重整工作报告之日止，为预重整期间。预重整期间不计入重整申请审查期限。

第三十四条 预重整程序中临时管理人的指定，参照适用本规范第五十八条、第五十九条、第六十条的规定。

第三十五条 在人民法院通过随机方式或竞争方式指定临时管理人前，债务人、主要债权人和重整投资人协商一致，推荐北京市企业破产案件管理人名册中的中介机构担任临时管理人，不违反企业破产法第二十四条的规定的，人民法院可以指定被推荐的中介机构担任临时管理人。

企业破产法第一百三十四条第一款规定的金融机构重整案件中，国务院金融监督管理机构推荐临时管理人的，可以参照前款规定处理。

第三十六条 预重整期间，临时管理人履行下列职责：

（一）全面调查债务人的基本情况、资产负债情况、涉诉涉执情况；

（二）执行案件移送破产重整审查的，应当及时通知所有已知执行法院中止对债务人财产的执行程序；

（三）查明债务人是否具有重整价值和重整可能；

（四）监督债务人履行本规范第三十八条规定的义务，并及时报告人民法院；

（五）明确重整工作整体方向，组织债务人与其出资人、债权人、（意向）重整投资人等利害关系人协商拟定预重整方案；

（六）根据需要指导和辅助债务人引进重整投资人；

（七）根据情况向人民法院提交终结预重整程序的申请或预重整工作报告。

第三十七条 预重整期间，临时管理人应当勤勉尽责，依法忠实执行职务，向人民法院汇报工作。预重整各方参与人认为临时管理人具有违反法律规定、不公正执行职务或者其他不能胜任职务情形的，可以向人民法院提出。

债务人、债权人可以向人民法院书面提出更换临时管理人的申请，临时管理人可以就上述申请内容进行解释说明，是否准许更换由人民法院决定。

第三十八条 预重整期间，债务人履行下列义务：

（一）妥善保管财产、印章和账簿、文书等资料，配合人民法院依照本规范第三十九条第一款的规定采取财产保全措施；

（二）继续经营的，妥善决定经营事务和内部管理事务；

（三）配合临时管理人的调查，及时向临时管理人报告对财产可能产生重大影响的行为和事项，接受临时管理人的监督；

（四）如实披露可能影响利害关系人就预重整方案作出决策的信息，就预重整方案作出说明并回答有关询问；

（五）停止清偿债务，但清偿行为使债务人财产受益的，或经诉讼、仲裁、执行程序清偿的除外；

（六）与出资人、债权人、（意向）重整投资人等利害关系人协商拟定预重整方案；

（七）其他依法应当履行的义务。

第三十九条 预重整期间，对于因有关利害关系人的行为或者其他原因，可能影响重整程序依法进行的，人民法院可以根据临时管理人、债务人、债权人的申请，裁定对债务人的全部或者部分财产采取保全措施。

债权人申请的，人民法院可以要求其提供担保，不提供担保的，裁定驳回申请。

申请有错误的，申请人应当赔偿债务人因保全所遭受的损失。

第四十条　在债权人众多的大型企业重整案件中，为便于开展征集意见、披露信息等预重整相关工作，临时管理人可以参照企业破产法有关债权人会议的规定，组织债权人成立临时债权人委员会。临时管理人认为有必要的，可以在预重整期间申请人民法院组织听证调查。

第四十一条　预重整方案涉及出资人权益调整事项的，出资人有义务如实披露其出资权益的涉诉情况，债务人、出资人有义务如实披露出资权益上设定的质押、被保全等权利负担情况。

第四十二条　预重整参与人在预重整程序中披露的信息，其他参与人或临时管理人违反法律规定或当事人约定的保密义务对外披露，造成他人损失的，依法承担赔偿责任。

第四十三条　预重整期间，临时管理人经调查发现下列情形之一的，应当及时向人民法院提交终结预重整程序的申请，载明查明的事实和理由，人民法院经审查可以决定终结预重整程序，并在法定期限内作出是否受理重整申请的裁定：

（一）债务人不具有重整原因；

（二）债务人不具有重整价值；

（三）债务人不具有重整可能；

（四）债务人具有企业破产法第三十一条、第三十二条、第三十三条规定的情形，以及可能严重损害债权人利益的其他情形；

（五）债务人拒不履行本规范第三十八条规定的义务，导致预重整目的无法实现；

（六）债务人无法支付预重整必要费用，且无人垫付。

第四十四条　除本规范第四十三条规定的情形外，临时管理人应当在预重整工作完成后向人民法院提交预重整工作报告。预重整工作报告应当载明预重整期间临时管理人的履职情况，并且至少应当包括下列内容：

（一）临时管理人对债务人调查的情况，以及对债务人出现困境原因的分析；

（二）对债务人重整价值和重整可能的分析判断，临时管理人认为债务人具有重整价值和重整可能的，应当提出重整失败的主要风险及相关应对建议；

（三）预重整方案的相关内容和协商情况，或未形成预重整方案的原因。

第四十五条　人民法院在收到预重整工作报告后，应当在法定期限内作出是否受理重整申请的裁定。

第四十六条　重整申请受理后，债务人或者管理人一般应当以预重整方案为依据拟定重整计划草案，向人民法院和债权人会议提交。

第四十七条　预重整方案与重整程序中制作的重整计划草案内容一致的，有关出资人、债权人对预重整方案的同意视为对该重整计划草案表决同意，但下列情形除外：

（一）重整计划草案对预重整方案的内容进行了修改并对有关权利人有不利影响的，

受到影响的权利人有权对重整计划草案重新表决；

（二）预重整方案表决前债务人隐瞒重要信息、披露虚假信息，或者预重整方案表决后出现重大变化，有可能影响权利人表决的，相应权利人有权对重整计划草案重新表决。

出资人、债权人对预重整方案作出是否同意的意思表示前，临时管理人应当告知其前款规定的内容。

第四十八条 重整申请受理后，人民法院可以指定临时管理人为重整案件管理人，但临时管理人存在《最高人民法院关于审理企业破产案件指定管理人的规定》第三十三条、第三十四条规定情形的，或者存在其他证据证明临时管理人不能依法、公正执行职务或者有其他不能胜任职务情形的，人民法院应当重新指定管理人。

第四十九条 预重整期间，临时管理人可以委托本规范第十五条规定的第三方专业机构或人员，辅助分析判断债务人的重整价值和重整可能、预重整方案的可行性，上述人员可以参与预重整方案协商。需要支付费用的，由临时管理人与预重整参与人协商负担；协商不成的，由临时管理人自行负担。

临时管理人可以委托前款规定的第三方引进重整投资人，需要支付费用的，由重整投资人负担。

第五十条 预重整期间，临时管理人执行职务的必要费用，由临时管理人与预重整参与人协商负担；协商不成的，由债务人随时支付。债务人未及时支付或债务人财产不足以支付，临时管理人或其他人在重整申请受理前垫付的，重整申请受理后经相应权利人主张，可以列入破产费用，由债权人会议审查。

第五十一条 预重整期间，临时管理人不提取预重整报酬。

预重整程序终结后，人民法院裁定受理重整申请的，管理人报酬经债权人会议审查后，人民法院在确定或者调整管理人报酬方案时，应当参照《最高人民法院关于审理企业破产案件确定管理人报酬的规定》第九条的规定，根据临时管理人在预重整期间的实际履职情况和效果等因素综合确定。管理人报酬方案内容应列入重整计划草案。

人民法院裁定受理重整申请时重新指定管理人的，预重整报酬由人民法院确定。预重整报酬属于企业破产法第四十一条规定的破产费用。

预重整程序终结后，人民法院裁定不予受理重整申请的，或者预重整程序中人民法院裁定准许申请人撤回重整申请的，临时管理人工作酬劳依其与预重整参与人事先或事后的协商确定。

第四章 重 整 期 间

第一节 裁 定 重 整

第五十二条 债权人提出重整申请的，人民法院应当自债务人异议期满之日起十日内裁定是否受理。除前款规定的情形外，人民法院应当自收到重整申请之日起十五日内裁定是否受理。

有特殊情况需要延长前两款规定的期限的，经上一级人民法院批准，可以延长十五日。申请审查期间，申请人补充、补正材料的期间、人民法院组织听证的期间、指定管理人的期间以及预重整期间，不计入前两款规定的裁定受理期限。

第五十三条　债务人与各方利害关系人可以通过自主自愿协商的方式进行庭外重组。人民法院经审查认为破产申请受理前的庭外重组达成的有关协议符合法律及本规范第九十七条规定的，可以裁定受理重整申请。

第五十四条　人民法院经审查认为重整申请具有下列情形之一的，应当裁定不予受理重整申请：

（一）申请人不具备破产申请资格，或债务人不具备破产主体资格；

（二）重整申请未经有关机关依法批准或同意；

（三）债务人不具有重整原因；

（四）债务人明显不具有重整价值；

（五）债务人明显不具有重整可能。

第五十五条　人民法院裁定不予受理重整申请的，应当自裁定作出之日起五日内送达申请人并说明理由。申请人对裁定不服的，可以自裁定送达之日起十日内向上一级人民法院提起上诉。

第五十六条　除本规范第五十四条规定的情形外，人民法院应当依法作出受理重整申请的裁定，并自裁定作出之日起五日内送达申请人。申请人不是债务人的，人民法院还应当自裁定作出之日起五日内送达债务人。

第五十七条　人民法院裁定受理重整申请的，应当同时指定管理人。

第五十八条　管理人一般通过随机方式在管理人名册中指定。在本市完成管理人分级管理后，一般应当在一级管理人中随机指定；简单重整案件，也可以在二级管理人中随机指定。

第五十九条　对于影响重大、法律关系复杂、涉及利害关系人人数众多的重整案件，可以通过公开竞争方式指定管理人。

第六十条　除重整申请受理前，根据有关法律规定已经成立金融机构的行政清理组，或公司强制清算程序中人民法院已经指定成立社会中介机构清算组的案件以外，人民法院应当在管理人名册中指定管理人。

第六十一条　经过预重整程序的，适用本规范第四十八条的规定指定重整案件管理人。

第六十二条　破产清算申请受理后、破产宣告前裁定受理重整申请的，破产清算期间的管理人可作为重整期间的管理人。

第六十三条 自人民法院裁定受理重整申请之日起至重整程序终止，为重整期间。

第六十四条 申请人不是债务人的，管理人应当通知债务人自受理重整申请的裁定送达之日起十五日内，向人民法院提交财产状况说明、债务清册、债权清册、有关财务会计报告以及职工工资的支付和社会保险费用的缴纳情况。

第六十五条 重整申请受理后，申请人请求撤回申请的，人民法院不予准许。

第六十六条 人民法院受理债权人对债务人的重整申请，重整期间人民法院经审查发现债务人不符合本规范第五条规定的情形的，可以裁定驳回申请。申请人对裁定不服的，可以自裁定送达之日起十日内向上一级人民法院提起上诉。

第二节　重整期间的经营与治理

第六十七条 人民法院裁定债务人重整的，管理人应当依法履行财产调查、债权审核、提议和组织召开债权人会议、代表债务人参加诉讼等破产案件中管理人的一般性职责。

第六十八条 重整期间，债务人申请在管理人的监督下自行管理财产和营业事务的，管理人应当就债务人是否具备相对完善的内部治理结构和机制，是否具有自行管理的实际可行措施，是否可能具有企业破产法第三十一条、第三十二条、第三十三条规定的行为和其他严重损害债权人利益的行为等情况向人民法院提出书面意见。

第六十九条 债务人申请自行管理，符合下列条件的，人民法院可以批准：

（一）债务人的内部治理机制仍正常运转；

（二）债务人自行管理有利于债务人继续经营；

（三）管理人的监督方案和债务人的自行管理方案切实可行；

（四）债务人不存在隐匿、转移财产或者其他不配合重整的行为；

（五）债务人不存在其他严重损害债权人利益的行为。

人民法院批准或驳回债务人自行管理的申请，应当出具决定书。

第七十条 人民法院批准债务人自行管理，管理人已经接管债务人财产和营业事务的，应当及时向债务人移交。关于市场经营和企业治理等事宜，自行管理的债务人的权力机构、执行机构继续行使职权、履行义务，但下列情形除外：

（一）债务人和管理人划分职权分工管理，经人民法院批准的；

（二）法律规定或人民法院依法认为相应职权应由人民法院、债权人会议、债权人委员会或管理人行使的；

（三）人民法院认为不适宜由自行管理的债务人行使的其他权利。

前款第一项规定的分工管理方案，不得将财产状况调查、债权审查、提议召开债权人会议、行使破产撤销权和确认行为无效请求权、追缴出资人出资、追究董事、监事、高级管理人员责任的职权移交给债务人行使。

第七十一条　债务人自行管理的，管理人除履行本规范第六十七条规定的一般性职责之外，还应当履行下列职责：

（一）要求变更债务人自行管理的方案并申请人民法院批准；

（二）监督债务人的经营治理，监督债务人防范重大财产风险；

（三）为重整计划草案的协商和制作提供有利条件；

（四）指导、督促债务人依法制作、提交重整计划草案；

（五）法律规定、当事人约定或人民法院认为管理人应当履行的其他职责。

第七十二条　人民法院批准债务人自行管理的，管理人应当制定具体的监督制度。管理人可以不必开立管理人账户，但仍应当刻制管理人印章。

人民法院可以根据债务人的申请和管理人的审核意见，批准债务人和管理人分工管理。

债务人未申请自行管理，或者申请自行管理未获批准的，由管理人负责重整期间的财产管理和营业事务。

第七十三条　管理人负责重整期间的财产管理和营业事务的，债务人原有的权力机构不再行使职权。

第七十四条　管理人或自行管理的债务人拟于第一次债权人会议召开之后实施下列行为，应当事先制作财产管理或者变价方案并提交债权人会议讨论表决：

（一）涉及土地、房屋等不动产权益的转让；

（二）探矿权、采矿权、知识产权等财产权的转让；

（三）全部库存或者营业的转让；

（四）借款；

（五）设定财产担保；

（六）债权和有价证券的转让；

（七）履行债务人和对方当事人均未履行完毕的合同；

（八）放弃权利；

（九）担保物的取回；

（十）对债权人利益有重大影响的其他财产处分行为。

债权人会议表决未通过债务人财产管理或者变价方案的，由人民法院裁定。

第一次债权人会议召开之前，管理人需要实施本条第一款规定的行为的，应当经人民法院许可。

第七十五条　管理人或自行管理的债务人实施本规范第七十四条第一款规定的处分行为前，应当提前书面报告债权人委员会；未设立债权人委员会的，应当提前书面报告人民法院。债权人委员会、人民法院有权要求管理人、债务人的有关人员对其职权范围内的事务作出说明或提供有关文件。

债权人委员会认为处分行为不符合财产管理或变价方案的，有权要求实施相应行为的债务人或管理人纠正；拒绝纠正的，债权人委员会可以请求人民法院作出决定。

人民法院认为处分行为不符合财产管理或变价方案的，应当责令停止处分行为，实施相应行为的债务人或管理人应当予以纠正，或者提交债权人会议重新表决通过，或者由人民法院裁定后再行实施。

第七十六条 管理人发现自行管理的债务人存在严重损害债权人利益的行为或者有其他不适宜自行管理情形的，应当申请人民法院作出终止债务人自行管理的决定。人民法院决定终止的，应当通知管理人接管债务人财产和营业事务。

债务人有前款情形而管理人未申请的，债权人等利害关系人可以向人民法院提出申请。

第七十七条 第一次债权人会议召开之前，管理人或自行管理的债务人应当遵循有利于重整目的实现的原则，决定继续或者停止债务人的营业，并应当向人民法院提交分析报告，由人民法院批准许可。

第七十八条 第一次债权人会议召开之后，由债权人会议决定继续或者停止债务人的营业。

第七十九条 管理人或者自行管理的债务人经人民法院许可，可以聘用必要的工作人员，聘用费用列入破产费用的，应当提交债权人会议审查。

第八十条 管理人负责管理债务人财产和营业事务的，经人民法院许可，可以聘任债务人的经营管理人员负责营业事务。律师事务所、会计师事务所通过聘请本专业的其他社会中介机构或者人员协助履行管理人职责的，所需费用从其报酬中支付。破产清算事务所通过聘请其他社会中介机构或者人员协助履行管理人职责的，所需费用从其报酬中支付。

第八十一条 人民法院在确定或者调整管理人报酬方案时，对于管理人负责管理债务人财产和营业事务的，管理人报酬一般应当高于债务人自行管理的情形。

第八十二条 重整期间，债务人的出资人不得请求投资收益分配。管理人应当监督自行管理的债务人不得分配投资收益。

第八十三条 重整期间，债务人的董事、监事、高级管理人员申请向董事、监事、高级管理人员以外的第三人转让股权的，管理人应当向人民法院提出书面审查意见和理由，由人民法院批准；未经人民法院同意，不得转让。

第八十四条 管理人或者自行管理的债务人应当在重整期间及时确定设定有担保物权的债务人财产是否为重整所必需。

第八十五条 管理人或者自行管理的债务人认为担保物为债务人重整所必需的，担保权应暂停行使，但担保权人认为担保物有损坏或者价值明显减少的可能，足以危害其权利的，可以向人民法院请求恢复行使担保权。管理人可以组织利害关系人与担保权人协商暂缓实现担保权。

担保权人依照前款规定请求恢复行使担保权的，人民法院应当自收到申请之日起三十日内作出裁定。

第八十六条 管理人或自行管理的债务人有证据证明担保物是重整所必需，且不存在危害担保权的情况，或者虽存在危害担保权的情况但管理人或自行管理的债务人提供了与减少价值相应的担保或补偿的，人民法院应当自收到恢复行使担保权申请之日起三十日内裁定不予批准。担保权人不服该裁定的，可以自收到裁定书之日起十日内，向作出裁定的人民法院申请复议一次。

第八十七条 管理人或者自行管理的债务人认为担保物并非债务人重整所必需的，或者人民法院裁定批准恢复行使担保权的，管理人或债务人应当及时制作财产变价方案提交债权人会议表决，并及时执行债权人会议决议或人民法院裁定。担保物处置变价所得价款在支付相关费用后优先清偿担保权人的债权。

管理人或自行管理的债务人在制定变价方案时，应当以实现债务人财产价值最大化为原则，并充分听取担保权人的意见。

第八十八条 债务人合法占有的他人财产，该财产的权利人在重整期间要求取回的，应当符合事先约定的条件。

权利人主张取回的财产为重整所必需的，管理人可以组织利害关系人与取回权人协商保留相应财产并予以合理补偿。

第八十九条 在重整期间，管理人或自行管理的债务人可以依照本规范第七十四条的规定，为继续经营或其他使债务人财产受益的目的而借款。出借人依据借款合同主张参照企业破产法第四十二条第四项关于共益债务的规定清偿的，人民法院应予支持。管理人或债务人清偿共益债务前应当依照本规范第七十五条的规定及时报告债权人委员会或人民法院。

第九十条 管理人或自行管理的债务人为继续营业而借款的，可以为该借款设定担保。

第九十一条 管理人、债务人、债权人等重整利害关系人都可以通过协商推荐或引进重整投资人。人民法院、管理人或自行管理的债务人亦可根据需要决定向社会公开招募重整投资人。

第九十二条 有意向参与重整的投资主体，应当提交具体的重整预案。重整投资人最终选定后，其在重整预案中所作承诺对其产生约束力。重整预案中应当包括重整失败后的处理方案。

第五章 重整计划的制定和批准

第一节 重整计划草案的制定和表决

第九十三条 债务人自行管理财产和营业事务的，由债务人制作重整计划草案，管理人除履行监督职责外应当给予必要的指导和辅助。重整计划草案制作过程中，管理人认为草案违法或不具有可行性的，应当向债务人提出修改意见。

管理人负责管理财产和营业事务的，由管理人制作重整计划草案。

第九十四条 管理人或者自行管理的债务人应当自裁定重整之日起六个月内，同时向人民法院和债权人会议提交重整计划草案。

前款规定的期限届满，经债务人或者管理人请求，有正当理由的，人民法院可以裁定延期三个月。

在前两款规定的期限届满前最后一个月内，自行管理的债务人未提出重整计划草案的，管理人有权在法定期限内提出重整计划草案，并同时向人民法院和债权人会议提交。

对于自行管理的债务人提交的重整计划草案，人民法院认为违法或明显不具有可行性的，或者有表决组未通过该重整计划草案的，管理人有权在法定期限内提出重整计划草案。

第九十五条 管理人或债务人制作重整计划草案，应当与债权人、出资人、重整投资人等利害关系人充分协商，并充分听取企业管理人员、实际控制人、职工代表或工会等的意见。有必要的，可以邀请有关单位，或者委托外部专业机构、人员对特定事项发表意见。

第九十六条 债务人制作的重整计划草案提交时，管理人应当同时就重整计划草案的合法性和可行性，以及是否侵害利害关系人的合法权益，向人民法院提交分析意见。

第九十七条 重整计划草案应当包括下列内容：

（一）债务人的资产和负债情况；

（二）债务人的经营方案；

（三）债权分类；

（四）债权调整方案；

（五）债权受偿方案；

（六）重整计划的执行期限；

（七）重整计划执行的监督期限；

（八）有关重整计划执行的重大不确定事项；

（九）有利于债务人重整的其他方案。

前款第四项应当明确指出按照重整计划草案权益未受到调整或影响的表决组；第五项应当包括重整和清算状态下债权的清偿情况比较分析；第七项规定的期限应当不短于第六项规定的期限。有重整投资人的，重整计划草案应当对重整失败情况下的投资款及相关责任作出具体安排。重整计划草案一般还应当明确重整案件诉讼费用的负担。

重整计划草案涉及出资人权益调整事项的，参加表决的出资人有义务如实披露其出资权益的涉诉情况，以及出资权益上设定的质押、被保全等权利负担情况。其他在表决时能够影响债权人、出资人合理决策的信息，没有纳入重整计划草案的，管理人、债务人应当在表决前予以充分说明，并在债权人会议上回答相关询问。

第九十八条　重整和清算状态下债权清偿情况的比较和分析，应当同时考虑因延期清偿给债权人造成的损失。

第九十九条　下列各类债权的债权人参加讨论重整计划草案的债权人会议，依照下列债权分类，分组对重整计划草案进行表决：

（一）对债务人的特定财产享有担保权的债权；

（二）债务人所欠职工的工资和医疗、伤残补助、抚恤费用，所欠的应当划入职工个人账户的基本养老保险、基本医疗保险费用，以及法律、行政法规规定应当支付给职工的补偿金；

（三）债务人所欠税款；

（四）普通债权。

债权系因债务人侵权行为造成的人身损害赔偿，除其中涉及的惩罚性赔偿外，可以列入前款第二项规定的表决组进行表决。

第一百条　重整计划草案为普通债权中的小额债权单独设置更高清偿率的，或者有其他必要情形的，人民法院可以决定在普通债权组中设小额债权组。

重整计划草案对全部普通债权根据债权额按不同比例分段清偿的，人民法院一般不再设小额债权组。

第一百零一条　债权依照法律规定，具有不同于本规范第九十九条规定的性质的，人民法院可以根据实际情况设置相应表决组。

第一百零二条　重整计划不得规定减免债务人欠缴的本规范第九十九条第一款第二项规定以外的社会保险费用。

第一百零三条　债权人未在债权申报期限内申报债权，但其在重整计划草案提交债权人会议表决前补充申报债权的，管理人应当予以审查，并提交债权人会议核查。人民法院裁定终止重整程序前经核查无异议的，管理人应当及时提请人民法院裁定确认。

第一百零四条　债务人的出资人代表可以列席讨论重整计划草案的债权人会议。

重整计划草案涉及出资人权益调整事项的，应当设出资人组，对该事项进行表决。出资人权益调整事项，可以包括要求出资人出让股权、要求出资人增资，或调整出资人在董事会中的代表权等内容。

第一百零五条　债权人在重整期间转让债权的，应当通知管理人。受让人自债权转让通知管理人之日起，可以以自己的名义在重整程序中行使原债权人的权利，但原债权人已经发表的意见继续有效。债权人为控制表决结果，将同一笔债权向多个受让人转让的，人民法院仍然按照转让前的债权状态确定其表决权。

第一百零六条　对特定财产享有担保权的债权人，经评估等方式能够判断其优先受偿权利不能完全受偿的，债权人可以就剩余债权金额在其他组别表决。

表决前担保财产价值是否足以清偿担保债权暂不确定的，除人民法院能够为其在其他组别行使表决权而临时确定债权额的以外，该债权人只得以全部债权额在有担保债权组表决。

第一百零七条 人民法院应当自收到重整计划草案之日起三十日内召开债权人会议，对重整计划草案进行表决。管理人应当提前十五日通知各方参会。

前款规定的债权人会议召开前，人民法院一般应当先行裁定确认无异议债权。

个别债权人有正当理由不能按期表决的，管理人可以准许其延期表决，但延长期限一般不超过三十日。

第一百零八条 讨论重整计划草案的债权人会议，可以采取现场或网络等方式召开。采取非现场形式召开的，应当保障有权参会人员的知情权。审理重整案件的合议庭或由合议庭委派的承办法官应当出席债权人会议。

第一百零九条 表决重整计划草案，除采取现场方式外，可以由管理人事先将相关决议事项告知债权人，采取通信、网络投票等非现场方式进行表决。采取非现场方式进行表决的，管理人应当在债权人会议召开后的三日内，以信函、电子邮件、公告等方式将表决情况告知表决者。

第一百一十条 出席债权人会议的同一表决组的债权人过半数同意重整计划草案，并且其所代表的债权额占该组债权总额的三分之二以上的，即为该组通过重整计划草案。

第一百一十一条 权益未受到调整或者影响的债权人或者出资人，不参加重整计划草案的表决。

第一百一十二条 出资人组就出资人权益调整事项的表决结果，满足下列条件的即为通过：

（一）有限责任公司代表三分之二以上表决权的股东同意重整计划草案；

（二）股份有限公司出席会议的股东所持表决权的三分之二以上同意重整计划草案。

第一百一十三条 出资人组会议可以与债权人会议共同或分别召开。债务人的股东会、股东大会或其他权力机构已对重整计划草案中的出资人权益调整事项作出决议的，可以不再召开出资人组会议进行表决。

第二节　重整计划的批准

第一百一十四条 各表决组均通过重整计划草案时，重整计划即为通过。

所有表决组的权益均未受到调整或者影响的，等同于前款情形。

第一百一十五条 自重整计划通过之日起十日内，债务人或者管理人应当向人民法院提出批准重整计划的申请。人民法院经审查认为符合下列条件的，应当自收到申请之日起三十日内裁定批准，终止重整程序，并予以公告：

（一）重整计划的内容不违反法律规定，且符合本规范第九十七条第一款、第二款的规定；

（二）债权人会议召开、表决程序，以及重整计划草案的提交程序符合本规范的规定；

（三）债权人、出资人的分组符合本规范的规定；

（四）管理人、自行管理的债务人对于重整计划草案的解释说明和以其他方式进行的信息披露不存在不客观不充分，可能损害表决者利益的情形；

（五）重整计划的实施具有可行性；

（六）重整计划的内容能够保证各表决组中反对者至少可以获得其权益在重整计划草案被提请批准时的清算价值。

第一百一十六条 部分表决组未通过重整计划草案的，管理人或自行管理的债务人可以同未通过重整计划草案的表决组协商，但协商结果不得损害其他表决组的利益。

第一百一十七条 未通过的表决组中，超过该组重整计划草案通过条件的债权人或出资人同意再次表决并出席再次表决的会议的，方可形成表决结果。表决方式参照本规范第一百零九条的规定进行，表决通过的条件与前次表决相同，但债权人或出资人明确拒绝协商或拒绝再次表决，且未出席再次表决会议的，视为不同意重整计划草案。

第一百一十八条 未通过的表决组中，同意再次表决的债权人或出资人未达到该组通过重整计划草案条件的，即为该组拒绝再次表决。

第一百一十九条 未通过重整计划草案的表决组拒绝再次表决或者再次表决仍未通过重整计划草案，但重整计划草案符合本规范第一百一十五条的规定，并且符合下列条件的，管理人或者自行管理的债务人可以申请人民法院批准重整计划草案：

（一）除权益未受到调整或者影响的表决组之外，至少有一个表决组已经通过重整计划草案；

（二）按照重整计划草案，对债务人的特定财产享有担保权的债权就该财产将获得全额清偿，其因延期清偿所受的损失将得到公平补偿，并且其担保权未受到实质性损害，或者该表决组已经通过重整计划草案；

（三）按照重整计划草案，本规范第九十九条第一款第二项、第三项所列债权将获得全额清偿，或者相应表决组已经通过重整计划草案；

（四）按照重整计划草案，普通债权所获得的清偿比例，不低于其在重整计划草案被提请批准时依照破产清算程序所能获得的清偿比例，或者该表决组已经通过重整计划草案；

（五）重整计划草案对出资人权益的调整公平、公正，或者出资人组已经通过重整计划草案；

（六）重整计划草案公平对待同一表决组的成员，但债权人为提高受偿比例而将同一笔债权向多个受让人转让，重整计划草案限制受让人清偿比例的除外；

（七）根据重整计划草案，未通过的表决组未获完全清偿的，依照企业破产法规定，比其顺位更低的表决组不得获得任何清偿。

第一百二十条 人民法院可以就是否批准重整计划草案组织召开听证调查，重点听取和审查反对意见是否具有事实和法律依据。

第一百二十一条 人民法院经审查认为重整计划草案符合本规范第一百一十九条规定的，应当自收到申请之日起三十日内裁定批准，终止重整程序，并予以公告。

第一百二十二条 在重整期间，有下列情形之一的，经管理人或者利害关系人请求，人民法院应当裁定终止重整程序，并宣告债务人破产：

（一）债务人的经营状况和财产状况继续恶化，缺乏挽救的可能性；

（二）债务人有欺诈、恶意减少债务人财产或者其他显著不利于债权人的行为；

（三）由于债务人的行为致使管理人无法执行职务；

（四）重整计划草案未获得通过，且无法符合本规范第一百一十九条的规定。

在重整期间，管理人发现前款所列情形之一的，应当请求人民法院裁定终止重整程序。

第一百二十三条 重整期间发生下列情形之一的，人民法院应当裁定终止重整程序，并宣告债务人破产：

（一）管理人或自行管理的债务人不能依照本规范第九十四条的规定提出重整计划草案；

（二）重整计划草案未获得通过且未获得批准，或者已通过的重整计划未获得批准。

第一百二十四条 人民法院依照本规范第一百一十五条、第一百二十一条、第一百二十二条、第一百二十三条的规定裁定终止重整程序的，应当自裁定作出之日起五日内送交债务人的执行法院，因重整程序中止的执行程序应当终结执行。

第一百二十五条 人民法院裁定终止重整程序并宣告债务人破产后，管理人应当按照破产清算程序继续履行管理人的职责，管理人报酬根据债务人在重整和清算程序中最终清偿的无担保财产价值总额确定，但其不能继续履行职责或者不适宜继续担任管理人的，人民法院应当依法重新指定管理人。

依照前款规定重新指定管理人的，重整程序管理人和清算程序管理人的报酬总额由人民法院根据债务人在重整和清算程序中最终清偿的无担保财产价值总额确定，报酬分配方案由管理人之间协商后报请人民法院确定；协商不成的，由人民法院根据实际情况参照管理人报酬的规定确定。

第六章　重整计划的执行和监督

第一百二十六条 经人民法院裁定批准的重整计划，对债务人和全体债权人均有约束力。重整计划规定的出资人权益调整的内容，对债务人的全体出资人均有约束力。

第一百二十七条　债务人负责执行重整计划，并向管理人报告重整计划执行情况和债务人财务状况，管理人负责监督重整计划的执行，重整计划另有约定的除外。

重整计划约定由管理人或其他人执行，管理人或其他人不执行或不能执行的，依照本规范第一百四十三条的规定处理。

第一百二十八条　自人民法院裁定批准重整计划之日起，在重整计划规定的监督期内，管理人应当制定监督计划，明确监督方式、监督事项和监督职责并报人民法院备案，已接管财产和营业事务的管理人应当及时妥善向债务人移交财产和营业事务。

第一百二十九条　债权人在债权申报期限届满后申报债权，其债权在表决重整计划草案的债权人会议召开前未经人民法院裁定确认的，除重整计划为此等债权预留了清偿份额的情形外，相应债权人在重整计划执行期间不得行使对债务人要求清偿、提起新的财产给付之诉，或申请强制执行债务人财产等权利。

前款规定的债权人，在重整计划执行完毕后，可以按照重整计划规定的同类债权的清偿条件行使权利。

第一百三十条　债权人对债务人的保证人和其他连带债务人所享有的权利，不受重整计划的影响。

第一百三十一条　按照重整计划减免的债务，自重整计划执行完毕时起，债务人不再承担清偿责任。

第一百三十二条　重整计划执行期间，出资人、债权人等无正当理由拒不配合办理出资权益变更手续的，人民法院可以根据管理人、利害关系人的申请向有关单位发出协助执行通知书。

第一百三十三条　重整计划执行期间，管理人、利害关系人可就重整计划的执行向人民法院申请必要的协助。人民法院可以根据申请，向有关单位发出协助执行通知书，但不得强制执行重整计划的清偿方案。

第一百三十四条　重整计划执行期间，因重整程序终止后新发生的事实或事件引发的有关债务人的民事诉讼，不适用企业破产法第二十一条有关集中管辖的规定。

第一百三十五条　重整计划执行期间，因重整程序终止后新发生的事实或事件引发的有关债务人的民事诉讼，不再由管理人代表债务人进行诉讼，但重整计划有明确约定的除外。

前款规定的债权债务，不受重整计划的调整和约束，但当事人另有约定的除外。

第一百三十六条　重整计划执行期间，因出现国家政策调整、法律修改变化等重整计划制定阶段不能合理预见的特殊情况，导致原重整计划无法执行的，可由管理人召集债权人会议，或由债务人向人民法院申请召开债权人会议，就是否同意变更重整计划进行表决。

第一百三十七条　债权人会议决议同意变更重整计划的，管理人或债务人应自决议通过之日起十日内提请人民法院批准。申请变更重整计划限于一次，债权人会议决议不同意或者人民法院不批准变更申请的，参照本规范第一百四十三条的规定处理。

第一百三十八条 人民法院裁定批准变更重整计划的，债务人或者管理人应当在六个月内提出新的重整计划，在此期间，债务人不存在严重损害债权人利益的行为或者有其他不适宜自行管理情形的，应由债务人自行负责管理财产和营业事务，并制作变更的重整计划，管理人参照重整期间履行职责。

除当事人另有约定外，为原重整计划的执行提供的担保，在原担保范围和期限内，不因人民法院裁定批准变更而无效。

第一百三十九条 变更后的重整计划应提交给因重整计划变更而遭受不利影响的债权人组和出资人组进行表决。债权人按照重整计划所受的清偿仍然有效，但债权已受偿部分不享有表决权。表决、申请人民法院批准以及人民法院裁定是否批准的程序与重整期间相同。

变更后的重整计划经人民法院裁定批准，加重了为原重整计划的执行提供担保的负担的，担保人对加重的部分不承担担保责任，但当事人另有约定的除外。

第一百四十条 经管理人申请，人民法院可以裁定延长重整计划执行的监督期限。

第一百四十一条 重整计划执行期间届满前三十日内，债务人可以申请延长执行期限。延长执行期限涉及延期清偿的，债务人应当给予相应权利人公平补偿。管理人应当对该申请进行审查，并向人民法院出具专项监督报告，认为延期执行并非出于债务人不执行重整计划的原因，且重整计划仍可继续执行的，应当向人民法院同时申请延长重整计划执行的监督期限。人民法院经审查认为申请不违反法律规定的，可以裁定延长重整计划的执行期限和重整计划执行的监督期限。

第一百四十二条 监督期届满时，管理人应当向人民法院提交监督报告。自监督报告提交之日起，管理人的监督职责终止。

管理人向人民法院提交的监督报告，重整计划的利害关系人有权查阅。利害关系人对监督报告有异议的，管理人、债务人应当回答有关询问。

第一百四十三条 债务人不能执行或者不执行重整计划的，人民法院经管理人或者利害关系人请求，应当裁定终止重整计划的执行，宣告债务人破产，并依照本规范第一百二十五条的规定处理。

人民法院裁定终止重整计划执行的，债权人在重整计划中作出的债权调整的承诺失去效力。债权人因执行重整计划所受的清偿仍然有效，债权未受清偿的部分作为破产债权。

前款规定的债权人，只有在其他同顺位债权人同自己所受的清偿达到同一比例时，才能继续接受分配。

第一百四十四条 人民法院裁定终止重整计划执行的，为重整计划的执行提供的担保继续有效，债务人在裁定重整后至裁定终止重整计划的执行期间所作的法律行为，不因重整的终止而失去法律效力。

第一百四十五条　重整计划执行完毕后，人民法院可以根据管理人、债务人的申请，作出重整程序终结的裁定。

第一百四十六条　重整计划执行完毕后发生的债权债务纠纷，不适用企业破产法的规定。

第七章　附　　则

第一百四十七条　本规范由北京市第一中级人民法院审判委员会负责解释。

第一百四十八条　本规范自发布之日起试行。

第三节　重 整 计 划

一、重整计划的提出

《企业破产法》第 71 条第 1 款、第 2 款规定："债务人或者管理人应当自人民法院裁定债务人重整之日起六个月内，同时向人民法院和债权人会议提交重整计划草案。前款规定的期限届满，经债务人或者管理人请求，有正当理由的，人民法院可以裁定延期三个月。"因为债务人进入重整程序系为了复兴企业，使企业有再生产经营的能力，从而更大限度地实现各债权人的债权，通过重整程序复兴债务人企业，也能继续和交易相对方保持商业关系，促进双方利益最大化。因此，重整计划实际上是由债务人或管理人制定的，为了恢复债务人的生产经营能力，以清理债权债务关系为内容的多方协议。

《企业破产法》第 80 条规定："债务人自行管理财产和营业事务的，由债务人制作重整计划草案。管理人负责管理财产和营业事务的，由管理人制作重整计划草案。"因此，重整计划的提出主体有两个：一个是债务人，另一个是管理人。负责管理财产和营业事务的主体则负责制作重整计划草案。

由债务人负责制作重整计划草案，促进债务人积极参与企业复兴，能够有效利用债务人对企业自身的经营状况和经营方针的熟悉度和敏感度来采取最有效、利益最大化的方式来促成重整的成功。因为在一般情况下，法院裁定由债务人自行管理财产和营业事务，说明系非因债务人的董事、监事或高级管理人员等的故意或重大过失导致的债务人破产，令债务人的董事、监事或高级管理人员等来制定重整计划草案，其更能胜任此职责，也能拿出更专业、更适合债务人本身的重整计划。同时，法院裁定由债务人自行管理财产和营业事务后，他人更难清楚了解债务人的经营情况和债权债务情况，且最后计划的执行者亦是债务人自身，由债务人提出重整计划有利于重整程序的推进和重整计划的后续执行。

《企业破产法》所规定的管理人，应由有关部门、机构的人员组成的清算组或者依法设立的律师事务所、会计师事务所、破产清算事务所等社会中介机构担任或者由具备相关专业知识并取得执业资格的人员担任。因此，管理人负责管理财产和营业事务后可了解债务人的业务，由管理人负责制作重整计划草案，管理人在自身专业知识范围内，结合债务人的具体情况，在法律允许的前提下平衡各方利益，确定为促进企业重整成功需要采取什么措施，争取重整计划草案获得法院的批准。

实践操作中，可由管理人、债务人、重整投资人等各方充分地沟通协商，制订出符合实际的、可行的，且最大限度争取各方认可的重整计划草案。

二、重整计划的内容

《企业破产法》第 81 条规定："重整计划草案应当包括下列内容：（一）债务人的经营方案；（二）债权分类；（三）债权调整方案；（四）债权受偿方案；（五）重整计划的执行期限；（六）重整计划执行的监督期限；（七）有利于债务人重整的其他方案。"

债务人的经营方案，就是维持债务人企业的经营，使其摆脱破产危机，重获新生的方法，方案中可以包括各种合法手段，如将企业能盘活的部分资产剥离开来，转投资设立新企业、债权转化为股权、先委托经营后转让、将企业整体或者部分租赁出去、承债收购、资产溢价出售等。

债权分类有利于后续的债权受偿分配工作的开展，因为债权根据其产生原因有对应的偿还方式和顺序，主要为《企业破产法》第 82 条、第 83 条规定的对债务人的特定财产享有担保权的债权；债务人所欠职工的工资和医疗、伤残补助、抚恤费用，所欠的应当划入职工个人账户的基本养老保险、基本医疗保险费用，以及法律、行政法规规定应当支付给职工的补偿金；除上述以外的社会保险费用；债务人所欠税款；普通债权以及法院认为必要时设立的小额无担保债权类别。对债权进行分类，有利于重整人依据分类制定对应的债权调整方案和分配方案。

债权调整方案包括对债权的减免、延期、债权性质的转换等，主要是因为重整计划本就是需要债权人会议表决通过的多方协议，且债务人系因存在无法清偿债务的情形才会进入重整程序，如此当然无法在完全向所有债权人进行清偿的情况下恢复生产经营能力，这就需要债权人在一定范围内作出让步，以助债务人重整成功。

债权受偿方案是重整计划的重要内容，事关债权人利益，也将影响重整计划能否被表决通过。一般情况下，债权受偿方案包括债权受偿条件、第三人为债务人履行债务提供担保、债权受偿方式、债权受偿期限等。

《企业破产法》未对重整计划的执行期限进行强制性规定，因为重整计划作为各方协商达成的多方协议，只要是基于公平诚信原则，未侵犯他人合法权益和损害社会公共利益而达成的即可。由于重整计划被表决通过后，法院会裁定批准、终止重整程序，对重整计划的执行期限的确定对于监督债务人执行重整计划、保护债权人利益十分重要，要避免久拖未成影响债权人利益。

重整计划被表决通过后，法院会裁定批准、终止重整程序，须由管理人来监督计划的执行，以确保能够维护债权人的合法权益。但为了避免监督成本过于庞大而加重重整成本，需要制定重整计划执行的监督期限。

有利于债务人重整的其他方案也可在重整计划中被制定，因为法律不能把所有方案均详细列出，将其作为一个兜底条款，也可以让法官在法律允许的范围内行使自由裁量权，以使最有利于债务人重整成功的方案被通过。

三、重整计划的表决与批准

《企业破产法》第 84 条规定："人民法院应当自收到重整计划草案之日起三十日内召开债权人会议，对重整计划草案进行表决。出席会议的同一表决组的债权人过半数同意重整计划草案，并且其所代表的债权额占该组债权总额的三分之二以上的，即为该组通过重整计划草案。债务人或者管理人应当向债权人会议就重整计划草案作出说明，并回答询问。"第 85 条规定："债务人的出资人代表可以列席讨论重整计划草案的债权人会议。重整计划草案涉及出资人权益调整事项的，应当设出资人组，对该事项进行表决。"第 86 条规定："各表决组均通过重整计划草案时，重整计划即为通过。自重整计划通过之日起十日内，债务人或者管理人应当向人民法院提出批准重整计划的申请。人民法院经审查认为符合本法规定的，应当自收到申请之日起三十日内裁定批准，终止重整程序，并予以公告。"

由上述规定可知，重整计划草案制定出来后提交给法院，由法院召开债权人会议，来对重整计划草案进行表决。其中，对于表决通过的规则，需要达到“出席会议的同一表决组的债权人过半数同意重整计划草案，并且其所代表的债权额占该组债权总额的三分之二以上”，平衡大小债权人的利益，促进重整计划草案的通过。不要求所有债权人均需出席会议，遵从一些权利放弃者的意愿。各表决组均通过重整计划草案时，重整计划即为通过，而后由法院依法审查批准、终止重整程序，并予以公告。

考虑重整计划草案的表决通过未必顺利，可能会遭到大多数否定，需要给予债务人或管理人与未表决通过的表决组在不损害其他表决组利益的情况下进行再次协商调整方案的机会。因此，《企业破产法》第 87 条规定：“部分表决组未通过重整计划草案的，债务人或者管理人可以同未通过重整计划草案的表决组协商。该表决组可以在协商后再表决一次。双方协商的结果不得损害其他表决组的利益。未通过重整计划草案的表决组拒绝再次表决或者再次表决仍未通过重整计划草案，但重整计划草案符合下列条件的，债务人或者管理人可以申请人民法院批准重整计划草案：（一）按照重整计划草案，本法第八十二条第一款第一项所列债权就该特定财产将获得全额清偿，其因延期清偿所受的损失将得到公平补偿，并且其担保权未受到实质性损害，或者该表决组已经通过重整计划草案；（二）按照重整计划草案，本法第八十二条第一款第二项、第三项所列债权将获得全额清偿，或者相应表决组已经通过重整计划草案；（三）按照重整计划草案，普通债权所获得的清偿比例，不低于其在重整计划草案被提请批准时依照破产清算程序所能获得的清偿比例，或者该表决组已经通过重整计划草案；（四）重整计划草案对出资人权益的调整公平、公正，或者出资人组已经通过重整计划草案；（五）重整计划草案公平对待同一表决组的成员，并且所规定的债权清偿顺序不违反本法第一百一十三条的规定；（六）债务人的经营方案具有可行性。人民法院经审查认为重整计划草案符合前款规定的，应当自收到申请之日起三十日内裁定批准，终止重整程序，并予以公告。”

《企业破产法》第 87 条第 2 款的规定系对重整计划草案的强制批准，能够避免在债务人有重整成功希望且提出较好的清偿条件时，债权人因为其他原因不接受重整计划草案通过的情形出现（破产重整受偿比例高于破产清算受偿比例为基本的前提）。

四、重整计划的执行

（一）重整计划的执行人和期限

《企业破产法》第 89 条规定：“重整计划由债务人负责执行。人民法院裁定批准重整计划后，已接管财产和营业事务的管理人应当向债务人移交财产和营业事务。”由债务人负责执行重整计划，能够利用债务人对企业运作和业务的掌握，发挥其执行积极性，比其他人来担任执行人更有利于重整计划的执行。

根据《企业破产法》第 90 条和第 91 条的规定，管理人为重整计划执行监督人，监督破产重整计划的执行。在监督期内，债务人应当向管理人报告破产重整计划执行情况和债务人财务状况。监督期届满时，管理人应当向人民法院提交监督报告。自监督报告提交之日起，管理人的监督职责终止。管理人向法院提交的监督报告，破产重整计划的利害关系人有权查阅。经管理人申请，法院可以裁定延长破产重整计划执行的监督期限。

对于破产重整计划的执行，世界各国立法多有不同，有些国家立法由管理人执行，有些国家立法由重整人执行，还有些国家立法由债务人执行，不同规定都有一定的合理之处。我国立法规定由债务人执行破产重整计划，其优势在于债务人更加了解其公司的经营情况，在执行破产重整计划过程中与其公司的工作人员的配合度更高，能够更加有效地执行破产重整计划。且债务人本身的专业能力和对公司生产经营的了解更有利于其开展工作，同时也有利于法院考察债务人在生产经营中能否发挥其作用，为其重整成功后的继续发展做铺垫和考量。

而破产重整计划的执行和监督期限，一般在提交破产重整计划草案的时候就先予确定了，大多数破产重整计划中的执行期限和监督期限保持一致，经表决通过和法院批准即可，我国并未立法加以限定。但经管理人申请，法院对于监督期限可以裁定延长。

（二）重整计划的变更

在破产重整计划执行期间，依然会产生很多变数，不应随意地认定重整计划无法执行从而终止执行并宣告债务人破产，应当结合现实情况灵活变通，通过债务人和债权人会议协商，如果能够达成一致，可变更重整计划，并由法院批准，实在无法达成一致时再宣告债务人破产，更有利于适应千变万化的市场发展。因此，最高人民法院《全国法院破产审判工作会议纪要》第 19

条规定："重整计划执行中的变更条件和程序。债务人应严格执行重整计划，但因出现国家政策调整、法律修改变化等特殊情况，导致原重整计划无法执行的，债务人或管理人可以申请变更重整计划一次。债权人会议决议同意变更重整计划的，应自决议通过之日起十日内提请人民法院批准。债权人会议决议不同意或者人民法院不批准变更申请的，人民法院经管理人或者利害关系人请求，应当裁定终止重整计划的执行，并宣告债务人破产。"

最高人民法院《全国法院破产审判工作会议纪要》第 20 条规定："重整计划变更后的重新表决与裁定批准。人民法院裁定同意变更重整计划的，债务人或者管理人应当在六个月内提出新的重整计划。变更后的重整计划应提交给因重整计划变更而遭受不利影响的债权人组和出资人组进行表决。表决、申请人民法院批准以及人民法院裁定是否批准的程序与原重整计划的相同。"也就是说，破产重整计划进行变更要经过与破产重整计划草案同样的表决和批准程序才能被执行，并非能够随意变更，因此其变更后的计划内容仍然具有正当性和有效性。

（三）重整计划的终止

《企业破产法》第 93 条第 1 款规定："债务人不能执行或者不执行重整计划的，人民法院经管理人或者利害关系人请求，应当裁定终止重整计划的执行，并宣告债务人破产。"在重整计划草案通过后，重整计划应被执行。但如果债务人因种种原因不能执行重整计划，即没有挽救企业的可能、无法依重整计划来清偿债务，重整计划的存在便没有了意义。另外，债务人也可能故意不执行重整计划，此举亦会危害债权人利益。债务人不能执行或者不执行破产重整计划，又无法像上述所说变更重整计划时，法院应管理人或利害关系人的请求，裁定终止重整计划的执行，宣告债务人破产。

《企业破产法》第 93 条第 2 款规定："人民法院裁定终止重整计划执行的，债权人在重整计划中作出的债权调整的承诺失去效力。债权人因执行重整计划所受的清偿仍然有效，债权未受清偿的部分作为破产债权。"债权人原本在重整计划中作出的债权调整也随之失去效力，但所受清偿仍然有效，其余未受清偿部分作为破产债权在破产清算程序中继续受偿。因为之前在重整计划中所约定的债权本身就是基于对债务人能够重整成功，债权人能够在未来获得更大利益而做的退让，既然重整计划已然无法执行，或者说债务人没有诚意去执行，则该退让没有了存在的基础，债权人应当依照破产清算的程序来依法公平受偿。

《企业破产法》第93条第3款、第4款规定："前款规定的债权人，只有在其他同顺位债权人同自己所受的清偿达到同一比例时，才能继续接受分配。有本条第一款规定情形的，为重整计划的执行提供的担保继续有效。"重整计划系经法院裁定批准执行的，具有法律效力的文件，债务人依据重整计划所清偿的债务依然有效，债权人所受的清偿不必返还，债权未受清偿的部分作为破产债权，而且需要在其他同顺位债权人同自己所受的清偿达到同一比例时，才能继续接受分配，这也是为了贯彻公平受偿原则。为重整计划的执行提供担保本身也是为了防止债务人不执行重整计划，导致债权人利益受损，而最终债务人不能执行或不执行重整计划时，重整计划执行的终止不应影响该担保，连带债务人或保证人的担保责任不能免除。

热点问题探究

▶ 在破产重整中，管理人决定债务人继续经营的情形下，如何处理债务人的涉税事务和纳税信用修复？

在国家发展和改革委员会、最高人民法院、财政部、人力资源和社会保障部、自然资源部、住房和城乡建设部、中国人民银行、国务院国有资产监督管理委员会、海关总署、国家税务总局、国家市场监督管理总局、中国银行保险监督管理委员会、中国证券监督管理委员会联合印发的《关于推动和保障管理人在破产程序中依法履职进一步优化营商环境的意见》（发改财金规〔2021〕274号）的第五部分规定了破产企业涉税事务的处理问题。

该意见第11条中明确规定："保障破产企业必要发票供应。破产程序中的企业应当接受税务机关的税务管理，管理人负责管理企业财产和营业事务的，由管理人代表破产企业履行法律规定的相关纳税义务。破产企业因履行合同、处置财产或继续营业等原因在破产程序中确需使用发票的，管理人可以以纳税人名义到税务部门申领、开具发票。税务部门在督促纳税人就新产生的纳税义务足额纳税的同时，按照有关规定满足其合理发票领用需要，不得以破产企业存在欠税情形为由拒绝。（税务总局负责）"此规定尤其有利于处于破产重整阶段的债务人继续经营，以挽救企业、清偿债务，也方便管理人进行监管，同时也符合我国税务管理的要求。

为了帮助债务人在破产重整或者和解成功后早日步入正轨，帮助企业在市场经济中保有竞争力，对债务人的纳税信用的修复非常有必要。因此该意见第 14 条规定：“支持企业纳税信用修复。重整或和解程序中，税务机关依法受偿后，管理人或破产企业可以向税务机关提出纳税信用修复申请，税务机关根据人民法院出具的批准重整计划或认可和解协议的裁定书评价其纳税信用级别。已被公布重大税收违法失信案件信息的上述破产企业，经税务机关确认后，停止公布并从公告栏中撤出，并将相关情况及时通知实施联合惩戒和管理的部门。有关部门应当依据各自法定职责，按照法律法规和有关规定解除惩戒，保障企业正常经营和后续发展。（税务总局及相关部门按职责分工负责）”

第四节　重整程序的终止与终结

从法院受理重整到重整计划的执行过程，因为各种原因重整不能而终止。此外，法院批准重整计划，亦会裁定终止重整程序，进入重整计划执行阶段。重整计划如果能够执行完毕，实现重整计划目的，管理人可提请法院确认重整计划执行完毕并终结破产程序。

一、重整程序的终止

（一）缺乏挽救可能性、债务人损害债权人利益或管理人无法履职而终止重整程序

《企业破产法》第 78 条规定：“在重整期间，有下列情形之一的，经管理人或者利害关系人请求，人民法院应当裁定终止重整程序，并宣告债务人破产：（一）债务人的经营状况和财产状况继续恶化，缺乏挽救的可能性；（二）债务人有欺诈、恶意减少债务人财产或者其他显著不利于债权人的行为；（三）由于债务人的行为致使管理人无法执行职务。”此三种情形是终止重整程序的主要情形。一方面，因债务人自身经营状况和财产状况继续恶化，没有挽救复兴的可能性。另一方面，债务人自身的非诚信行为损害了债权人的利益或致使管理人无法执行职务推进重整程序。在上述三种情况下，继续

推进重整可能会损害债权人利益。因此，有必要终止重整，转为破产清算。此处的“重整期间”，是指重整申请受理至重整计划草案得到债权人会议分组表决通过和法院审查批准的期间，不包括重整计划得到批准后的执行期间。因为重整计划草案通过债权人表决通过和法院的批准（或虽未通过债权人表决通过但法院裁定批准）后，法院应终止重整程序，后续即进入重整计划的执行阶段。

（二）未在法定期限内提交重整计划草案而终止重整程序

法院裁定受理重整申请后，债务人或管理人需要制定重整计划草案提交给法院和债权人会议。重整计划草案的制定决定着重整人向法院和债权人展示重整的方向及可能性。《企业破产法》第79条规定：“债务人或者管理人应当自人民法院裁定债务人重整之日起六个月内，同时向人民法院和债权人会议提交重整计划草案。前款规定的期限届满，经债务人或者管理人请求，有正当理由的，人民法院可以裁定延期三个月。债务人或者管理人未按期提出重整计划草案的，人民法院应当裁定终止重整程序，并宣告债务人破产。”由本条前两款规定可知，提出重整计划草案的最长期限为9个月，如果债务人或管理人不能在9个月内提出重整计划草案，可以推定破产重整不具有可行性，或债务人假借重整之名拖延时间，可能会损害债权人利益。因此，法院应当裁定终止重整程序，并宣告债务人破产。实践操作中，因债权审核、资产处置等原因，管理人或债务人未在上述期限提交重整计划草案，但已经确定重整投资人的，法院仍会给予其合理的时间，继续推进重整程序。

（三）重整计划草案未获得债权通过或未通过法院的批准而终止重整程序

《企业破产法》第88条规定：“重整计划草案未获得通过且未依照本法第八十七条的规定获得批准，或者已通过的重整计划未获得批准的，人民法院应当裁定终止重整程序，并宣告债务人破产。”除了未按期提出重整计划草案外，重整计划草案未被表决通过，或法院对重整计划未予批准，法院亦应当裁定终止重整程序，并宣告债务人破产。

重整本来就是为了挽救债务人企业，同时也需要维护债权人利益，如果债务人的经营状况和财产状况恶化，或者其恶意减少财产等亦不终止其重整程序，则可能扩大债权人的损失，且债权人再难寻找救济途径，很明显违反了公平原则。而债务人致使管理人无法执行职务，则可能导致债务人的财产无法被依法控制和管理，进而可能危及债权人利益，因此法院应当裁定终止重整程序。

（四）债权人会议通过重整计划并经法院批准或经法院强制批准而终止重整程序

《企业破产法》第 86 条第 2 款规定："自重整计划通过之日起十日内，债务人或者管理人应当向人民法院提出批准重整计划的申请。人民法院经审查认为符合本法规定的，应当自收到申请之日起三十日内裁定批准，终止重整程序，并予以公告。"重整计划的执行不属于重整程序，当法院裁定批准重整计划后，应同时终止重整程序。

根据《企业破产法》第 87 条的规定，未通过重整计划草案的表决组拒绝再次表决或者再次表决仍未通过重整计划草案，但重整计划草案符合《企业破产法》第 87 条第 2 款所列的 6 项条件的，债务人或者管理人可以申请法院批准重整计划草案。法院经审查可裁定批准重整计划，并终止重整程序。

此外，如上节所述，债务人不能执行或不执行重整计划的，法院经管理人或者利害关系人请求应予终止重整程序，宣告债务人破产。

二、重整程序的终结

与破产重整计划的终止不同，破产重整计划的终结代表着重整计划被执行完毕，达到重整程序目的，债务人可持续经营下去，保持自己的生产经营能力向好发展。《企业破产法》第 94 条规定："按照重整计划减免的债务，自重整计划执行完毕时起，债务人不再承担清偿责任。"《企业破产法》没有对破产重整计划执行完毕后是否裁定终结破产程序并予以公告进行规定。根据司法实践，在债务人执行重整计划符合法律、司法解释和重整计划的相关规定，重整计划已经达到执行完毕的标准时，管理人可提请法院确认重整计划执行完毕并终结破产程序。法院可以参照《企业破产法》第 108 条和第 120 条的规定，确认重整计划执行完毕并终结破产程序，这样也更具有公信力。在最高人民法院于 2016 年 6 月 16 日公布的《人民法院依法审理破产案件推进供给侧结构性改革典型案例》中的上海超日太阳能科技股份有限公司破产重整案①，即由法院裁定确认重整计划执行完毕并终结破产程序。

相比于重整程序的终止，重整程序的终结意味着重整计划顺利执行，达到了重整程序的目的。《企业破产法》第 94 条规定，按照重整计划减免的债

① 参见上海市第一中级人民法院民事裁定书，（2014）沪一中民四（商）破字第 1 号。

务，自重整计划执行完毕时起，债务人不再承担清偿责任。这也是世界重整制度现行立法的通常做法。

《企业破产法》第92条第2款规定："债权人未依照本法规定申报债权的，在重整计划执行期间不得行使权利；在重整计划执行完毕后，可以按照重整计划规定的同类债权的清偿条件行使权利。"此规定将使重整投资人的投入成本和经重整后的债务人的经营成本处于不稳定状态。在《企业破产法》修改之际，不少专家学者和实务工作者提出立法建议，希望对此规定进行修改和完善，稳定重整投资人对破产重整的预期。

《企业破产法》第92条第3款规定："债权人对债务人的保证人和其他连带债务人所享有的权利，不受重整计划的影响。"然而，在很多分期清偿或债转股的重整清偿模式中，重整计划中往往写明债权人获得了高额或全额的清偿，或重整计划、终止裁定中未写明债权人所获得的清偿率，这将会影响债权人对债务人的保证人和其他连带债务人主张清偿。债务人的保证人和其他连带债务人往往会以债权人在债务人的重整程序中已经获得足额清偿为由抗辩。

热点问题探究

▶ 债务人处于重整程序中，股东所持有的破产人股权被司法冻结与破产重整执行中重整投资人股权实现问题产生冲突，该如何处理？

此情况还较常见，涉及执行案件的执行权与破产重整计划执行之间的冲突，实践中比较容易发生争议。处于破产重整程序的企业大多资不抵债，股东对破产人的股权权益已为0，即股东的债权人理论上难以通过司法处置被冻结的股权获得受偿。此情况下，对股权的执行权应服从于重整计划的执行。如果不解除冻结，进而导致该股权无法在破产人的破产重整程序中由重整投资人受让，将大大地降低破产人的重整价值与重整可能性。对此，最高人民法院在《关于四川方向光电股份有限公司破产重整一案请示的答复》（〔2011〕民二他字第17号）中作了明确的规定，要求四川方向光电股份有限公司破产重整案中要求相关法院立即解除对被执行人所持破产人股权的保全措施。

当然，如在破产重整程序中认定股东对破产人股权的价值为正值，且对股东权益进行了补偿，且执行案件中的申请执行人可对该补偿款进行执行，原先对股权的执行措施及于股权补偿款。

典型案例评析

江苏省纺织工业（集团）进出口有限公司及其五家子公司实质合并破产重整案[①]

【裁判要旨】

1. 当事人申请对关联企业合并破产的，法院应当对合并破产的必要性、正当性进行审查。关联企业成员的破产应当以适用单个破产程序为原则，在关联企业成员之间出现法人人格高度混同、区分各关联企业成员财产成本过高、严重损害债权人公平清偿利益的情况下，可以依申请例外适用关联企业实质合并破产方式进行审理。

2. 采用实质合并破产方式的，各关联企业成员之间的债权债务归于消灭，各成员的财产作为合并后统一的破产财产，由各成员的债权人作为一个整体在同一程序中按照法定清偿顺位公平受偿。合并重整后，各关联企业原则上应当合并为一个企业，但债权人会议表决各关联企业继续存续，法院审查认为确有需要的，可以准许。

3. 合并重整中，重整计划草案的制定应当综合考虑进入合并的关联企业的资产及经营优势、合并后债权人的清偿比例、出资人权益调整等因素，保障各方合法权益；同时，可以灵活设计“现金 + 债转股”等清偿方案、通过“预表决”方式事先征求债权人意见并以此为基础完善重整方案，推动重整的顺利进行。

【基本案情】

2017 年 1 月 24 日，南京市中级人民法院根据镇江福源纺织科技有限公司

① 本案例摘录自最高人民法院指导性案例 163 号（2021 年），个别表述有修改。生效裁判审判合议庭成员：姚志坚、荣艳、蒋伟。

的申请，裁定受理江苏省纺织工业（集团）进出口有限公司（以下简称省纺织进出口公司）破产重整案，并于同日指定江苏东恒律师事务所担任管理人。2017 年 6 月 14 日，南京市中级人民法院裁定受理省纺织进出口公司对江苏省纺织工业（集团）轻纺进出口有限公司（以下简称省轻纺公司）、江苏省纺织工业（集团）针织进出口有限公司（以下简称省针织公司）、江苏省纺织工业（集团）机电进出口有限公司（以下简称省机电公司）、无锡新苏纺国际贸易有限公司（以下简称无锡新苏纺公司）的重整申请及省轻纺公司对江苏省纺织工业（集团）服装进出口有限公司（以下简称省服装公司）的重整申请（其中，省纺织进出口公司对无锡新苏纺公司的重整申请经请示江苏省高级人民法院，指定由南京市中级人民法院管辖）。同日，南京市中级人民法院指定江苏东恒律师事务所担任管理人，在程序上对六家公司进行协调审理。2017 年 8 月 11 日，管理人以省纺织进出口公司、省轻纺公司、省针织公司、省机电公司、无锡新苏纺公司、省服装公司等六家公司人格高度混同为由，向南京市中级人民法院申请对上述六家公司进行实质合并重整。

法院经审理查明如下事实：

1. 涉案六家公司股权情况

省纺织进出口公司注册资本 5500 万元，其中江苏省纺织（集团）总公司（以下简称省纺织集团）出资占 60.71%，公司工会出资占 39.29%。省轻纺公司、省针织公司、省机电公司、无锡新苏纺公司、省服装公司（以下简称五家子公司）注册资本分别为 1000 万元、500 万元、637 万元、1000 万元、1000 万元，省纺织进出口公司在五家子公司的出资占比均为 51%，五家子公司的其余股份均由其职工持有。

2. 涉案六家公司经营管理情况

（1）除无锡新苏纺公司外，其余涉案公司均登记在同一地址，法定代表人存在互相交叉任职的情况，且五家子公司的法定代表人均为省纺织进出口公司的高级管理人员，财务人员及行政人员亦存在共用情形，其中五家子公司与省纺织进出口公司共用财务人员进行会计核算，付款及报销最终审批人员相同。

（2）省纺织进出口公司和五家子公司间存在业务交叉混同情形，五家子公司的业务由省纺织进出口公司具体安排，且省纺织进出口公司与五家子公司之间存在大量关联债务及担保。

为防止随意对关联企业进行合并，损害公司的独立人格，损害部分债权人等利益相关者的合法权益，在收到合并重整申请后，南京市中级人民法院对申请人提出的申请事项和事实理由进行了审查，同时组织债权人代表、债务人代表、职工代表、管理人、审计机构等进行全面的听证，听取各方关于公司是否存在混同事实的陈述，并对管理人清理的债权债务情况、审计报告，以及各方提交的证据进行全面的审核，听取了各方对于合并破产重整的意见。

【裁判结果】

依照《企业破产法》第 1 条、第 2 条的规定，南京市中级人民法院于 2017 年 9 月 29 日作出（2017）苏 01 破 1、6、7、8、9、10 号民事裁定：省轻纺公司、省针织公司、省机电公司、无锡新苏纺公司、省服装公司与省纺织进出口公司合并重整。

依照《企业破产法》第 86 条第 2 款的规定，南京市中级人民法院于 2017 年 12 月 8 日作出（2017）苏 01 破 1、6、7、8、9、10 号之二民事裁定：（1）批准省纺织进出口公司、省轻纺公司、省针织公司、省机电公司、无锡新苏纺公司、省服装公司合并重整计划；（2）终止省纺织进出口公司、省轻纺公司、省针织公司、省机电公司、无锡新苏纺公司、省服装公司合并重整程序。

【裁判理由】

法院生效裁判认为：公司人格独立是公司制度的基石，关联企业成员的破产亦应以适用单个破产程序为原则。但当关联企业成员之间存在法人人格高度混同、区分各关联企业成员财产成本过高、严重损害债权人公平清偿利益时，可以适用关联企业实质合并破产方式进行审理，从而保障全体债权人能够公平受偿。

本案中，涉案六家公司存在人格高度混同情形，主要表现在：人员任职高度交叉，未形成完整独立的组织架构；共用财务及审批人员，缺乏独立的财务核算体系；业务高度交叉混同，形成高度混同的经营体，客观上导致六家公司收益难以正当区分；六家公司之间存在大量关联债务及担保，导致各公司的资产不能完全相互独立，债权债务清理极为困难。在此情形下，法院认为，及时对各关联企业进行实质性的合并，符合破产法关于公平清理债权债务、公平保护债权人、债务人合法权益的原则要求。《企业破产法》的立法宗旨在于规范破产程序，公平清理债权债务，公平保护全体债权人和债务人的合法权益，从而维护社会主义市场经济秩序。关联企业存在人格高度混同及不当利益输送的情形，不仅严重影响各关联企业的债权人公平受偿，同时也严重影响了社会主义市场经济的公平竞争原则，从根本上违反了《企业破产法》的实质精神。在此情形下，对人格高度混同的关联企业进行合并重整，纠正关联企业之间不当利益输送、相互控制等违法违规行为，保障各关联企业的债权人公平实现债权，符合法律规定。具体到债权人而言，在分别重整的情形下，各关联企业中的利益实质输入企业的普通债权人将获得额外清偿，而利益实质输出企业的普通债权人将可能遭受损失。因此，在关联企业法人人格高度混同的情况下，单独重整将可能导致普通债权人公平受偿的权利受到损害。进行合并后的整体重整，部分账面资产占优势的关联企业债权人的债权清偿率虽然可能较分别重整有所降低，使其利益表面上受损，但此种差异的根源在于各关联企业之间先前的不当关联关系，合并重整进行债务清偿正是《企业破产法》公平清理债权债务的体现。

依照《企业破产法》第 1 条、第 2 条的规定，南京市中级人民法院于 2017 年 9 月 29 日作出（2017）苏 01 破 1、6、7、8、9、10 号民事裁定：省轻纺公司、省针织公司、省机电公司、无锡新苏纺公司、省服装公司与省纺织进出口公司合并重整。

合并重整程序启动后，管理人对单个企业的债权进行合并处理，同一债权人对六家公司同时存在债权债务的，经合并进行抵销后对债权余额予以确认，六家关联企业相互之间的债权债务在合并中作抵销处理，并将合并后的全体债权人合为一个整体进行分组。根据破产法的相关规定，债权人分为有财产担保债权组、职工债权组、税款债权组、普通债权组，本案因全体职工的劳动关系继续保留，不涉及职工债权清偿问题，且税款已按期缴纳，故仅将债权人分为有财产担保债权组和普通债权组。同时设出资人组对出资人权益调整方案进行表决。

鉴于省纺织进出口公司是省内具有较高影响力的纺织外贸企业，具有优质的经营资质及资源，同时五家子公司系外贸企业的重要平台，故重整计划以省纺织进出口公司等六家公司作为整体，引入投资人，综合考虑进入合并的公司的资产及经营优势、合并后债权人的清偿、出资人权益的调整等，予以综合设计编制。其中重点内容包括：

第一，引入优质资产进行重组，盘活企业经营。进入重整程序前，涉案六家公司已陷入严重的经营危机，重整能否成功的关键在于是否能够真正盘活企业经营。基于此，本案引入苏豪控股、省纺织集团等公司作为重整投资方，以所持上市公司股权等优质资产对省纺织进出口公司进行增资近 12 亿元。通过优质资产的及时注入对企业进行重组，形成新的经济增长因子，盘活关联企业的整体资源，提高债务清偿能力，恢复企业的经营能力，为重塑企业核心竞争力和顺利推进重整方案执行奠定了坚实基础。同时，作为外贸企业，员工的保留是企业能够获得重生的重要保障。重整计划制定中，根据外贸企业特点，保留全部职工，并通过职工股权注入的方式，形成企业经营的合力和保障，从而保障重整成功后的企业能够真正获得重生。

第二，调整出资人权益，以“现金 + 债转股”的方式统一清偿债务，并引入“预表决”机制。涉案六家公司均系外贸公司，自有资产较少，在债务清偿方式上，通过先行对部分企业资产进行处置，提供偿债资金来源。在清偿方式上，对有财产担保、无财产担保债权人进行统一的区分。对有财产担保的债权人，根据重整程序中已处置的担保财产价值及未处置的担保财产的评估价值，确定有财产担保的债权人优先受偿的金额，对有财产担保债权人进行全额现金清偿。对无财产担保的普通债权人，采用部分现金清偿、部分以股权置换债权（债转股）的方式清偿的复合型清偿方式，保障企业的造血、重生能力，最大化保障债权人的利益。其中，将增资入股股东的部分股权与债权人的债权进行置换（债转股部分），具体而言，即重整投资方省纺织集团以将其所持的省纺织进出口公司的部分股份，交由管理人按比例置换债权人所持有的债权的方式进行清偿，省纺织集团免除省纺织进出口公司及五家子公司对其负有的因置换而产生的债务。清偿完毕后，债权人放弃对省纺织进出口公司及五家子公司的全部剩余债权。由于采用了“现金 + 债转股”的复合型清偿方式，债权人是否愿意以此种方式进行受偿，是能否重整成功的关键。因此，本案引入了“预表决”机制，在重整计划草案的制定中，由管理人就债转股的必要性、可行性及清偿的具体方法进行了预先的说明，并由债权人对此预先书面发表意见，在此基础上制定完善重整计划草案，并提交债权人会议审议表决。从效果看，通过“债转股”方式清偿债务，在重整计划制定过程中进行预表决，较好地保障了债权人的知情权和选择权，使其自主发表意见，从而使“债转股”清偿方式得以顺利进行。

2017 年 11 月 22 日，涉案六家公司合并重整后召开第一次债权人会议。

管理人向债权人会议提交了合并重整计划草案，各关联企业继续存续。经表决，有财产担保债权组100%同意，普通债权组亦93.6%表决通过计划草案，出资人组会议也100%表决通过出资人权益调整方案。法院经审查认为，合并重整计划制定、表决程序合法，内容符合法律规定，公平对待债权人，对出资人权益调整公平、公正，经营方案具有可行性。依照《企业破产法》第86条第2款之规定，南京市中级人民法院于2017年12月8日作出（2017）苏01破1、6、7、8、9、10号之二民事裁定：（1）批准省纺织进出口公司、省轻纺公司、省针织公司、省机电公司、无锡新苏纺公司、省服装公司合并重整计划；（2）终止省纺织进出口公司、省轻纺公司、省针织公司、省机电公司、无锡新苏纺公司、省服装公司合并重整程序。

第五节　预　重　整

一、预重整的概念

预重整属于法院外程序流程，是新崛起的一种新式的“将法院外资产重组与法院内重整相连接”的困境企业挽救机制①。预重整主要通过社会化和市场化的方式，在司法机关的干预和指导下，精确识别困境企业的重整使用价值，降低制度性成本，完成对有使用价值的困境企业的尽快解救，并维护债权人、债务人及有关利害关系人的多元化权益。

目前《企业破产法》中并没有明确规定预重整的受理条件、处理流程等，但司法实践中不少法院制定了预重整制度，甚至一些地方以地方立法的形式确定了破产程序中的预重整制度，尝试让陷入债务危机的企业以预重整的方式实现企业复兴、清偿债务，提高企业的重整效率，节省重整成本，同时避免正式进入破产程序重整失败和被清算的风险。

二、预重整的受理

对于预重整的受理和处理程序，一般法院会以“破申”案号立案，决定受理时应当指定临时管理人，也有法院称其为“预重整辅助机构”，临时管理

---

① 参见张艳丽、陈俊清：《论法庭外债务重组与法庭内重整的合理衔接》，载《北京理工大学学报（社会科学版）》2022年第1期。

人的指定可以通过在已编入管理人名册的机构中进行摇号、竞选、推荐等多种形式确定。同时法院也应按照最高人民法院《关于审理企业破产案件若干问题的规定》第 15 条的规定，在决定受理企业破产案件后组成合议庭。也有法院规定，在决定预重整前，一般应当进行听证。债权人较多的，临时管理人可以参照《企业破产法》有关债权人会议的规定，组织债权人成立临时债权人委员会。

各地法院对可以进行预重整的债务人的规定大体相同，主要是需安置职工众多、债权人众多、涉及上下游产业链企业众多，上市公司、金融机构、房地产企业等直接受理重整申请可能对地区经济发展和金融秩序稳定产生负面影响或产生其他重大社会不稳定因素的，或者是符合国家产业政策、行业前景良好的重点优质企业等具有重整价值的企业。在预重整期间，债务人、债权人、管理人等应当积极取得当地政府的支持和帮助，主动借力已建立的破产审判府院联动机制，充分发挥政府在预重整中的组织协调、维稳处置、招商引资、政策扶持等职能作用。

三、预重整的期限

预重整期间一般都是 3 个月，也有法院规定为 6 个月。有正当理由的，经临时管理人申请，各地法院规定可以延长 1 个月或 3 个月，并未有统一的规定。

四、预重整的费用

各地法院还有规定，申请人提出预重整申请的，应向法院预交 10 万 ~ 50 万元的预重整启动费用，该费用作为预重整程序中预重整管理人开展相关工作的费用和预重整管理人报酬。按照相关规定，临时管理人可以在完成预重整工作报告后向债务人收取适当报酬，此报酬一般参照最高人民法院《关于审理企业破产案件确定管理人报酬的规定》来确定。

五、预重整管理人

大部分法院规定，在法院裁定受理重整申请后，可以指定预重整期间的临时管理人。在预重整工作的开展过程中，许多法院都规定预重整管理人不单独刊刻预重整管理人印章，不开设预重整管理人账户，如成都市中级人民法院《破产案件预重整操作指引（试行）》第 10 条就是这样规定的。但也有法院认为，预重整管理人可经法院批准刻制预重整管理人印章，开设预重整管理人账户，如洛阳市中级人民法院《关于审理预重整案件的规定（试行）》

就作出了如此规定。两种做法各有其好处，前者可以避免债务人进入重整程序后非以临时管理人为重整管理人时账户资金转移和印章效力取消的多余步骤，而且在该规定的基础上，一般要求债务人和临时管理人之间存在共同监管的账户，以便临时管理人履职和监管债务人；后者有利于临时管理人从预重整程序向重整程序的工作衔接简便、迅速地开展。

临时管理人的职责与《企业破产法》所规定的管理人的职责大体相同，但也会根据预重整程序的特殊性质进行调整。临时管理人的职责有如下几点：（1）全面调查债务人的基本情况、资产负债情况及涉诉涉执情况；（2）查明债务人是否具有重整价值和重整可能；（3）债务人继续经营的，监督债务人的经营；（4）监督债务人充分披露涉及重整信息；（5）协助债务人引进意向投资人；（6）组织债务人与其出资人、债权人、意向投资人等利害关系人协商拟定预重整方案，并通过召集上述人员参加会议或通过书面方式征集对预重整方案的意见；（7）定期向法院报告预重整工作进展；等等。其履职原则依然是应当勤勉尽责，依法忠实履行职务。但是，预重整期间临时管理人的职责并不能完全等同于正式破产重整期间的职责，如江西省高级人民法院《关于审理企业破产预重整案件工作指引》第14条所规定的临时管理人职责中，临时管理人有帮助、指导债务人协调处理涉诉、涉仲、涉执案件的职责，但不得以管理人名义代表诉讼。

预重整转正式重整程序后，法院一般都指定预重整阶段的临时管理人为重整程序的管理人，债务人或债权人会议有证据证明临时管理人不适宜担任重整程序管理人的除外。临时管理人未被指定为重整程序管理人的，应当及时向管理人移交债务人财产、资料等。预重整期间临时管理人的履职表现可以作为确定或者调整管理人报酬的考虑因素，管理人不另行收取预重整报酬。

六、债务人义务

在预重整期间，债务人也应履行相应义务。各地法院对债务人的一般性要求如下：（1）配合临时管理人调查，如实回答有关询问并提交相关材料；（2）妥善保管其占有和管理的财产、印章和账簿、文书等资料；（3）勤勉经营管理，妥善维护资产价值；（4）不得对外清偿债务，但清偿行为使债务人财产增益或系维持必要基本生产的除外；（5）未经允许，不得对外提供担保；（6）积极与出资人、债权人、意向投资人协商，制作重整方案；（7）全面、准确、真实以及合法披露有关企业及其重整方面的信息；（8）及时向管理人报告经营中的重大事项；等等。

除了债务人有相关的信息披露义务之外，预重整方案涉及出资人权益调整事项的，出资人有义务如实披露其出资权益的涉诉涉执情况，及出资权益上设定的质押、被保全等权利负担情况；意向投资人应当如实披露其自身的财务状况、投资能力、未来发展战略等可能影响债权人、出资人等利害关系人就预重整方案作出决策的信息。预重整程序中的各方参与人以及临时管理人应按照法律规定或当事人约定对预重整过程中知悉的信息履行保密义务，若有违反，造成他人损失的，应依法承担赔偿责任。

七、预重整的效力

为了保证预重整程序的顺利开展，帮助债务人实现企业复兴，清偿债务，各地法院一般会将移送破产审查的执行案件，由作出移送裁定决定的法院书面通知所有已知执行法院中止对债务人财产的执行程序。对于没有移送破产审查的执行案件，临时管理人和破产管辖法院亦可以发挥主观能动性，如江西省上饶市婺源县人民法院《关于审理预重整案件的操作指引（试行)》第13 条规定，预重整期间，对债务人预重整工作推进有较大影响的执行措施(包括保全措施、司法拘留、财产处置等)，预重整管理人可商请或提请该院商请执行法院暂缓采取。而且，在预重整期间，债务人因持续经营需要，经法院同意后，可以对外借款或采取其他融资方式，在法院受理重整申请后，该借款或融资一般是参照《企业破产法》第 42 条第 4 项“为债务人继续营业而应支付的劳动报酬和社会保险费用以及由此产生的其他债务”的规定，作为共益债务来清偿。

八、预重整程序的撤回和终结

预重整程序一般都是依债务人或债权人申请而启动，在法院决定债务人预重整前，允许申请人撤回预重整申请。

预重整程序强调各方主体的自愿性，在预重整阶段，申请人申请撤回预重整申请的，法院一般予以准予。例如，江苏省镇江市中级人民法院发布的《关于规范预重整程序工作指引（试行)》第 19 条第 1 项规定：“有下列情况之一的，预重整程序终止：（1）申请人请求撤回预重整申请的，法院审查后可以裁定准许……”结合该工作指引的上下文，可理解为预重整阶段申请人可申请撤回预重整申请。又如，东莞市中级人民法院《预重整案件工作指引(试行)》更明确的规定，在预重整期间，申请人申请撤回预重整申请的，法院应予裁定终结预重整程序。内蒙古乌兰察布市中级人民法院《破产案件预重整操作指引（试行）》则规定，即便“参与重组的全体债权人及各方预重整参与人一致同意预重整方案，申请人请求撤回重整申请，由各方自行庭外重组的，人民法院一般应当裁定准许”。

除上述申请人撤回预重整申请而终结预重整程序的外，预重整程序的终结一般可因如下事由而终结：（1）已完成预重整的既定目标，形成预重整方案，预重整管理人申请受理重整申请；（2）债务人不具有重整原因、不具有重整价值、不具有重整可能；（3）债务人具有《企业破产法》第31～33条规定的情形，以及可能严重损害债权人利益的其他情形；（4）债务人拒不履行有关债务人的义务，导致预重整目的无法实现；（5）无法支付预重整必要费用且无人垫付的。

为了提高重整的效率和效果，避免重整劳动，债务人预重整程序终结后进入重整程序的，其预重整程序中表决通过事项的效力一般可延伸至重整程序。如《上海破产法庭预重整案件办理规程（试行）》第18条规定：“注重预重整与重整程序的衔接，以提高重整效率和效果。预重整期间已经表决通过的重整计划草案，与重整程序中的重整计划草案一致的，已同意的债权人和出资人表决意见为重整程序中重整计划草案的同意意见。重整程序中重整计划草案进行了修改且对相关债权人利益有影响的，受到影响的债权人有依法重新表决权；对出资人权益调整事项进行了修改且对出资人利益有影响的，受到影响的出资人有依法重新表决权。”这也是预重整程序中的禁止反言要求。

九、制度优势与制度建设

预重整坚持市场化、法治化原则，充分尊重各方主体的意思自治。与传统的对陷入危机企业的拯救模式相比，预重整程序不会占用过多的司法资源，在企业正式进入破产程序之前，通过债务人、债权人、预重整管理人、重整投资人、法院以及政府相关机构的多方参与，使债务企业在较短时间内能够理顺债权债务和资产，早日复产复兴。它类似于庭外重组制度的高度自治协商机制，能直接吸收转化各方利害关系人前期协商的成果，提高债务人的重整成功率，有较明显的制度优势。预重整与破产重整、庭外重组对比见表9－1。

表 9－1　预重整、破产重整、庭外重组对比

	预重整	破产重整	庭外重组
性质	司法指导下的庭内外衔接程序	司法重整	庭外当事人自行重组
司法周期	短	长	无
灵活性	略高	低	高
成本	略低	高	低
资产风险	略低	高	不明
市场化程度	略高	低	高
强制执行力度	略低	高	低
经营影响程度	略低	高	低

如表 9－1 所示，通过对准司法性质的预重整与破产重整以及庭外重组进行比较，可以清晰地看到预重整具有周期短、灵活性较高、成本较低，对债务人影响小等特点，是困境企业摆脱困境的较好选择。

最高人民法院于 2018 年 3 月 4 日印发的《全国法院破产审判工作会议纪要》提到，“探索推行庭外重组与庭内重整制度的衔接。在企业进入重整程序之前，可以先由债权人与债务人、出资人等利害关系人通过庭外商业谈判，拟定重组方案。重整程序启动后，可以重组方案为依据拟定重整计划草案提交人民法院依法审查批准”。国家发改委、最高人民法院等十三部委于 2019 年 6 月 22 日印发的《加快完善市场主体退出制度改革方案》要求，“研究建立预重整制度，实现庭外重组制度、预重整制度与破产重整制度的有效衔接，强化庭外重组的公信力和约束力，明确预重整制度的法律地位和制度内容”。最高人民法院于 2019 年 11 月 8 日印发的《全国法院民商事审判工作会议纪要》第 115 条提到，“继续完善庭外重组与庭内重整的衔接机制，降低制度性成本，提高破产制度效率”。上述相关规定作为推行预重整制度的基本依据，推动了预重整制度在破产司法实践中的应用。2019 年以来，现已有 40 多家法院出台预重整制度。笔者也期待在未来的破产立法中，进一步加强和完善对预重整程序的制度建设。

各地预重整相关规定详见表 9－2。

表9-2 各地预重整相关规定一览

制定机关	规范名称	特别规定
宁夏回族自治区银川市中级人民法院	《关于审理破产预重整案件的工作指引(试行)》	**第二条** 本指引所称“预重整”，系指申请人主动向法院提出预重整申请，或申请人向法院提出重整申请后，法院认为被申请人首先应进行庭外预重整的，由法院指定预重整管理人协助被申请人对符合重整条件的企业参照《企业破产法》第八十一条规定，制定预重整草案，并参照《企业破产法》第八十二条，征集利害关系人意见确定预重整草案的程序。 法院受理破产申请后，申请人申请预重整的，不适用本工作指引。
北京市第一中级人民法院	《北京破产法庭破产重整案件办理规范(试行)》	**第三十九条** 预重整期间，对于因有关利害关系人的行为或者其他原因，可能影响重整程序依法进行的，人民法院可以根据临时管理人、债务人、债权人的申请，裁定对债务人的全部或者部分财产采取保全措施。 债权人申请的，人民法院可以要求其提供担保，不提供担保的，裁定驳回申请。 申请有错误的，申请人应当赔偿债务人因保全所遭受的损失。
深圳市中级人民法院	《审理企业重整案件的工作指引（试行)》	**第二十八条** 债务人符合下列情形之一的，可以进行预重整： （一）需要安置的职工超过五百人的； （二）债权人两百人以上的； （三）涉及超过一百家上下游产业链企业的； （四）直接受理重整申请可能对债务人生产经营产生负面影响或者产生重大社会不稳定因素的。 受理破产清算申请后、宣告债务人破产前申请重整的，不适用预重整。
广东省广州市中级人民法院	《关于破产重整案件审理指引（试行)》	**第二十四条** 债务人在执行程序中通过“执转破”程序提出预重整申请的，负责移送案件的执行人民法院经审查符合《最高人民法院关于执行案件移送破产审查若干问题的指导意见》第二条、本指引第十五条规定条件的，应当根据《最高人民法院关于执行案件移送破产审查若干问题的指导意见》第八条的规定，及时通知其他执行人民法院中止对债务人财产的执行。

续表

制定机关	规范名称	特别规定
广东省潮州市中级人民法院	《破产案件预重整操作指引（试行）》	**第三条** 决定预重整前，一般应当进行听证。
重庆市第五中级人民法院	《预重整工作指引（试行）》	**第四条** 预重整期间进行表决，应当按照企业破产法的规定进行分组，采用合理灵活的方式，给予参与表决的债权人、出资人充分的表决期限。 人民法院受理重整申请前，债权人、出资人等利害关系人对重组协议的同意视为对重整申请受理后的重整计划草案表决的同意。但是，重整计划草案的内容相对于重组协议发生实质改变的除外。 人民法院受理重整申请前，债务人和部分债权人已经达成的有关协议与重整程序中制作的重整计划草案内容一致的，有关债权人对该协议的同意视为对该重整计划草案表决的同意。
浙江省杭州市中级人民法院	《审理企业预重整案件工作指南（试行）》	**第四条 【预重整期间】**自人民法院决定预重整之日起至临时管理人提交预重整工作报告之日止，为预重整期间。预重整期间不计入重整申请审查期限。 预重整期间一般为三个月。经临时管理人申请，理由正当的，人民法院可以视情形延长预重整期间，但最长不超过三个月。 **第十条 【政府支持】**预重整各方参与人应当积极争取属地政府支持，充分发挥政府在预重整程序中组织协调、维稳处置、招商引资、政策扶持等方面的职能作用。
浙江省诸暨市人民法院	《关于审理预重整案件的操作指引（试行）》	**第十一条 【表决的效力延伸】**进入重整程序后，预重整方案与重整计划草案内容一致或者有关出资人、债权人权益在预重整方案基础上更加优化的，有关出资人、债权人对预重整方案表决的同意视为对重整计划草案表决的同意。 但预重整方案表决前，债务人隐瞒重要信息、披露虚假信息，或者预重整方案表决后出现重大变化，有可能影响权利人表决的，相应权利人有权对重整计划草案重新表决。

续表

制定机关	规范名称	特别规定
江苏省南京市中级人民法院	《关于规范重整程序适用提升企业挽救效能的审判指引》	**第二十二条 【金融债委会】**在申请预重整前或预重整期间，对于金融债权比重较大、金融债权人人数众多的，金融债权人可以由金融监管部门牵头组织或自行发起成立金融债权人委员会，提前参与企业危机化解工作。金融债权人委员会积极发挥稳定信贷支持、协调金融债权人一致行动、推动预重整方案协商谈判、参与选定审计评估机构、监督债务人自行管理财产和营业事务等主体作用。
江苏省宿迁市中级人民法院	《关于审理预重整案件的规定（试行）》	**第四条** 在预重整期间，临时管理人履行下列职责： （一）调查债务人的基本情况、资产及负债情况； （二）监督债务人自行管理财产和营业事务； （三）监督债务人充分披露企业信息； （四）协助债务人引入意向投资人； （五）推动债务人与其出资人、债权人、意向投资人等利害关系人进行协商，协助债务人制作预重整方案； （六）通过召开债务人及其出资人、债权人、意向投资人等利害关系人参加的会议，或者书面方式征集对预重整方案的意见； （七）定期向人民法院报告预重整工作进展，并在征集完毕利害关系人对预重整方案的意见后，向人民法院提交预重整工作报告； （八）人民法院认为临时管理人应当履行的其他职责。
江苏省苏州市吴江区人民法院	《审理预重整案件的若干规定》	**第五条 【债务人义务】**在预重整期间内，债务人承担下列义务： （一）妥善保管其占有和管理的财产、印章和账簿、文书等资料； （二）配合管理人调查，如实回答有关询问并提交相关材料； （三）勤勉经营管理，妥善维护企业资产价值； （四）及时向临时管理人报告对财产有重大影响的行为和事项，接受临时管理人的监督；

续表

制定机关	规范名称	特别规定
		（五）如实向出资人、债权人、意向投资人等利害关系人披露与重整有关的信息，就预重整方案做出说明并回答有关询问； （六）不得对外清偿债务，但为企业继续营业、维持其营运价值所必要的支出除外； （七）未经允许，不得对外提供担保； （八）积极与出资人、债权人、意向投资人等利害关系人协商，制作预重整方案； （九）完成与预重整相关的其他工作。
江苏省苏州工业园区人民法院	《审理破产预重整案件的工作指引（试行）》	**第十六条　【预重整终结】**预重整期间，临时管理人经调查发现下列情形之一的，应当及时向本院提交终结预重整程序的申请，并载明查明的事实和理由，人民法院经审查可以决定终结预重整程序，并在法定期限内作出是否受理重整申请的裁定： （一）债务人不具有重整原因； （二）债务人不具有重整价值； （三）债务人不具有重整可能； （四）债务人具有企业破产法第三十一条、第三十二条、第三十三条规定的情形，以及可能严重损害债权人利益的其他情形； （五）债务人拒不履行本规范有关债务人的义务，导致预重整目的无法实现； （六）债务人无法支付预重整必要费用，且无人垫付。
江苏省苏州市吴中区人民法院	《关于审理预重整案件的实施意见（试行）》	**第十八条**　谈判和预表决时设立禁止反言条款。在信息披露充分的情况下，债权人、出资人已经同意重整方案或方案核心内容的，在重整阶段正式表决时仍然有效。
四川省成都市中级人民法院	《破产案件预重整操作指引（试行）》	**第十条　【印章账户规定】**预重整管理人不单独刊刻预重整管理人印章，可由担任预重整管理人的中介机构以代章方式履行职责。 预重整案件不开设预重整管理人账户。 担任预重整管理人的中介机构可以该中介机构名义另设由债务人、主要债权人、投资人等共同监管的银行账户。预重整期间，投资人缴纳的保证金应汇入共同监管的银行账户。

续表

制定机关	规范名称	特别规定
		第十四条 【预重整终止申请】 有下列情形之一时，预重整管理人应当向本院提出终止预重整的申请： （一）已按目标完成意向投资人招募并制作完成重组方案，预重整管理人建议受理重整申请的； （二）因债务人重要财产面临被处置以及处置的价款即将兑现，导致不受理重整就可能使债务人重整价值严重贬损等紧急情形的； （三）债务人不配合预重整管理人和人民法院工作，或者有未经批准的个别清偿等可能使财产价值贬损的行为，致使预重整无法顺利进行的； （四）行业主管部门或相关权威机构已对债务人重整价值作出否定性评价的； （五）申请人向本院撤回重整申请的； （六）其他应当终止预重整程序的情形。
四川省天府新区成都片区人民法院、四川自由贸易试验区人民法院	《预重整案件审理指引（试行）》	**第十二条 【预重整工作报告内容】** 若不存在本指引第十一条规定情形，临时管理人应当在预重整工作完成后七个工作日向本院提交预重整工作报告。预重整工作报告应载明预重整期间临时管理人的履职情况，包括但不限于如下内容： （一）债务人的基本情况、资产及负债情况； （二）债务人出现经营或财务困境的原因； （三）债务人的自行经营状况； （四）债务人是否具有重整价值及挽救可能性的分析意见； （五）是否形成预重整方案以及预重整方案的协商情况； （六）进行重整的潜在风险及相关建议； （七）其他与债务人进行重整有关的内容。
四川省攀枝花市中级人民法院	《破产案件预重整操作指引（试行）》	**第四条 【预重整决定】** 合议庭决定债务人预重整的，以“破申”案号登记予以立案审查，并于立案后5日内作出预重整决定书和指定预重整管理人决定书，决定书应送达申请人和被申请人、预重整管理人，并予以公告。

续表

制定机关	规范名称	特别规定
		决定债务人预重整前，预重整申请人撤回预重整申请的或经审查后认为不符合预重整条件的，应向预重整申请人书面告知处理结果及理由。 属地政府决定启动预重整程序的，人民法院根据政府文件和申请人的申请由立案部门立“破申”案号并于立案后 5 日内作出预重整决定书和指定预重整管理人决定书，决定书应送达申请人和被申请人、预重整管理人，并予以公告。
四川省眉山市中级人民法院	《破产案件预重整操作指引（试行）》	**第十一条　【出资人义务】**预重整方案涉及出资人权益调整事项的，出资人有义务如实披露其出资权益的涉诉情况，债务人、出资人有义务如实披露出资权益上设定的质押、被保全等权利负担情况。
四川省遂宁市中级人民法院	《破产案件预重整审理指引（试行）》	**第二条　【申请主体】**债务人、债权人或者出资额占债务人注册资本十分之一以上的出资人，可以依照本指引规定，向本院申请对债务人进行预重整。 **第五条　【预重整审查程序】**审查预重整申请应组成合议庭，并举行听证。
四川省自贡市大安区人民法院	《关于审理预重整案件的工作指引（试行）》	**第十六条　【出资人权益调整的信息披露】**预重整草案涉及出资人权益调整事项的，出资人有义务如实披露其出资权益的涉诉情况，债务人、出资人有义务如实披露出资权益上设定的质押、被保全等权利负担情况。
山东省济南市中级人民法院	《济南破产法庭关于破产案件预重整操作指引》	**第十二条　【保密义务】**债权人、债务人、出资人、意向投资人等利害关系人在预重整期间知悉的商业秘密或者其他应当保密的信息，不得泄露或者不正当使用。泄露、不正当使用该商业秘密或者其他应当保密的信息，造成他人损失的，应当依法承担赔偿责任。
山东省青岛市中级人民法院	《破产案件预重整操作指引（试行）》	**第十二条　【预重整工作报告】**预重整工作完成或者预重整期间届满，预重整管理人应当提交预重整工作报告。

续表

制定机关	规范名称	特别规定
		预重整工作报告一般包括下列内容：（一）债务人的基本情况；（二）债务人出现经营或财务困境的原因；（三）债务人的资产、负债状况；（四）债务人的生产经营状况；（五）债务人重整价值的分析意见；（六）债务人重整可行性的分析意见；（七）是否形成重整方案以及重整方案的协商情况；（八）进行重整的潜在风险及相关建议；（九）应当报告的其他情形。
山东省威海市中级人民法院	《关于审理预重整案件的操作指引（试行）》	**第二条　【预重整原则】**预重整应当遵循市场规律，坚持依法、自治、公开、高效、司法适度介入原则。
山东省枣庄市山亭区人民法院	《破产案件预重整操作规程（试行）》	**第十五条**　在预重整期间，管理人支出的差旅费、调查费等执行职务费用由债务人财产随时支付。债务人未及时支付的，受理重整申请后，列入破产费用。 预重整程序终止的，管理人可以和债务人协商确定收取适当报酬，原则上不超过50万元。 预重整成功转入重整程序的，管理人报酬按照《最高法院关于审理企业破产案件确定管理人报酬的规定》确定，整期间管理人履职表现作为报酬计算的参考因素，预重整阶段不另行收取报酬。
山东省淄博市中级人民法院	《关于审理预重整案件的工作指引（试行）》	**第一条　【预重整的定义】**本意见所称“预重整”，系指为了准确识别重整价值和重整可能、降低重整成本、提高重整成功率，人民法院以“破申”案号立案后、受理重整申请前，指定临时管理人履行调查债务人资产负债情况、监督债务人等职责，并由临时管理人组织债务人、债权人、出资人、意向投资人等利害关系人拟定预重整方案的程序。
广西壮族自治区北海市中级人民法院	《北海市法院破产重整案件审理操作指引（试行）》	—

续表

制定机关	规范名称	特别规定
黑龙江省齐齐哈尔市中级人民法院	《审理预重整案件的若干规定》	—
黑龙江省佳木斯市中级人民法院	《破产案件预重整暂行规定》	—
河南省高级人民法院	《审理企业重整案件的工作指引》	—
河南省郑州市中级人民法院	《审理预重整案件工作规程（试行）》	**第十二条　【印章账户规定】**预重整管理人可经人民法院批准刻制预重整管理人印章，开设预重整管理人账户。 预重整期间，投资人缴纳的保证金应汇入预重整管理人的银行账户。
河南省洛阳市中级人民法院	《关于审理预重整案件的规定（试行）》	**第二条**　符合下列情形之一的债务人破产重整案件，可以适用预重整模式进行审理：（一）上市公司的子公司、母公司及对上市公司影响较大的关联公司；（二）具有金融和准金融机构性质的保险公司、证券公司、融资担保公司、小额贷款公司；（三）涉及众多购房者权益的房地产开发公司；（四）债权人较多，债权债务关系复杂，影响社会稳定的大型企业；（五）符合国家产业政策、行业前景良好的重点优质企业；（六）其他符合重整价值的企业。
河南省南阳市中级人民法院	《企业破产案件预重整工作指引》	—
福建省厦门市中级人民法院	《企业破产案件预重整工作指引》	**第六条　【预重整与重整衔接】**经预表决或征求书面意见，各表决组同意重整计划草案的比例均达到《中华人民共和国企业破产法》第八十四条第二款规定的，债务人可以向人民法院申请破产重整，并应提交重整计划草案和预表决、书面意见、协议等书面材料。指定了临时管理人的，临时管理人应当就组织、协商、草拟和表决、征求意见、协议等情况和审查意见提交书面报告。

续表

制定机关	规范名称	特别规定
湖南省永州市冷水滩区人民法院	《关于审理预重整案件的操作指引（试行）》	—
辽宁省大连市中级人民法院	《关于审理企业预重整案件的工作指引（试行）》	**第十四条** 预重整期间，债务人、临时管理人应充分利用破产审判府院协调机制及银行业金融机构监管部门、税务管理部门等机构制定出台的关于鼓励、推动债务重组的优惠政策，积极争取政策扶持、信贷支持和税收优惠待遇，为预重整工作的顺利开展创造有利的外部条件。
山西省长治市中级人民法院	《关于破产案件预重整操作指引》	**第三条** **【预重整条件】**申请人提出重整申请，本院裁定受理前，债务人具有下列情形之一的，可以采用预重整： （一）债权人人数众多、债权债务关系复杂，或需要安置职工数量较多，可能影响社会稳定的； （二）债务人企业规模较大或在该行业或对该区域经济具有重大影响的； （三）直接受理重整申请可能对债务人生产经营产生负面影响或者引发重大社会不稳定因素的。
山西省晋中市中级人民法院	《破产案件预重整工作指引（试行）》	—
山西省忻州市中级人民法院	《预重整指引（试行）》	—
陕西省高级人民法院	《破产案件审理规程（试行）》	**第一百七十一条** **【预重整期间借款】**在预重整期间，债务人因持续经营需要，经人民法院批准或者全体债权人同意，可以对外借款。人民法院受理重整申请后，该借款可参照企业破产法解释（三）第二条第一款的规定清偿。
云南省南华县人民法院	《南华县人民法院审理破产预重整案件工作指引（试行）》	—

续表

制定机关	规范名称	特别规定
宁夏回族自治区银川市中级人民法院	《关于审理破产预重整案件的工作指引（试行）》	**第三条** 法院收到申请人提出的重整申请后，经审查认为符合破产法相关规定的，以“破申”案号登记予以立案审查。于 30 日内审查是否符合预重整条件，并通知申请人和被申请人预重整审查结果。 申请人提出预重整申请的，应向法院预交 10－50 万元的预重整启动费用。该费用作为预重整程序中预重整管理人开展相关工作的费用和预重整管理人报酬。
海南省人民代表大会及其常务委员会	《海南自由贸易港企业破产程序条例》	**第四十二条** 相关权利人在重整前已经同意债务人预先制定的重整计划草案或者已经达成相关协议，在重整程序中制定的重整计划草案未减损相关权利人权益的，经相关权利人向管理人明示，相关权利人可以不参与重整程序中制定的重整计划草案表决，视为其同意重整程序中制定的重整计划草案。但存在下列情形的，相关权利人应当对重整计划草案进行表决： （一）重整计划草案对预先制定的重整计划草案或者预先达成的协议内容进行了修改，并对相关权利人产生不利影响的； （二）债务人隐瞒重要信息、披露虚假信息的； （三）客观情况发生重大变化的； （四）人民法院认为应当进行表决的其他情形。
浙江省衢州市柯城区人民法院	《审理破产预重整案件工作指引（试行）》	—
山东省威海市乳山市人民法院	《关于审理预重整案件的操作指引（试行）》	—
广东省东莞市中级人民法院	《预重整案件工作指引（试行）》	—
江西省上饶市婺源县人民法院	《关于审理预重整案件的操作指引（试行）》	**第十三条** **【执行案件的协调】** 预重整期间，对债务人预重整工作推进有较大影响的执行措施（包括保全措施、司法拘留、财产处置等），预重整管理人可商请或提请本院商请执行法院暂缓采取。

续表

制定机关	规范名称	特别规定
江西省高级人民法院	《关于审理企业破产预重整案件工作指引》	**第二十六条　【与审查重整申请的衔接】**人民法院在收到临时管理人提交的预重整工作报告之日起十五日内，裁定是否受理重整申请。 预重整程序自人民法院作出受理或不予受理重整申请裁定时自然终止，不再另行作出终止预重整程序的决定。 裁定不予受理重整申请但查明债务人具备破产原因的，可以告知申请人依法另行提出破产清算申请。
湖南省株洲市中级人民法院	《破产案件预重整工作指引（试行）》	**第4条　【府院联动】**对在当地有重大影响的债务人预重整，法院接到预重整申请后应向当地党委汇报，与政府协调，可以由属地政府主导按照府院联动由法院协助配合，做到府院两家信息共享、问题共商、措施共举、共同推进。
内蒙古自治区乌兰察布市中级人民法院	《破产案件预重整操作指引（试行）》	**第二十二条**　在预重整期间，债务人、债权人、管理人等应当积极争取当地政府的支持和帮助，落实乌政办发［2021］27号乌兰察布市人民政府办公室关于印发《乌兰察布市企业破产司法处置府院联动机制》的通知要求，充分发挥政府在预重整中组织协调、维稳处置、招商引资、政策扶持等的职能作用。
上海市第三中级人民法院	《上海破产法庭预重整案件办理规程（试行）》	**第七条　【临时管理人的确定】**债务人或债权额合计占已知总债权额二分之一以上的主要债权人，可以向法院书面提名临时管理人人选。被提名人选已编入管理人名册，且不存在不宜担任临时管理人情形的，法院确定其为临时管理人。 金融机构债权人委员会可以根据中国银保监会、发展改革委员会、中国人民银行、中国证监会《金融机构债权人委员会工作规程》（银保监发〔2020〕57号）的相关规定，代表成员机构向法院推荐临时管理人。 数名提名人提名的临时管理人不一致的，法院应组织提名人协商，协商一致的，确定为临时管理人。 无人提名或数名提名人无法协商一致的，法院参照《企业破产法》重整程序的规定指定临时管理人。 法院对确定的临时管理人应出具《预重整临时管理人确定书》。

热点问题探究

▶ 在破产重整（包括预重整）中，如重整不成功转清算程序，或者重整投资人（或意向重整投资人）最终未予作为实际的重整投资人，其为维持破产企业的日常生产经营所投入款项是否属共益债务？

在破产重整程序中，如何吸引投资人投入资金？利益回报和投资的安全性是他们的考量重点。《企业破产法》第 42 条规定：“人民法院受理破产申请后发生的下列债务，为共益债务：（一）因管理人或者债务人请求对方当事人履行双方均未履行完毕的合同所产生的债务；（二）债务人财产受无因管理所产生的债务；（三）因债务人不当得利所产生的债务；（四）为债务人继续营业而应支付的劳动报酬和社会保险费用以及由此产生的其他债务；（五）管理人或者相关人员执行职务致人损害所产生的债务；（六）债务人财产致人损害所产生的债务。”

很明显，《企业破产法》第 42 条明文规定的共益债务，指向的是法院受理破产申请后所形成的债务，且以列举的形式规定了共益债务的六种情形。为了维持破产企业的日常生产经营所投入的款项，与上述六种情形的表述都不是很贴切，可能较为贴切的是第 4 项“为债务人继续营业而应支付的劳动报酬和社会保险费用以及由此产生的其他债务”。重整投资人（或意向重整投资人）为了维持破产企业的日常生产经营所投入的款项，确为了全体债权人的利益和破产程序的顺利推进而生产的，可视为共益债务。最高人民法院《关于适用〈中华人民共和国企业破产法〉若干问题的规定（三）》第 2 条亦规定了为了债务人的继续营业可对外借款，对此债务可参照共益债务受偿。

在司法实践中，预重整阶段也可能会因生产经营需要先行由重整投资人（或意向重整投资人）投入款项的情形。特别是在当前存在较多烂尾楼盘的情形下，为了完成“保交楼、保民生、保稳定”任务，更是需要尽快投入资金复工续建，更有此类共益债融资需求。如在号称“灵溪第一烂尾楼”的浙江林垟房地产开发有限公司“华臣一品苑”项目的预重整程序中，通过重整投资人“共益债+代建代销”的模式，采用专项封闭操作方式，约定还款来源为项目建成后销售的房款，复工续建所投入资金作为共益债务优先受偿。用3亿多元共益债资金盘有效解决了烂尾楼盘续建中的痛点和难点，成为困境房地产企业拯救的示范案例。将预重整期间融资所形成的债务认定为共益债务优先受偿，一方面，有利于债务人尽快融资缓解危机；另一方面，也能让投资人放心地给出资金，发挥了共益债务在预重整程序中的良好作用。

重整投资人（或意向重整投资人）新投入资金后，可能会出现如下几种情形：(1) 重整投资人（或意向重整投资人）直接以借贷的形式对债务人提供出借款，用于债务人的持续经营，通过债权人会议（或债委会）确认该出借款为债务人的共益债务；(2) 重整投资人（或意向重整投资人）以投资款的形式先行投入债务人的经营，如其顺利作为重整投资人，重整计划草案经法院批准予以执行，相关款项可不予作为重整投资人（或意向重整投资人）的债权返还（当然，也可规定仍为共益债先行受偿，重整投资人对于另行投入资金用于清偿债务事宜则由债权人与重整投资人在重整计划中另行平衡确定）；(3) 意向重整投资人最终未作为重整投资人或破产重整程序转为破产清算程序，则其先前的投入可认定为后续破产程序中的共益债务。

实际上，将具备破产原因的企业在预重整程序中为了债权人的利益和破产程序的顺利推进所新投入的资金认定为共益债，符合最高人民法院《关于适用〈中华人民共和国企业破产法〉若干问题的规定（三）》第2条“破产申请受理后，经债权人会议决议通过，或者第一次债权人会议召开前经人民法院许可，管理人或者自行管理的债务人可以为债务人继续营业而借款。提供借款的债权人主张参照企业破产法第四十二条第四项的规定优先于普通破产债权清偿的，人民法院应予支持”的规定的立法目的①。最高人民法院《关于依

① 参见最高人民法院民事审判第二庭编著：《最高人民法院关于企业破产法司法解释（三）理解与适用》，人民法院出版社2019年版，第42~47页。

法妥善审理涉新冠肺炎疫情民事案件若干问题的指导意见（二）》第22条也规定：“要最大限度维护债务人的持续经营能力，充分发挥共益债务融资的制度功能，为持续经营提供资金支持。债务人企业具有继续经营的能力或者具备生产经营防疫物资条件的，人民法院应当积极引导和支持管理人或者债务人根据企业破产法第二十六条、第六十一条的规定继续债务人的营业，在保障债权人利益的基础上，选择适当的经营管理模式，充分运用府院协调机制，发掘、释放企业产能。”

鉴于针对破产重整，特别是预重整中的关于重整投资人（或意向重整投资人）新投入款项并非典型的对外融资举债，认定共益债存在无法普遍适用和缺乏适用依据的问题，结合《企业破产法》和地方法院的相关规定及实务经验，笔者建议严格履行以下程序：首先，经债权人会议/债权人委员会表决通过；其次，征得法院同意，最好获得裁定确认。

相关规定

重庆市第五中级人民法院预重整工作指引（试行）

（2021 年 1 月 8 日发布　2021 年 1 月 8 日施行）

为探索庭外重组和庭内重整的衔接机制，节约重整成本、提高重整效率，有效实现对市场主体的救治，进一步优化营商环境，根据《中华人民共和国民法典》《中华人民共和国企业破产法》《中华人民共和国公司法》《中华人民共和国民事诉讼法》等法律及相关规定，结合破产审判工作实际，制定本指引。

一、一般规定

第一条　本指引所称“预重整”，指衔接庭外重组和庭内重整，对债务人与债权人等利害关系人达成的符合本指引规定的庭外重组协议在重整申请受理后予以确认的程序。

破产申请受理前，庭外商业谈判的期间称为预重整期间；破产申请受理后，可以庭外达成的重组协议为依据拟定重整计划草案。

第二条　预重整应当遵循市场规律，坚持依法、自治、公开、高效、司法适度介入原则。

第三条　具有挽救可能，有能力与主要债权人开展自主谈判的企业法人，可以进行预重整。

申请重整前，通过自主谈判已经达成重组协议并表决通过的，债务人可以在申请重整的同时，请求人民法院裁定批准根据该重组协议形成的重整计划草案。

债务人存在债权人人数众多、债权债务关系复杂、职工安置数量较大、影响社会稳定等情形的，债务人可以在申请重整的同时，请求人民法院在受理重整申请前，准许聘任中介机构辅助债务人准备重组协议。

第四条　预重整期间进行表决，应当按照企业破产法的规定进行分组，采用合理灵活的方式，给予参与表决的债权人、出资人充分的表决期限。

人民法院受理重整申请前，债权人、出资人等利害关系人对重组协议的同意视为对重整申请受理后的重整计划草案表决的同意。但是，重整计划草案的内容相对于重组协议发生实质改变的除外。

人民法院受理重整申请前，债务人和部分债权人已经达成的有关协议与重整程序中制作的重整计划草案内容一致的，有关债权人对该协议的同意视为对该重整计划草案表决的同意。

第五条　债务人应当向债权人、出资人、投资人等利害关系人披露对公司预重整可能产生影响的信息。披露内容包括债务人经营状况、相关财务状况、履约能力、可分配财产状况、负债明细、未决诉讼及仲裁事项、模拟破产清算状态下的清偿能力、重组协议与重整计划草案的关系、预重整的潜在风险及相关建议等。

债务人应当按照下列要求进行信息披露：

（一）及时披露。债务人应当及时披露对公司预重整可能产生影响的信息。

（二）全面披露。债务人应当披露可能对债权人表决产生影响的全部信息。

（三）准确披露。信息披露应当措辞明确，不得避重就轻或者故意诱导作出同意的意思表示。

（四）合法披露。披露程序应当符合企业破产法、公司法、证券法等法律法规及相关规定要求。

第六条　预重整期间，各类债权人可以推荐债权人代表组成债权人委员会。

重整申请受理后，预重整期间的债权人委员会成员可经债权人会议同意成为破产程序债权人委员会成员。

第七条　债权人、债务人、出资人、投资人等利害关系人在预重整期间知悉的商业秘密或者其他应当保密的信息，不得泄露或者不正当使用。泄露、不正当使用该商业秘密或者其他应当保密的信息，造成他人损失的，应当依法承担赔偿责任。

第八条　预重整期间，债务人应当开展下列工作：

（一）与债权人、出资人、投资人等利害关系人进行协商，制作重组协议；

（二）清理债务人财产，制作财产状况报告；

（三）向利害关系人进行信息披露并配合查阅披露内容；

（四）充分清查债权，通知债权人申报债权，申报标准和方式参照企业破产法的规定；

（五）进行债权核对；

（六）根据需要进行审计、评估；

（七）妥善保管其占有和管理的财产、印章、账簿、文书等资料；

（八）勤勉经营管理，妥善维护资产价值；

（九）完成预重整相关的其他工作。

第九条 预重整期间，债务人应当与债权人积极协商，争取债权人在预重整期间暂缓对债务人财产的执行。

执行案件移送破产审查后，债务人申请预重整的，对债务人有关财产的执行应当按照《最高人民法院关于执行案件移送破产审查若干问题的指导意见》第 8 条的规定处理。

二、破产申请前的预重整

第十条 申请重整前，重组协议已经表决通过，债务人认为庭外重组阶段完成的各项工作符合本指引的规定，且需要继续转入重整程序的，可以请求人民法院在受理重整申请后根据本指引批准其预先制作并表决通过的重整计划草案。

第十一条 债务人请求人民法院批准已经表决通过的重组协议的，应当提交以下材料：

（一）重组协议；

（二）信息披露有关情况的说明；

（三）与债权人、出资人等利害关系人进行协商、谈判的说明；

（四）权益未受重组协议调整或者影响的债权人的名单、债权金额以及债权清偿情况的报告；

（五）权益受到重组协议调整或者影响的债权人的名单、债权金额、债权清偿情况以及表决情况的报告；

（六）权益受到调整或者影响的出资人表决情况的报告；

（七）在受理重整申请前成立的各类债权人委员会的成员名单；

（八）人民法院认为应当提交的其他材料。

第十二条 债务人申请重整并同时请求人民法院批准已经表决通过的重组协议的，人民法院应当自收到申请之日起十五日内裁定是否受理重整申请。

第十三条 人民法院应当自裁定受理重整申请之日起十五日内通知已知债权人、债务人和出资人，并予以公告。

通知和公告应当载明下列事项：

（一）申请人、被申请人的名称或者姓名；

（二）人民法院受理破产重整申请的时间；

（三）管理人的名称或者姓名及其处理事务的地址；

（四）权益受调整或者影响的债权人的债权性质、数额；

（五）权益不受调整或者影响的债权人的债权性质、数额；

（六）权益受调整或者影响的债权人对自己及他人债权提出异议的期限和注意事项；

（七）重整计划草案对出资人权益的调整或者影响；

（八）申报债权的期限、地点和注意事项；

（九）第一次债权人会议召开的时间和地点；

（十）人民法院认为应当通知和公告的其他事项。

第十四条　属于本指引第十三条第二款第四项、第五项规定的债权人，可以免于申报。管理人应当将该债权登记造册，编入债权表。

第十五条　破产受理前已经表决同意重组协议的债权人，视为对重整计划草案表决的同意；已经表决反对重组协议的债权人，以及权益受到调整或者影响但是未参与表决的债权人，可以对重整计划草案进行表决。

第十六条　人民法院经审查认为债务人提交的重整计划草案符合下列条件的，应当裁定批准，终止重整程序，并予以公告：

（一）重整计划草案的内容符合企业破产法第八十一条、第八十三条的规定；

（二）重整计划草案制作过程中，信息披露符合本指引第五条的规定；

（三）预先进行的表决分组符合企业破产法规定，参与表决的债权人、出资人表决期限充分、表决方式合理；

（四）表决结果符合企业破产法第八十四条第二款、第八十六条或者第八十七条第二款的规定；

（五）权益未受重整计划草案调整或者影响的债权人获得正常条件下的清偿。

人民法院应当在债权人会议召开后三十日内，作出是否批准重整计划的裁定。

第十七条　存在下列情形的，人民法院应当召集债权人会议，权益受到调整或者影响的债权人、出资人对重整计划草案重新进行表决：

（一）重整计划草案的内容发生实质变更；

（二）债务人认定的债权额有误，同意重整计划草案的比例未能达到企业破产法第八十四条第二款规定的标准；

（三）债务人在协商、拟定重整计划草案时披露的信息存在严重虚假、隐瞒情形，误导债权人或者出资人；

（四）预先进行的表决分组不符合企业破产法规定，或者以不当方式促成表决达到通过标准。

前款第二项、第三项情况下，可以仅召集权益因重整计划草案变更受到影响的债权人、出资人以及反对重整计划草案的债权人、出资人进行表决。

表决后的审查批准按照本指引第十六条规定执行。

第十八条 重整计划草案未获得通过且未依照企业破产法第八十七条的规定获得批准，或者已通过的重整计划未获得批准的，人民法院应当裁定终止重整程序，并宣告债务人破产。

三、破产申请审查阶段的预重整

第十九条 债务人向本院申请重整并同时提交预重整申请的，人民法院收到申请后经审查符合预重整条件的，应当进行备案登记，出具预重整备案通知书。

预重整备案通知书应当载明预重整期限、预重整辅助机构、债务人应开展的工作、禁止滥用预重整等内容。

第二十条 债务人经与主要债权人协商，一般应从本市管理人名册中聘任预重整辅助机构协助债务人准备重组协议；案情特别复杂、在本市或者全国范围内有重大影响的，也可以在外省、市管理人名册中协商聘任。债务人应当将聘任的预重整辅助机构报人民法院备案。

债务人与主要债权人协商不成的，可以请求人民法院在本市管理人名册中随机选任预重整辅助机构。

第二十一条 预重整辅助机构应当履行下列职责：

（一）协助债务人开展本指引第八条规定的工作；

（二）调查债务人的基本情况；

（三）监督债务人自行管理财产和营业事务；

（四）协助债务人引入投资人；

（五）定期向人民法院报告预重整工作进展；

（六）向人民法院提交预重整终结工作报告；

（七）人民法院认为预重整辅助机构应当履行的其他职责。

第二十二条 预重整辅助机构应当在重组协议表决后七日内向人民法院提交预重整终结工作报告。提交预重整终结工作报告的时间最长不得超过自人民法院出具预重整备案通知书之日起三个月。前述期限经人民法院批准，可以延长一个月。

人民法院出具预重整备案通知书之日起至预重整辅助机构提交预重整终结工作报告之日止的期间不计入破产重整申请审查期限。

第二十三条 预重整终结工作报告应当载明预重整期间预重整辅助机构及债务人履行职责和开展工作情况，包括下列内容：

（一）债务人的基本情况、资产及负债情况；

（二）债务人出现经营或者财务困境的原因；

（三）债务人的自行经营状况；

（四）债务人是否具有重整价值及重组协议可行性的分析意见；

（五）重组协议提交表决的过程及结果；

（六）其他开展预重整的相关情况。

债务人不能制作重组协议的，预重整辅助机构应当及时向人民法院提交预重整终结工作报告。

第二十四条 人民法院应当自收到预重整终结工作报告之日起十日内，裁定是否受理重整申请。预重整辅助机构未按本指引第二十二条第一款规定的期限提交预重整终结工作报告的，人民法院裁定不予受理重整申请。

第二十五条 人民法院裁定受理重整申请的，可以指定预重整辅助机构为管理人。

债务人或者债权人会议有证据证明预重整辅助机构存在企业破产法规定的不适宜担任管理人的法定事由，申请重新指定管理人的，人民法院应当进行审查。人民法院经审查认为申请事由成立的，应当重新指定管理人。

预重整辅助机构未被指定为管理人的，应当及时向管理人移交债务人财产、资料等。

第二十六条 人民法院裁定受理重整申请时直接指定预重整辅助机构为管理人的，预重整期间预重整辅助机构履职表现可以作为确定或者调整管理人报酬的考虑因素，管理人不另行收取预重整报酬。

人民法院裁定受理重整申请后，重新指定其他社会中介机构担任管理人的，人民法院根据预重整期间预重整辅助机构的履职表现，参照企业破产法关于管理人报酬的规定适当确定预重整辅助机构的报酬，该报酬以债务人财产支付。预重整辅助机构的报酬与管理人的报酬总额不得超过《最高人民法院关于审理企业破产案件确定管理人报酬的规定》确定的管理人报酬标准。

第二十七条 预重整期间，预重整辅助机构支出的差旅费、调查费等执行职务费用由债务人财产随时支付。债务人未及时支付的，受理重整申请后，参照企业破产法关于破产费用的规定处理。

第二十八条 破产申请审查阶段进行的预重整，人民法院裁定受理重整申请后，适用本指引第十三条至第十八条的有关规定。

四、附　　则

第二十九条 本指引自发布之日起施行。

典型案例评析

预重整：拯救困境企业的新机制

——评北京虹石投资管理有限公司申请北京理工中兴科技股份有限公司破产重整案①

【裁判要旨】

北京理工中兴科技股份有限公司（以下简称京中兴公司）虽然已不能清偿到期债务，且具有明显缺乏清偿能力的情形，但意向投资方出具了重整承诺书，承诺注入优质资产推进重整工作，并已与债务人、部分债权人签署了《预重整工作备忘录》，债务人亦同意进入重整程序，在此情况下，债务人京中兴公司具备重整价值和重建希望。通过预重整，一方面，可在非正式的重整程序中先行开展一些债权、债务和资产的调查、清理工作，与意向重整投资人先行就重整事宜进行磋商，提高后续破产重整的效率。另一方面，在预重整程序中发现重整不能，亦可随时终止预重整程序，避免给债务人、意向重整投资人造成太大的影响，甚至不可逆的影响（如正式重整程序重整不能转破产清算）。

【基本案情】

京中兴公司成立于 1992 年 12 月 1 日，注册资本为人民币 2.5 亿余元。该公司于 1993 年 4 月经海南省证券管理办公室批准，定向募集 12,000 万股在中国证券交易系统上市交易，是在全国中小企业股转系统登记代办转让的非上市公众公司（“两网”公司），股份总数 25,672 万股，上市流通股 17,090 万股，股东总数达 1.4 万余名。

2017 年 3 月 14 日，北京虹石投资管理有限公司（以下简称虹石公司）分别与京中兴公司债权人曹某海、中恒公司签订《债权转让协议》，约定虹石公司收购曹某海及中恒公司持有的对京中兴公司的债权。后虹石公司致函京中兴公司告知债权转让事宜，并催促还款。京中兴公司回函称，认可曹某海及中恒公司将债权转让给虹石公司，虹石公司对其享有已到期债权共计 586.85

① 参见北京市第一中级人民法院民事裁定书，（2017）京 01 破 9 号；本案例为 2018 年度最高人民法院评选的优秀案例。

万元及利息，但鉴于京中兴公司处于持续亏损、资不抵债的状态，无法清偿到期债权。

2017 年 7 月 10 日，债权人虹石公司以不能清偿到期债务为由，向北京市高级人民法院申请对债务人京中兴公司破产重整。同时，本案的意向投资方向法院提交了重整承诺书，承诺将投入评估值不低于 8 亿元的优质资产和（或）现金，推进京中兴公司的重整工作。

2017 年 8 月 21 日，北京市高级人民法院作出（2017）京民辖 55 号民事裁定书，裁定由北京市第一中级人民法院受理本案。北京市第一中级人民法院决定采用预重整方式，在本案正式受理前选任管理人进驻债务人公司并主持债务人、部分债权人签署了《预重整工作备忘录》。

2017 年 9 月 15 日，北京市第一中级人民法院作出（2017）京 01 破申 22 号民事裁定，受理虹石公司对京中兴公司的重整申请。

2017 年 11 月 24 日，北京市第一中级人民法院裁定确认 18 位债权人的无争议债权共计 96,539,169.34 元。

2017 年 12 月 8 日，北京市第一中级人民法院召开债权人会议和出资人组会议，普通债权人组与出资人组分别表决通过重整计划草案，重整计划通过。

【裁判结果】

北京市第一中级人民法院于 2017 年 9 月 15 日作出（2017）京 01 破申 22 号民事裁定，受理虹石公司对京中兴公司的重整申请，于 2017 年 12 月 21 日裁定批准京中兴公司重整计划、终止京中兴公司重整程序。

【评析】

面对庭外重组和庭内重整的制度空缺，兼具司法救济与非司法救济特征的预重整制度发挥着独有的制度优势，在拯救困境企业方面能够起到更显著的作用。预重整制度并没有直接规定在我国法律中，而是散见于各地司法文件中，具有极大的现实价值，目前也为各地法院所推崇。但由于没有统一的法律规定，导致了各地规定不一，效果也不尽相同。预重整的适用增多，其原因在于预重整有利于使即将破产的企业提早实行企业拯救，为企业进入正式重整程序做好铺垫，缩短重整程序的时间。同时，预重整中可及时引入具有专业知识的管理人、意向重整投资人来判断企业的经营状况和重整希望。管理人通过前期与意向投资人的沟通，通过提前确定意向投资人，管理人和债务人能够有更多筹码来说服债权人表决通过重整计划草案，协调、平衡各方利益。如果先表决再找投资人，则有更多的不可预测性，债权人可能基于不信任选择投反对票，致使债务人根本无法进入重整程序，只能走向清算。本案中，就是因为意向投资人出具了重整承诺书，法院指导管理人派驻工作组到债务人企业，及时查明相关债权债务和资产情况，收集各方意见来调整意向投资人的重整承诺书，最后才促进重整计划的顺利通过。

另外，预重整程序可在重整不能的情况下，减少对债务人、重整投资人的影响。在传统的破产重整程序中，如最终重整不能，将转为不可逆的破产清算程序，直接关系破产企业的生死存亡，给债务人带来毁灭性的打击。正式重整程序亦会消耗大量的司法资源和重整投资人的投入。预重整程序中如发现重整不能，则法院可终止预重整程序，并不会转破产清算程序，对债务人的影响很小，也可大大降低意向重整投资人在程序中的投入和风险。

对于企业的重整事宜，不仅是法律上的判断，更多的是商业上的判断。通过预重整方式提前引入管理人和意向重整投资人，及早查明企业情况和重整希望，及早进行各方磋商，可有效控制各方期待、降低谈判成本，增加了重整成功的机会和效率。即使磋商失败，债务人没有破产清算的时间压力，管理人、债务人仍有机会再次招商，进而大大提高企业复生的希望。

第十章 破产和解

第一节 和解制度概述

一、和解制度概念与特征

和解制度，是指当债务人不能清偿到期债务，并且资产不足以清偿全部债务或者明显缺乏清偿能力时，为避免债务人被破产清算，经与债权人会议协商谈判，达成和解协议[①]，解决债务危机，以争取复苏，从而起到破产预防作用。

广义上的和解包括两种情形：第一种情形是非依破产法所进行的和解，也就是债权人和债务人之间的私下和解；第二种情形是依照破产法规定进行的和解。个别债权人和债务人之间的私下和解，是由债务人和部分债权人或者债务人和全部债权人达成的，处理双方之间债权债务问题的协议，以避免债权人在得不到债务人清偿债务的情况下向法院申请债务人破产或因追讨债务等影响债务人的正常的生产经常活动。由于在此情形下的和解是由债务人与个别债权人达成的，无法避免其他未达成和解的债权人向债务人追讨债务或者向法院申请债务人破产，而且，即使债务人有与全体债权人达成私下和解的意愿，但由于债权人数量众多，不可避免有一些债权人出于别的考虑而反对债务人提出的私下和解，所以债务人与全体债权人达成私下和解很难实现，私下和解也容易造成债务人对个别债权人的清偿损害其他债权人的公平受偿权的情况。而依照破产法规定进行的和解只需要一定比例的债权人表决通过就可以达成和解协议，并且该和解协议有约束全体债权人的效力，有利于公平高效地达成和解，防止债务人破产。

---

① 参见张钦昱：《破产和解之殇——兼论我国破产和解制度的完善》，载《华东政法大学学报》2014 年第 1 期。

和解程序与破产清算程序相比，清偿成本低，且有可能使债务人再生，且如果债务人经营状况得以改善，也可以给债权人更多的清偿。另外，债务人能够继续经营，也避免了其员工大量失业。因此，和解程序相较于破产清算程序更有利于社会经济秩序的稳定。

但和解程序与破产重整程序相比，对债务人的挽救能力有限，重整程序中可以为债务人引入投资或者让出资人增资，整合资源，“输血造血”，对于债务人获得新生更有利。和解程序的主动权掌握在债权人手中，债务人难以争取到不接受和解协议的债权人。

二、和解制度的法律性质

破产法上的和解又称为“强制和解”，因为和解协议并不需要每一个债权人的同意。《企业破产法》第 97 条规定：“债权人会议通过和解协议的决议，由出席会议的有表决权的债权人过半数同意，并且其所代表的债权额占无财产担保债权总额的三分之二以上。”因此，和解协议只需由债权人会议以多数表决通过。

和解协议实质上是债务人与债权人会议的和解，经法院裁定认可的和解协议，对债务人和全体和解债权人均有约束力，即使在债权人会议上未表决同意的债权人也要受到该协议的约束。法院在审查后认为各方达成的和解协议内容未违反破产法所要求的债权平等、集中清偿原则的情况下，认可各方主体达成的和解协议效力，最大限度保障债权人合法权益，实现和解制度的破产预防功能，助力中小民营企业化解债务危机，实现债务人、债权人和社会效益的“三赢”。

三、和解制度的分类

（一）破产申请前的和解

破产申请前的和解，是指债务人依照法律规定，直接向法院申请的和解。《企业破产法》第 95 条第 1 款规定，“债务人可以依照本法规定，直接向人民法院申请和解”。本阶段的和解不需要以债务人已被申请破产为前提。

因此，破产程序开始前的和解，是指债务人在出现破产原因时，在被申请破产前主动向法院申请的和解，在法院驳回对债务人的破产申请或申请人依法撤回破产申请后，债务人亦可提出和解。另外，如果债权人和债务人同时提出破产申请和和解申请，法院只能受理和解申请，因为根据和解优先原则，在这种情况下，和解程序具有排斥破产程序的效力，两种程序使得债务人企业的走向完全不同。故和解申请经法院裁定许可后，债权人不得再向法院申请宣告债务人破产，全体债权人必须参加和解程序来实现债权。

（二）破产申请后的和解

根据《企业破产法》第 95 条第 1 款的规定，破产申请后的和解，是指债务人依法在法院受理破产申请后、宣告债务人破产前，向法院申请的和解。这个阶段的和解以债务人被申请破产为条件，在破产程序进行过程中转换为和解程序，是债务人为避免被法院宣告破产而依法提出的，与债权人达成关于处理双方债权债务问题的协议的特殊程序。

四、和解制度的功能

（一）实现破产预防功能，促进债务人再建

和解制度，就是债务人依法在公平原则的基础上，经与债权人会议协商达成协议，从而避免债权人在得不到债务人清偿债务的情况下向法院申请债务人破产，或因追讨债务等影响债务人正常的生产经常活动。毕竟债务人能够提出和解也是基于其具有破产原因，即不能清偿到期债务，并且资产不足以清偿全部债务或者明显缺乏清偿能力。如果债务人与全体债权人不能达成和解协议，债权人则很大可能向法院提起对债务人的破产清算或破产重整申请，债务人企业可能不复存在。

《企业破产法》第 106 条规定："按照和解协议减免的债务，自和解协议执行完毕时起，债务人不再承担清偿责任。"当债务人和债权人会议最终达成和解协议，债务人依照和解协议严格执行完毕后，债务人便不再对债权人承担责任，如此一来，堆积的债务得以化解，债务人企业能够维持其正常的生产经营活动，和解制度实现了破产预防功能，促进债务人再建。

（二）促成债权人长远利益最大化

债务人如果被申请破产，尤其是进入破产清算程序，将要变卖资产以偿还债务，资产在短时间内被变卖或拍卖出去，从市场经济的角度来看，必然会导致相关资产的价值被大幅减损，债权人也未必能得到最大限度的清偿。因此，发挥和解制度的优势，从法律制度上引导债权人帮助债务人摆脱困境，以妥协退让的方式给予债务人维护或提高其资产价值的机会和条件。

在债务人对和解协议执行完毕后，债务人继续生产经营，维护其商业关系，拓展其经营业务，也能够增加与债权人的合作机会，债务人和债权人能够获得双赢，实现债权人长远利益最大化，而不是仅得到一定比例的清偿。

但是和解制度不代表债权人对债务人的无限宽容和妥协，这也不符合公平原则，因此在符合法律规定和最有利于债务人、债权人双方的条件下进行和解，才能发挥和解制度的有益性。

（三）维护社会经济秩序稳定发展

和解制度与其他破产程序相比，所耗费的成本更低，虽不一定能够帮助债务人永久化解生存危机，但比起破产清算程序，能够创造更多价值。强制清算是债务人确实无法存续，必须走向终结的极端的偿债方式。在这个程序中，所需成本高昂，耗费债务人和债权人双方的大量时间和精力，而且会导致破产财产的巨大贬值，同时，债务人企业的不复存在会使得大批就业者下岗，国家需要付出一定的失业救济，可见该程序对于各方主体都存在负面影响，甚至可能引发社会经济的波动。

因此，发挥和解制度的作用，使得债务人企业能够存续，创造更多的生产经营价值，也能给债权人带来继续合作的机会，双方在和解协议中如约定分期清偿等，也能更好实现债权人的权利。同时，企业继续经营发展能保障其就业者的工作机会存续，未来也可能创造更多的就业岗位，其有利于维护社会经济秩序的稳定发展，也是化解企业债务危机的极佳方式之一。

第二节　和解的程序

一、提出和解申请的主体

《企业破产法》第 95 条第 1 款规定："债务人可以依照本法规定，直接向人民法院申请和解；也可以在人民法院受理破产申请后、宣告债务人破产前，向人民法院申请和解。"

与破产重整、破产清算相比，和解制度的一大特别是其申请主体的不同。破产重整的申请主体为债务人、债权人以及出资额占债务人注册资本 1/10 以上的出资人；破产清算的申请主体为债务人或债权人，当企业法人已解散但未清算或未清算完毕，资产不足以清偿债务时，依法负有清算责任的人也可以向法院申请破产清算。

和解制度只有债务人这一申请主体。因为当债务人不能清偿到期债务，并且资产不足以清偿全部债务或者明显缺乏清偿能力时，债权人首先会考虑如何能够使债务人的现有资产得以完全清偿自己的债务，或者如何使得债务人最大限度地清偿自己的债务。破产重整和破产清算过程中，债权人可以更加清楚地预测自己的所受清偿份额，因此，尽管债权人了解和解的顺利进行乃至取得成功能够让其权利获得更多实现，但想要得到这样程度的结果，需要债务人充分了解自身困境，并能够对危机的化解作出明智判断，以及对经营或者生产方式进行战略调整，这些并不能由债权人来干预实现。所以，和解程序的申请主体限定为存在破产原因的债务人，由债务人来决定是否向法院申请和解，法院认为可行裁定和解并予以适当干预下，再由债权人来表决是否通过和解协议。许多国家都采取了这样的立法体例。

二、提出和解申请的时间

《企业破产法》第 95 条规定：“债务人可以依照本法规定，直接向人民法院申请和解；也可以在人民法院受理破产申请后、宣告债务人破产前，向人民法院申请和解。”从该规定来看，债务人具备破产原因后，可以在被申请破产重整或破产清算前直接向法院申请和解。在法院受理破产申请后，债务人为了避免被法院宣告破产从而消亡，可以依照法律规定，与债权人达成关于处理双方债权债务问题的协议，因此债务人也可以在法院受理破产申请后、宣告债务人破产前，向法院申请和解。

三、提出和解申请的条件

提出和解申请的条件有三点：一是债务人具备破产原因；二是债务人向法院提交破产申请书和有关证据；三是债务人在申请和解的同时提出和解协议草案。

《企业破产法》第 7 条第 1 款规定：“债务人有本法第二条规定的情形，可以向人民法院提出重整、和解或者破产清算申请。”第 2 条第 1 款规定：“企业法人不能清偿到期债务，并且资产不足以清偿全部债务或者明显缺乏清偿能力的，依照本法规定清理债务。”因此，债务人提出和解申请的前提是其不能清偿到期债务，并且资产不足以清偿全部债务或者明显缺乏清偿能力。

《企业破产法》第 8 条规定：“向人民法院提出破产申请，应当提交破产申请书和有关证据。破产申请书应当载明下列事项：（一）申请人、被申请人的基本情况；（二）申请目的；（三）申请的事实和理由；（四）人民法院认为应当载明的其他事项。债务人提出申请的，还应当向人民法院提交财产状况说明、债务清册、债权清册、有关财务会计报告、职工安置预案以及职工工资的支付和社会保险费用的缴纳情况。”债务人只有向法院提交了破产申请书和有关证据，才有利于法院明晰债务人状况，从而裁定债务人是否进入和解程序，这也是每个破产程序开启的前提。

根据《企业破产法》第 95 条第 2 款的规定：“债务人申请和解，应当提出和解协议草案。”具体实践中，和解协议草案一般包括以下内容：

（1）债务人财产状况说明。债务人想要获得债权人的理解和支持，需要在和解协议草案中简要地说明其财产状况和面临的债务危机，包括资产类别、其他可利用的财产以及改善其财产状况的措施等。对财产状况进行说明，是债权人同意债务人所提出的和解条件的基础。

（2）债权债务关系确认。债务人在提交的和解协议草案中，应当列明其与所有债权人之间的债权债务数额、债权有无担保等性质、债权是否已部分偿还等事关债权债务关系的重要事项。对于有争议的债权，债务人还需要单独列出争议的债权数额、原因等。

（3）债务清偿的方式和期限。在和解协议草案中，债务人应当先行确定一个清偿债务的具体办法，如延期清偿债务、分期清偿债务、实物抵偿债务等，并明确各债权人能够获得清偿的债务比例，贯彻公平原则。另外，债务人在和解协议草案中应当确定清偿债务的期限，尤其是开始清偿债务和结束清偿债务的日期。选择进行分期清偿债务的，还应确定每期清偿的日期。

（4）确保和解协议被执行的措施。如同破产重整和破产清算，和解协议的执行也应给债权人一些保障，避免债务人借和解程序脱逃债务、拖延时间。因此，债务人在和解协议草案中，应当提出其已经采取的确保和解协议执行的措施或者在和解协议达成后将采取的保障措施。如债务人在和解协议提出的清偿方式和期限取得担保的，应当将担保的性质、范围、担保时间等具体事项规定在和解协议草案中。另外，债务人还可以与债权人在和解协议草案中约定由债权人委派代表参与其生产经营活动，以监督其执行和解协议和财产状况的走向。在不违反法律规定的前提下，债务人可以把有助于确保和解协议执行的有利措施均列于和解协议草案中。

相关规定

衢州市中级人民法院关于规范破产管理人工作的操作指引（试行）（节选）

（2019年1月10日发布 2019年2月1日施行）

第三节 破产和解程序

第七十二条 管理人应在人民法院裁定和解之日起六个月内向人民法院提交和解协议草案。

第七十三条 管理人提交和解协议草案后，应在5日内通过召开听证会等方式，听取债权人、债务人和出资人等各方面的意见和建议。

第七十四条 管理人提交和解协议草案后30日内应协助人民法院召开第二次债权人会议。债权人会议的组织召开参照本指引第五章的相关规定。

第七十五条 和解协议草案经债权人会议通过的，管理人应当在债权人会议结束后10日内提出申请，请求人民法院裁定认可，并在30日内向人民法院提交执行职务报告。

第七十六条 管理人应当监督和解协议的执行并在和解协议执行完毕后30日内向人民法院提交监督报告。

第七十七条 债务人不能执行或不执行和解协议的，管理人应征求和解债权人意见，经和解债权人同意后30日内向人民法院提交书面申请裁定终止和解协议执行并宣告债务人破产。

第三节 和解协议

一、和解协议内容

《企业破产法》中并未像对破产重整计划草案那样明确规定和解协议草案的内容，但各地法院亦有一些指导性的规定。如北京市高级人民法院《企业破产案件审理规程》第232条规定：“债务人提出和解申请时，应当同时提交和解协议草案，供债权人会议讨论审查并表决。和解协议草案一般包括下列内容：（1）债务人的财产状况；（2）清偿债务的比例、期限及财产来源；（3）破产费用、共益债务的种类、数额及支付期限。债务人可以在和解协议草案中为和解协议的执行设定担保。和解协议草案中可以规定监督条款，设置和解协议执行的监督人。”在未来的破产立法中，不妨吸收这些有利于破产程序开展的条款。

和解协议草案提交后并不代表不可再行变更，债务人申请和解时提交的和解协议草案，经与债权人会议协商讨论后可以予以变更，使和解协议的条款和内容更加完善和符合双方利益。

二、和解协议的审查

《企业破产法》第 96 条第 1 款规定：“人民法院经审查认为和解申请符合本法规定的，应当裁定和解，予以公告，并召集债权人会议讨论和解协议草案。”和解协议草案作为债务人申请和解的重要内容之一，对其的审查决定着债务人申请和解是否能被法院裁定进入和解程序。

对和解协议草案的审查包括形式审查和实质审查，因为和解协议是债务人和债权人之间就债务减免或延期偿还等事项达成的契约，只要不违反法律的强制性规定，也不会对国家、社会或其他人的合法权益造成损害，在一定程度上，法院都会尊重双方的意愿。《企业破产法》亦未对这些内容和条件进行明确规定，因此更能发挥债务人的主观能动性和给予法院一定的自由裁量权，并且将和解协议草案的最终确定交由债权人会议来讨论解决。

三、和解协议草案的通过

根据《企业破产法》第 96 条的规定，法院收到债务人提交的和解申请并经过审查认为符合法律规定后，应当裁定许可进行和解，并发布公告，将会议召开的日期和地点通知已知的债权人，召集债权人会议讨论和解协议草案，由债权人会议来决定是否表决通过和解协议草案。

《企业破产法》第 97 条规定：“债权人会议通过和解协议的决议，由出席会议的有表决权的债权人过半数同意，并且其所代表的债权额占无财产担保债权总额的三分之二以上。”该条规定类似于《企业破产法》第 84 条第 2 款关于破产重整计划表决的规定，同样是采取了“过半数同意”和“所代表的债权额占无财产担保债权总额的三分之二以上”的表决方式。这也体现了和解协议并不需要每个债权人均表决同意才能被通过，最大限度地维护全体债权人的利益。

四、和解协议的裁定认可

《企业破产法》第 98 条规定：“债权人会议通过和解协议的，由人民法院裁定认可，终止和解程序，并予以公告。管理人应当向债务人移交财产和营业事务，并向人民法院提交执行职务的报告。”债权人会议通过和解协议后，和解协议并非立刻具有法律效力，还需要经过法院的裁定认可。由法院裁定认可，有利于为债权人在和解协议中约定的受偿利益把关，同时经法院裁定认可，使得协议对约定主体具有约束力，避免债权人与债务人之间反悔、争执。因此，和解协议的生效与否应当取决于法院是否裁定认可债务人与债权人会议达成的和解协议。在司法实践中，债权人会议表决通过和解协议草案后应当先将通过的和解协议草案以及相关决议材料报请法院裁定认可。法院应当先审查和解协议的决议程序是否合法、和解协议所约定的内容和条款是否符合公平原则和法律规定以及是否会侵害他人的合法权益、和解协议是否具有可执行性等。

法院经过依法审查，认为和解协议符合规定的，应当裁定认可，终止和解程序，并予以公告。而且法院不认可也不得直接对债务人和债权人会议达成的和解协议作出变更，《企业破产法》第99条规定：“和解协议草案经债权人会议表决未获得通过，或者已经债权人会议通过的和解协议未获得人民法院认可的，人民法院应当裁定终止和解程序，并宣告债务人破产。”

另外，《企业破产法》第105条规定：“人民法院受理破产申请后，债务人与全体债权人就债权债务的处理自行达成协议的，可以请求人民法院裁定认可，并终结破产程序。”如果债务人和所有债权人能够达成一致协议，则法院不必再介入其处理以促成协议的达成，所以经请求可以裁定认可该协议，并终结破产程序。

五、和解协议的效力

（一）普遍约束力

《企业破产法》第100条规定：“经人民法院裁定认可的和解协议，对债务人和全体和解债权人均有约束力。和解债权人是指人民法院受理破产申请时对债务人享有无财产担保债权的人。和解债权人未依照本法规定申报债权的，在和解协议执行期间不得行使权利；在和解协议执行完毕后，可以按照和解协议规定的清偿条件行使权利。”和解协议被通过后，债务人可以重新取得财产管理权，但债务人不得在和解协议的内容外处分其财产或者进行个别清偿。

和解协议对债务人的普遍约束力体现在，无条件地执行和解协议，债务人不得违反和解协议的规定内容进行清偿，债务人严格依照和解协议执行完毕后，不再承担清偿责任。

和解协议对债权人的普遍约束力体现在，全体债权人，无论是否申报债权、是否出席债权人会议进行表决，也无论是否对和解协议草案表决同意，均为和解债权人，均受到和解协议的约束。这里的“和解债权人”，指的是享有无财产担保债权的人，对于有财产担保的债权人，其行使权利不受和解协议的约束，除非其放弃优先受偿的权利。而未依法申报债权的债权人，未出席债权人会议，也未对和解协议进行表决，依照《企业破产法》第100条第3款的规定，在和解协议执行期间不得行使权利，在和解执行完毕后，可以按照和解协议规定的清偿条件行使权利。

（二）不影响和解债权人的其他权利

《企业破产法》第101条规定：“和解债权人对债务人的保证人和其他连带债务人所享有的权利，不受和解协议的影响。”因为和解协议是由债务人和债权人双方所约定的，其效力及于协议双方，而不能约束双方以外的主体，包括债务人的保证人和其他连带债务人。更何况，如果在和解协议中已经先行确定免除债务人的保证人和其他连带债务人的责任，当和解协议不能继续执行下去时，债权人无法得到清偿，同时又失去了向债务人的保证人和其他连带债务人继续求偿的权利，这明显违反了公平原则。

（三）债务人全面履行和解协议

《企业破产法》第102条规定：“债务人应当按照和解协议规定的条件清偿债务。”和解协议是债务人和债权人之间互谅互让达成的契约，债务人应当全面具体地依照和解协议来清偿债务，不得反悔或另提条件，更不得违反和解协议规定的清偿条件给个别债权人额外利益。

六、和解协议的无效和终止执行

《企业破产法》第103条规定：“因债务人的欺诈或者其他违法行为而成立的和解协议，人民法院应当裁定无效，并宣告债务人破产。有前款规定情形的，和解债权人因执行和解协议所受的清偿，在其他债权人所受清偿同等比例的范围内，不予返还。”和解协议是债务人和债权人之间达成的就债务减免或延期偿还等事项达成的契约，类似于民法上的合同，同样不得有欺诈或者其他违法行为，如果和解协议的成立是基于债务人的欺诈和其他不法行为，法院裁定其无效才能救济债权人，防止债权人得不到公平受偿。法院裁定和解协议无效后同时宣告债务人破产，和解债权人因执行和解协议所受的清偿，在其他债权人所受清偿同等比例的范围内，不必再返还，因为根据公平受偿原则，最后的破产清算债权人也应依法按照比例平等受偿，因此同等比例范围内的清偿不必再返还能够减少手续和步骤，提高效率。

《企业破产法》第104条规定："债务人不能执行或者不执行和解协议的，人民法院经和解债权人请求，应当裁定终止和解协议的执行，并宣告债务人破产。人民法院裁定终止和解协议执行的，和解债权人在和解协议中作出的债权调整的承诺失去效力。和解债权人因执行和解协议所受的清偿仍然有效，和解债权未受清偿的部分作为破产债权。前款规定的债权人，只有在其他债权人同自己所受的清偿达到同一比例时，才能继续接受分配。有本条第一款规定情形的，为和解协议的执行提供的担保继续有效。"在债务人不能执行或者不执行和解协议时，法院经和解债权人请求，应当裁定终止和解协议的执行。债务人不能执行和解协议说明其已严重缺乏清偿能力，其不执行和解协议说明其没有执行的诚意。因此，应当尽快接手管理债务人财产，对债务人财产进行清算，最大限度降低对债权人利益的损害。

典型案例评析

法院不宜以不具有和解可能性为由不予受理破产和解申请

——评山东泗水水晶淀粉制品有限公司因申请破产和解案①

【裁判要旨】

本案债务人有多笔债务已经到期不能清偿，且资产负债率达154.66%，符合破产的法定原因，债务人可以向法院申请破产和解。持续亏损情况下，债务人更是需要寻求企业重生的路径，即便和解不能成功，也可因进入破产清算程序而使债权人公平受偿。对债务人进行的重整程序中，债权人不同意债务人的重整方案，不能推断出和解程序中债权人仍然不能达成和解协议，达成和解协议毕竟是进入和解程序之后的工作。"现在申请和解债权人仍然难以达成和解协议"不是不予受理和解申请的法定理由。

① 参见山东省济宁市中级人民法院民事判决书，(2017)鲁08民终3406号。

【基本案情】

山东泗水水晶淀粉制品有限公司（以下简称水晶公司）为有限责任公司，成立于2000 年12 月，注册资金800 万元，法定代表人为孔某。

2014 年10 月17 日，山东省济宁市泗水县人民法院受理了水晶公司破产重整案件。

2015 年10 月14 日，泗水县人民法院裁定终止破产重整程序，不受理上诉人破产。水晶公司向济宁市中级人民法院提起上诉，后又撤回上诉。

水晶公司于2016 年向泗水县人民法院提交了落款日期分别为2016 年7 月16 日和10 月20 日的破产和解申请。

2017 年1 月12 日，泗水县人民法院告知水晶公司补正申请材料。在水晶公司补交有关材料后，泗水县人民法院于2017 年5 月8 日作出（2017）鲁0831 民破4 号民事裁定，裁定不予受理水晶公司的破产和解申请。

另外，山东乾诚会计师事务所出具的乾诚鲁专审字〔2016〕Z1025 号审计报告载明：截至2016 年4 月30 日，上诉人资产总额为100,713,146. 25 元，负债总额 155, 764, 468. 11 元，资产负债率为 154. 66%，净资产为 -55,051,321. 86元。资产总额中，其他应收款包括应收申请人的股东孔某4,869,177. 44元，应收股东曹某1,222,590 元，应收山东水晶生物科技股份有限公司2,308,382. 40 元，应收泗水县晶之冠商贸有限公司2,562,492. 59 元，以上合计10,962,642. 4 元。

水晶公司提供的截至2016 年12 月31 日的资产负债表显示：水晶公司资产总额为86,224,089. 47 元，负债总额为144,067,848. 11 元，资产负债率为167%，所有者权益为 -57,843,758. 64 元。

水晶公司不服（2017）鲁0831 民破4 号民事裁定，向济宁市中级人民法院提起上诉，请求撤销上述民事裁定，裁定泗水县人民法院受理水晶公司的破产和解申请。

水晶公司在二审期间，提交了其与金时信和（北京）国际科技有限公司签订的“今合网”4S 服务机构经营合同，其下属企业的R - 氨基丁酸生物制备技术及产业化科学技术成果鉴定证书、发明专利证书，其与中国农业大学签订的产学研合作协议、技术转让（专利权）合同，与原农业部规划设计研究院签订的技术咨询合同等，以证明该企业及其关联企业技术较先进、产品市场前景较好，很有发展潜力。

【裁判结果】

济宁市中级人民法院作出（2017）鲁 08 民终 3406 号民事裁定，撤销（2017）鲁 0831 民破 4 号民事裁定，指令泗水县人民法院受理水晶公司的破产和解申请。

【评析】

《企业破产法》第 2 条第 1 款规定："企业法人不能清偿到期债务，并且资产不足以清偿全部债务或者明显缺乏清偿能力的，依照本法规定清理债务。"第 7 条第 1 款规定："债务人有破产法第二条规定的情形，可以向人民法院提出重整、和解或者破产清算申请。"即在具备破产原因时，债务人既可以申请破产清算，也可以申请破产重整，亦可申请破产和解。对于采用哪种清理债务的方式，债权人具有选择权。本案中，债务人有多笔债务已经到期不能清偿，且资产负债率达 154.66%，具备破产法定原因。对于债务人向法院申请破产和解，法院审查阶段仅审查是否具备破产原因即可。

债务人在具备破产原因的情况下，寻求破产和解重生的路径，即使和解不能成功，也可因进入破产清算程序而使债权人公平受偿，并不会损害债权人利益。和解是否成功取决于债务人的债权债务和资产、经营状况、债权人的让步、市场和技术的研发、投资的引进等，而这些情况都需要在法院受理破产后法院的审理阶段才能了解清楚。

在对债务人进行的重整程序中，债权人不同意债务人的重整方案，不能推断出债权人在破产和解程序中仍然不能达成和解协议。债务人申请破产和解不以债权人是否同意为前提，达成和解协议毕竟是进入破产和解程序之后的工作。"现在申请和解债权人仍然难以达成和解协议"不是不予受理和解申请的法定理由。《企业破产法》规定在破产和解不成功时转入破产清算程序，就是考虑破产和解有可能成功，也可能不成功。

债务人涉及执行案件，正是考量债务人是否具备破产原因的一个重要方面，而不应作为不受理破产案件的理由。

债务人二审期间提供的一些技术、业务合作方面的证据，可证明债务人具备较好的技术能力和业务资源。对此类企业，因为债务压力较大，有必要通过和解方式，使债权人作出一定让步、企业淘汰部分落后产能，对内改良技术，对外加强合作、拓展市场，令企业获得再生机会，这也符合中央供给侧结构性改革的政策。

二审法院撤销泗水县人民法院（2017）鲁 0831 民破 4 号民事裁定书，指令泗水县人民法院受理债务人的破产和解申请，不仅具有充分的法律依据和事实依据，亦迎合了现实的社会需求。

第十一章　破 产 清 算

第一节　破产清算概述

一、破产清算的概念

破产清算，是指宣告公司破产以后，由法院指定的管理人接管债务人，对破产财产进行清算、评估、处理和分配，对债务人债权债务和资产清理完毕后，对债务人予以注销的程序。

二、破产清算的启动

《企业破产法》第 2 条规定："企业法人不能清偿到期债务，并且资产不足以清偿全部债务或者明显缺乏清偿能力。"具体来说，破产清算程序启动的条件如下：

1. 债务人有《企业破产法》第 2 条规定的情形，可以向法院提出重整、和解或者破产清算申请。

2. 债务人不能清偿到期债务，债权人可以向法院提出对债务人进行重整或者破产清算的申请。

3. 企业法人已解散但未清算或者未清算完毕，资产不足以清偿债务的，依法负有清算责任的人应当向法院申请破产清算。

三、破产清算与破产和解、破产重整之间的程序转换

重整、和解和破产清算三种程序之间存在一定的可转换性。

（一）破产清算可以转为重整

债权人申请对债务人进行破产清算的，在法院受理破产申请后、宣告债务人破产前，债务人或者出资额占债务人注册资本 1/10 以上的出资人，可以向法院申请重整。法院经审查认为重整申请符合企业破产法规定的，应当裁定债务人重整，并予以公告。

（二）重整可以转为破产清算

在重整期间，有下列情形之一的，经管理人或者利害关系人请求，法院

应当裁定终止重整程序，并宣告债务人破产：（1）债务人的经营状况和财产状况继续恶化，缺乏挽救的可能性；（2）债务人有欺诈、恶意减少债务人财产或者其他显著不利于债权人的行为；（3）债务人的行为致使管理人无法执行职务。

（三）和解可以转为破产清算

债务人不能执行或者不执行和解协议的，法院经和解债权人的请求，应当裁定终止和解协议的执行，并宣告债务人破产。

（四）破产清算可以转为和解

债务人可以在法院受理破产申请后、宣告债务人破产前，向法院申请和解。

第二节　破产财产的管理、变价与分配

一、破产财产的管理

（一）管理人管理债务人财产的范围

管理人管理的财产范围包括法院裁定受理债务人破产时属于债务人的全部财产以及至破产程序终结前债务人取得的其他财产①。除债务人所有的货币、实物外，债务人依法享有的可以用货币估价并可以依法转让的债权、股权、知识产权、用益物权等财产和财产权益，法院均应认定为债务人财产。

（二）管理人管理财产的目标和原则

实现债权人的财产价值最大化，切实维护债权人的权益，是管理人管理财产的目标和任务。债务人的财产由管理人统一管理，接受法院和债权人会议的指导和监督。管理人在执行职务过程中，出现《企业破产法》第 69 条第 1 款的规定的情形时，需要立即向法院报告。管理人对债务人的财产管理要遵循合法性原则，确保财产管理工作依法进行，需要符合《企业破产法》及相关其他法律、法规、司法解释的规定。如确实没有相关规定，管理人需要将相关事宜提交债权人会议表决，并征得法院批准。

---

① 参见最高人民法院民事审判第二庭编著：《最高人民法院关于企业破产法司法解释理解与适用——破产法解释（一）、破产法解释（二）》，人民法院出版社 2017 年版，第 283 页。

（三）管理人对债务人财产进行分类管理

1. 对于不动产、车辆等需要登记的财产，管理人通过到相关部门查阅档案和实地查看的方式进行，还要对实际占有人进行调查，对于是否具有权利负担也要核实；如果追回要进行妥当安置保管，可以获取收益的要尽力获取，车辆一律封存。

2. 对于无须登记的财产，以实地调查为主。如果追回，进行安全处置，防止遗失。

3. 通过向托管的证券营业部和证券登记结算机构查询其持有的股票、债权、基金等。

4. 对于债务人向其他主体的投资，要向被投资主体进行核实，如果具有价值并有可能，要追回投资或投资收益。如果追回，要安全管理，没有特殊情况，除非得到法院或债权人会议的同意，一般不予处置。

5. 对于商标、专利、著作权等无形资产，到相关网站进行查询，全面掌握。

（四）管理人对债务人财产的管理措施及纠纷处理

1. 对于所有接收到的财产进行登记造册，专人负责账册的保管、使用。如果发现财产属于债务人所有，及时向其发出交付财产通知书，视情况申请法院采取财产保全措施。

2. 对于权属不完善的财产，在法律赋予管理人权限的范围内，进行手续的完善或者通过法律途径确认。

3. 对于全部动产进行妥善保管，专人负责，防止遗失损坏。

4. 在接收到车辆后，对车辆进行封存，避免损害或给第三方造成损害。

5. 对于不动产适当处置之前要征求法院或债权人会议的意见，保障安全的前提下使之收益最大化。

6. 对于股票、债券、基金等，加强账户、证书的安全管理，专人负责，在征得法院或债权人会议的意见的前提下，及时行使权利，使之价值最大化。

7. 对于商标、专利等，视情况进行续展、续费。如果认为其价值不大，在放弃续展、续费之前，要征得法院或债权人会议的同意。

8. 在管理财产过程中，防止侵害他人，尽量避免纠纷，一旦出现纠纷，尽量妥善解决。

（五）管理人对债务人财产的管理方案及时进行合理调整

1. 在财产管理方案执行过程中，如果客观情况发生变化，使得执行困难或成本过高，在利益最大化的前提下管理人有权进行适当调整。

2. 对于已经生效的财产管理方案，如果需要重大调整，管理人要提出调整方案提请债权人会议进行表决，表决通过后执行，债权人会议未通过的，由管理人提请法院裁定。

二、破产财产的变价

（一）破产财产变价的基本原则

1. 价值最大化原则

破产财产变价以债务人财产价值最大化为原则。管理人应当积极、灵活采取适当措施，提高债务人财产的变现价值。对于不适宜拍卖的破产财产，管理人拟定破产财产变价方案时可以提出管理人自行组织变卖、招标转让、协议转让、委托出售，或者在破产分配时直接进行实物分配等变价方式。

2. 及时变价原则

管理人应当根据财产实际状况，及时启动网络拍卖程序，防止财产贬值、受损或者破产费用不当增加。

3. 选择适当方式原则

管理人可以根据财产的性质、状态等，采取整体营业转让、多个财产打包、分别处置、增值后处置等适当方式，提升债务人财产和营业价值。

4. 整体变价优先原则

债务人财产具有营运价值的部分，管理人应当优先采用整体拍卖的方式变价出售，避免因零散出售造成减值。

（二）破产财产变价的一般步骤

一般先由管理人提请法院宣告债务人破产。法院经审查后认为债务人不能清偿到期债务，资不抵债或丧失清偿能力，不具有重整、和解条件的，法院将裁定宣告债务人破产。债务人被宣告破产后，债务人称为破产人，债务人财产称为破产财产，法院受理破产申请时对债务人享有的债权称为破产债权，此时才正式进入破产清算程序。管理人应当及时拟订破产财产变价方案，提请债权人会议讨论表决。管理人应当按照债权人会议通过的或者法院依照《企业破产法》第 65 条第 1 款规定裁定的破产财产变价方案，适时变价出售破产财产。变价出售破产财产原则上通过拍卖进行，债权人会议另有决议的除外。

破产企业可以全部或者部分变价出售。企业变价出售时，可以将其中的无形资产和其他财产单独变价出售。按照国家规定不能拍卖或者限制转让的财产，应当按照国家规定的方式处理。

（三）一般财产的处置方式

破产程序中变价出售债务人财产的，应当采用网络拍卖方式，法律及其他有关规范另有规定、债权人会议另有决议或者不宜采用网络拍卖方式的除外。拟不采用网络拍卖方式变价出售财产的，管理人应当在财产变价方案中充分说明理由。

管理人应当于法院宣告债务人破产后的10日内，启动网络拍卖工作。法院宣告债务人破产前，债务人财产存在下列情形的，管理人应当立即启动网络拍卖工作：（1）债务人财产设有担保物权，担保物权人依法要求行使担保物权的；（2）债务人财产存在季节性、鲜活、易腐败变质、易损易贬值、保管和管理费用过高等情形，需要尽快变价出售的。

管理人应当于发布首次拍卖公告前10日内向法院提交拍卖报告。拍卖报告应当载明下列事项：（1）财产的实际情况，包括财产名称、种类和性质、数量、权属状况、权利负担、占有使用、已知瑕疵、税费负担等；（2）参与竞买人的资质条件；（3）上拍时间、竞价周期；（4）起拍价、保证金数额、拍卖尾款的支付方式；（5）拍卖次数限制、流拍后的处理方式；（6）优先购买权主体及权利性质；（7）拍卖财产所产生税费及负担方式；（8）辅助拍卖服务情况；（9）其他应当说明的事项。

（四）不动产的处置

首次网络拍卖的起拍价按照不动产市价查询情况确定。可以参照执行案件中网络拍卖的规则在网络询价系统获得市价信息，以在网络拍卖平台发布首次拍卖公告前10个工作日内的市价查询信息为起拍价依据。

（五）分支机构和对外投资的处置

债务人设立的不具有法人资格的分支机构，管理人应当将其财产列为债务人财产进行管理和处置。对于债务人的对外投资，管理人应当以债务人的身份依法行使出资人的权利，及时对份额进行变价处置或对子公司进行解散清算，或者向法院申请与子公司合并破产。

（六）无形资产的处置

管理人对债务人的知识产权、专有技术、商业秘密、企业商号等无形资产应当及时确定权属，适时变价出售。已经接管到债务人相关知识产权凭证等重要资料的知识产权的，根据不同种类知识产权所对应的申请、登记等成本费用提出起拍价建议。

（七）对特殊物品的先行处置

如前所述，对破产财产的处置，原则上需要在法院宣告债务人破产后才可变价处置破产财产。对于债务人的季节性商品、鲜活、易腐烂变质以及其他不宜长期保存的物品（包括易贬值、保管成本较高的物品），管理人可在法院宣告破产前经法院同意后及时变价处置，提存价款，以便更好地维护债权人的利益。

（八）网络拍卖的具体操作

以往通过阿里拍卖破产强清平台处置债务人财产的，均是由通过法院账号添加管理人子账户的方式，由法院审核发布债务人财产拍卖信息，相关拍卖成交款项均先汇入法院专户。买受人付清拍卖款后，管理人需提请法院将款项划扣至管理人账户。

2018 年 4 月 19 日，阿里拍卖平台管理人独立网拍处置平台正式上线，管理人可入驻该平台，直接发拍破产资产。管理人自主入驻淘宝，按照阿里拍卖平台公布的网址（https：//www. taobao. com/markets/paimai/zc – helpcenter – pc01？spm = a213w. 7630420. 0. 0. 29ba1550zwOb44）中的提示进行。

三、破产财产的分配

（一）分配顺序

破产财产在优先清偿破产费用和共益债务后，依照下列顺序清偿：

1. 破产人所欠职工的工资和医疗、伤残补助、抚恤费用，所欠的应当划入职工个人账户的基本养老保险、基本医疗保险费用，以及法律、行政法规规定应当支付给职工的补偿金。

2. 破产人欠缴的除前项规定以外的社会保险费用和破产人所欠税款。

3. 普通破产债权。

破产财产不足以清偿同一顺序的清偿要求的，按照比例分配。

破产企业的董事、监事和高级管理人员的工资按照该企业职工的平均工资计算。

需要注意的是，破产法理论通常认为，别除权，是指债权人因其债权设有物权担保或享有法定特别优先权，而在破产程序中就债务人特定财产享有的优先受偿权利。别除权的优先受偿，不同于破产费用、共益债务从债务人无担保财产中的优先随时清偿，更不同于普通破产债权因性质不同而根据社会政策在清偿顺序上排列的先后。别除权的优先受偿权是针对特定担保财产行使的，不受破产清算与和解程序限制，可优于其他债权人单独、及时受偿之权，即可继续个别处置特定物优先受偿。

（二）分配方案

管理人应当及时拟定破产财产分配方案，提交债权人会议讨论。

破产财产分配方案应当载明下列事项：（1）参加破产财产分配的债权人的名称或者姓名、住所；（2）参加破产财产分配的债权额；（3）可供分配的破产财产数额；（4）破产财产分配的顺序、比例及数额；（5）实施破产财产分配的方法。

管理人拟定的破产财产分配方案应当提交债权人会议审议。出席债权人会议的有表决权的债权人过半数通过，并且其所代表的债权额占无财产担保债权总额的1/2以上的，破产财产分配方案即为通过。债权人会议通过破产财产分配方案后，由管理人将该方案提请法院认可。

债权人会议没有通过的，管理人应当修改破产财产分配方案后再提交债权人会议二次表决。二次表决未通过的，管理人可以提请法院裁定认可。

相关规定

北京破产法庭破产案件管理人工作指引（试行）

（2020年4月22日发布　2020年4月22日施行）

……

第三章　破产案件管理人一般职责

……

第三节　财产管理职责

第四十七条　（财产管理方案）管理人应当拟订债务人财产管理方案提交债权人会议

审议，并严格按照债权人会议表决通过或者人民法院裁定确认的财产管理方案执行。

第四十八条 （分支机构）债务人设立的不具有法人资格的分支机构的财产，管理人应当将其列为债务人财产进行管理和处置。

第四十九条 （财产管理）管理人对债务人财产应当及时登记、妥善管理，并按照实际情况开展评估、审计等工作。

第五十条 （中介机构的确定及责任）经人民法院许可，管理人可以自行公开聘请评估、审计等中介机构，或者依照北京市高级人民法院关于评估、审计机构选定工作的有关规定，随机确定评估、审计机构。人民法院认为必要时，可以提交债权人会议表决。

债务人在破产申请受理之前已经完成评估、审计工作的，管理人应当以节约成本、提高履职效率为原则，根据债务人实际情况考量是否采用。如需重新评估、审计的，依照前款规定执行。

管理人聘请中介机构的，应当对其聘请的中介机构的相关行为进行监督。上述中介机构因不当履行职责给债务人、债权人或者第三人造成损害的，应当承担赔偿责任。管理人在聘用过程中存在过错的，应当在其过错范围内承担相应的补充赔偿责任。

第五十一条 （债务人营业的决定）在第一次债权人会议召开之后继续或者停止债务人的营业，管理人应当向债权人会议提交书面报告并说明理由，由债权人会议表决决定。

第五十二条 （重大行为报告）在第一次债权人会议召开之后，管理人处分企业破产法第六十九条规定的债务人重大财产的，应当事先制作财产管理或者变价方案，并提交债权人会议表决。债权人会议表决未通过且人民法院未依照企业破产法第六十五条的规定裁定确认的，管理人不得处分。

管理人实施处分行为前，应当提前十日书面报告债权人委员会。未设立债权人委员会的，应当提前十日书面报告人民法院。

第五十三条 （为继续营业借款及设定抵押担保）管理人为债务人继续营业而借款的，或者为该借款设定抵押担保的，依照本指引第五十二条的规定执行。

第五十四条 （未履行合同的处理）人民法院受理破产申请后，管理人对破产申请受理前成立而债务人和对方当事人均未履行完毕的合同有权决定解除或者继续履行。管理人决定继续履行合同的，应当自破产申请受理之日起二个月内，或者自收到对方当事人催告之日起三十日内，书面通知对方当事人。

第五十五条 （提供履约担保）管理人决定继续履行合同，并按对方当事人要求提供担保的，依照本指引第五十二条的规定执行，并应当书面通知对方当事人，告知所提供的保证人或者担保物的具体情况。

第五十六条 （无形资产核实）管理人对债务人的知识产权、专有技术等无形资产应当及时核实，以确定权属。

第五十七条 （股权投资清理）对于债务人的对外股权投资以及收益，管理人应当依法行使出资人的权利。

管理人在清理债务人对外股权投资时，不得自行以该投资价值为负或者为零而决定不予清理。

第四节 追索财产职责

第五十八条 （通知次债务人、财产持有人）管理人应当向债务人的债务人或者财产持有人送达通知书，要求其限期向管理人清偿债务或者交付财产，并告知清偿债务或者交付财产的方式以及相应法律责任。但在清偿率不高或者明显没有催收价值时，管理人拟不予催收的，应当提交债权人会议表决。

债务人的债务人或者财产持有人拒绝清偿债务或者交付财产的，或者故意向债务人清偿债务或者交付财产，使债权人受到损失的，管理人应当代表债务人向人民法院提起诉讼。

第五十九条 （取回担保物）管理人通过清偿债务或者提供为债权人接受的担保取回质物、留置物的，应当向相应担保权人送达通知书，告知其担保物的具体名称和数量、清偿方式或者替代担保方式等内容。

管理人拟通过前款规定的方式取回担保物，或者与担保权人协议以担保物折价清偿债务等方式实施对债权人利益有重大影响的财产处分行为的，依照本指引第五十二条的规定执行。如担保物的价值低于被担保的债权额时，应当以该担保物当时的市场价值为限。

第六十条 （不当行为的撤销）人民法院受理破产申请前一年内，涉及债务人财产的下列行为，管理人有权请求人民法院予以撤销：

（一）无偿转让财产的；

（二）以明显不合理的价格进行交易的；

（三）对没有财产担保的债务提供财产担保的；

（四）对未到期的债务提前清偿的，但该债务在破产申请受理前已经到期，且该清偿行为不属于企业破产法第三十二条规定的可撤销情形的除外；

（五）放弃债权的。

第六十一条 （个别清偿的撤销）人民法院受理破产申请前六个月内，债务人有企业破产法第二条第一款规定的情形，仍对个别债权人进行清偿的，管理人有权依据企业破产法第三十二条的规定请求人民法院予以撤销。但是，符合下列条件的个别清偿除外：

（一）债务人为维系基本生产需要而支付水费、电费等的；

（二）债务人支付劳动报酬、人身损害赔偿金的；

（三）使债务人财产受益的其他个别清偿。

债务人对以自有财产设定担保物权的债权进行的个别清偿，管理人不得依据企业破产法第三十二条的规定请求人民法院予以撤销。但是，债务清偿时担保财产的价值低于债权额的除外。

债务人经诉讼、仲裁、执行程序对债权人进行的个别清偿，管理人不得依据企业破产法第三十二条的规定请求人民法院予以撤销。

第六十二条 （执行异议权告知）执行移送破产案件受理后，执行案件当事人、利害关系人对执行法院财产处置、案款分配等破产案件受理前的执行行为有异议的，管理人应当告知相关权利人可以在执行程序终结前，向执行法院提出。

第六十三条 （主张行为无效）管理人有权依据企业破产法第三十三条的规定提起诉讼，主张涉及债务人财产的下列行为无效：

（一）为逃避债务而隐匿、转移财产的；

（二）虚构债务或者承认不真实的债务的。

第六十四条 （追回因不当行为而取得的财产）相对人因企业破产法第三十一条、第三十二条、第三十三条规定的行为而取得债务人财产的，管理人应当向占有财产的相对人送达通知书，告知相应财产名称和数量、返还方式和期限等内容，追回相应财产。返还财产确有困难或者确已无法返还的，可以要求相对人支付等值的价款。

管理人向人民法院提起诉讼，请求撤销以上行为或者确认以上行为无效的，可以同时向相对人主张返还财产或者支付等值价款。

第六十五条 （要求撤销担保）相对人因企业破产法第三十一条第三项规定的行为而取得财产担保的，管理人应当向相对人送达通知书，告知具体情况，并提出撤销财产担保的要求。

第六十六条 （行使求偿权）债务人被确定应当承担保证责任的，管理人有权就债务人实际承担的清偿额向其所担保债务的主债务人或者其他债务人行使求偿权，但主债务人被裁定进入破产程序的除外。

第六十七条 （追究高管责任）债务人的董事、监事或者高级管理人员违反忠实义务、勤勉义务，致使债务人破产的，管理人有权代表债务人向人民法院提起诉讼，要求有关人员依法承担民事责任。

第六十八条 （追究有关人员责任）债务人有企业破产法第三十一条、第三十二条、第三十三条规定的行为，损害债权人利益的，管理人有权代表债务人向人民法院提起诉讼，要求债务人的法定代表人和其他直接责任人员依法承担赔偿责任。

第六十九条 （追缴出资）债务人的出资人尚未完全履行出资义务的，管理人应当及时向出资人送达通知书，要求该出资人限期缴纳所认缴的出资。债务人的出资人在指定期限内未履行出资义务的，管理人有权代表债务人向人民法院提起诉讼。管理人要求出资人履行出资义务或者向人民法院提起诉讼，不受债务人章程规定的缴纳期限或者诉讼时效的限制。

债务人的出资人抽逃出资，应当返还抽逃出资本息的，管理人依照前款规定处理。

管理人有权依据公司法的有关规定，代表债务人向人民法院提起诉讼，要求债务人的发起人和负有监督股东履行出资义务的董事、高级管理人员，或者协助抽逃出资的其他股东、董事、高级管理人员、实际控制人等，对股东违反出资义务或者抽逃出资承担相应责任，并将财产归入债务人财产。

第七十条　（管理人员非正常收入和侵占财产的追回）债务人的董事、监事和高级管理人员利用职权从企业获取的非正常收入和侵占的企业财产，管理人应当及时向有关人员送达通知书要求返还，并有权代表债务人向人民法院提起诉讼。

债务人出现破产原因时，其董事、监事和高级管理人员利用职权获取的绩效奖金、普遍拖欠职工工资情况下获取的工资性收入以及其他非正常收入属于前款规定的非正常收入。

……

第六章　破产清算案件管理人职责

……

第二节　破产财产变价与分配

第一百二十九条　（财产变价方案）管理人应当以破产财产价值最大化为原则，兼顾处置效率，及时制作破产财产变价报告，并附变价方案，提交债权人会议表决。破产财产应当按照通过的方案变价处置。

破产财产变价方案应当包括变价原则、财产状况、评估情况、变价方式、进度安排、预计费用以及无法处置时的预备处置措施等内容。

第一百三十条　（财产变价方式）破产财产变价原则上采用拍卖方式，管理人应当依照本指引第八条、第五十条的规定执行。

依照本指引规定不进行拍卖或者拍卖不成的破产财产，可以作价变卖，或者进行实物分配。变卖或者实物分配方案应当提交债权人会议表决。法律、行政法规明确规定了财产转让方式的，应当从其规定。

第一百三十一条　（对外投资的收回）拍卖或者协议转让债务人持有的有限责任公司股权的，管理人应当依法通知该有限责任公司及全体股东；拍卖或者协议转让债务人投资的股份有限公司股权的，管理人应当依法通知该股份有限公司。

第一百三十二条　（执行行为效力的延续）执行程序中已经完成评估、审计、拍卖等程序，其效力可以延续至破产程序中的，相关程序无需再次进行。

第一百三十三条　（破产财产分配方案）管理人应当及时制作破产财产分配方案报

告，提交债权人会议表决。债权人会议通过后，管理人应当向人民法院提交书面报告，并附表决结果，请求人民法院裁定认可破产财产分配方案。

第一百三十四条 （分配方式）管理人分配破产财产应当以货币分配方式进行，但是债权人会议另有决议的除外。

适用快速审理的破产案件，管理人可以释明并引导债权人会议作出以非货币方式进行分配的决议，并一次性分配破产财产，提升破产财产处置效益。

第一百三十五条 （清偿顺序）破产财产在优先清偿破产费用和共益债务后，应当依照下列顺序清偿：

（一）破产人所欠职工的工资和医疗、伤残补助、抚恤费用，所欠的应当划入职工个人账户的基本养老保险、基本医疗保险费用，以及法律、行政法规规定应当支付给职工的补偿金；

（二）破产人欠缴的除前项规定以外的社会保险费用和破产人所欠税款；

（三）普通破产债权。

破产财产不足以清偿同一顺序的清偿要求的，按照比例分配。

第一百三十六条 （多次分配）管理人按照破产财产分配方案实施多次分配的，应当公告本次分配的财产额和债权额。

管理人实施最后分配的，应当在公告中指明，并载明本指引第一百三十七条第二款规定的事项。

第一百三十七条 （附条件债权的分配）对于附生效条件或者解除条件的债权，管理人应当将其分配额提存。

管理人依照前款规定提存的分配额，在最后分配公告日，生效条件未成就或者解除条件成就的，应当分配给其他债权人；在最后分配公告日，生效条件成就或者解除条件未成就的，应当交付给债权人。

第一百三十八条 （破产分配的受领）债权人未受领的破产财产分配额，管理人应当提存。债权人自最后分配公告之日起满二个月仍不领取的，视为放弃受领分配的权利，管理人或者人民法院应当将提存的分配额分配给其他债权人。

第一百三十九条 （诉讼未决债权的分配）破产财产分配时，对于诉讼或者仲裁未决的债权，管理人应当将其分配额提存。自破产程序终结之日起满二年仍不能受领分配的，人民法院应当将提存的分配额分配给其他债权人。

……

文书模板

文书模板一：

破产财产变价方案

一、变价原则

阐述本方案确定的财产变价原则。

二、破产财产状况

分别列明经审计、评估的破产人货币（有价证券）资金、应收账款和预付账款、对外债权、对外投资、存货、固定资产、无形资产等各类破产财产的状况。

三、破产财产变价方案

分别列明各类破产财产的处置措施：

（一）对外债权、对外投资的处置

1. 经调查后发现确无追回可能或追收成本大于债权本身的，报请债权人委员会审议，予以核销处理。

2. 破产人的债务人已破产的，依法申报债权。

3. 其他对外债权、投资的处置方案。

（二）存货、固定资产、无形资产的处置

一般采取拍卖方式进行变价。需要采取拍卖方式之外的变价措施的，列明相应的变价措施。

（三）其他破产财产的处置

四、变价预备措施

对拟公开拍卖财产遭遇流拍时的预备处置措施。

五、设定担保权的特定财产的变价处置方案

文书模板二：

破产财产分配方案

一、参加破产财产分配的债权情况

简述参加破产财产分配的债权人人数、各类债权总额等基本情况。另行制作《参与分配债权人表》，详细列明参与分配的债权人名称或者姓名、住所、债权性质与债权额等情况。

二、可供分配的破产财产总额

分别列明货币财产和非货币财产的变价额。直接分配非货币财产的，列明非货币财产的估价额。

三、破产财产分配的顺序、比例和数额

（一）破产费用和共益债务的清偿情况

列明各项破产费用和共益债务的数额，包括已发生的费用和未发生但需预留的费用。法院最终确定的管理人报酬及收取情况须特别列明。

（二）破产债权的分配

列明剩余的可供分配破产债权的破产财产数额，依《企业破产法》第113条规定的顺序清偿。分别列明每一顺序债权的应清偿额、分配额、清偿比例等。

四、破产财产分配实施办法

（一）分配方式

一般以货币方式进行分配，由管理人根据各债权人提供的银行账号，实施转账支付，或者由债权人领取。

（二）分配步骤

列明分配次数和时间，拟实施数次分配的，应当说明实施数次分配的理由。

（三）分配提存

列明破产财产分配额提存的情况，以及提存分配额的处置方案。

五、特定财产清偿方案

（一）对特定财产享有担保权的债权情况

（二）可供清偿的特定财产总额

列明特定财产的变价总额。

（三）特定财产清偿方案

特定财产的清偿方案。特定财产不足分配所有担保债权的，还应列明未受偿的担保债权数额。

执行分配方案：

（1）破产财产分配方案经法院裁定认可后，由管理人执行。

管理人按照破产财产分配方案实施多次分配的，应当公告本次分配的财产额和债权额。

（2）提存与公告。

管理人应当在破产财产分配方案中就破产财产分配的提存情形作出说明。

破产财产分配时，对于诉讼或者仲裁未决的债权，管理人应当将其分配额提存。自破产程序终结之日起满2年仍不能受领分配的，由法院将提存的分配额分配给其他债权人。

附生效条件或者解除条件的债权，管理人应当将其分配额提存。在最后分配公告日，债权生效条件未成就或者解除条件成就的，管理人应当将提存的分配额分配给其他债权人；在最后分配公告日，债权生效条件成就或者解除条件未成就的，管理人应当将提存的分配额交付给债权人。

债权人未受领的破产财产分配额，管理人应当提存。债权人自最后分配公告之日起满2个月仍不领取的，视为债权人放弃受领分配的权利，管理人应当将提存的分配额分配给其他债权人。

第三节　破产程序的终结

一、破产终结的相关概念

破产程序的终结，是指破产程序不可逆转地归于结束。破产程序的终结，可能意味着破产程序预期目标的实现，也可能意味着预期目标的不能实现。

二、破产终结的类型

（一）债务延期或清偿完毕

破产宣告前，有下列情形之一的，法院应当裁定终结破产程序，并予以公告：（1）第三人为债务人提供足额担保或者为债务人清偿全部到期债务的；

（2）债务人已清偿全部到期债务的。

（二）和解或重整成功

破产企业经和解或重整，获得复苏，从而按照和解协议或重整计划偿还债务，债务人获得重生。这时企业破产的原因已不存在，法院应当终结破产程序。

（三）破产财产不足以支付破产费用或无财产可供分配

不足以支付破产费用或无财产可供分配，再进行破产程序已毫无意义。此时，应由管理人向法院提出宣告终结的申请，法院也可以依职权宣告终结。

（四）破产财产分配完毕

管理人在最后分配完结后，应当及时向法院提交破产财产分配报告，并提请法院裁定终结破产程序。

三、破产终结后管理人的后续工作

因债务人财产不足以清偿破产费用，或者因破产人无财产可供分配，或者因破产财产分配完结，法院裁定终结破产程序的，管理人应当在法院裁定终结破产程序之日起 10 日内，持法院终结破产程序的裁定，向债务人或者破产人住所地的登记机关办理注销登记，并在办理债务人或者破产人注销登记完毕的次日，终止执行职务。但是，管理人需要继续履行职责的除外。

管理人应当在破产清算程序终结后 10 日内办理注销有关债务人或者破产人的税务登记手续。办理注销债务人税务登记，需按照债务人住所地辖区税机关的要求，提交注销税务登记的资料。

管理人依法终止执行职务后，应当将接管的破产人有关资料移交破产人的上级主管机关或者股东保存。没有上级主管机关或者股东下落不明的，可以移交档案保管机构保管。管理人可以预留相应的破产费用，以支付债务人或者破产人的账簿、文书等档案资料的保管费用。

管理人终止执行职务的，应当依据相关规定及时办理管理人银行账户的销户手续和管理人印章交公安机关销毁的手续，并向法院报告相关情况。

四、破产终结后又发现破产财产后的再分配

破产终结后两年内发现，破产人有应当提供分配的其他财产的，应予追加分配。

《企业破产法》第 123 条规定：“自破产程序依照本法第四十三条第四款或者第一百二十条的规定终结之日起二年内，有下列情形之一的，债权人可

以请求人民法院按照破产财产分配方案进行追加分配：（一）发现有依照本法第三十一条、第三十二条、第三十三条、第三十六条规定应当追回的财产的；（二）发现破产人有应当供分配的其他财产的。有前款规定情形，但财产数量不足以支付分配费用的，不再进行追加分配，由人民法院将其上交国库。”

五、破产清算终结的效力

对于破产企业来说，法人主体资格归于消灭，其所负剩余债务当然免除。

对于破产债权人来说，债权人未得到分配的债权，在破产终结裁定后视为消灭，破产债权人不能于程序结束后向债务人另行主张权利。

破产程序终结后，债权人对破产企业的保证人、连带债务人等享有的权利，原则上不受影响。债权人依破产程序未受全额清偿时，可以就不足部分向保证人主张权利。

破产程序终结后，管理人、债权人会议等破产机构宣布解散，法院决定继续存续的除外。

热点问题探究

▶ 债务人被法院宣告破产后，可否再转重整程序或和解程序？

依据《企业破产法》的相关规定，相关主体径行向法院申请破产重整或破产和解，相关主体亦可在“宣告债务人破产前”申请破产重整或破产和解。对于宣告破产后是否能再转入破产重整或和解程序，《企业破产法》无明确规定。

《企业破产法》第105条规定：“人民法院受理破产申请后，债务人与全体债权人就债权债务的处理自行达成协议的，可以请求人民法院裁定认可，并终结破产程序。”第108条规定：“破产宣告前，有下列情形之一的，人民法院应当裁定终结破产程序，并予以公告：（一）第三人为债务人提供足额担保或者为债务人清偿全部到期债务的；（二）债务人已清偿全部到期债务的。”依据规定，债务人与债权人之间自行达成和解或消灭债务或提供足额担保的，可作为法院自行终结破产程序，不再进行清算和注销债务人主体，并未涉及宣告破产后程序之间的转换。最高人民法院《全国法院破产审判工作会议纪要》第24条指出：“破产宣告的程序及转换限制。相关主体向人民法院提出宣告破产申请的，人民法院应当自收到申请之日起七日内作出破产宣告裁定并进行公告。债务人被宣告破产后，不得再转入重整程序或和解程序。”

从法律解释学角度不能从类推适用得出宣告破产后可以重整、和解的结论，目前的立法安排会令宣告破产的企业失去被挽救的机会，众多破产人失去了程序转换的条件，是制度造成的一种不公平，也是社会公共利益的损失。基于公平原则，同时也从保护债权人利益、挽救企业角度考虑，符合条件的部分破产人应允许其在宣告破产后获得重整的机会。

具体而言，转重整程序以宣告前转换为原则，以特殊个案允许宣告后转程序为例外，同时为防止程序滥用，应限定适用条件：一为审慎识别企业是否具有重整价值（如存续价值和继续运营价值），如果企业仅是资产价值增大，但没有继续营业必要，则不一定采用重整程序，可在清算程序中剥离、转让其有效资产或营业。二为充分听取债权人意见，因此项转换必然使债权人获清偿的成本增加，所以应当组织听证会审慎作出决定。转入重整后，如其无法及时重整成功，法院应尽快恢复宣告裁定，尽早实现分配和清偿。

实务界亦多从社会效果角度考虑支持转入重整或和解程序。例如，深圳大世界公司的重整案，自2000年法院裁定宣告深圳大世界公司破产清算后数年内，公司不动产资产价值大幅上升，法院认为本案虽已宣告破产清算，但尚未进行破产财产的处置，具有较大重整价值，而转入重整能运用司法制度拯救危困企业，同时最大限度维护社会公共利益，基于此种社会效果考虑，法院裁定深圳大世界公司转入重整程序。又如，2020年7月24日巴音郭楞蒙古自治州中级人民法院作出（2019）新28民破1号之三裁定书，裁定终止新疆金特公司重整程序，宣告新疆金特公司破产。一年后，巴音郭楞蒙古自治州中级人民法院作出（2021）新28破监1号民事裁定书，以维护社会和谐稳定和债权人利益为由，裁定撤销其作出的（2019）新28民破1号之三民事裁定书，（2019）新28民破1号破产重整案继续审理。再如，山东省济宁市汶上县人民法院受理的汶上县郭楼供销合作社破产案，在宣告破产后，应债权人和债务人达成了和解，法院撤销宣告破产的裁定，确认和解协议，终结破产程序。上述破产清算转破产重整或和解案例均得到公开的正面宣传报道。

相比破产清算，破产重整与破产和解更尊重债权人、债务人及相关主体的意志和利益，程序上具有成本低、灵活简便、周期短等天然优势，可更好地发挥社会资源的利用价值，创造更多的社会价值，最大限度地维护债权人、债务人及相关主体的利益，更好地维护社会和谐稳定。若在债权人、债务人确定达成程序转换的意思合意下，公权力对此不宜作出太多干涉。

相关规定

北京破产法庭破产案件管理人工作指引（试行）（节选）

（2020 年 4 月 22 日发布　2020 年 4 月 22 日施行）

第三节　终 结 程 序

第一百四十条　（因分配完毕而终结）管理人应当自破产财产最后分配完结之日起十日内，向人民法院提交书面报告，并说明破产财产分配的执行情况，请求人民法院裁定终结破产程序。

第一百四十一条　（因无财产分配而终结）破产人无财产可供分配的，管理人应当及时向人民法院提交书面报告，并说明破产财产状况以及破产费用、共益债务的清偿情况，请求人民法院裁定终结破产程序。

第一百四十二条　（办理注销手续）管理人应当自破产程序终结之日起七日内，持终结破产程序的裁定书，向税务机关办结税务注销手续，税务机关应当即时出具清税文书，予以税务注销，并按照有关规定核销“死欠”。

管理人应当自破产程序终结之日起十日内，持终结破产程序的裁定书，向破产人的原登记机关办理工商注销登记。

适用快速审理的破产案件，管理人应当自破产程序终结之日起五日内办理前两款事项。

第一百四十三条　（管理人终止执行职务）管理人办理完破产人注销登记手续后，应当向人民法院提交终止执行职务的报告，并于注销完毕的次日终止执行职务。

管理人终止执行职务后，应当将管理人印章交公安机关销毁，并将销毁证明送交人民法院。

存在诉讼或者仲裁未决情况的，管理人自诉讼或者仲裁程序所涉事项全部办理完毕之次日终止执行职务。

第一百四十四条 （档案保管）破产程序终结后，破产企业的账簿、文书等资料由管理人移交档案部门保存，保管费用比照破产费用由管理人在破产财产分配时预留。破产企业的财产不足以清偿破产费用，且无人代为清偿或者予以垫付的，管理人可以将上述资料移交破产企业股东等有关人员保存。

第十二章　上市公司的破产重整

第一节　上市公司破产重整的启动

一、上市公司的概念和破产重整的特殊性

上市公司，是指所公开发行的股票经过国务院或者国务院授权的证券管理部门批准，在证券交易所上市交易的股份有限公司。与非上市公司相比，上市公司的公众性特征决定了其重整具有极大的特殊性。上市公司的发展存亡关系许多债权人、投资人的利益，其破产重整涉及《企业破产法》《证券法》《公司法》等多部法律的适用，而且涉及司法程序与行政监管的衔接问题。从重整方式、重整价值、金融工具选择、政府支持、程序要求、公众影响到监管介入，都具有更为立体的司法处置层次和延展视角。

二、上市公司破产重整案件的审理要求

在司法实践中，虽有上市公司被申请破产清算，但往往上市公司自身或其股东或其他债权人会提出破产重整的申请，以挽救自身的生存危机。笔者经公开渠道查询上市公司破产案件，尚未发现上市公司被法院宣告破产并进行破产清算。因为上市公司破产重整案件参与主体众多，涉及利益关系复杂，甚至关系整个国家某个行业的发展。法院在审理有关上市公司的破产重整案件时，要综合考虑如何化解上市公司的债务和经营危机，保护债权人、投资人、职工、出资人的利益和社会整体利益，妥善处理好各方利益之间的冲突，维护证券市场和经济社会的稳定发展。

为有挽救希望的上市公司提供再生机会，应充分发挥上市公司破产重整制度的作用，努力使上市公司自身、债权人、出资人、关联企业等各方主体实现共赢，同时要有效利用社会资源来创造更大效益。对于具有重整可能的上市公司，促进其重整成功，可以保障其就业人员的生活来源，甚至为社会增加就业机会。同时，通过重整优化上市公司的资源配置，帮助其优化升级

产业结构，即使上市公司最后重整失败，走向破产清算，也可以减小其对社会带来的不利影响。

上市公司进入破产重整程序后，因涉及上市公司自身、关联企业、债权人、出资人、企业职工等多方主体利益，尤其是持有其股票的投资者众多，如果处理不当，容易引发群体事件，影响社会稳定。法院审理上市公司破产重整案件，要充分发挥地方政府的风险预警、部门联动、资金保障等协调机制的作用，加强与证券监管机构的沟通协调，努力将上市公司破产重整对股市，尤其是对持股股民的影响降到最低，比如，对于股票仍在正常交易的上市公司，在其破产重整申请相关信息披露前，该上市公司及其债权人、出资人等利害关系人应当按照法律、行政法规、证券监管机构的部门规章及证券交易所上市规则做好信息保密工作。

三、上市公司破产重整法律制度的局限性

依照目前《企业破产法》的相关规定，《企业破产法》系针对所有企业法人以及一些特定组织的破产作出的普遍性规范，对于上市公司的特殊性没有更加细致的规定。事实上，如果上市公司不能重整成功，会直接面临破产清算的严峻形势，因其债权人和投资者众多，涉及的关联公司广泛，可能引发严重的社会问题。

根据 2010 年深圳市中级人民法院《关于上市公司破产重整制度的调研报告》显示，“上市公司重整案件的受理流程法院受理上市公司重整申请应当严格履行下列程序：1. 当地政府向管辖法院书面表示同意上市公司重整并出具维护社会稳定预案；2. 管辖法院对上市公司重整申请进行实质审查后致函当地政府表示拟同意受理并逐级上报最高法院批准；3. 当地省级人民政府致函证监会知会该上市公司拟进入重整程序，并表示支持；4. 证监会函复该省级人民政府表示知晓该事项，同时致函最高法院表示已了解该上市公司相关情况并由其依法处理；5. 最高法院根据证监会的来函和下级法院的请示决定是否受理该上市公司重整申请；6. 管辖法院收到最高法院同意受理该上市公司重整申请的批复后函告当地政府，同时裁定该上市公司重整”。

2012 年 10 月最高人民法院印发的《关于审理上市公司破产重整案件工作座谈会纪要》第 3 条亦明确提出，“申请人申请上市公司破产重整的，除提交《企业破产法》第八条规定的材料外，还应当提交关于上市公司具有重整可行性的报告、上市公司住所地省级人民政府向证券监督管理部门的通报情况材

料以及证券监督管理部门的意见、上市公司住所地人民政府出具的维稳预案等。上市公司自行申请破产重整的，还应当提交切实可行的职工安置方案”。

从上述可知，上市公司的破产重整不单涉及法院的司法审查权，还牵涉行政机关的公共管理权和金融机构的监管权。仅仅依靠《企业破产法》的规定和相关司法解释，难以厘清各方职权，司法审判难以适应上市公司面临的瞬息万变的经济形势变化，上市公司破产审判的功效难以充分地发挥。

四、上市公司破产重整的申请

上市公司破产重整的申请与一般的企业主体申请破产重整的条件大致相同，需要满足“不能清偿到期债务，并且资产不足以清偿全部债务或者明显缺乏清偿能力，或者有明显丧失清偿能力可能”和“上市公司或者上市公司的债权人、出资额占上市公司注册资本十分之一以上的出资人向人民法院申请”的条件，但其与其他主体有一个重要区别。

最高人民法院《关于审理上市公司破产重整案件工作座谈会纪要》第3条第2款规定：“申请人申请上市公司破产重整的，除提交《企业破产法》第八条规定的材料外，还应当提交关于上市公司具有重整可行性的报告、上市公司住所地省级人民政府向证券监督管理部门的通报情况材料以及证券监督管理部门的意见、上市公司住所地人民政府出具的维稳预案等。上市公司自行申请破产重整的，还应当提交切实可行的职工安置方案。”因此，在司法实践中，有许多上市公司会因为未能取得中国证券监督管理委员会的无异议函而被法院不予受理破产重整申请。如（2021）粤03破申250号腾邦国际商业服务集团股份有限公司申请破产重整案、（2021）粤03破申409号猛狮新能源科技（河南）股份有限公司申请破产重整案等。

另外，上市公司对于债权人提出重整申请后在法律规定的时间内提出异议，或者债权人、上市公司、出资人分别向法院提出破产清算申请和重整申请的，法院应当组织召开听证会，就申请人是否具备申请资格、上市公司是否已经发生重整事由、上市公司是否具有重整可行性等内容进行听证。在上述程序之后，法院裁定受理上市公司的破产重整申请，重整程序启动。

五、上市公司破产重整的信息披露

一如前述，上市公司的破产重整关系无数股民债权人的利益，其会影响股民债权人以及股市波动的信息，理应对外公开。除了股民债权人以外，也要对其他交易公司、其他类型债权人进行披露。因此，上市公司在破产重整事前、事中、事后都应依法进行信息披露。

最高人民法院《关于审理上市公司破产重整案件工作座谈会纪要》第 5 条对破产重整上市公司的信息保密和披露进行了规定："对于股票仍在正常交易的上市公司，在上市公司破产重整申请相关信息披露前，上市公司及其债权人、出资人等利害关系人应当按照法律、行政法规、证券监管机构的部门规章及证券交易所上市规则做好信息保密工作。上市公司的债权人提出破产重整申请的，人民法院应当要求债权人提供其已就此告知上市公司的有关证据。上市公司应当按照相关规则及时履行信息披露义务。上市公司进入破产重整程序后，由管理人履行相关法律、行政法规、部门规章和公司章程规定的原上市公司董事会、董事和高级管理人员承担的职责和义务，上市公司自行管理财产和营业事务的除外。管理人在上市公司破产重整程序中存在信息披露违法违规行为的，应当依法承担相应的责任。"

目前我国各证券交易所都有对上市公司的信息披露义务的规定，对于深圳主板、上海主板的相关股票上市规则，均有专门章节对上市公司在破产重整中的信息披露义务进行规定。例如，深圳证券交易所《股票上市规则(2022 年修订)》第 7. 5. 1 项至第 7. 5. 14 项都是对于上市公司破产事项的规定。第 7. 5. 4 项规定："上市公司应当在董事会作出向法院申请重整、和解或者破产清算的决定时，或者知悉债权人向法院申请公司重整或者破产清算时，及时披露申请情况以及对公司的影响，并作风险提示。在法院裁定是否受理破产事项前，公司应当每月披露相关进展情况。"这也与上述会议纪要的规定相一致。而且该规则还对管理人"管理运作模式"和"管理监督模式"分别进行了规定，适应上市公司破产重整过程中重整人不同时的信息披露操作模式。

除了上述最高人民法院《关于审理上市公司破产重整案件工作座谈会纪要》、深圳证券交易所《股票上市规则》以外，在其他关于上市公司行为规范的规定中对于信息披露义务，尤其是涉及重整中的一些行为需要进行规制的，也有明确。《上市公司重大资产重组管理办法》第 4 条规定："上市公司实施重大资产重组，有关各方必须及时、公平地披露或者提供信息，保证所披露或者提供信息的真实、准确、完整，不得有虚假记载、误导性陈述或者重大遗漏。"第 12 条第 2 款规定："购买、出售资产未达到前款规定标准，但中国证监会发现存在可能损害上市公司或者投资者合法权益的重大问题的，可以根据审慎监管原则，责令上市公司按照本办法的规定补充披露相关信息、暂停交易、聘请符合《证券法》规定的独立财务顾问或者其他证券服务机构补充核查并披露专业意见。”第 39 条规定：“上市公司筹划、实施重大资产重组，相关信息披露义务人应当公平地向所有投资者披露可能对上市公司股票交易价格产生较大影响的相关信息（以下简称股价敏感信息），不得有选择性地向特定对象提前泄露。”

由上述规定可知，根据《证券法》公开、公平、公正的交易原则以及上市公司信息公开的有关规定，对上市公司信息披露的要求，关系社会公众对上市公司的信赖，以及证券市场的交易安全和秩序。这种披露应当是严格依法进行披露，在法律规定的适宜的时间进行披露，尤其禁止非法的提前泄露①。

相关规定

最高人民法院关于审理上市公司破产重整案件工作座谈会纪要

（2012 年 10 月 29 日发布　2012 年 12 月 29 日施行）

《企业破产法》施行以来，人民法院依法审理了部分上市公司破产重整案件，最大限度地减少了因上市公司破产清算给社会造成的不良影响，实现了法律效果和社会效果的统一。上市公司破产重整案件的审理不仅涉及到《企业破产法》、《证券法》、《公司法》等法律的适用，还涉及司法程序与行政程序的衔接问题，有必要进一步明确该类案件的审理原则，细化有关程序和实体规定，更好地规范相关主体的权利义务，以充分保护债权人、广大投资者和上市公司的合法权益，优化配置社会资源，促进资本市场健康发展。为此，最高人民法院会同中国证券监督管理委员会，于 2012 年 3 月 22 日在海南省万宁市召开了审理上市公司破产重整案件工作座谈会。与会同志通过认真讨论，就审理上市公司破产重整案件的若干重要问题取得了共识。现纪要如下：

一、关于上市公司破产重整案件的审理原则

会议认为，上市公司破产重整案件事关资本市场的健康发展，事关广大投资者的利益保护，事关职工权益保障和社会稳定。因此，人民法院应当高度重视此类案件，并在审理中注意坚持以下原则：

（一）依法公正审理原则。上市公司破产重整案件参与主体众多，涉及利益关系复杂，

① 参见郭毅敏主编：《破产重整·困境上市公司复兴新视野——以审判实务研究为中心》，人民法院出版社 2010 年版，第 413 页。

人民法院审理上市公司破产重整案件，既要有利于化解上市公司的债务和经营危机，提高上市公司质量，保护债权人和投资者的合法权益，维护证券市场和社会的稳定，又要防止没有再生希望的上市公司利用破产重整程序逃废债务，滥用司法资源和社会资源；既要保护债权人利益，又要兼顾职工利益、出资人利益和社会利益，妥善处理好各方利益的冲突。上市公司重整计划草案未获批准或重整计划执行不能的，人民法院应当及时宣告债务人破产清算。

（二）挽救危困企业原则。充分发挥上市公司破产重整制度的作用，为尚有挽救希望的危困企业提供获得新生的机会，有利于上市公司、债权人、出资人、关联企业等各方主体实现共赢，有利于社会资源的有效利用。对于具有重整可能的企业，努力推动重整成功，可以促进就业，优化资源配置，促进产业结构的调整和升级换代，减少上市公司破产清算对社会带来的不利影响。

（三）维护社会稳定原则。上市公司进入破产重整程序后，因涉及债权人、上市公司、出资人、企业职工等相关当事人的利益，各方矛盾比较集中和突出，如果处理不当，极易引发群体性、突发性事件，影响社会稳定。人民法院审理上市公司破产重整案件，要充分发挥地方政府的风险预警、部门联动、资金保障等协调机制的作用，积极配合政府做好上市公司重整中的维稳工作，并根据上市公司的特点，加强与证券监管机构的沟通协调。

二、关于上市公司破产重整案件的管辖

会议认为，上市公司破产重整案件应当由上市公司住所地的人民法院，即上市公司主要办事机构所在地法院管辖；上市公司主要办事机构所在地不明确、存在争议的，由上市公司注册登记地人民法院管辖。由于上市公司破产重整案件涉及法律关系复杂，影响面广，对专业知识和综合能力要求较高，人力物力投入较多，上市公司破产重整案件一般应由中级人民法院管辖。

三、关于上市公司破产重整的申请

会议认为，上市公司不能清偿到期债务，并且资产不足以清偿全部债务或者明显缺乏清偿能力，或者有明显丧失清偿能力可能的，上市公司或者上市公司的债权人、出资额占上市公司注册资本十分之一以上的出资人可以向人民法院申请对上市公司进行破产重整。

申请人申请上市公司破产重整的，除提交《企业破产法》第八条规定的材料外，还应当提交关于上市公司具有重整可行性的报告、上市公司住所地省级人民政府向证券监督管理部门的通报情况材料以及证券监督管理部门的意见、上市公司住所地人民政府出具的维稳预案等。上市公司自行申请破产重整的，还应当提交切实可行的职工安置方案。

四、关于对上市公司破产重整申请的审查

会议认为，债权人提出重整申请，上市公司在法律规定的时间内提出异议，或者债权人、上市公司、出资人分别向人民法院提出破产清算申请和重整申请的，人民法院应当组织召开听证会。

人民法院召开听证会的，应当于听证会召开前通知申请人、被申请人，并送达相关申请材料。公司债权人、出资人、实际控制人等利害关系人申请参加听证的，人民法院应当予以准许。人民法院应当就申请人是否具备申请资格、上市公司是否已经发生重整事由、上市公司是否具有重整可行性等内容进行听证。

鉴于上市公司破产重整案件较为敏感，不仅涉及企业职工和二级市场众多投资者的利益安排，还涉及与地方政府和证券监管机构的沟通协调。因此，目前人民法院在裁定受理上市公司破产重整申请前，应当将相关材料逐级报送最高人民法院审查。

五、关于对破产重整上市公司的信息保密和披露

会议认为，对于股票仍在正常交易的上市公司，在上市公司破产重整申请相关信息披露前，上市公司及其债权人、出资人等利害关系人应当按照法律、行政法规、证券监管机构的部门规章及证券交易所上市规则做好信息保密工作。

上市公司的债权人提出破产重整申请的，人民法院应当要求债权人提供其已就此告知上市公司的有关证据。上市公司应当按照相关规则及时履行信息披露义务。

上市公司进入破产重整程序后，由管理人履行相关法律、行政法规、部门规章和公司章程规定的原上市公司董事会、董事和高级管理人员承担的职责和义务，上市公司自行管理财产和营业事务的除外。管理人在上市公司破产重整程序中存在信息披露违法违规行为的，应当依法承担相应的责任。

六、关于上市公司破产重整计划草案的制定

会议认为，上市公司或者管理人制定的上市公司重整计划草案应当包括详细的经营方案。有关经营方案涉及并购重组等行政许可审批事项的，上市公司或管理人应当聘请经证券监管机构核准的财务顾问机构、律师事务所以及具有证券期货业务资格的会计师事务所、资产评估机构等证券服务机构按照证券监管机构的有关要求及格式编制相关材料，并作为重整计划草案及其经营方案的必备文件。

控股股东、实际控制人及其关联方在上市公司破产重整程序前因违规占用、担保等行为对上市公司造成损害的，制定重整计划草案时应当根据其过错对控股股东及实际控制人支配的股东的股权作相应调整。

七、关于上市公司破产重整中出资人组的表决

会议认为，出资人组对重整计划草案中涉及出资人权益调整事项的表决，经参与表决的出资人所持表决权三分之二以上通过的，即为该组通过重整计划草案。

考虑到出席表决会议需要耗费一定的人力物力，一些中小投资者可能放弃参加表决会议的权利。为最大限度地保护中小投资者的合法权益，上市公司或者管理人应当提供网络表决的方式，为出资人行使表决权提供便利。关于网络表决权行使的具体方式，可以参照适用中国证券监督管理委员会发布的有关规定。

八、关于上市公司重整计划草案的会商机制

会议认为，重整计划草案涉及证券监管机构行政许可事项的，受理案件的人民法院应当通过最高人民法院，启动与中国证券监督管理委员会的会商机制。即由最高人民法院将有关材料函送中国证券监督管理委员会，中国证券监督管理委员会安排并购重组专家咨询委员会对会商案件进行研究。并购重组专家咨询委员会应当按照与并购重组审核委员会相同的审核标准，对提起会商的行政许可事项进行研究并出具专家咨询意见。人民法院应当参考专家咨询意见，作出是否批准重整计划草案的裁定。

九、关于上市公司重整计划涉及行政许可部分的执行

会议认为，人民法院裁定批准重整计划后，重整计划内容涉及证券监管机构并购重组行政许可事项的，上市公司应当按照相关规定履行行政许可核准程序。重整计划草案提交出资人组表决且经人民法院裁定批准后，上市公司无须再行召开股东大会，可以直接向证券监管机构提交出资人组表决结果及人民法院裁定书，以申请并购重组许可申请。并购重组审核委员会审核工作应当充分考虑并购重组专家咨询委员会提交的专家咨询意见。并购重组申请事项获得证券监管机构行政许可后，应当在重整计划的执行期限内实施完成。

会议还认为，鉴于上市公司破产重整案件涉及的法律关系复杂，利益主体众多，社会影响较大，人民法院对于审判实践中发现的新情况、新问题，要及时上报。上级人民法院要加强对此类案件的监督指导，加强调查研究，及时总结审判经验，确保依法妥善审理好此类案件。

第二节　上市公司破产重整的特殊参与人

一、重整人

重整人，是指在重整期间，负责管理、处分公司财产，办理公司业务，代表公司开展相关活动，拟定重整计划的必要机构。在法院裁定债务人重整时，重整人可以有两种选择。

第一种，是法院裁定受理破产申请时指定的管理人。最高人民法院《关于审理上市公司破产重整案件工作座谈会纪要》第 5 条第 3 款规定："上市公司进入破产重整程序后，由管理人履行相关法律、行政法规、部门规章和公司章程规定的原上市公司董事会、董事和高级管理人员承担的职责和义务。"从该规定可知，管理人作为重整人来执行债务人的重整事务依法有据。根据《企业破产法》第 24 条第 1 款、第 2 款的规定："管理人可以由有关部门、机构的人员组成的清算组或者依法设立的律师事务所、会计师事务所、破产清算事务所等社会中介机构担任。人民法院根据债务人的实际情况，可以在征询有关社会中介机构的意见后，指定该机构具备相关专业知识并取得执业资格的人员担任管理人。”从上述规定可知，能够担任管理人一职的机构，必然具有某一方面的特长，在上市公司破产重整过程中，涉及大量的法律问题、会计内容等，稍有不慎容易引发二次危机，因此，让管理人来担任重整人，能够有效发挥其相关专业知识助力债务人重整。更何况，《企业破产法》第74条规定：“管理人负责管理财产和营业事务的，可以聘任债务人的经营管理人员负责营业事务。”管理人担任重整人也能充分利用债务人的自身资源。

但是，在有些情况下，管理人并不是最好的重整人人选。最高人民法院《关于审理上市公司破产重整案件工作座谈会纪要》第5条第3款的例外规定就是“上市公司自行管理财产和营业事务的除外”。《企业破产法》第73条也明确规定：“在重整期间，经债务人申请，人民法院批准，债务人可以在管理人的监督下自行管理财产和营业事务。有前款规定情形的，依照本法规定已接管债务人财产和营业事务的管理人应当向债务人移交财产和营业事务，本法规定的管理人的职权由债务人行使。”重整期间，为了尽快挽救债务人危机，促使其重整成功，时间较为紧迫。如果由管理人担任重整人，无疑管理人需要比债务人花费更多时间来熟悉公司的相关业务和拟定新的经营战略，时间成本较大。而债务人更加熟悉自身的业务内容，更了解自身的困境，能够更加有针对性地拟定适合自己的重整计划，知道向谁寻求更加有效的投资。虽然债务人担任重整人有许多自身优势，但是难免有些债务人并没有重整成功的积极性，更有甚者，有些债务人想要利用重整期间来拖延时间、逃避债务，因此，由债务人担任重整人时，需要由管理人担任监督人一角，以防止因债务人作为重整人消极履职而产生的风险。

二、重组方

最高人民法院《关于人民法院为企业兼并重组提供司法保障的指导意见》中提出：“企业兼并重组是调整优化产业结构，淘汰落后产能，化解过剩产能，提高经济发展质量和效益的重要手段，也是转变经济发展方式，提升我国综合经济实力的有效途径。”

在《企业破产法》的相关规定中，并没有明确提到重组这一内容，故无重组方的概念。但在最高人民法院《关于审理上市公司破产重整案件工作座谈会纪要》中提到了重组事宜，“上市公司或者管理人制定的上市公司重整计划草案应当包括详细的经营方案。有关经营方案涉及并购重组等行政许可审批事项的，上市公司或管理人应当聘请经证券监管机构核准的财务顾问机构、律师事务所以及具有证券期货业务资格的会计师事务所、资产评估机构等证券服务机构按照证券监管机构的有关要求及格式编制相关材料，并作为重整计划草案及其经营方案的必备文件”。最高人民法院《全国法院破产审判工作会议纪要》亦提到，“探索推行庭外重组与庭内重整制度的衔接。在企业进入重整程序之前，可以先由债权人与债务人、出资人等利害关系人通过庭外商业谈判，拟定重组方案。重整程序启动后，可以重组方案为依据拟定重整计划草案提交人民法院依法审查批准”。

在大型、复杂的破产重整和关联企业合并破产重整的情况下，重组是帮助债务人重整成功的一个重要手段。往往需要重整程序与企业重组这两种程序双管齐下。《上市公司重大资产重组管理办法》第 9 条规定：“鼓励依法设立的并购基金、股权投资基金、创业投资基金、产业投资基金等投资机构参与上市公司并购重组。”从模式上来看，重组有业务重组、资产重组、债务重组、股权重组、人员重组、管理体制重组等模式。从方式上来看，重组有合并、兼并、收购、接管或接收、标购、剥离、售卖、分立等模式。

三、地方政府

在上市公司的破产重整中，地方政府是个不可或缺的重要角色。因为上市公司的破产重整动辄涉及许多的关联公司、无数的职工及其家庭、大量的股民债权人，如果不在事前和事中做好相关的维稳工作，极有可能造成社会突发性群体事件。

最高人民法院《关于审理上市公司破产重整案件工作座谈会纪要》第 1 条第 3 项就明确指出：“维护社会稳定原则。上市公司进入破产重整程序后，因涉及债权人、上市公司、出资人、企业职工等相关当事人的利益，各方矛盾比较集中和突出，如果处理不当，极易引发群体性、突发性事件，影响社会稳定。人民法院审理上市公司破产重整案件，要充分发挥地方政府的风险预警、部门联动、资金保障等协调机制的作用，积极配合政府做好上市公司重整中的维稳工作，并根据上市公司的特点，加强与证券监管机构的沟通协调。”第 4 条第 3 款指出：“鉴于上市公司破产重整案件较为敏感，不仅涉及企业职工和二级市场众多投资者的利益安排，还涉及与地方政府和证券监管机构的沟通协调。因此，目前人民法院在裁定受理上市公司破产重整申请前，应当将相关材料逐级报送最高人民法院审查。”

因此，在上市公司预重整或者进入重整程序时，应当尽可能发挥地方政府的维稳作用，为上市公司重整成功，进而产生更大的经济效益保驾护航。另外，“会议认为，人民法院裁定批准重整计划后，重整计划内容涉及证券监管机构并购重组行政许可事项的，上市公司应当按照相关规定履行行政许可核准程序”。

四、证券监管机构

在上市公司的破产审理过程中，应发挥最高人民法院与证券监督管理委员会会商机制的作用。根据最高人民法院《关于审理上市公司破产重整案件工作座谈会纪要》第 8 条的规定：“重整计划草案涉及证券监管机构行政许可事项的，受理案件的人民法院应当通过最高人民法院，启动与中国证券监督管理委员会的会商机制。即由最高人民法院将有关材料函送中国证券监督管理委员会，中国证券监督管理委员会安排并购重组专家咨询委员会对会商案件进行研究。并购重组专家咨询委员会应当按照与并购重组审核委员会相同的审核标准，对提起会商的行政许可事项进行研究并出具专家咨询意见。人民法院应当参考专家咨询意见，作出是否批准重整计划草案的裁定。”上市公司重整计划草案应当制作程序合法，使处于同一顺位的债权人获得公平对待的清偿，反对重整计划草案的债权人在重整计划草案中至少可以获得其在清算程序中可以获得的清偿，这些相关事项都是法院应重点审查的内容。而证券监管机构需按照现行《证券法》《公司法》等相关法律法规的要求对重组方、拟投入的资产，股东权益调整方式，以及股权让与、定向增发、资产交易、减资等进行重点审查。

法院和证券监管机构的审查各有侧重、互相配合，但在司法程序与行政程序的衔接上仍然存在问题。如果双方事先未进行沟通，在法院批准通过重整计划草案后，证券监管机构认为有些行为不能实施，导致重整计划不能被执行，可能出现行政权否定司法权、司法权威受损的情形。因此，通过最高人民法院与证券监督管理委员会会商机制，双方充分沟通，以促进重整计划的有效执行。

五、证券交易所

根据我国《证券法》第 96 条的规定，证券交易所是为证券集中交易提供场所和设施，组织和监督证券交易，实行自律管理的依法登记的法人。由于证券交易所是上市公司股票交易的重要场所，对于相关风险要加强把控，加强预测相关市场信息对股票交易可能会造成的重大波动。《证券法》第 113 条第 1 款规定："证券交易所应当加强对证券交易的风险监测，出现重大异常波动的，证券交易所可以按照业务规则采取限制交易、强制停牌等处置措施，并向国务院证券监督管理机构报告；严重影响证券市场稳定的，证券交易所可以按照业务规则采取临时停市等处置措施并公告。"

最高人民法院《关于审理上市公司破产重整案件工作座谈会纪要》第 5 条第 1 款规定："会议认为，对于股票仍在正常交易的上市公司，在上市公司破产重整申请相关信息披露前，上市公司及其债权人、出资人等利害关系人应当按照法律、行政法规、证券监管机构的部门规章及证券交易所上市规则做好信息保密工作。"因此，证券交易所收到上市公司破产重整申请的相关信息后，在这些信息披露前，应当做好信息保密工作，以免引起股市不必要甚至严峻的重大波动。

六、证券登记结算机构

证券登记结算机构为证券交易提供集中登记、存管与结算服务，不以营利为目的，依法登记，取得法人资格①。设立证券登记结算机构必须经国务院证券监督管理机构批准。由于证券登记结算机构的结算参与人中的证券公司、保险公司等上市公司也有破产重整的可能，其相关财产在破产重整中也会有资产变卖等情况，这就涉及其存放于证券登记结算机构的结算资金和证券还有担保物等的处理。

《证券法》第 159 条规定："证券登记结算机构按照业务规则收取的各类结算资金和证券，必须存放于专门的清算交收账户，只能按业务规则用于已成交的证券交易的清算交收，不得被强制执行。"《证券登记结算管理办法》第 60 条第 1～3 款规定："证券登记结算机构可以视结算参与人的风险状况，采取要求结算参与人提供交收担保等风险控制措施。结算参与人提供交收担保的具体标准，由证券登记结算机构根据结算参与人的风险程度确定和调整。证券登记结算机构应当将结算参与人提交的交收担保物与其自有资产隔离，严格按结算参与人分户管理，不得挪用。"由上述规定可知，结算参与人存放

---

① 参见郭毅敏主编：《破产重整·困境上市公司复兴新视野——以审判实务研究为中心》，人民法院出版社 2010 年版，第 58 页。

于证券登记结算机构的结算资金和证券还有担保物等不可以被挪用，更不得被强制执行。证券登记结算机构应当依法处理结算参与人的相关财产。

典型案例评析

发挥府院联动制度优势，挽救危困企业

——评江苏舜天船舶股份有限公司破产重整案[①]

【裁判要旨】

江苏舜天船舶股份有限公司（以下简称舜天船舶公司）破产重整案系上市公司破产重整与重大资产重组同步实施的案件，在破产司法实践中启动最高人民法院与证券监督管理委员会会商机制。重整与重大资产重组程序并行，对内需要解决重整状态下公司治理结构问题，对外需要协调司法程序与行政程序之间的冲突。通过会商机制形成并购重组专家咨询委员会意见，法院在参考该意见的基础上裁定批准重整计划。

【基本案情】

舜天船舶公司于2003年6月设立，公司经营范围主要包括船舶与非船舶交易等，实际控制人为江苏省国信资产管理集团有限公司。2011年8月，舜天船舶公司股票在深交所挂牌交易。近年来，受航运、船舶市场持续低迷和经营管理不善的影响，舜天船舶公司自2014年起出现巨额亏损，2015年公司股票被处以“退市风险警示”特别处理，公司经营持续恶化，负债80亿余元。

2015年12月22日，中国银行股份有限公司南通崇川支行以被申请人舜天船舶公司不能清偿到期债务且资产不足以清偿全部债务为由，向江苏省南京市中级人民法院申请对舜天船舶公司进行重整。南京市中级人民法院依法组织召开听证会，对重整申请进行了审查。

南京市中级人民法院认为，舜天船舶公司不能清偿到期债务，且现有资产不足以清偿全部债务，已发生重整事由。2016年2月5日，南京市中级人民法院逐级报请最高人民法院批准，依法裁定受理舜天船舶公司破产重整一案。

因舜天船舶公司资产效能低、债务重、施救时间紧，以往的上市公司重

① 参见南京市中级人民法院民事裁定书，（2015）宁商破字第26号之四。

整后再实施重大资产重组模式已难以满足舜天船舶公司再生需求。鉴于此，本案采取重整与重大资产重组同步实施挽救模式。2016 年 4 月 28 日，经管理人授权，舜天船舶公司召开董事会，审议通过重大资产重组议案。之后，管理人制定舜天船舶公司重整计划草案会商讨论稿，并将重大资产重组方案纳为重整计划草案中经营方案的主要内容。重整计划草案内容主要包括：剥离原有资产、注入优质资产、保护经营性债权人在重整程序中不受损失、通过公司资本公积金转增股票清偿剩余未能以现金清偿的普通债权等。

根据最高人民法院《关于审理上市公司破产重整案件工作座谈会纪要》第 8 条的规定，重整计划草案涉及证券监管机构行政许可事项的，受理案件的法院应当通过最高人民法院，启动与中国证券监督管理委员会的会商机制。即由最高人民法院将有关材料函送中国证券监督管理委员会，中国证券监督管理委员会安排并购重组专家咨询委员会对会商案件进行研究。并购重组专家咨询委员会应当按照与并购重组审核委员会相同的审核标准，对提起会商的行政许可事项进行研究并出具专家咨询意见。法院应当参考专家咨询意见，作出是否批准重整计划草案的裁定。为此，南京市中级人民法院于 2016 年 7 月 15 日启动会商机制。

2016 年 9 月 7 日，管理人将重整计划草案提交南京市中级人民法院。9 月 23 日，舜天船舶公司召开第二次债权人会议。债权人会议对舜天船舶重整计划草案进行了审议表决，担保债权组、税款债权组、普通债权组均表决通过了重整计划草案。同日，舜天船舶公司召开出资人组会议暨临时股东大会，会议审议并表决通过了重整计划涉及的出资人权益调整方案及重大资产重组全部有关议案。9 月 26 日，管理人向南京市中级人民法院申请裁定批准重整计划草案。

【裁判结果】

南京市中级人民法院依照《企业破产法》第 86 条第 2 款、最高人民法院《关于审理上市公司重整案件工作座谈会纪要》第 8 条之规定，根据中国证券监督管理委员会反馈的意见，裁定批准舜天船舶公司重整计划，终止重整程序。

【评析】

我国市场经济发展以来，各类企业纷纷涌现，日益发展壮大，但随着我国产业转型升级、市场金融风险增加，加之近年来的新冠肺炎疫情的影响等，许多企业陷入经营困境，最终不得不走向破产的境地。如何帮助“僵尸企业”

有序退出市场，恢复市场活力，是十分重要的目标。

依照《企业破产法》的规定，重整计划草案由债权人会议分组表决；涉及出资人权益调整事项的，还应当设出资人组，对该事项进行表决。各表决组均表决通过重整计划草案后，还应提交法院审查，由法院裁定批准。即重整计划草案批准程序为“会议表决 + 司法裁定”。依照《上市公司重大资产重组管理办法》的规定，上市公司进行重大资产重组，应当由董事会依法作出决议，并提交股东大会批准。中国证券监督管理委员会依照法定条件和程序，对上市公司重大资产重组申请作出是否核准的决定。即重大资产重组程序为“内部决议 + 行政许可”。当重整程序中同时启动重大资产重组时，则存在“会议表决”“内部决议”的公司内部治理结构冲突与“司法裁定”“行政许可”的外部监管权力冲突。最高人民法院《关于审理上市公司破产重整案件工作座谈会纪要》第 8 条有关受理法院通过最高人民法院和中国证券监督管理委员会会商机制，以市场经济为导向，由司法主导引领行政联动，具有独到的制度智慧。

一般而言，司法权与行政权分工明确，互不干涉。但由于上市公司涉及许多股民、市场交易主体以及相关产业链的利益，以及证券市场的监督管理工作，对其破产程序的相关问题的处理需要更加谨慎。最高人民法院《关于审理上市公司破产重整案件工作座谈会纪要》第 6 条亦规定：“……有关经营方案涉及并购重组等行政许可审批事项的，上市公司或管理人应当聘请经证券监管机构核准的财务顾问机构、律师事务所以及具有证券期货业务资格的会计师事务所、资产评估机构等证券服务机构按照证券监管机构的有关要求及格式编制相关材料，并作为重整计划草案及其经营方案的必备文件……”因此，在上市公司的破产程序，尤其是破产重整过程中，许多事项除了重视司法主动外，行政审批也很重要。如果上市公司的破产重整只处理司法事项，而忽略行政事项的话，等到程序后期，就有可能陷入行政审批不通过的尴尬境地，从而产生行政权否定司法权的情况。因此，在不干预依法独立行使司法职权的前提下，通过行政权对司法权的协调配合，促进破产重整程序的顺利进行，更有利于挽救陷于危困之中的企业。

同时，正如本案中的重整计划草案，内容涉及剥离原有资产、注入优质资产、保护经营性债权人在重整程序中不受损失、通过公司资本公积金转增股票清偿剩余未能以现金清偿的普通债权等，方式较为灵活，更有利于重整计划草案的通过。

第三节　重整投资人

一、引进重整投资人的特殊要求

上市公司的破产重整基于信息公开、维护广大投资者利益的要求，一般是以公开征集方式招募重整投资人。上市公司或者管理人应当同时通过上市公司公告披露征集（招募）通知，披露内容包括征集目的、征集条件、征集流程和遴选机制等。上市公司应按照分阶段信息披露原则披露公开征集重整投资人的重大进展事项。

上市公司通过管理人寻找和洽谈等其他方式引进重整投资人的，应当在上市公司、管理人和重整投资人签订投资协议后及时披露，并披露未通过公开征集方式招募重整投资人的原因、合理性。

上市公司、管理人与重整投资人签订投资协议的，应当及时公告并披露协议主要内容。

重整投资人取得上市公司股份涉及国家产业政策、行业准入等事项的，应当说明是否需要取得相关部门批准及其批准情况。外国投资者参与破产重整，应当遵守相关法律、行政法规、部门规章、规范性文件以及本所《股票上市规则》等规定。

重整投资人受让上市公司资本公积转增股份的，相关受让股份价格定价应当合理、公允，不得损害中小投资者利益。

二、受欢迎的重整投资人主体

《上市公司重大资产重组管理办法》第 9 条规定："鼓励依法设立的并购基金、股权投资基金、创业投资基金、产业投资基金等投资机构参与上市公司并购重组。"可见，在政策层面是鼓励市场主体积极参与上市公司的并购重组和破产重整的。

具有国资背景的投资人是非常受欢迎的投资人。因为这类投资人的资金实力雄厚，可信度也很高，其制定的重整计划草案更容易被表决通过，也能够稳住企业职工和其他投资者。尤其是地方国企作为投资人，能够较大程度上得到地方政府的支持，一方面，有利于上市公司的重整进行；另一方面，也有利于为当地保留一定的工作岗位和税收收入。如备受关注的康美药业股份有限公司的破产重整案，2021 年 12 月 25 日，康美药业股份有限公司发布了一则关于股东权益变动暨控股股东发生变更的提示性公告，按照公司重整计划，公司控制权变更为广东神农氏企业管理合伙企业。广东神农氏企业管理合伙企业的大股东包括广东省财政厅、广东省国资委、揭阳市国资委、广州市人民政府、广州医药集团有限公司等，可明显看出广东神农氏企业管理合伙企业系国资背景。这在一定程度上也增强了债权人对康美药业股份有限公司的重整信心。

还有一类比较受欢迎的投资人，是同产业或与债务人主营业务的产业密切关联的投资人。如吉林利源精制股份有限公司重整案，在＊ST 利源实施资本公积转增，并依法办理完毕股份划转手续后，倍有智能科技（深圳）有限公司持有＊ST 利源 8 亿股股份，持股比例达 22.54%，成为＊ST 利源第一大股东。倍有智能科技（深圳）有限公司与＊ST 利源有主营业务上的重合，该公司背后也有实力强大的投资人，因此，具有一定的重整优势。

三、重整投资人的程序权利

常规企业的破产重整中，法律法规和司法解释并未明确重整投资人在破产重整程序中的权利。最高人民法院《全国法院破产审判工作会议纪要》第 15 条规定：“重整案件的听证程序。对于债权债务关系复杂、债务规模较大，或者涉及上市公司重整的案件，人民法院在审查重整申请时，可以组织申请人、被申请人听证。债权人、出资人、重整投资人等利害关系人经人民法院准许，也可以参加听证。听证期间不计入重整申请审查期限。”上市公司的破产重整规则为重整投资人在重整程序中赋予了相关权利。

相关规定

深圳中院审理企业重整案件的工作指引（试行）（节选）

（2019 年 3 月 25 日发布　2019 年 3 月 25 日施行）

第五章　重整投资人

第七十一条　重整投资人是指在重整程序中，债务人无力自行摆脱经营及债务困境时，为债务人提供资金或者其他资源，帮助债务人清偿债务、恢复经营能力的自然人、法人或者其他组织。

重整投资人可以是单一的自然人、法人或者其他组织，也可以是两个以上自然人、法人或者其他组织组成的联合体。

重整投资人可以由债务人或管理人通过协商和公开招募的方式引进，也可以由债权人推荐。

第七十二条 债务人自行管理财产和营业事务的，债务人可以通过协商引进重整投资人。

自第一次债权人会议召开之日起一个月内，或者自裁定对破产清算的债务人进行重整之日起一个月内，债务人不能就债务清偿及后续经营提出可行性方案的，管理人可以向社会公开招募重整投资人。

第七十三条 管理人负责管理财产和营业事务的，重整投资人由管理人向社会公开招募。经审查存在下列情形的，管理人可以申请协商确定重整投资人：

（一）债务人与意向投资人已在预重整或者债务人自行经营管理期间初步形成可行的债务清偿方案和出资人权益调整方案的；

（二）在重整申请受理时，债务人已确定意向投资人，该意向投资人已经持续为债务人的继续营业提供资金、代偿职工债权，且债务人已经就此制订出可行的债务清偿和出资人权益调整方案的；

（三）重整价值可能急剧丧失，需要尽快确定重整投资人的；

（四）存在其他不适宜公开招募重整投资人的情形，并经债权人会议或者债权人委员会同意的。

第七十四条 管理人公开招募重整投资人的，应当在债务人资产评估工作完成后及时启动。管理人也可以根据重整案件实际情况，提前启动公开招募。

在受理破产清算后、宣告债务人破产前裁定对债务人进行重整的，管理人应当自重整裁定作出之日起三十日内招募重整投资人。

第七十五条 公开招募重整投资人的，管理人应当及时制作招募方案并提交合议庭备案。招募方案应当包括招募启动时间、公告期限、招募文件主要内容等。

第七十六条 公开招募重整投资人的，由管理人在全国企业破产重整案件信息网、本市有影响的媒体发布公告期不少于十五日的招募公告。

招募公告应当载明下列事项：

（一）案件基本情况；

（二）意向重整投资人应当具备的资格条件；

（三）参加招募程序的报名方式及期限；

（四）获取招募文件的方式及期限。

第七十七条 管理人应当在招募公告发布之前完成招募文件的制作。

招募文件应当包括下列内容：

（一）债务人的资产、负债等基本情况；

（二）意向重整投资人缴纳保证金的要求；

（三）意向重整投资人应当提交的参选材料及截止时间；

（四）确定重整投资人的标准和程序；

（五）对重整投资人及其重整预案的特定要求。

第七十八条　意向重整投资人参加公开招募的，一般需要提供下列材料：

（一）有效的主体资格证明文件；

（二）资质、财务、业绩介绍及相关证明材料；

（三）重整预案，包括重整资金来源、出资人权益调整、债权调整、债权清偿及后续经营方案等；

（四）招募文件要求意向重整投资人提供的其他材料。

第七十九条　意向重整投资人要求查阅有关债务人的财产调查报告、资产评估报告、偿债能力分析报告、审计报告以及债权表等资料的，管理人应当准许。

意向重整投资人要求详细了解债务人相关情况的，管理人应当在意向重整投资人与其签署保密协议后予以配合。

第八十条　经管理人初步审查，意向重整投资人符合招募公告规定的资格条件且参选材料不违反法律规定的，应当按照管理人的要求签订保证金协议，并缴纳重整保证金。

第八十一条　多家意向重整投资人经初步审查合格并缴纳保证金的，由债权人会议选定重整投资人。选定规则为：

（一）经出席会议的有表决权的债权人过半数同意，并且其所代表的债权额占无财产担保债权总额二分之一以上的，该意向重整投资人即为重整投资人；

（二）经表决所有意向重整投资人均不符合第（一）项规定的标准，但其中一家意向重整投资人获得同意的表决人数、债权额比例均超过其他意向重整投资人的，该意向重整投资人即为重整投资人；

（三）经表决所有意向重整投资人均不符合第（一）（二）项规定的标准，但仅有两家意向重整投资人参与表决的，获得较多债权人支持的即为重整投资人超过两家意向重整投资人参与表决的，由债权人会议对最多债权人和最多债权额同意的两家意向重整投资人按照本条规则再次表决。

经合议庭同意，债权人会议可以另行通过符合案件特点的选定规则。

第八十二条　在招募期间，仅有一家意向重整投资人提交参选材料且其重整预案经管理人审查合格的，该意向重整投资人即为重整投资人。

上述意向重整投资人提交的重整预案不符合遴选要求，又拒不调整，或者未在指定期限内再次提交重整预案，或者再次提交的重整预案仍不符合要求的，经管理人申请，可以裁定终止重整程序，并宣告债务人破产；但管理人在重整计划草案提交期限届满四十五日前申请再次公开招募重整投资人的，可以准许。

《深圳证券交易所上市公司自律监管指引第 14 号——破产重整等事项》

（深证上〔2022〕325 号　2022 年 3 月 31 日发布）

第一章　总　　则

第一条　为规范深圳证券交易所（以下简称本所）上市公司重整、和解及破产清算事项（以下统称破产事项），根据《中华人民共和国公司法》《中华人民共和国证券法》（以下简称《证券法》）、《中华人民共和国企业破产法》（以下简称《企业破产法》）等法律、行政法规、部门规章、规范性文件，以及《深圳证券交易所股票上市规则》《深圳证券交易所创业板股票上市规则》（以下统称《股票上市规则》）等规定，制定本指引。

第二条　上市公司实施破产事项适用本指引。实施预重整等程序的上市公司，参照本指引规定履行信息披露义务。

上市公司控股股东、第一大股东、对上市公司经营具有重要影响的子公司和参股公司发生破产事项，可能对上市公司股票及其衍生品种交易价格产生较大影响的，参照本指引规定履行信息披露义务。

第三条　上市公司及其控股股东、实际控制人，董事、监事、高级管理人员，破产管理人及其成员，债权人，重整投资人等破产事项相关方（以下统称上市公司及有关各方）应当按照本指引履行信息披露义务，确有原因无法履行的，应当说明原因。

进入破产程序的上市公司除按照本指引披露信息外，还应当按照本所相关规定，及时披露定期报告和临时报告。

根据《企业破产法》以及人民法院要求应当公告的事项，上市公司或者管理人应当及时披露。

第四条　上市公司及有关各方不得通过披露破产事项，从事市场操纵、内幕交易等违法违规行为。

上市公司实施破产事项期间，应当及时、公平地披露相关信息，并保证所披露的信息真实、准确、完整。股票交易出现异常波动的，应当按照本所要求及时披露股票交易异常波动公告，说明破产事项的最新进展，并提示相关风险。

第五条　上市公司在破产事项推进期间出现重大市场质疑、投资者投诉或者其他情形的，上市公司或者管理人可以主动召开投资者说明会或者媒体说明会，本所也可以视情况要求召开。

第二章　停复牌和内幕交易防控

第六条　上市公司实施预重整、重整、和解、破产清算期间，原则上股票及其衍生品种不停牌，上市公司及有关各方应当切实做好内幕信息保密及内幕交易防控工作，分阶段披露破产事项的进展，并充分提示相关风险。

第七条　上市公司董事会或者管理人认为确有需要的，可以向本所申请股票及其衍生品种停牌，停牌时间原则上不超过二个交易日，确有必要的，可以延期至五个交易日。

上市公司申请停牌的，应当披露停牌具体事由、事项进展和预计复牌时间等内容。

上市公司应当披露停牌期间相关事项的主要工作、事项进展、对上市公司的影响以及后续安排等，并充分提示相关事项的风险和不确定性。

第八条　上市公司、管理人及其成员、重整投资人、债权人、为破产事项提供有关服务的中介机构及有关各方，对所知悉的破产事项在依法依规披露前负有保密义务。

上市公司应当在作出破产申请决定或者知悉被申请破产、法院裁定受理破产事项、债权人会议审议重整计划或者和解协议、确定重整投资人后的五个交易日内向本所提交内幕信息知情人档案及进程备忘录。本所可以视情况要求上市公司补充提交内幕信息知情人档案。

第三章　破产事项的申请和受理

第九条　上市公司拟主动提出重整、和解或者破产清算申请的，应当充分评估是否符合《企业破产法》等规定的条件、被法院受理的可行性以及对上市公司持续经营能力的影响等，并提交董事会、股东大会审议。

第十条　上市公司应当在董事会作出向法院申请重整、和解或者破产清算的决定时，或者知悉被申请重整或者破产清算时，及时披露下列事项：

（一）上市公司作出申请决定的具体原因、申请目的、正式递交申请的时间，以及已履行和仍需履行的审议程序（适用于主动申请情形）；

（二）申请人的基本情况、申请目的、申请的事实和理由，以及申请人与上市公司及其董事、监事、高级管理人员、控股股东、实际控制人是否存在关联关系、一致行动关系（适用于债权人、股东申请情形）；

（三）破产事项被法院受理可能存在的障碍及解决措施（如适用）；

（四）破产事项对上市公司的影响；

（五）上市公司董事、监事、高级管理人员、控股股东、实际控制人未来六个月的减持计划；

（六）后续是否进入重整、和解或者破产清算程序尚存在重大不确定性，上市公司股票可能被实施退市风险警示、终止上市的相关风险提示；

（七）本所要求披露的其他内容。

上市公司向人民法院申请和解的，除应当按照前款规定履行信息披露义务外，还应当披露明确的和解协议草案，并充分提示和解不成功被宣告破产的风险。上市公司制定和解协议草案时，应当采取有效措施保护中小投资者利益，并按照《股票上市规则》等规定，履行股东大会审议程序。

上市公司根据本条规定披露信息，应当以客观事实或者具有事实基础的判断和意见为依据，保证信息披露的真实、准确、完整。

第十一条 上市公司应当在董事会作出向法院申请重整、和解或者破产清算的决定时，或者知悉债权人向法院申请上市公司重整或者破产清算的五个交易日内，披露上市公司专项自查报告，自查报告应当包括以下内容：

（一）截至自查报告披露日，上市公司控股股东、实际控制人及其他关联方非经营性占用上市公司资金情况；

（二）截至自查报告披露日，上市公司存在的违规对外担保情况；

（三）上市公司、控股股东、实际控制人及其他关联方等相关主体尚未履行的承诺事项；

（四）其他应当予以关注的事项；

（五）上述事项的解决方案及可行性。

上市公司应当在定期报告中持续披露专项自查事项进展情况，直至自查事项结束。

第十二条 上市公司依据《企业破产法》的规定对债权人申请提出异议的，应当及时披露异议所涉及的具体内容。

第十三条 法院受理破产申请前，申请人撤回申请的，上市公司应当及时披露撤回时间及原因。法院作出裁定的，上市公司应当在收到法院裁定后及时披露。

第十四条 在法院裁定是否受理破产申请前，上市公司应当至少每月披露一次进展公告，对破产申请被受理的不确定性、上市公司股票可能被实施退市风险警示、终止上市的风险等进行提示。

第十五条 法院裁定不予受理上市公司破产申请的，上市公司应当在收到裁定后及时披露法院作出裁定的时间以及裁定书的主要内容。

申请人对法院裁定不服，向上一级人民法院提起上诉的，上市公司应当及时披露相关情况。

第十六条 法院裁定受理上市公司破产申请的，上市公司应当在收到法院裁定后及时披露下列事项：

（一）申请人名称；

（二）法院作出裁定的时间以及裁定书的主要内容；

（三）法院受理破产申请对上市公司的影响；

（四）本所要求披露的其他内容。

上市公司应当在公告中充分提示其股票可能存在被终止上市的风险。

第十七条 法院指定管理人的，上市公司还应当披露以下内容：

（一）管理人的基本情况，包括管理人名称、负责人、成员、职责及联系方式等；

（二）上市公司财产和营业事务的管理模式；

（三）后续信息披露事务责任主体名称、成员、联系方式等。

第十八条　法院裁定受理重整、和解或者破产清算申请的，上市公司应当及时披露相关情况。本所根据《股票上市规则》对其股票实施退市风险警示。

第十九条　进入破产程序的上市公司采取管理人管理运作模式的，管理人及其成员应当按照有关法律法规及本所业务规则等及时、公平地向所有债权人和股东披露信息，并保证信息披露内容的真实、准确、完整。

上市公司披露的定期报告应当由管理人的成员签署书面确认意见，披露的临时报告应当由管理人发布并加盖管理人公章。

第二十条　进入破产程序的上市公司采取管理人监督运作模式的，上市公司应当及时披露自行管理财产和营业事务职权范围，董事会、监事会和高级管理人员应当按照有关法律法规及本所业务规则有关规定履行信息披露义务。

在行使管理人职责期间，管理人应当及时将涉及信息披露的所有事项告知上市公司董事会，并监督董事、监事和高级管理人员勤勉尽责地履行信息披露义务。

第二十一条　在第一次债权人会议召开之前，管理人决定上市公司继续或者停止营业并获得法院同意的，应当及时向本所报告并公告相关情况。

第二十二条　上市公司预重整程序转换或者结束时，上市公司应当及时披露预重整期间临时管理人等的履职情况、预重整程序取得的成效、预重整与破产重整程序衔接安排等内容。

第二十三条　破产事项程序发生转换的，上市公司应当在收到法院裁定书后，及时披露以下内容：

（一）申请人名称、与上市公司之间的关系；

（二）法院作出裁定的时间以及裁定书的主要内容；

（三）破产事项程序转换对上市公司的影响；

（四）本所要求披露的其他内容。

第四章　重整投资人

第二十四条　上市公司或者管理人在重整计划制定过程中拟通过公开征集方式招募重整投资人的，应当同时通过上市公司公告披露征集（招募）通知，披露内容应当包括征集目的、征集条件、征集流程和遴选机制等。

上市公司应当遵循分阶段信息披露原则披露公开征集重整投资人的重大进展事项。

第二十五条　上市公司通过管理人寻找和洽谈等其他方式引进重整投资人的，应当在上市公司、管理人和重整投资人签订投资协议后及时披露，并披露未通过公开征集方式招募重整投资人的原因、合理性。

第二十六条 上市公司、管理人与重整投资人签订投资协议的，应当及时公告并披露以下内容：

（一）重整投资人基本情况，包括基本工商登记信息、股权结构、实际控制人情况、近三年主营业务情况和主要财务数据、与上市公司及其董事、监事、高级管理人员、控股股东、实际控制人等是否存在关联关系或者一致行动关系，重整投资人之间是否存在关联关系或者一致行动关系以及是否存在出资安排等；

（二）投资协议主要内容，包括重整投资人投资目的、投资金额、拟获得股份情况、对上市公司未来生产经营计划及协议生效条件等；

（三）重整投资人取得相关股份所需支付的对价、定价依据及公允性、资金来源、支付方式，引入重整投资人过程中是否存在损害上市公司及中小投资者利益情形；

（四）重整投资人股份锁定安排，上市公司股权结构及控制权变化情况；

（五）重整投资人作出的相关承诺、履约措施、履约能力及履约保障等；

（六）执行投资协议对上市公司的影响；

（七）本所、上市公司或者管理人认为应当披露的其他事项。

第二十七条 重整投资人取得上市公司股份涉及国家产业政策、行业准入等事项的，应当说明是否需要取得相关部门批准及其批准情况。

外国投资者参与破产重整，应当遵守相关法律、行政法规、部门规章、规范性文件以及本所《股票上市规则》等规定。

第二十八条 重整投资协议涉及重整投资人受让上市公司资本公积转增股份的，相关受让股份价格定价应当合理、公允，不得损害中小投资者利益。

相关受让股份价格低于上市公司股票在投资协议签署当日（遇到非交易日的，则以签署日前一个交易日为基准日）收盘价百分之八十的，上市公司或者管理人应当聘请财务顾问出具专项意见并予以披露。

第五章　债权人会议

第二十九条 发出召开债权人会议通知的，上市公司或者管理人应当及时披露以下内容：

（一）会议召开的时间、地点和方式，采用网络会议方式召开的，应当说明参会的具体方法；

（二）审议议案的主要内容（如有）；

（三）截至会议通知发出日，债权申报及审核、资产调查情况，以及财产管理、上市公司营业等破产事务的最新进展情况（如有）；

（四）上市公司或者重要子公司专项审计、评估报告（如有）；

（五）管理人报酬（如有）；

（六）关于债权人会议结果存在不确定性的风险提示；

（七）本所、上市公司或者管理人认为应当披露的其他事项。

管理人等发出关于审议重整计划草案或者和解协议的债权人会议通知时，上市公司或者管理人除按第一款规定进行披露外，还应当及时披露重整计划草案、和解协议的主要内容，无法披露的，应当说明原因。

第三十条　债权人会议结束后，上市公司或者管理人应当及时披露以下内容：

（一）会议议程；

（二）债权核查情况（如有）；

（三）债权人会议关于继续或者停止上市公司营业的决定（如有）；

（四）对上市公司财产管理方案、财产变价方案、破产财产分配方案等的表决情况（如有）；

（五）各债权人组对重整计划草案或者和解协议的表决情况（如有）；

（六）会议决议涉及的其他事项；

（七）上市公司股票可能被终止上市的风险提示；

（八）本所、上市公司或者管理人认为应当披露的其他事项。

债权人会议审议通过重整计划草案或者和解协议的，上市公司或者管理人除按第一款规定进行披露外，还应当及时披露重整计划草案、和解协议全文。

债权人会议当日未形成决议需延期表决的，上市公司或者管理人应当及时披露会议召开情况、未形成决议的原因及后续安排，并在形成最终决议后及时公告。

第三十一条　对于重整计划草案首次未获债权人组表决通过的，上市公司或者管理人应当在结果公告中明确披露是否与相关表决组通过协商后再次进行表决。

进行二次表决的，相关表决组第二次表决结束后，上市公司或者管理人应当及时公告表决结果。再次表决未获通过的，应当及时披露是否将按照《企业破产法》的规定，向法院申请强制批准重整计划草案。

第三十二条　债权人会议或者管理人决定停止上市公司全部或者部分营业的，上市公司或者管理人应当披露被停止营业相关业务最近一年及一期的收入、利润、资产等财务状况和经营成果，以及停止营业对上市公司的具体影响，并提示相关风险。

第三十三条　债权人会议表决通过或者法院裁定财产变价方案，达到本所《股票上市规则》规定的披露标准的，上市公司或者管理人应当单独就财产变价方案披露以下内容：

（一）被处置财产的基本情况，包括范围及确定依据、权属状况、账面值及评估值、在生产经营中的作用等；

（二）处置价格及定价依据、处置方式及流程、付款安排；

（三）处置方案相关会计处理，处置方案对上市公司当期损益和持续经营能力的影响；

（四）中介机构出具的专业报告（如适用）。

第三十四条 上市公司或者管理人应当就重整计划草案中约定的经营方案单独履行信息披露义务，详细说明执行步骤和时间安排，分析论证方案制定依据，并对依据的充分性、方案的可行性以及是否有利于提高上市公司持续经营能力进行说明。

重整计划草案中有关经营方案涉及购买资产构成重大资产重组等事项的，上市公司或者管理人应当聘请中介机构按照证券监管机构的有关要求核查并编制信息披露文件，作为重整计划草案及其经营方案的必备文件。

第六章 出资人组会议及权益调整安排

第三十五条 重整计划草案涉及出资人权益调整等与股东权利密切相关的重大事项时，应当设出资人组对相关事项进行表决。出资人组会议表决事项涉及引入重整投资人等事项且重整投资人与上市公司控股股东、实际控制人、持股百分之五以上股东、董事、监事、高级管理人员等存在关联关系的，上述关联股东应当回避表决，并且不得代理其他股东行使表决权。

出资人组对出资人权益调整相关事项作出决议，必须经出席会议的出资人所持表决权三分之二以上通过。上市公司披露表决结果时，还应当对除上市公司董事、监事、高级管理人员以及单独或者合计持有上市公司百分之五以上股份的股东以外的其他股东的表决单独计票并披露。

第三十六条 出资人组会议的召开程序应当参照中国证监会及本所关于召开股东大会的相关规定，上市公司或者管理人应当提供网络投票方式，为出资人行使表决权提供便利，法院另有要求的除外。

第三十七条 上市公司或者管理人应当在发出出资人组会议通知时单独披露出资人权益调整方案，对出资人权益调整的必要性、范围、内容、除权（息）处理原则、是否有利于保护上市公司及中小投资者利益等进行说明，并就方案实施时可能涉及除权（息）安排等进行风险提示。

出资人组会议召开后，应当及时披露表决结果情况和律师事务所出具的法律意见书。

第三十八条 对于出资人权益调整方案首次未获出资人组表决通过的，上市公司或者管理人应当在结果公告中明确披露是否与相关表决组通过协商后再次进行表决。

进行二次表决的，相关表决组第二次表决结束后，应当及时公告表决结果。再次表决未获通过的，应当及时披露是否将按照《企业破产法》的规定，向法院申请强制批准重整计划草案。

第三十九条 上市公司破产重整程序中涉及权益调整方案的，应当按照本所《交易规则》的相关规定，对其股票作除权（息）处理。

上市公司拟调整除权（息）参考价格计算公式的，应当结合重整投资人支付对价、转增股份、债务清偿等情况，明确说明调整理由和规则依据，并聘请财务顾问就调整的合规性、合理性及除权（息）参考价格计算结果的适当性发表明确意见。如权益调整方案约定的转增股份价格高于上市公司股票价格的，可以不对上市公司股票作除权（息）处理。

第四十条　上市公司或者管理人应当于实施权益调整方案的股权登记日前三至五个交易日内披露方案实施公告，公告应当包括以下内容：

（一）法院裁定批准重整计划情况；

（二）权益调整方案的具体内容、转增股份实施办法以及转增股份分配情况；

（三）转增股份的股权登记日、除权除息日、股份上市日；

（四）除权（息）具体安排；

（五）上市公司股本结构变动表及持股百分之五以上股东变化情况；

（六）上市公司股票存在终止上市风险等相关风险提示。

第七章　法院裁定及破产事项实施

第四十一条　重整计划草案、和解协议经债权人会议、出资人组会议（如有）审议通过后，上市公司或者管理人应当及时披露向法院申请批准重整计划草案、认可和解协议的情况。

上市公司或者管理人按照《企业破产法》的相关规定，延期提交重整计划草案的，应当及时披露进展情况。

第四十二条　上市公司或者管理人依据《企业破产法》的规定申请法院强制批准重整计划草案的，上市公司或者管理人应当及时公告并说明相关申请的具体情况及依据。

第四十三条　法院裁定批准重整计划、认可和解协议或者终止重整、和解程序等，上市公司或者管理人应当在收到法院裁定后及时披露裁定内容，并披露重整计划、和解协议全文。如重整计划、和解协议与前次披露内容存在差异的，应当说明差异内容及原因。

重整计划草案或者和解协议未获得批准或者认可的，上市公司或者管理人还应当及时披露法院裁定内容及未获批准或者认可的原因，并充分提示因法院裁定终止重整、和解程序并被宣告破产，上市公司股票可能被终止上市的风险。

因重整计划草案或者和解协议未获得法院批准或者认可，上市公司被宣告破产的，上市公司应当按照本所《股票上市规则》的要求启动其股票退市程序，并应当按要求履行信息披露义务。

第四十四条　破产事项中涉及股东、债权人、重整投资人等持有上市公司股份权益变动的，相关方应当按照《证券法》《上市公司收购管理办法》等法律法规及本所业务规则等规定，自法院裁定重整计划或者投资协议签署之日起，履行相关信息披露义务。

第四十五条　根据《证券法》《上市公司收购管理办法》等相关规定，重整计划执行可能导致相关方触发强制要约收购义务，且不符合《上市公司收购管理办法》规定的免于发出要约情形的，相关方应当按照相关规定及时向全体股东发出收购要约。

第四十六条 重整投资人取得上市公司股份后成为控股股东、实际控制人的，应当承诺在取得股份之日起三十六个月内不转让或者委托他人管理其直接和间接持有的上市公司股份。

上市公司控股股东、实际控制人未发生变更的，其控股股东、实际控制人应当承诺所持上市公司股份在重整计划执行完毕后的三十六个月内不转让或者委托他人管理其直接和间接持有的上市公司股份。如控股股东、实际控制人在重整时取得股份的，参照前款规定执行。

重整计划执行完毕时，上市公司披露无控股股东、实际控制人的，其第一大股东及其最终控制人应当比照控股股东、实际控制人遵守本条前两款规定。

前述规定外的其他重整投资人应当承诺在取得股份之日起十二个月内不转让或者委托他人管理其直接和间接持有的上市公司股份。

转让双方存在控制关系或者受同一实际控制人控制的，不受本条规定的限制。

第四十七条 在重整计划、和解协议执行期间，上市公司应当每月或者在相关事项取得进展时及时披露执行进展情况。

监督期届满时管理人向法院提交监督报告的，管理人应当及时公告监督报告的主要内容。上市公司应当在收到法院裁定书后，及时披露裁定内容。

重整计划、和解协议执行完毕后，上市公司应当及时披露相关情况，说明破产事项对上市公司合并报表范围、主营业务、财务状况、当期损益等方面的具体影响。

第四十八条 重整计划、和解协议执行完毕后，上市公司可以向本所申请撤销对其股票实施的退市风险警示，并同时作出公告。

申请撤销材料应当包括：

（一）关于撤销退市风险警示的申请；

（二）管理人出具的监督报告；

（三）人民法院作出确认重整计划、和解协议执行完毕的裁定书（如有）；

（四）律师事务所出具的对上市公司重整计划、和解协议执行情况的法律意见书；

（五）本所要求的其他说明文件。

上市公司提交完备的撤销退市风险警示申请材料的，本所在十五个交易日内决定是否撤销对其股票实施的退市风险警示。

本所决定撤销退市风险警示的，上市公司应当按照本所要求在撤销退市风险警示之前一个交易日作出公告。上市公司股票及其衍生品种在公告披露日停牌一天。自复牌之日起，本所撤销对其股票实施的退市风险警示。

第四十九条 上市公司不能执行或者不执行重整计划、和解协议的，应当及时披露，说明具体原因、相关责任归属、后续安排等，并充分提示上市公司可能因此被法院裁定终止重整计划或者和解协议的执行并被宣告破产，从而导致其股票终止上市等相关风险。

因上市公司不能执行或者不执行重整计划、和解协议，法院裁定终止重整计划、和解协议执行并宣告上市公司破产的，本所决定终止其股票上市，上市公司应当按照《股票上市规则》的要求履行信息披露义务。

第五十条　上市公司、重整投资人等承诺相关方在破产事项中作出的承诺必须有明确的履约时限，不得使用“尽快”“时机成熟时”等模糊性词语。承诺相关方在作出承诺前应当分析论证承诺事项的可实现性并公开披露相关内容，不得承诺根据当时情况判断明显不可能实现的事项。

承诺相关方作出业绩承诺，应当对作出业绩承诺的依据、合理性、是否与上市公司签订了明确可行的补偿协议、履约能力、履约保障措施等进行说明。

上市公司或者管理人应当对承诺的具体内容、履约方式及时限、承诺人履约能力、履约风险及对策、不能履约时的制约措施等进行充分披露，并督促相关方及时履行承诺。

第五十一条　上市公司重整计划执行完毕后，如生产经营情况与重整计划约定的经营方案存在重大差异，应当及时披露差异情况，说明是否符合重整计划的规定。

上市公司应当在重整计划执行完毕当年和执行完毕后的第一个会计年度的年度报告中，披露以下内容：

（一）重整计划中相关经营方案、资产注入方案等的实施情况；

（二）重整后上市公司各项业务的发展情况；

（三）重整后置入资产运营和盈利情况（如适用）；

（四）上市公司治理结构与规范运作情况；

（五）后续经营中与重整计划存在差异的事项及原因。

第八章　附　　则

第五十二条　上市公司、破产管理人及其成员、重整投资人、债权人及有关各方违反本指引规定的，本所可以采取自律监管措施或者纪律处分。

为上市公司破产事项提供服务的中介机构和人员在上市公司破产事项推进过程中未能勤勉尽责，出具意见不审慎的，本所可以采取自律监管措施或者纪律处分。

第五十三条　本指引由本所负责解释。

第五十四条　本指引自发布之日起施行。

典型案例评析

管理人可先行在破产清算程序中预招募意向重整投资人，条件成就时由法院裁定重整

——评浙江新天龙科技股份有限公司破产清算转重整案①

【裁判要旨】

债务人虽是被债权人申请破产清算，但对于有重整价值和重整可行的债务人，为了提高破产重整效率和成功率，管理人可在破产清算程序中先行预招募意向重整投资人。在与意向重整投资人达成较为可行的重整方案后，管理人可向法院申请破产重整。

【基本案情】

浙江新天龙科技股份有限公司（以下简称新天龙公司）从事印染行业逾 20 年，是浙江省湖州市长兴县虹星桥镇唯一一家印染企业，旗下全资子公司是当地重要的污水处理企业，整体具备较为完整的生产要素，并持有一定体量的排污权。长期以来为当地众多纺织企业提供“印染 + 污水处理”的产业配套，同时承担当地生活污水的处理和再生利用任务，是当地行业龙头企业，曾于 2017 年成功上市“新三板”。近年来因生产技术落后、主营业务受挫，企业资金链断裂，严重资不抵债。

申请执行人长兴山桥粮油经营部在执行案件中申请对新天龙公司移送破产审查。湖州市中级人民法院于 2020 年 7 月 8 日裁定受理对新天龙公司的破产清算申请，并指定管理人开展破产清算工作。

新天龙公司若清算退出市场，将对当地纺织产业发展造成不利影响，处理不慎更将影响当地居民日常生活和当地环境安全。同时，清算状态下，企业长期积累的各类生产要素和资源不能得到有效利用，排污权无法快速重新配置并实现价值，普通债权清偿率也仅为 7% 左右。

鉴于新天龙公司具有较高的重整价值，在法院的指导下，管理人进行重整可行性研判，在清算程序中先行招募意向重整投资人。在招募到意向重整

① 参见浙江省湖州市中级人民法院民事判决书，（2020）浙 05 破 3 号；本案例为浙江省高级人民法院发布的 2021 年破产审判十大典型案例之六。

投资人且有较为可行的重整方案后，向法院申请新天龙公司破产重整。

【裁判结果】

2021 年 4 月 23 日，法院裁定新天龙公司转入重整程序。

2021 年 8 月 13 日，法院裁定批准新天龙公司重整计划，并终止重整程序。

【评析】

根据《企业破产法》第 7 条的规定，债务人不能清算到期债务的，债权人可向法院申请对债务人进行清算或重整。然而，实践中不少法院要求无论是债权人申请破产重整还是债务人申请破产重整，都要提交债务人具有重整价值的证据材料甚至重整可行性报告。债权人显然较难获取相关的债务人材料并出具债务人具有重整价值的证据材料和可行性报告，亦将增加申请人的成本。本案是申请执行人在执行程序中申请移送执行转破产审查，法院裁定受理破产清算。

在破产清算过程中，法院和管理人发现新天龙公司具有较为明显的重整价值和可行性。为此，管理人可在开展清算的过程中，同步启动预招募重整投资意向人工作。在招募到重整投资意向人，有较为可行的重整计划预案时，可由适格主体向法院申请重整，由法院裁定重整。

笔者非常赞同湖州市中级人民法院和管理人的做法。为了提高效率，避免错失机会，开展预招募意向重整投资人、做重整计划预案等活动并不应要求法院裁定受理重整之后才开展。在破产清算程序中对债权债务、资产等进行清理的过程，亦是发现债务人是否具备重整价值和重整可行性的过程。在清算过程中同步启动预招募意向重整投资人、做重整计划预案等活动，可提升重整效率，避免错失重整机会和市场机会。最终重整计划得以通过并顺利执行，各项生产要素的利用效率通过重整得到显著提高，破产企业逐步走上绿色低碳转型的发展道路，体现了破产审判运用重整法律手段帮助企业提质增效、助推经济高质量发展的职能作用，取得了良好的法律效果和社会效果。

笔者认为，对于一些细节问题，司法活动，特别是与社会经济领域极为相关的破产活动中要创造性地开展工作，提质增效，助力经济发展，此亦是创造优质营商环境的重要体现。

第四节　上市公司重整计划

破产重整计划是上市公司破产重整的重要内容，贯穿重整程序全程，是各方利害关系人讨价还价、协商而成的结果。其核心在于平衡各大小债权人之间的利益，为企业的复兴做出努力。

一、重整计划草案的制定

《企业破产法》第 79 条规定："债务人或者管理人应当自人民法院裁定债务人重整之日起六个月内，同时向人民法院和债权人会议提交重整计划草案。前款规定的期限届满，经债务人或者管理人请求，有正当理由的，人民法院可以裁定延期三个月。债务人或者管理人未按期提出重整计划草案的，人民法院应当裁定终止重整程序，并宣告债务人破产。"跟其他企业法人一样，上市公司进入破产重整程序同样需要向法院和债权人会议提交重整计划草案。重整计划草案决定着上市公司的重整程序是否能够进行下去、有没有必要进行下去。

重整计划草案的制定主体取决于谁是重整人，既可以是管理人，也可以是债务人。与《企业破产法》第 81 条规定的内涵相同，最高人民法院《关于审理上市公司破产重整案件工作座谈会纪要》第 6 条规定："会议认为，上市公司或者管理人制定的上市公司重整计划草案应当包括详细的经营方案。有关经营方案涉及并购重组等行政许可审批事项的，上市公司或管理人应当聘请经证券监管机构核准的财务顾问机构、律师事务所以及具有证券期货业务资格的会计师事务所、资产评估机构等证券服务机构按照证券监管机构的有关要求及格式编制相关材料，并作为重整计划草案及其经营方案的必备文件。控股股东、实际控制人及其关联方在上市公司破产重整程序前因违规占用、担保等行为对上市公司造成损害的，制定重整计划草案时应当根据其过错对控股股东及实际控制人支配的股东的股权作相应调整。"从中可以看出，上市公司的重整计划草案尤其重视经营方案的制作，并且对于一些涉行政审批的事项还要聘请相关专业机构来制作相关材料，还会涉及股东权益调整事项。但是目前市场经济发展瞬息万变，不能完全限定重整计划草案的内容，因此《企业破产法》第 81 条也作了兜底性规定，有利于债务人重整的其他方案也可以包括在重整计划草案中。

对于计划草案的提交时间，也作出了相关要求。一方面，可以提高效率；另一方面，也能防止债务人拖延时间、转移财产。如果经过了预重整程序，也能够更快地帮助债务人进入重整程序，节约时间成本，提高重整成功率。

二、重整计划草案的表决

法院收到重整计划草案后，一般会在30日内召开债权人会议，对重整计划草案进行表决。出席会议的同一表决组的债权人过半数同意重整计划草案，并且其所代表的债权额占该组债权总额的2/3以上的，即为该组通过重整计划草案。

但是，上市公司涉及的中小投资者众多，这些中小投资者行使权利不方便，甚至可能其所耗费的人力、财力超出或与其所拥有的债权相当，因此最高人民法院《关于审理上市公司破产重整案件工作座谈会纪要》第7条提出：“会议认为，出资人组对重整计划草案中涉及出资人权益调整事项的表决，经参与表决的出资人所持表决权三分之二以上通过的，即为该组通过重整计划草案。考虑到出席表决会议需要耗费一定的人力物力，一些中小投资者可能放弃参加表决会议的权利。为最大限度地保护中小投资者的合法权益，上市公司或者管理人应当提供网络表决的方式，为出资人行使表决权提供便利。关于网络表决权行使的具体方式，可以参照适用中国证券监督管理委员会发布的有关规定。”如此一来，就方便了上市公司各中小投资者行使权利。

对不同性质的债权人，如有担保的优先债权、劣后债权、职工债权等分类进行表决，也有利于平衡各方利益，减少同一表决组的矛盾。一些特殊的主体，如处于诉讼、仲裁期间尚未确定的债权，附条件、附期限的债权等经法院许可具有临时表决权的，上市公司的出资人、职工代表等，都有可能出席债权人会议。

三、重整计划草案的特殊审核机制

最高人民法院《关于审理上市公司破产重整案件工作座谈会纪要》第8条规定：“会议认为，重整计划草案涉及证券监管机构行政许可事项的，受理案件的人民法院应当通过最高人民法院，启动与中国证券监督管理委员会的会商机制。即由最高人民法院将有关材料函送中国证券监督管理委员会，中国证券监督管理委员会安排并购重组专家咨询委员会对会商案件进行研究。并购重组专家咨询委员会应当按照与并购重组审核委员会相同的审核标准，对提起会商的行政许可事项进行研究并出具专家咨询意见。人民法院应当参考专家咨询意见，作出是否批准重整计划草案的裁定。”

因为重整计划草案涉及证券监管机构的一些行政许可事项，在前期的会商中能够沟通了解相关事项，有利于重整计划草案的通过，减少后续因行政职权和司法职权之间的冲突导致通过的重整计划不能被实际执行。否则，在上市公司重组的过程中，有些非上市公司的重组方通过“买壳上市”而规避了证券监管机构的监管和审查，对市场经济发展后患无穷。

上述会议纪要第 9 条第 1 款规定：“会议认为，人民法院裁定批准重整计划后，重整计划内容涉及证券监管机构并购重组行政许可事项的，上市公司应当按照相关规定履行行政许可核准程序。重整计划草案提交出资人组表决且经人民法院裁定批准后，上市公司无须再行召开股东大会，可以直接向证券监管机构提交出资人组表决结果及人民法院裁定书，以申请并购重组许可申请。并购重组审核委员会审核工作应当充分考虑并购重组专家咨询委员会提交的专家咨询意见。并购重组申请事项获得证券监管机构行政许可后，应当在重整计划的执行期限内实施完成。”

四、重整计划草案的表决和批准

《企业破产法》第 86 条规定：“各表决组均通过重整计划草案时，重整计划即为通过。自重整计划通过之日起十日内，债务人或者管理人应当向人民法院提出批准重整计划的申请。人民法院经审查认为符合本法规定的，应当自收到申请之日起三十日内裁定批准，终止重整程序，并予以公告。”这是一般情况下，经债权人会议表决，通过重整计划草案。同时，在法院审查后裁定批准，即可终止上市公司的重整程序，并予以公告。这种审查既应当是对草案内容合法性的审查，也应当是对其有效性，即符合债权人最大利益和有重整可能的审查。而且这种表决通过并不要求债权人会议各表决组第一次就通过，再次协商后表决通过也具有效力。

但是，在一些情形下，也可能重整计划草案没有被表决通过，但是最终可以由法院强制批准通过。

《企业破产法》第 87 条第 2 款就是对重整计划草案的强制通过规定：“未通过重整计划草案的表决组拒绝再次表决或者再次表决仍未通过重整计划草案，但重整计划草案符合下列条件的，债务人或者管理人可以申请人民法院批准重整计划草案：（一）按照重整计划草案，本法第八十二条第一款第一项所列债权就该特定财产将获得全额清偿，其因延期清偿所受的损失将得到公平补偿，并且其担保权未受到实质性损害，或者该表决组已经通过重整计划草案；（二）按照重整计划草案，本法第八十二条第一款第二项、第三项所列债权将获得全额清偿，或者相应表决组已经通过重整计划草案；（三）按照重整计划草案，普通债权所获得的清偿比例，不低于其在重整计划草案被提请批准时依照破产清算程序所能获得的清偿比例，或者该表决组已经通过重整计划草案；（四）重整计划草案对出资人权益的调整公平、公正，或者出资人组已经通过重整计划草案；（五）重整计划草案公平对待同一表决组的成员，并且所规定的债权清偿顺序不违反本法第一百一十三条的规定；（六）债务人的经营方案具有可行性。”上述条件并非只要存在其中一项即可，全部条件必须同时成立，重整计划草案才有可能被法院批准通过。

重整计划草案被强制批准通过的合理性在于其能够缓解在重整计划制定的协商、讨价还价中的僵局，推动重整计划草案的制定和通过。同时，在达成《企业破产法》第 87 条第 2 款的条件时，上市公司重整的成功可能比较大，如果将其进行破产清算，会浪费其原本具有的大量资源，造成其价值的巨大贬损。相反，强制批准通过使得企业能够通过破产重整恢复和提高生产经营能力，也能够为市场经济创造更大价值，为社会提供更多的就业机会。但最高人民法院《全国法院破产审判工作会议纪要》还规定了“人民法院应当审慎适用企业破产法第八十七条第二款，不得滥用强制批准权。确需强制批准重整计划草案的，重整计划草案除应当符合企业破产法第八十七条第二款规定外，如债权人分多组的，还应当至少有一组已经通过重整计划草案，且各表决组中反对者能够获得的清偿利益不低于依照破产清算程序所能获得的利益”。这也能够有效防止重整计划草案被强制批准通过的滥用，以免因没有重整成功希望的上市公司没有尽快破产清算而延误债权人获得清偿的权利。

第十三章　特殊主体的破产

第一节　金融机构破产

商业银行、证券公司、保险公司等金融机构是依法设立的企业法人，但商业银行、证券公司、保险公司等金融机构经营的业务有其特殊性，它们的债务关系比一般的公司企业复杂、广泛。这些金融机构的资产分为自有资产和客户资产两部分，破产时需要对其客户资金的保护作出专门规定，且这类机构破产时涉及人数众多，社会敏感度较高，经营状况的优劣给社会经济及公众心理造成的影响比一般的公司企业要大，因此更需要谨慎处理。但是《企业破产法》并未对这些金融机构的破产作出专门规定，而是散见于其他各个法中。

一、金融机构的破产申请

《企业破产法》第134条规定："商业银行、证券公司、保险公司等金融机构有本法第二条规定情形的，国务院金融监督管理机构可以向人民法院提出对该金融机构进行重整或者破产清算的申请。国务院金融监督管理机构依法对出现重大经营风险的金融机构采取接管、托管等措施的，可以向人民法院申请中止以该金融机构为被告或者被执行人的民事诉讼程序或者执行程序。金融机构实施破产的，国务院可以依据本法和其他有关法律的规定制定实施办法。"

由上述规定结合《保险法》第90条、《商业银行法》第71条以及《证券法》第122条的规定可知，金融机构的破产申请须满足三个条件：（1）符合《企业破产法》第2条规定的"不能清偿到期债务，并且资产不足以清偿全部债务或者明显缺乏清偿能力的"情形；（2）除了由债务人本身或者债权人提出破产申请，国务院金融监督管理机构亦可以向法院提出对该金融机构进行重整或者破产清算的申请；（3）在其他主体申请金融机构破产时，需要经国务院金融监督管理机构同意。

与一般的企业公司相比，金融机构的破产申请多了一个介入主体，即国务院金融监督管理机构。当金融机构发生重大经营风险、出现破产原因时，应当及时依法进行重整或者破产清算，若该金融机构或其债权人都不提出破产申请，为了避免风险进一步扩大影响更多债权人的利益，以及造成不良的社会影响，有必要由金融监管机构向法院提出破产申请。

二、被申请破产前的处置措施

金融机构的破产涉及众多债权人，债权债务关系复杂而广泛，且关系金融安全和社会稳定，需要谨慎处理。

因此，在实践中，对出现重大经营风险的金融机构，其前置处理措施通常是先由金融监管机构依照相关法律规定实施接管、托管或撤销等措施，对确有债务清偿困难，无法继续运营的，再让其进入破产程序[①]。如《商业银行法》第 64 条规定："商业银行已经或者可能发生信用危机，严重影响存款人的利益时，国务院银行业监督管理机构可以对该银行实行接管。接管的目的是对被接管的商业银行采取必要措施，以保护存款人的利益，恢复商业银行的正常经营能力。被接管的商业银行的债权债务关系不因接管而变化。"《证券法》第 143 条规定："证券公司违法经营或者出现重大风险，严重危害证券市场秩序、损害投资者利益的，国务院证券监督管理机构可以对该证券公司采取责令停业整顿、指定其他机构托管、接管或者撤销等监管措施。"但为了防止监督管理机构接管、托管期间有债权人通过向当地法院提起诉讼和请求强制执行来提前获得金融机构的清偿，阻碍金融监管机构的接管、托管等措施的正常进行，有必要暂时中止涉及该金融机构的民事诉讼程序或者执行程序。因此《企业破产法》第 143 条规定，国务院金融监督管理机构依法对出现重大经营风险的金融机构采取接管、托管等措施的，可以向法院申请中止以该金融机构为被告或者被执行人的民事诉讼程序或者执行程序。

三、破产处理的注意事项

（一）依法保存个人信息，保护客户资料安全

《金融机构客户尽职调查和客户身份资料及交易记录保存管理办法》第

---

① 参见李曙光：《推进〈企业破产法〉修订健全金融机构破产制度》，载《清华金融评论》2020 年第 2 期。

47 条规定：“金融机构破产或者解散时，应当将客户身份资料、交易记录以及包含客户身份资料、交易记录的介质移交给中国人民银行、中国银行保险监督管理委员会或者中国证券监督管理委员会指定的机构。”商业银行、保险公司、证券公司等金融机构面对的交易主体不特定，交易对象广泛，其客户众多，这些内容属于其商业秘密，一旦泄露会给债权人带来巨大麻烦，更会给社会造成不良影响。因此，在其破产或解散时，应当将这些资料交由专业的机构来处理。

（二）保护自然人债权人的存款受偿权

《商业银行法》第 71 条第 2 款规定：“商业银行破产清算时，在支付清算费用、所欠职工工资和劳动保险费用后，应当优先支付个人储蓄存款的本金和利息。”由于面对社会不特定自然人主体来吸收储蓄存款交易是商业银行的主要业务之一，在商业银行破产清算时，如果大量自然人主体的存款无法被偿还，则极易引发群体性事件，不利于社会稳定，因此，商业银行破产清算时，在支付完法律规定的必要费用后，应当优先支付个人储蓄存款的本金和利息。

（三）保证债权人的保险合同继续履行权

《保险法》第 92 条第 1 款规定：“经营有人寿保险业务的保险公司被依法撤销或者被依法宣告破产的，其持有的人寿保险合同及责任准备金，必须转让给其他经营有人寿保险业务的保险公司；不能同其他保险公司达成转让协议的，由国务院保险监督管理机构指定经营有人寿保险业务的保险公司接受转让。”第 100 条第 1 款、第 2 款规定：“保险公司应当缴纳保险保障基金。保险保障基金应当集中管理，并在下列情形下统筹使用：（一）在保险公司被撤销或者被宣告破产时，向投保人、被保险人或者受益人提供救济；（二）在保险公司被撤销或者被宣告破产时，向依法接受其人寿保险合同的保险公司提供救济；（三）国务院规定的其他情形。”

（四）禁止挪用证券公司客户的交易结算资金和证券

《证券法》第 131 条规定：“证券公司客户的交易结算资金应当存放在商业银行，以每个客户的名义单独立户管理。证券公司不得将客户的交易结算资金和证券归入其自有财产。禁止任何单位或者个人以任何形式挪用客户的交易结算资金和证券。证券公司破产或者清算时，客户的交易结算资金和证券不属于其破产财产或者清算财产。非因客户本身的债务或者法律规定的其他情形，不得查封、冻结、扣划或者强制执行客户的交易结算资金和证券。”

典型案例评析

破产企业具备终结破产程序的情形，但仍有未结诉讼等事宜需要处理的，可在终结破产程序后继续保留清算组，清算后剩余财产应归还给出资人

——广东国际信托投资公司破产清算案①

【裁判要旨】

对于符合终结破产程序的情况，法院可裁定终结破产程序。如仍存在未结诉讼、追加分配等事宜需要清算组继续履行职责的，法院可同时裁定继续保留清算组。所有清算事宜终结后，法院仍需裁定全面终结破产程序。清算后剩余的财产，应归还出资人或按照出资人的意愿进行处置。

【基本案情】

广东国际信托投资公司（以下简称广东国投公司）原名为广东省信托投资公司，1980 年 7 月，经广东省人民政府批准在广州市原工商行政管理局注册成立，系全民所有制企业法人。1983 年，经中国人民银行批准为非银行金融机构并享有外汇经营权；1984 年 3 月，经广东省原工商行政管理局注册登记，更改名称为广东国际信托投资公司，注册资金为 12 亿元。

1992 年以来，广东国投公司由于经营管理混乱，存在大量高息揽存、账外经营、乱拆借资金、乱投资等违规经营活动，导致不能支付到期巨额境内外债务，严重资不抵债。

1998 年 10 月 6 日，中国人民银行决定关闭广东国投公司，并组织关闭清算组对其进行关闭清算。关闭清算期间，广东国投公司的金融业务和相关的债权债务由中国银行托管，广东国投公司属下的证券交易营业部由广发证券有限责任公司托管，其业务经营活动照常进行。1998 年 10 月 6 日至 1999 年 1 月 6 日，经过为期 3 个月的关闭清算查明，广东国投公司的总资产为 214.71

① 参见广东省高级人民法院民事裁定书，（2021）粤破 1 号。

亿元，负债 361.65 亿元，总资产负债率 168.23%，资不抵债 146.94 亿元。

1999 年 1 月 11 日，中国银行发布《关于清偿原省国投自然人债权的公告》，鉴于广东国投公司已严重资不抵债、无力偿还巨额债务，对自然人债权的清偿，只支付本金，不支付利息；中国银行清偿广东国投公司自然人债权后，中国银行广东省分行代广东省财政厅依法申报债权，以普通债权人的身份按破产清偿顺序受偿。同日，广东国投公司以严重资不抵债、无法偿付到期巨额债务为由，向广东省高级人民法院申请破产。

破产清算组对广东国投公司破产财产追收和变现后，依法优先拨付了破产清算费用（含中介机构专业服务费用、评估费用及其他清算费用），于 2000 年 10 月 31 日、2002 年 6 月 28 日和 2003 年 2 月 28 日分别召开债权人会议，在优先清偿广东国投公司所欠职工工资、劳动保险费用和所欠税款后，分三次按照比例清偿破产债权。经广东省高级人民法院裁定准予，破产财产的分配分三次进行，分配破产财产共计 25.34 亿元，债权清偿率共计为 12.52%。对境外债权人的债权，经征得外汇管理部门同意，一律兑换外币支付。

广东国投公司破产案有关司法程序进行完毕后，破产清算组申请终结破产程序。

2003 年 3 月，广东省高级人民法院裁定依法终结该案破产程序，并继续保留清算组履行追收、分配破产财产等善后事宜。

2003 年后，清算组继续履行追收、处置、分配破产财产事宜，并进行了两次追加分配。

2017 年 6 月 29 日，广东省高级人民法院支持相关机构拍卖转让广东国投公司对子公司广信房地产公司持有的 100% 股权和债权，成交价 551 亿余元。

2019 年 3 月 22 日，广东省高级人民法院裁定准许第六次破产财产分配方案，广东国投破产案全部债权 100% 清偿，并有剩余财产。

2020 年 12 月 14 日，广东省人民政府办公厅向广东省高级人民法院发来《广东省人民政府办公厅关于进一步明确广东国际信托投资公司破产案剩余破产财产权属的函》，要求将广东国投剩余现金财产移交广东省财政厅，非现金财产变更登记为广东粤财资产管理有限公司所有或由其承接并行使所有者权利。

2020 年 12 月 30 日，破产清算组向广东省高级人民法院提交了《终结广东国际信托投资公司破产程序的申请》，称截至2020年12月24日，清算组已全部完成广东国投的破产债权分配，依法缴纳了清算所得税，尚有剩余破产财产。故此，申请将剩余破产财产分配给广东省人民政府并全面终结广东国投破产程序。

【裁判结果】

2021年2月2日，广东省高级人民法院出具（2021）粤破1号民事裁定，裁定如下：（1）全面终结广东国投公司破产程序；（2）广东国投公司附表所列剩余现金移交广东省财政厅账户，广东国投公司附表所列对外股权、名下不动产变更登记为广东粤财资产管理有限公司所有，广东国投公司附表所列对外应收债权由广东粤财资产管理有限公司承接并行使所有者权利，广东国投公司附表所列对外诉讼案件的权利义务由广东粤财资产管理有限公司承接；（3）广东国投公司破产程序终结后新发现的财产归广东粤财资产管理有限公司所有。

【评析】

《企业破产法》第122条规定："管理人于办理注销登记完毕的次日终止执行职务。但是，存在诉讼或者仲裁未决情况的除外。"司法实践中，破产企业暂无破产财产可供分配的，可先提请法院终结破产程序。对于有未结的诉讼或仲裁案件情形的，应予继续保留管理人履行职责。广东国投公司破产清算案件发生在《企业破产法》实施之前，当时实施的《企业破产法（试行）》尚无破产程序终结后清算组继续履行职责的相关规定。广东省高级人民法院于2003年以无可分配的财产裁定终结破产程序的同时，仍明确保留清算组继续履行追收、分配破产财产事宜，具有客观现实需求，可更好维护所有债权人的利益。事实上，清算组后续仍积极履行代表诉讼（仲裁）、追收破产、分配财产，追回了巨额财产并进行分配，所有债权人的债权获得了足额的清偿，并还有剩余的破产财产。对于经破产清算后剩余的破产财产应归破产企业的出资人所有。广东国投公司的出资人为广东省人民政府。在出资人明确表示收受剩余破产财产由指定授权代表进行受让的情形的，法院应按照出资人的意愿对剩余破产财产进行处理。

第二节　合伙企业破产

一、合伙企业概述

依照《合伙企业法》第 2 条的规定，合伙企业，是指自然人、法人和其他组织依照该法规定在中国境内设立的普通合伙企业和有限合伙企业。普通合伙企业由普通合伙人组成，合伙人对合伙企业债务承担无限连带责任。有限合伙企业由普通合伙人和有限合伙人组成，普通合伙人对合伙企业债务承担无限连带责任，有限合伙人以其认缴的出资额为限对合伙企业债务承担责任。

二、合伙企业破产的政策和法律依据

党的十八届三中全会审议通过了《中共中央关于全面深化改革若干重大问题的决定》，该决定提出，“健全优胜劣汰市场化退出机制，完善企业破产制度”。合伙企业作为市场经济的主体之一，其在竞争中被市场淘汰后应有相关法律制度支持其依法退出。《企业破产法》第 135 条规定：“其他法律规定企业法人以外的组织的清算，属于破产清算的，参照适用本法规定的程序。”因此，合伙企业即属于该条规定中的企业法人以外的组织，其破产清算可以参照适用《企业破产法》规定的程序。

《合伙企业法》也明确规定了合伙企业破产清算退出市场的情形。《合伙企业法》第 92 条规定：“合伙企业不能清偿到期债务的，债权人可以依法向人民法院提出破产清算申请，也可以要求普通合伙人清偿。合伙企业依法被宣告破产的，普通合伙人对合伙企业债务仍应承担无限连带责任。”合伙财产为全体合伙人共同所有，但由于其特殊性质，在合伙财产不足以清偿债务时，普通合伙人负有连带清偿义务。这也表明合伙企业并不是一个独立的责任主体，不同于企业法人，不能强制规定合伙企业的破产一律依照企业破产程序来处理，否则可能适得其反。同时，可以考虑根据合伙企业的特点，结合企业破产处理的优势：（1）所有债权人按比例受偿，贯彻公平受偿原则；（2）可以对一些不合理的破产受理前的清偿财产予以撤销追回，增加企业破产财产，有利于保护债权人利益。因此，《合伙企业法》亦赋予合伙企业的债权人既可以依法提出破产清算申请，也可以要求普通合伙人清偿债务的权利。

三、合伙企业破产的天然缺陷

我国合伙企业破产的立法几乎还处于空白状态，只有《企业破产法》第135条存在一原则性的规定："其他法律规定企业法人以外的组织的清算，属于破产清算的，参照适用本法规定的程序。"在具体操作中尚处于"摸着石头过河"状态。因为合伙企业具有人合性极强和普通合伙人承担无限连带责任的特征，且自然人的破产制度尚未完善，亦未普遍施行，使得合伙企业在破产的过程中存在自身的特殊性。这些特殊的问题在目前的破产制度中无法得以解决。另外，当合伙人破产和合伙企业破产同时发生时，合伙人的债权人、合伙企业的债权人、合伙人、合伙企业各主体之间相互主张实现债权时会产生利益冲突和矛盾，应如何解决，在目前的立法上尚未予以明确。同时，合伙协议可能还会约定合伙人之间的责任承担和相互追偿问题。现行《企业破产法》对于合伙企业的破产，难以"一揽子"解决合伙企业债务问题。

在英美立法中，则偏向于采取双重优先原则，双重优先原则是英美法系著名的衡平法原则，其实质是将合伙企业视为与合伙人相分离的相对独立主体，各自有相对独立的财产来对应各自的债权人，各自的债权人相互独立，享有各主体范围内财产的优先请求权。当合伙人和合伙企业单方或双方资不抵债，无法完全清偿债务时，合伙企业的债权人优先从合伙企业中受偿，合伙人的债权人优先从合伙人个人财产中受偿，即两方债权人同时分别优先受偿。合伙企业财产清偿债务后的剩余部分应按比例分配给各合伙人，并视为合伙人财产的一部分，用来清偿合伙人的债权人；反之，合伙人个人财产清偿完个人债务后的剩余财产也应继续清偿合伙债务。

此外，《企业破产法》规定，合伙企业仅能参照适用破产清算程序，无法使用重整、和解程序以更充分地利用破产程序进行债务调整、公平清偿和激活市场主体活力。

典型案例评析

在强制清算过程中发现具备破产原因转破产清算的，应予终结强制清算

——评陈某、台州市美拉健身服务合伙企业（有限合伙）申请破产清算案①

【裁判要旨】

在对公司强制清算过程中，有关权利人依据《企业破产法》第2条和第7条的规定向法院另行提起破产申请的，法院应当依法进行审查。权利人的破产申请符合《企业破产法》规定的，法院应当依法裁定予以受理。法院裁定受理破产申请后，应当裁定终结强制清算程序。

【基本案情】

2019 年 8 月 29 日，陈某与方某欣、徐某兵、李某哲、台州市速美健身服务有限公司共同设立台州市美拉健身服务合伙企业（有限合伙）（以下简称美拉合伙企业），陈某、方某欣、徐某兵、李某哲为有限合伙人，台州市速美健身服务有限公司为普通合伙人。

2020 年 9 月 12 日，方某欣、徐某兵、陈某、李某哲、台州市速美健身服务有限公司共同作出合伙人决定书，决定解散美拉合伙企业，并自决定作出之日起停止营业。决定作出后，各合伙人并未指定代表成立清算小组，也未开展清算工作。

2021 年 5 月 6 日，陈某向浙江省台州市椒江区人民法院申请对美拉合伙企业进行强制清算。

2021 年 5 月 21 日，台州市椒江区人民法院作出（2021）浙 1002 清申 4 号民事裁定书，受理美拉合伙企业强制清算一案，并于 2021 年 6 月 9 日决定由该院依法指定的浙江福特资产管理股份有限公司组成清算组，对美拉合伙企业进行清算。

2021 年 9 月 13 日，美拉合伙企业清算组向台州市椒江区人民法院报告，

① 参见浙江省台州市椒江区人民法院破产清算裁定书，（2021）浙 1002 破申 34 号、（2021）浙 1002 破 29 号之一。

美拉合伙企业目前无资产，已申报债权总计 52,321.42 元，美拉合伙企业无财产清偿全部债务。美拉合伙企业清算组请求法院终结美拉合伙企业强制清算程序，并转为破产清算程序。同时，陈某亦向法院申请美拉合伙企业强制清算程序，并转为破产清算程序。

【裁判结果】

2021 年 10 月 13 日，台州市椒江区人民法院作出（2021）浙 1002 破申 34 号民事裁定，裁定受理陈某对美拉合伙企业的破产清算申请。

2021 年 10 月 14 日，台州市椒江区人民法院在强制清算案件中作出（2021）浙 1002 强清 3 号民事裁定，裁定终结强制清算程序。

2021 年 11 月 26 日，台州市椒江区人民法院在强制清算案件中作出（2021）浙 1002 破 29 号之一民事裁定，裁定宣告债务人破产，并终结破产程序。

【评析】

《企业破产法》第 135 条规定："其他法律规定企业法人以外的组织的清算，属于破产清算的，参照适用本法规定的程序。"合伙企业可参照《企业破产法》的规定进行破产清算。

《企业破产法》第 7 条第 3 款规定："企业法人已解散但未清算或者未清算完毕，资产不足以清偿债务的，依法负有清算责任的人应当向人民法院申请破产清算。"最高人民法院《关于审理公司强制清算案件工作座谈会纪要》第 32 条规定："公司强制清算中，清算组在清理公司财产、编制资产负债表和财产清单时，发现公司财产不足清偿债务的，除依据公司法司法解释二第十七条的规定，通过与债权人协商制作有关债务清偿方案并清偿债务的外，应依据公司法第一百八十八条和企业破产法第七条第三款的规定向人民法院申请宣告破产。"第 33 条规定："公司强制清算中，有关权利人依据企业破产法第二条和第七条的规定向人民法院另行提起破产申请的，人民法院应当依法进行审查。权利人的破产申请符合企业破产法规定的，人民法院应当依法裁定予以受理。人民法院裁定受理破产申请后，应当裁定终结强制清算程序。"

具体在本案中，是由强制清算中的清算组向法院报告合伙企业具备破产原因，并请求由强制清算程序转破产程序，并终结强制清算程序。对此，如根据《企业破产法》第 7 条第 3 款的规定，将清算组作为清算义务人的情况下，应先由法院审查后裁定是否受理破产清算。在受理破产清算的情况下，法院应在强制清算案件中裁定终结强制清算程序。而根据最高人民法院《关于审理公司强制清算案件工作座谈会纪要》第 32 条的规定，强制清算中的清算组可直接向法院申请宣告破产。司法实践中，法院会对强制清算案件和破产案件分别立不同的案号。

对此，笔者认为，强制清算案中的清算组应可视为《企业破产法》第 7 条第 3 款规定的清算责任人。从《企业破产法》第 7 条第 3 款的文意理解和程序完整性考虑，法院对于清算组申请转破产清算应先予立“破申”字破产审查案件，裁定受理破产清算申请。在强制清算案件中，法院再以强制清算转为了破产清算为由，裁定终结强制清算程序。后续法院再立“破”字破产清算案件按照破产清算程序处理。但如此一来，则程序上较为烦琐，比较耗费司法资源。清算组已经在强制清算程序中对债权债务和资产进行了清理，发现企业具备了破产原因不能清偿债务，如再在破产清算程序中由法院另行指定管理人（或指定原清算组担任管理人）进行清算，在程序上价值不大。

在《企业破产法》修改之际，笔者建议对强制清算程序与破产清算程序的衔接事宜进行更明确的规定，简化程序，避免司法资源的浪费。可考虑在强制清算程序中，依清算组的申请径行宣告债务人破产，并裁定终结强制清算程序，在强制清算案件中执行完破产清算程序后裁定终结破产程序。如无可供分配的财产，亦可在宣告债务人破产的同时裁定终结破产程序。

第三节　民办学校破产

一、民办学校破产概述

民办学校属于《企业破产法》第 135 条规定中的一个特殊主体，根据《企业破产法》第 135 条“其他法律规定企业法人以外的组织的清算，属于破产清算的，参照适用本法规定的程序”的规定，当这类主体在市场竞争中被淘汰出局时，应当有法律上的方法来解决其经济上面临的困境，或者能够依靠法律途径获得新生或予以退出市场。

《民办教育促进法》第 58 条规定：“民办学校终止时，应当依法进行财务清算。民办学校自己要求终止的，由民办学校组织清算；被审批机关依法撤销的，由审批机关组织清算；因资不抵债无法继续办学而被终止的，由人民法院组织清算。”其中，“因资不抵债无法继续办学而被终止的，由人民法院组织清算”就属于破产清算，应参照适用《企业破产法》规定的破产程序。

二、破产财产清偿的特殊规定

《民办教育促进法》第59条规定：“对民办学校的财产按照下列顺序清偿：（一）应退受教育者学费、杂费和其他费用；（二）应发教职工的工资及应缴纳的社会保险费用；（三）偿还其他债务。非营利性民办学校清偿上述债务后的剩余财产继续用于其他非营利性学校办学；营利性民办学校清偿上述债务后的剩余财产，依照公司法的有关规定处理。”该规定与《企业破产法》关于破产债权的清偿顺序明显不同，与常规的破产法原理不符，具有极强的特殊性。

三、《民办教育促进法》与《企业破产法》的冲突及适用

如前所述，民办学校破产的债务清偿顺序与《企业破产法》第113条的规定相冲突。《企业破产法》第113条规定：“破产财产在优先清偿破产费用和共益债务后，依照下列顺序清偿：（一）破产人所欠职工的工资和医疗、伤残补助、抚恤费用，所欠的应当划入职工个人账户的基本养老保险、基本医疗保险费用，以及法律、行政法规规定应当支付给职工的补偿金；（二）破产人欠缴的除前项规定以外的社会保险费用和破产人所欠税款；（三）普通破产债权。破产财产不足以清偿同一顺序的清偿要求的，按照比例分配。破产企业的董事、监事和高级管理人员的工资按照该企业职工的平均工资计算。”这与《民办教育促进法》的规定明显有所不同，其更侧重于维护受教育者的权益。

《立法法》第92条规定：“同一机关制定的法律、行政法规、地方性法规、自治条例和单行条例、规章，特别规定与一般规定不一致的，适用特别规定；新的规定与旧的规定不一致的，适用新的规定。”《民办教育促进法》作为特殊法，应当优先适用其规定。更何况，《企业破产法》第135条只是作了“参照适用”的规定。在办理民办学校的破产案件时，其清偿顺序优先适用《民办教育促进法》第59条的规定，当遇到《民办教育促进法》第59条未规定或未明确规定的情形时，再参照适用《企业破产法》的相关规定。

另外，《民办教育促进法》第57条规定：“民办学校终止时，应当妥善安置在校学生。实施义务教育的民办学校终止时，审批机关应当协助学校安排学生继续就学。”因此，民办学校破产应慎重处理，维护好学生的受教育权，同时要与政府相关部门协商安排好学生的就读问题。

相关规定

中华人民共和国民办教育促进法（节选）

（2002 年 12 月 28 日第九届全国人民代表大会常务委员会第三十一次会议通过　根据 2013 年 6 月 29 日第十二届全国人民代表大会常务委员会第三次会议《关于修改〈中华人民共和国文物保护法〉等十二部法律的决定》第一次修正　根据 2016 年 11 月 7 日第十二届全国人民代表大会常务委员会第二十四次会议《关于修改〈中华人民共和国民办教育促进法〉的决定》第二次修正　根据 2018 年 12 月 29 日第十三届全国人民代表大会常务委员会第七次会议《关于修改〈中华人民共和国劳动法〉等七部法律的决定》第三次修正）

第五十八条　民办学校终止时，应当依法进行财务清算。

民办学校自己要求终止的，由民办学校组织清算；被审批机关依法撤销的，由审批机关组织清算；因资不抵债无法继续办学而被终止的，由人民法院组织清算。

第五十九条　对民办学校的财产按照下列顺序清偿：

（一）应退受教育者学费、杂费和其他费用；

（二）应发教职工的工资及应缴纳的社会保险费用；

（三）偿还其他债务。

非营利性民办学校清偿上述债务后的剩余财产继续用于其他非营利性学校办学；营利性民办学校清偿上述债务后的剩余财产，依照公司法的有关规定处理。

最高人民法院关于对因资不抵债无法继续办学被终止的民办学校如何组织清算问题的批复

（2010 年 12 月 16 日最高人民法院审判委员会第 1506 次会议通过，根据 2020 年 12 月 23 日最高人民法院审判委员会第 1823 次会议通过的《最高人民法院关于修改〈最高人民法院关于破产企业国有划拨土地使用权应否列入破产财产等问题的批复〉等二十九件商事类司法解释的决定》修正）

贵州省高级人民法院：

你院《关于遵义县中山中学被终止后人民法院如何受理“组织清算”的请示》〔（2010）黔高研请字第 1 号〕收悉。经研究，答复如下：

依照《中华人民共和国民办教育促进法》第十条批准设立的民办学校因资不抵债无法继续办学被终止，当事人依照《中华人民共和国民办教育促进法》第五十八条第二款规定向人民法院申请清算的，人民法院应当依法受理。人民法院组织民办学校破产清算，参照适用《中华人民共和国企业破产法》规定的程序，并依照《中华人民共和国民办教育促进法》第五十九条规定的顺序清偿。

典型案例评析

万载县星火中学破产清算案[①]

【基本案情】

万载县星火中学系经宜春市教育委员会依万载县教委请示于2001年2月20日批复同意举办的民办非企业单位。江西省宜春市社会力量办学指导中心于2001年9月18日为万载县星火中学颁发了《中华人民共和国社会力量办学许可证》，招生对象为初中毕业生，主管机关为宜春市社会力量办学指导中心，开办资金为488万元。该校于2009年5月31日在宜春市民政局办理了民办非企业单位（法人）登记证书，校址变更为万载县城阳乐大道新街，登记证书有效期限为2009年5月31日至2012年5月31日。2003年一边招生办学一边基建建校，学校在经营过程中因资金短缺问题而面向社会融资，直至2010年2月，因资金链断裂停办，引发经济纠纷问题。

【审理过程】

2011年5月16日，辛某兴等141人以万载县星火中学资不抵债为由，向万载县人民法院申请对万载县星火中学进行清算。万载县人民法院于2011年5月16日受理万载县星火中学破产清算案，并于2011年6月10日成立了涉及万载县教育局、民政局、工商局、物资局、社保局、劳动人社局、国资局、财政局、审计局等单位相关人员的清算组。清算组亦立即着手办理相关债权人的债权申报及审核工作，委托宜春正源联合会计师事务所对万载县星火中学的账目与现有资产情况进行核查。该校债务涉及建校基建款、农村信用社贷款、教职工工资、个人借款等诸多方面，尤其是个人借款涉及人数众多且

① 本案例选自2019年9月6日江西省高级人民法院发布的破产审判工作十大典型案例之案例六，个别表述有修改。

金额巨大。

万载县星火中学此前委托江西中磊司法鉴定中心对该校位于万载县康乐街道阳乐大道的房地产价值进行评估，江西中磊司法鉴定中心于 2010 年 11 月 22 日出具了资产评估报告，并确定委估对象在 2010 年 11 月 18 日公开市场价值为：教育设施用地使用权价格为 2,893,800 元，地上建筑物价值为 9,419,806元，零星项目及附属工程净值为 2,255,191 元，委估对象总价值为 14,568,797 元。2011 年 9 月 16 日召开第一次债权人会议，清算组公布了万载县星火中学账务审计和清理情况，债权初步核定为 22,303,392. 19 元。万载县人民法院就万载县星火中学包括房屋、附属零星设施等在内的现有整体财产进行司法拍卖，由于无人竞价，先后进行了三次拍卖，2013 年 8 月 19 日第一次拍卖起拍价为 1500 万元，2014 年 1 月 8 日第二次拍卖起拍价为 1200 万元，2014 年 4 月 10 日第三次拍卖起拍价为 1140 万元，但三次拍卖均流拍。面对资产变现难度大、债权难以实现的问题，经广泛沟通，债权人同意万载县星火中学破产资产变卖价降为 1100 万元。

2017 年 3 月 2 日，清算组将万载县星火中学破产财产以总价 1100 万元变卖给买受人万载县康乐实验学校，万载县康乐实验学校按时缴纳全部价款。2017 年 6 月 21 日，万载县人民法院裁定万载县康乐实验学校通过变卖取得万载县星火中学现有整体破产财产的所有权（包括房屋建筑物及其他附属零星设施）。万载县星火中学破产财产折现后，清算组于 2017 年 4 月 20 日制作了财产分配方案，该分配方案在 2017 年 4 月 28 日召开的第二次债权人会议上得到了通过，之后按该分配方案完成了分配。万载县人民法院于 2017 年 10 月 23 日裁定终结万载县星火中学破产清算程序。

【典型意义】

本案破产清算主体系民办学校，其性质为民办非企业单位。根据《民办教育促进法》第 58 条“因资不抵债无法继续办学而被终止的，由人民法院组织清算”之规定，本案由法院受理，参照适用《企业破产法》规定的程序，并依照《民办教育促进法》第 59 条规定的顺序清偿。

案件审理过程中，万载县人民法院通过与相关单位部门积极沟通协调，得到了各单位部门的积极配合，为案件办理扫除障碍。通过努力与债权人代表沟通交流，为破产清算案件的稳步推进创造了良好的外部条件。面对三次拍卖三次流拍，破产财产无法及时变现、债权人无法及时实现债权的情况，万载县人民法院及清算组积极寻找应对方法，最终在征得债权人同意后依法对破产财产进行了变现。在分配方案得以在债权人会议上通过后尽最大努力在最短时间内完成了分配，及时保障了广大教职工及债权人的合法权益，对维护社会和谐稳定起到重要作用。

第十四章　破产制度法律责任

第一节　民事赔偿责任

一、董事、监事、高级管理人员的民事责任

企业的董事、监事和高级管理人员是公司的核心人员，在公司经营管理过程中必须严格履行忠实和勤勉义务，以维护公司利益为主。若其因故意或重大过失导致公司或债权人利益受损，须承担相应的法律责任。

（一）法定义务及责任

《企业破产法》第15条规定："自人民法院受理破产申请的裁定送达债务人之日起至破产程序终结之日，债务人的有关人员承担下列义务：（一）妥善保管其占有和管理的财产、印章和账簿、文书等资料；（二）根据人民法院、管理人的要求进行工作，并如实回答询问；（三）列席债权人会议并如实回答债权人的询问；（四）未经人民法院许可，不得离开住所地；（五）不得新任其他企业的董事、监事、高级管理人员。前款所称有关人员，是指企业的法定代表人；经人民法院决定，可以包括企业的财务管理人员和其他经营管理人员。"即在企业进入破产程序后，需要企业原有经营管理人员履行相关配合义务。同时，《企业破产法》第125条第1款规定："企业董事、监事或者高级管理人员违反忠实义务、勤勉义务，致使所在企业破产的，依法承担民事责任。"

（二）董事、监事、高级管理人员非正常收入和侵占企业财产的返还责任

《企业破产法》第36条规定："债务人的董事、监事和高级管理人员利用职权从企业获取的非正常收入和侵占的企业财产，管理人应当追回。"对于"非正常收入"的界定，最高人民法院《关于适用〈中华人民共和国企业破产法〉若干问题的规定（二）》第24条第1款的规定为："债务人有企业破产法第二条第一款规定的情形时，债务人的董事、监事和高级管理人员利用

职权获取的以下收入，人民法院应当认定为企业破产法第三十六条规定的非正常收入：（一）绩效奖金；（二）普遍拖欠职工工资情况下获取的工资性收入；（三）其他非正常收入。”第24条第2款同时规定：“债务人的董事、监事和高级管理人员拒不向管理人返还上述债务人财产，管理人主张上述人员予以返还的，人民法院应予支持。”即董事、监事、高级管理人员负有返还非正常收入和侵占的企业财产的责任。

（三）对股东出资义务履职不当责任

最高人民法院《关于适用〈中华人民共和国企业破产法〉若干问题的规定（二）》第20条第2款规定：“管理人依据公司法的相关规定代表债务人提起诉讼，主张公司的发起人和负有监督股东履行出资义务的董事、高级管理人员，或者协助抽逃出资的其他股东、董事、高级管理人员、实际控制人等，对股东违反出资义务或者抽逃出资承担相应责任，并将财产归入债务人财产的，人民法院应予支持。”即企业的董事、监事、高级管理人员需在一定条件下承担股东出资瑕疵的相关责任。

二、法定代表人和直接责任人员损害赔偿责任

《企业破产法》第128条规定：“债务人有本法第三十一条、第三十二条、第三十三条规定的行为，损害债权人利益的，债务人的法定代表人和其他直接责任人员依法承担赔偿责任。”最高人民法院《关于适用〈中华人民共和国企业破产法〉若干问题的规定（二）》第18条规定：“管理人代表债务人依据企业破产法第一百二十八条的规定，以债务人的法定代表人和其他直接责任人员对所涉债务人财产的相关行为存在故意或者重大过失，造成债务人财产损失为由提起诉讼，主张上述责任人员承担相应赔偿责任的，人民法院应予支持。”以上规定中的《企业破产法》第31条、第32条、第33条是关于破产撤销权及特定行为无效的规定，主要意义是维护全体债权人利益。因此，当债务人违反上述规定，损害到债权人利益的，其法定代表人和其他直接责任人员应承担赔偿责任。

三、管理人的损害赔偿责任

《企业破产法》第130条规定：“管理人未依照本法规定勤勉尽责，忠实执行职务的，人民法院可以依法处以罚款；给债权人、债务人或者第三人造成损失的，依法承担赔偿责任。”最高人民法院《关于适用〈中华人民共和国企业破产法〉若干问题的规定（二）》第33条规定：“管理人或者相关人员

在执行职务过程中，因故意或者重大过失不当转让他人财产或者造成他人财产毁损、灭失，导致他人损害产生的债务作为共益债务，由债务人财产随时清偿不足弥补损失，权利人向管理人或者相关人员主张承担补充赔偿责任的，人民法院应予支持。上述债务作为共益债务由债务人财产随时清偿后，债权人以管理人或者相关人员执行职务不当导致债务人财产减少给其造成损失为由提起诉讼，主张管理人或者相关人员承担相应赔偿责任的，人民法院应予支持。”管理人对基本义务的违反，是承担民事责任的前提和依据，以上条款规定了当管理人违反忠实勤勉义务时应承担民事赔偿责任，要求主观上管理人有过错，即因管理人故意或重大过失造成破产财产损失，其才应承担相应的民事赔偿责任。

典型案例评析

管理人有权追回债务人无当处分的财产并请求相关责任人承担相应责任

——评重庆市天维物业发展有限公司破产管理人与杨某甫等请求确认债务人行为无效纠纷及损害公司利益责任纠纷案①

【裁判要旨】

债务人法定代表人在债务人具备破产原因的情况下，为逃避债务而隐匿、转移财产的行为无效，破产企业管理人有权追回上述财产。债务人的法定代表人对所涉债务人财产的相关行为存在故意或者重大过失，造成债务人财产损失的，应当承担相应赔偿责任。

【基本案情】

2017 年 9 月 4 日，重庆市渝北区人民法院裁定受理重庆市天维物业发展有限公司（以下简称天维公司）破产清算。

天维公司管理人在破产清算程序中发现，时任天维公司法定代表人杨某甫于 2017 年 3 月 28 日无正当事由将天维公司名下汉口银行账户 62001100027 ××××中存款 191,980 元分两次转给天宇公司。

① 参见重庆市渝北区人民法院民事判决书，（2019）渝 0112 民初 2606 号。

另查明，天宇公司股东为杨某甫和重庆市一家亲科技有限公司，法定代表人为杨某甫。重庆市一家亲科技有限公司股东为杨某甫和德阳金苹果商业管理有限公司，法定代表人为杨某甫。

为了维护债权人的合法权利，天维公司破产管理人以天宇公司和杨某甫为被告向渝北区人民法院提起诉讼，请求判令天宇公司返还191,980元，并承担资金占用利息，判令杨某甫赔偿本金191,980元及利息损失。

被告杨某甫、天宇公司共同答辩称，因为天维公司欠苏某国债务，杨某甫将191,980元转给天宇公司后，将之取出由姜某分若干次还给了天维公司的原债权人苏某国、苏某琪、罗某等人，并未损害天维公司的利益，不同意返还。

【裁判结果】

渝北区人民法院作出（2019）渝0112民初2606号民事判决，判令天宇公司返还191,980元并赔偿利息损失，杨某甫对天宇公司不能返还部分承担赔偿责任。

【评析】

《企业破产法》第33条明确规定了涉及债务人财产的无效行为，管理人有权追回。此类无效行为严重损害了债权人利益，比起可撤销行为，其主观恶意更大，此类无效行为既可能发生在破产程序中，也可能发生在法院受理破产申请前6个月或者1年内。由于债务人一般都是故意作出此类行为，其法定负责人或其他直接责任人难辞其咎，因此《企业破产法》第128条规定，债务人有该法第31条、第32条、第33条规定的行为，损害债权人利益的，债务人的法定代表人和其他直接责任人员依法承担赔偿责任。最高人民法院《关于适用〈中华人民共和国企业破产法〉若干问题的规定（二）》第18条也相应作出"管理人代表债务人依据企业破产法第一百二十八条的规定，以债务人的法定代表人和其他直接责任人员对所涉债务人财产的相关行为存在故意或者重大过失，造成债务人财产损失为由提起诉讼，主张上述责任人员承担相应赔偿责任的，人民法院应予支持"的规定。

本案中，天维公司法定代表人杨某甫将天维公司名下银行存款191,980元转给被告天宇公司，且天宇公司与天维公司并无债权债务关系，天宇公司占有该款项并无合法依据，应当认定上述行为系为逃避债务而转移财产的无效行为，财产占有人应当予以返还并赔偿相应的利息损失。而杨某甫作为债务人的法定代表人，出于故意将公司账户的资金转移给天宇公司，侵犯了债务人的财产权益，应当对天宇公司不能归还款项给债务人造成的财产损失承担赔偿责任，其处理适用上述规定。

破产无效行为实质上属于民法上无效行为在破产制度上的延伸，其涉及恶意串通损害第三人合法权益，而破产制度中对于无效行为的规定，主要是为了保护债务人财产最大化，维护全体债权人的合法权益。

第二节　司法惩戒与行政监管

一、董事、监事、高级管理人员不正当履职的司法惩戒和行政监管

根据《企业破产法》第 125 条“企业董事、监事或者高级管理人员违反忠实义务、勤勉义务，致使所在企业破产的，依法承担民事责任。有前款规定情形的人员，自破产程序终结之日起三年内不得担任任何企业的董事、监事、高级管理人员”，第 129 条“债务人的有关人员违反本法规定，擅自离开住所地的，人民法院可以予以训诫、拘留，可以依法并处罚款”之规定，企业相关人员若不正当履职的，法院可以对相关人员进行训诫、拘留、罚款等司法惩戒。同时，根据《公司法》《企业破产法》的规定，董事、监事、高级管理人员存在上述情形的，自破产程序终结之日起 3 年内不得担任任何企业的董事、监事、高级管理人员。

二、对法定代表人和直接责任人员的司法惩戒与行政监管

《企业破产法》第 127 条规定：“债务人违反本法规定，拒不向人民法院提交或者提交不真实的财产状况说明、债务清册、债权清册、有关财务会计报告以及职工工资的支付情况和社会保险费用的缴纳情况的，人民法院可以对直接责任人员依法处以罚款。债务人违反本法规定，拒不向管理人移交财产、印章和账簿、文书等资料的，或者伪造、销毁有关财产证据材料而使财产状况不明的，人民法院可以对直接责任人员依法处以罚款。”本条规定的债务人具有主观上的恶意，严重影响破产程序的顺利开展，法院可以对直接责任人员予以司法惩戒。

同时，如前所述，违反忠实义务、勤勉义务，致使所在企业破产的董事、监事、高级管理人员自破产程序终结之日起 3 年内不得担任任何企业的董事、

监事、高级管理人员。根据工商登记“法定代表人从董事、高级管理人员产生”的规则，上述人员在自破产程序终结之日起3年内不得担任企业的法定代表人。

三、对管理人不正当履职的司法惩戒和行政监管

最高人民法院《关于审理企业破产案件指定管理人的规定》对处罚管理人进行了更为具体的规定。如第39条规定：“管理人申请辞去职务未获人民法院许可，但仍坚持辞职并不再履行管理人职责，或者人民法院决定更换管理人后，原管理人拒不向新任管理人移交相关事务，人民法院可以根据企业破产法第一百三十条的规定和具体情况，决定对管理人罚款。对社会中介机构为管理人的罚款5万元至20万元人民币，对个人为管理人的罚款1万元至5万元人民币。管理人有前款规定行为或者无正当理由拒绝人民法院指定的，编制管理人名册的人民法院可以决定停止其担任管理人一年至三年，或者将其从管理人名册中除名。”

此外，律师事务所的律师团队担任管理人的，还应遵守律师执业规范和职业道德，受《律师法》及相关监管规定的约束。

典型案例评析

隐瞒事实虚报债权属虚假诉讼行为，应予进行司法惩戒

——评王某被深圳破产法庭司法惩戒案[①]

【裁判要旨】

破产案件中的债权人在破产程序中故意隐瞒债权部分清偿的事实虚假申报债权，其行为符合最高人民法院、最高人民检察院《关于办理虚假诉讼刑事案件适用法律若干问题的解释》第1条第5项“在破产案件审理过程中申报捏造的债权的”规定的情形的，属于虚假诉讼行为。虚假申报债权的行为扰乱了正常的诉讼秩序，应予进行司法惩戒。

【基本案情】

2017年5月10日，常州市奥博公司（以下简称奥博公司）委托王某在奥

---

① 参见深圳市中级人民法院决定书，（2020）粤03破253号。

博公司与深圳市世纪红贸易有限公司（以下简称世纪红公司）买卖合同纠纷一案中担任代理人，代为提起了诉讼和申请执行。

2018 年 10 月 19 日，王某和奥博公司签订《债权转让协议》，奥博公司把对世纪红公司享有的债权转让给王某，并在报纸刊登公告。

2019 年 2 月 2 日，奥博公司向深圳市宝安区人民法院申请恢复上述案件的执行。

2019 年 5 月 22 日，深圳市宝安区人民法院从世纪红公司的连带债务人方某处扣划 48,087 元至奥博公司账户。2019 年 7 月 2 日，奥博公司向深圳市宝安区人民法院申请终结该次执行程序。

2019 年 8 月 22 日，奥博公司向深圳市中级人民法院申请世纪红公司破产清算，王某为奥博公司的代理人。深圳市中级人民法院于 2020 年 4 月 14 日裁定受理奥博公司的申请，并指定北京大成（深圳）律师事务所担任世纪红公司的管理人。

2020 年 7 月 7 日，世纪红公司的连带债务人方某代世纪红公司向王某个人清偿 60,000 元，王某为此出具了收据。

世纪红公司破产清算期间，仅有奥博公司一家债权人向管理人申报债权，债权金额为 1,477,978.81 元，管理人审查后确认债权金额为 571,197.5 元并提交债权人会议核查，债权人未提出异议，管理人遂向深圳市中级人民法院申请裁定确认。深圳市中级人民法院随后裁定确认奥博公司的债权为 571,197.5 元。

此后，管理人调查发现，奥博公司与世纪红公司买卖合同纠纷一案的民事调解书生效后，奥博公司曾经向深圳市宝安区人民法院申请强制执行，因世纪红公司没有财产可供执行，深圳市宝安区人民法院裁定终结执行程序。管理人认为，截至 2020 年 7 月 7 日，奥博公司对世纪红公司享有的债权实际已经获得两次清偿，共计 108,087 元，王某作为奥博公司的代理人未向管理人主动告知，申报债权时亦未从其申报额 1,477,978.81 元中予以扣除，导致管理人错误认定奥博公司对世纪红公司享有的债权数额。

【裁判结果】

深圳市中级人民法院于 2021 年 1 月 12 日作出（2020）粤 03 破 253 号之一决定：对王某罚款 10 万元，限于 2021 年 1 月 25 日前缴纳至深圳市中级人民法院指定账户。

【评析】

最高人民法院、最高人民检察院《关于办理虚假诉讼刑事案件适用法律若干问题的解释》第 1 条第 5 项规定，在破产案件审理过程中申报捏造的债权的，属于《刑法》第 307 条之一第 1 款规定的“以捏造的事实提起民事诉讼”，属虚假诉讼行为。根据《企业破产法》第 49 条、《民事诉讼法》第 111 条和最高人民法院《关于民事诉讼证据的若干规定》第 63 条的规定，债权人应当依法向法院如实申报债权并提供相应证据。王某身为一名律师，存在侥幸心理，知法犯法，故意隐瞒事实虚假申报债权，该行为属于妨碍民事诉讼的行为。破产程序亦属概括性的诉讼执行程序，《企业破产法》没有规定的，可适用《民事诉讼法》的规定。对于上述扰乱诉讼活动的行为，可依据《民事诉讼法》的相关规定对相关人员进行司法惩戒。

第三节　破产刑事责任

《企业破产法》虽然对法律责任做了单独一章的规定，但对于刑事责任的规定仅有一条，即第 130 条之规定：“违反本法规定，构成犯罪的，依法追究刑事责任。”具体有关破产类犯罪的规定，零星地分散在《刑法》各章节中，并在《刑法修正案》中予以补充。我国现有的债务人相关人员、破产参与人员与破产犯罪有关的罪名主要有妨害清算罪，隐匿、故意销毁会计凭证、会计账簿、财务会计报告罪，虚假破产罪，虚假诉讼罪等。

一、妨害清算罪

《刑法》第 162 条规定：“公司、企业进行清算时，隐匿财产，对资产负债表或者财产清单作虚伪记载或者在未清偿债务前分配公司、企业财产，严重损害债权人或者其他人利益的，对其直接负责的主管人员和其他直接责任人员，处五年以下有期徒刑或者拘役，并处或者单处二万元以上二十万元以下罚金。”

本罪的实施主体是进行清算的公司、企业，主观方面只能由故意构成，其侵犯的客体是国家对于公司、企业的管理制度以及债权人或其他人的合法权益，其客观方面一般表现为公司、企业进行清算时，隐匿财产，对资产负债表或者财产清单作虚伪记载或者在未清偿债务前分配公司、企业财产，严重损害债权人或者其他人利益。根据本罪的规定，其是对单位犯罪采取单罚制的罪名，仅处罚对公司、企业直接负责的主管人员或者其他责任人员，而不处罚单位。

关于对其更细化的立案标准，最高人民检察院、公安部《关于公安机关管辖案件的刑事案件立案追诉标准的规定（二）》第 7 条规定，公司、企业进行清算时，隐匿财产，对资产负债表或者财产清单作虚伪记载或者在未清偿债务前分配公司、企业财产，涉嫌下列情形之一的，应予立案追诉：（1）隐匿财产价值在 50 万元以上的；（2）对资产负债表或者财产清单作虚伪记载涉及金额在 50 万元以上的；（3）在未清偿债务前分配公司、企业财产价值在 50 万元以上的；（4）造成债权人或者其他人直接经济损失数额累计在 10 万元以上的；（5）虽未达到上述数额标准，但应清偿的职工的工资、社会保险费用和法定补偿金得不到及时清偿，造成恶劣社会影响的；（6）其他严重损害债权人或者其他人利益的情形。

二、隐匿、故意销毁会计凭证、会计账簿、财务会计报告罪

《刑法》第 162 条之一规定："隐匿或者故意销毁依法应当保存的会计凭证、会计账簿、财务会计报告，情节严重的，处五年以下有期徒刑或者拘役，并处或者单处二万元以上二十万元以下罚金。单位犯前款罪的，对单位判处罚金，并对其直接负责的主管人员和其他直接责任人员，依照前款的规定处罚。"

本罪的实施主体是依法负有信息披露义务的公司、企业，主观方面只能由故意构成，其犯罪客体主要是国家对于公司、企业的信息公开披露制度的管理以及股东和其他利害关系人的合法权益，其客观方面表现为具有严重情节的隐匿或者故意销毁依法应当保存的会计凭证、会计账簿、财务会计报告。

关于对其更细化的立案标准，最高人民检察院、公安部《关于公安机关管辖案件的刑事案件立案追诉标准的规定（二）》第 8 条规定，隐匿或者故意销毁依法应当保存的会计凭证、会计账簿、财务会计报告，涉嫌下列情形之一的，应予立案追诉：（1）隐匿、故意销毁的会计凭证、会计账簿、财务会计报告涉及金额在 50 万元以上的；（2）依法应当向检察机关、司法机关、行政机关、有关主管部门等提供而隐匿、故意销毁或者拒不交出会计凭证、会计账簿、财务会计报告的；（3）其他情节严重的情形。

虽然本罪规定为情节犯，犯罪情节是否严重为本罪的构成要件，但在司

法实践中，仅仅是隐匿会计凭证、会计账簿，拒不交出的行为，也以本罪定罪处罚，而不要求行为人有逃避监督检查的目的。

三、虚假破产罪

《刑法》第162条之二规定："公司、企业通过隐匿财产、承担虚构的债务或者以其他方法转移、处分财产，实施虚假破产，严重损害债权人或者其他人利益的，对其直接负责的主管人员和其他直接责任人员，处五年以下有期徒刑或者拘役，并处或者单处二万元以上二十万元以下罚金。"

本罪的实施主体是公司、企业，主观方面为故意，客观方面须通过隐匿财产、承担虚构的债务以及采取其他方法转移、处分财产来实施虚假破产，严重损害债权人或者其他人利益。根据本罪的规定，其是对单位犯罪采取单罚制的罪名，仅处罚对公司、企业直接负责的主管人员或者其他责任人员，而不处罚单位。

另外，关于对其更细化的立案标准，最高人民检察院、公安部《关于公安机关管辖案件的刑事案件立案追诉标准的规定（二）》第9条规定，实施虚假破产，涉嫌下列情形之一的，应予立案追诉：（1）隐匿财产价值在50万元以上的；（2）承担虚构的债务涉及金额在50万元以上的；（3）以其他方法转移、处分财产价值在50万元以上的；（4）造成债权人或者其他人直接经济损失数额累计在10万元以上的；（5）虽未达到上述数额标准，但应清偿的职工的工资、社会保险费用和法定补偿金得不到及时清偿，造成恶劣社会影响的；（6）其他严重损害债权人或者其他人利益的情形。

四、虚假诉讼罪

《刑法》第307条之一规定："以捏造的事实提起民事诉讼，妨害司法秩序或者严重侵害他人合法权益的，处三年以下有期徒刑、拘役或者管制，并处或者单处罚金；情节严重的，处三年以上七年以下有期徒刑，并处罚金。单位犯前款罪的，对单位判处罚金，并对其直接负责的主管人员和其他直接责任人员，依照前款的规定处罚。有第一款行为，非法占有他人财产或者逃避合法债务，又构成其他犯罪的，依照处罚较重的规定定罪从重处罚。司法工作人员利用职权，与他人共同实施前三款行为的，从重处罚；同时构成其他犯罪的，依照处罚较重的规定定罪从重处罚。"

本罪的主体既可以是自然人，也可以是单位；主观方面限于故意，侵犯客体为司法秩序或者他人合法权益；其客观方面表现为以捏造的事实提起民事诉讼。

在破产领域，构成虚假诉讼的行为方式和行为主体多种多样。根据最高人民法院、最高人民检察院《关于办理虚假诉讼刑事案件适用法律若干问题的解释》第 1 条第 1 款的规定，采取伪造证据、虚假陈述等手段，实施在破产案件审理过程中申报捏造的债权的行为，捏造民事法律关系，虚构民事纠纷，向法院提起民事诉讼的，应当认定为《刑法》第 307 条之一第 1 款规定的“以捏造的事实提起民事诉讼”。如浙江省宁波市江北区人民法院曾有判决，对公司破产后为了在破产清算中获取财产分配而伪造工资单并通过仲裁和执行获取 58 万元工资款的公司财务胡某、会计朱某被以虚假诉讼罪定罪论处①。最高人民法院、最高人民检察院《关于办理虚假诉讼刑事案件适用法律若干问题的解释》并未把“部分篡改型”行为纳入虚假诉讼罪的范围，而只限于“无中生有型”。但将普通债权捏造为优先债权的，可以认定为“无中生有型”虚假诉讼，与该解释第 1 条第 1 款第 6 项“与被执行人恶意串通，捏造债权或者对查封、扣押、冻结财产的优先权、担保物权”的规定相契合。

相关规定

最高人民法院关于债权人对人员下落不明或者财产状况不清的债务人申请破产清算案件如何处理的批复

（法释〔2008〕10 号　2008 年 8 月 7 日发布　2008 年 8 月 18 日施行）

贵州省高级人民法院：

你院《关于企业法人被吊销营业执照后，依法负有清算责任的人未向法院申请破产，债权人是否可以申请被吊销营业执照的企业破产的请示》（〔2007〕黔高民二破请终字 1 号）收悉。经研究，批复如下：

债权人对人员下落不明或者财产状况不清的债务人申请破产清算，符合企业破产法规定的，人民法院应依法予以受理。债务人能否依据企业破产法第十一条第二款的规定向人民法院提交财产状况说明、债权债务清册等相关材料，并不影响对债权人申请的受理。

人民法院受理上述破产案件后，应当依据企业破产法的有关规定指定管理人追收债务

① 参见黄程、米兰、凌宇磊：《两名被告人伪造 58 万元工资单参与破产清算　江北法院判决首例虚假诉讼罪案件》，载《宁波日报》2020 年 9 月 22 日，A6 版。

人财产；经依法清算，债务人确无财产可供分配的，应当宣告债务人破产并终结破产程序；破产程序终结后二年内发现有依法应当追回的财产或者有应当供分配的其他财产的，债权人可以请求人民法院追加分配。

债务人的有关人员不履行法定义务，人民法院可依据有关法律规定追究其相应法律责任；其行为导致无法清算或者造成损失，有关权利人起诉请求其承担相应民事责任的，人民法院应依法予以支持。

此复。

全国法院民商事审判工作会议纪要（节选）

（2019 年 11 月 8 日发布　2019 年 11 月 8 日施行）

118. 【无法清算案件的审理与责任承担】人民法院在审理债务人相关人员下落不明或者财产状况不清的破产案件时，应当充分贯彻债权人利益保护原则，避免债务人通过破产程序不当损害债权人利益，同时也要避免不当突破股东有限责任原则。

人民法院在适用最高人民法院《关于债权人对人员下落不明或者财产状况不清的债务人申请破产清算案件如何处理的批复》第 3 款的规定，判定债务人相关人员承担责任时，应当依照企业破产法的相关规定来确定相关主体的义务内容和责任范围，不得根据公司法司法解释（二）第 18 条第 2 款的规定来判定相关主体的责任。

上述批复第 3 款规定的“债务人的有关人员不履行法定义务，人民法院可依据有关法律规定追究其相应法律责任”，系指债务人的法定代表人、财务管理人员和其他经营管理人员不履行《企业破产法》第 15 条规定的配合清算义务，人民法院可以根据《企业破产法》第 126 条、第 127 条追究其相应法律责任，或者参照《民事诉讼法》第 111 条的规定，依法拘留，构成犯罪的，依法追究刑事责任；债务人的法定代表人或者实际控制人不配合清算的，人民法院可以依据《出境入境管理法》第 12 条的规定，对其作出不准出境的决定，以确保破产程序顺利进行。

上述批复第 3 款规定的“其行为导致无法清算或者造成损失”，系指债务人的有关人员不配合清算的行为导致债务人财产状况不明，或者依法负有清算责任的人未依照《企业破产法》第 7 条第 3 款的规定及时履行破产申请义务，导致债务人主要财产、账册、重要文件等灭失，致使管理人无法执行清算职务，给债权人利益造成损害。“有关权利人起诉请求其承担相应民事责任”，系指管理人请求上述主体承担相应损害赔偿责任并将因此获得的赔偿归入债务人财产。管理人未主张上述赔偿，个别债权人可以代表全体债权人提起上述诉讼。

上述破产清算案件被裁定终结后，相关主体以债务人主要财产、账册、重要文件等重新出现为由，申请对破产清算程序启动审判监督的，人民法院不予受理，但符合《企业破产法》第 123 条规定的，债权人可以请求人民法院追加分配。

典型案例评析

打击虚假破产罪，维护正常经济和司法秩序

——评沈某贵虚假破产罪案①

【裁判要旨】

“虚假破产”实际上是一种破产欺诈行为，属于诈骗犯罪范畴，罪与非罪的界限要看是否达到“严重损害债权人和其他人利益”的程度，而其中“严重损害债权人的利益”，主要是指通过虚假破产意图逃避偿还债权人的债务数额巨大等情形。

【基本案情】

2015 年 3 月 26 日，权利人顾某、陈某因民间借贷纠纷分别将安徽省寿县国群房地产开发有限责任公司（以下简称国群公司）及其法定代表人沈某贵诉至上海市闵行区人民法院，并均申请了财产保全。上海市闵行区人民法院立案受理后于 2015 年 3 月 30 日依法保全查封了国群公司名下坐落于安徽省寿县××大道南侧、××路西侧、××路东侧、××路北侧“××花园·××园”的部分房产及相应的土地使用权；坐落于安徽省寿县××大道南侧、××路西侧、××路东侧、××路北侧“××花园·××园－××广场”的部分商铺及相应的土地使用权。

2015 年 4 月，国群公司先后提出解除保全措施、保全复议及变更保全对象的申请。

2015 年 6 月 24 日，上海市闵行区人民法院以（2015）闵民二（商）初字第 716 号、第 717 号判决书，分别判决国群公司偿还顾某借款 77,658,000 元、利息 794,028 元，及案件受理费、财产保全费 436,732.8 元，合计 78,888,760.8 元；偿还陈某 2 借款 60,000,000 元、利息 612,483 元，案件受理费、财产保全费 346,800 元，合计 60,959,283 元；被告人沈某贵承担连带

① 参见上海市第一中级人民法院刑事判决书，（2018）沪 01 刑终 1318 号。

清偿责任。

2015 年 7 月 29 日，上海市闵行区人民法院依法解除了对国群公司名下证号为寿国用（2013）第××××××号、寿国用（2013）第××××××号、寿国用（2013）第××××××号土地使用权的查封；解除了国群公司名下“××花园·××园”项目××号楼××、××、××、××、××、××室，××号楼××、××、××、××、××、××、××、××、××、××、××、××、××、××、××室，××号楼××、××、××、××、××、××室及××、××商铺，××号楼所有商铺（××至××），××号楼××、××、××商铺，××号楼所有商铺，以及“××花园·××园－××广场”项目二层所有 142 套商铺（查封清单中二层 A 区、二层 B 区、一层商铺二楼部分）的查封。

2015 年 10 月 19 日，上海市第一中级人民法院以（2015）沪一中民四（商）终字第 1536 号、第 1537 号判决书分别作出终审判决，驳回国群公司及沈某贵的上诉，维持原判。

2015 年 11 月 2 日，经权利人顾某、陈某 2 分别申请，上海市闵行区人民法院分别以（2015）闵执字第 10287 号、（2015）闵执字第 10290 号立案执行，于 2015 年 11 月 6 日分别向国群公司和沈某贵送达了执行通知书，并于 2015 年 11 月 19 日依法追加查封了国群公司名下位于安徽省寿县城南新区××大道南侧、××路西侧、××路东侧、××路北侧的土地及“××花园·××园”“××花园·××园－××广场”的部分房产。

2016 年 5 月 6 日，上诉人沈某贵身为国群公司法定代表人和主要负责人，为逃避偿还债务，通过虚报债务、重复申报债务、夸大申报债务等手段，实际虚报国群公司欠王某等人共计 1.1 亿余元的债务，并以转移、隐匿财产等方式，缩小公司财产数额、夸大负债状况，造成国群公司资不抵债的假象，向安徽省寿县人民法院申请国群公司破产。根据国群公司委托的六安才兴会计师事务所出具的专项审计报告，显示截至 2016 年 4 月 30 日，国群公司资产总额 616,945,148.95 元，负债总额 727,785,286.68 元，负债率 117.97%。

2016 年 5 月 10 日，安徽省寿县人民法院受理了国群公司的破产清算申请。随后，国群公司向上海市闵行区人民法院申请中止对上述执行案件的执行。

申请执行人顾某、陈某认为，沈某贵存在非法处置查封财产和虚构破产的情形，向公安机关提起刑事控告。公安机关对此立案侦查，经检察机关审查起诉，向上海市闵行区人民法院提起公诉。

【裁判结果】

上海市闵行区人民法院作出（2017）沪 0112 刑初 2231 号刑事判决，判决：（1）被告人沈某贵犯非法处置查封的财产罪，判处有期徒刑 1 年；（2）犯虚假破产罪，判处有期徒刑 1 年 6 个月，并处罚金 10 万元；（3）决定执行有期徒刑 2 年，并处罚金 10 万元。沈某贵提起上诉，二审裁定驳回上诉，维持原判。

【评析】

扣除国群公司所虚报的 1.1347 亿元债务，国群公司真实负债 6.1431 亿元，小于其资产总额 6.1694 亿元，不存在资不抵债的情况。国群公司的财产可用于变价清偿债务，尚不存在不能清偿到期债务的情形。因此，可以认定国群公司在提出破产申请之日，实际上尚不具备破产条件。被告人沈某贵通过隐匿财产、承担虚构的债务或者以其他方法转移、处分财产，意图以虚假破产逃避偿还债权人的债务数额巨大，严重损害债权人和其他人的利益，其行为触犯《刑法》第 162 条之二之规定，构成虚假破产罪。

虚假破产罪的主体为一般主体，既可以是法人，也可以是自然人。虚假破产罪在主观方面必须由故意构成，犯罪动机和目的方面往往是为了逃废债。虚假破产罪所侵犯客体既包括债权人及其他人的利益，公司、企业的正常经营管理秩序，还包括我国的破产制度、社会主义市场经济制度。虚假破产罪的客观方面表现为公司、企业通过隐匿财产、承担虚假债务或者以其他方式转移财产、处分财产，实施虚假破产，严重损害债权人和其他人利益的行为。

另外，实践中，企业因为其董事、监事、高级管理人员的相关行为经营不规范等情形常有，应当对经济活动的包容性与刑事责任的严格性加以区别，严格区分民事责任与刑事犯罪，行为人缺乏主观故意的，管理人可以通过行使撤销权、追回权等维护债权人合法权益的，可仅追究相关行为人的民事责任。而对于主观恶意明显，给债权人造成严重损失的，则应依法追究其相关刑事责任。

第十五章　与破产有关的争议解决

第一节　破产债权确认纠纷

破产债权确认，包括职工破产债权确认和普通破产债权确认，其源于《企业破产法》第48条第1款的规定，债权人应当在法院确定的债权申报期限内向管理人申报债权。根据《企业破产法》第57条的规定，管理人收到债权申报材料后，应当登记造册，对申报的债权进行审查，并编制债权表。债权表和债权申报材料由管理人保存，供利害关系人查阅。因此，债权人向管理人申报债权后，就需要等待管理人确认并编制债权表，在债务人、债权人对记载的债权无异议后，由法院裁定确认，有异议的，异议人可以向法院提起破产债权确认诉讼。某一债权人对管理人所确认的他人债权有异议的，亦可提起债权确认之诉。

一、破产债权确认的种类

（一）职工破产债权确认

根据《企业破产法》第48条第2款的规定，债务人所欠职工的工资和医疗、伤残补助、抚恤费用，所欠的应当划入职工个人账户的基本养老保险、基本医疗保险费用，以及法律、行政法规规定应当支付给职工的补偿金，不必申报，由管理人调查后列出清单并予以公示。职工对清单记载有异议的，可以要求管理人更正；管理人不予更正的，职工可以向法院提起诉讼。不必申报的债权，其一般系因一些大中型企业职工人数过多，且职工债权较为明确，可以依据企业的财务账册来确认。同时，职工亦可主动提供证据材料，向管理人陈述自身债权情况。

（二）普通破产债权确认

普通破产债权确认纠纷的主要依据是《企业破产法》第58条第3款，债务人、债权人对债权表记载的债权有异议的，可以向受理破产申请的法院提起诉讼。

对于有担保优先或法定优先权的债权就优先事宜发生争议的，将在关于别除权纠纷的章节论述，不在本章节论述。

二、破产债权确认的内容

根据《企业破产法》第 48 ~58 条以及其他相关规定，破产债权确认的内容主要是：申报的债权事实上是否成立；债权依其性质能否在破产程序中受偿；申报债权有无有关证据；债权有无财产担保，担保物价款预计是否足以清偿担保债权，可能不足清偿的数额；债权人是否在法院确定的债权申报期限内申报债权；债务人、债权人对债权表记载的债权是否有异议；债权尚不能确定或存有争议者，在债权人会议上是否享有表决权，以及其代表的债权数额等。

另外，根据最高人民法院《关于适用〈中华人民共和国企业破产法〉若干问题的规定（三）》第 7 条第 1 款的规定，已经生效法律文书确定的债权，管理人应当予以确认。这一方面有利于维护司法裁判的既判力和公信力，另一方面也有利避免重复审查工作浪费人力物力。如管理人发现生效法律文书所确认的债权确有错误的，可另寻法律途径推翻原生效法律文书。

三、破产债权确认纠纷提起的条件

第一，债权人在债权申报期限内向管理人申报债权，法律规定无须申报的特殊债权除外。根据《企业破产法》第 48 条第 1 款和第 56 条的规定，债权人应当在法院确定的债权申报期限内向管理人申报债权；债权人未依照《企业破产法》的规定申报债权的，不得依照该法规定的程序行使权利。

第二，管理人对债权人申报的债权已进行审查并编制了债权表，或者对法律规定无须申报的特殊债权完成了调查公示程序。所有债权必须先由管理人依程序审查核实后才能予以确认或不确认，在管理人未完成债权审查核实和公示程序之前，不得提起债权确认之诉。

第三，经过了异议前置程序。根据最高人民法院《关于适用〈中华人民共和国企业破产法〉若干问题的规定（三）》第 8 条的规定，债务人、债权人对债权表记载的债权有异议的，应当说明理由和法律依据。经管理人解释或调整后，异议人仍然不服的，或者管理人不予解释或调整的，异议人应当在债权人会议核查结束后 15 日内向法院提起债权确认诉讼。根据该条规定，对债权表记载的债权有异议的债权人、债务人应当首先向管理人提出异议，即提起破产债权确认之诉应经异议前置程序。经管理人解释或调整后，异议人仍然不服，或者管理人不予解释或调整的，异议人才可以提起破产债权确认之诉。起诉期间则为债权人会议核查结束后15日内。如果当事人确有法定事由未能在15日提起债权确认之诉的，可以依法申请顺延期限，法院不得以超过15日为由不予立案受理。

需要注意的是，最高人民法院《关于适用〈中华人民共和国企业破产法〉若干问题的规定（三）》第7条第2款规定："管理人认为债权人据以申报债权的生效法律文书确定的债权错误，或者有证据证明债权人与债务人恶意通过诉讼、仲裁或者公证机关赋予强制执行力公证文书的形式虚构债权债务的，应当依法通过审判监督程序向作出该判决、裁定、调解书的人民法院或者上一级人民法院申请撤销生效法律文书，或者向受理破产申请的人民法院申请撤销或者不予执行仲裁裁决、不予执行公证债权文书后，重新确定债权。"因此，对生效法律文书确认的债权，当事人有异议的，应按照审判监督程序予以救济，而不能提起破产债权确认之诉。

相关规定

山东省东营市中级人民法院关于审理破产案件及衍生诉讼案件相关问题的规定（试行）

（东中法〔2019〕63号　2020年3月10日发布　2020年3月10日施行）

基于全市法院破产案件及相应的衍生诉讼案件数量大幅度上升的形势需要，为确保破产案件及衍生诉讼案件依法高效审理，根据《中华人民共和国企业破产法》（以下简称《企业破产法》）、《中华人民共和国民事诉讼法》（以下简称《民事诉讼法》）以及相关司法解释规定，结合审判工作实际，特制定本规定。

第一条　破产案件审理程序应当与相应的衍生诉讼案件的审理程序有机结合，协调有序推进。

第二条　破产申请受理后，根据《企业破产法》第二十一条集中管辖的规定，与债务人有关的民事诉讼案件由受理破产案件的法院集中审理，并根据现有民商事案件分配原则由相关审判业务部门进行审理。

破产清算、和解程序终结后，新发生的有关债务人的民事诉讼，不适用《企业破产法》第二十一条集中管辖的规定。

重整计划执行期间，因重整程序终止后新发生的事实或者事件引发的有关债务人的民事诉讼，不适用《企业破产法》第二十一条集中管辖的规定。

第三条 破产申请受理后，与债务人相关的民事纠纷，如果在破产申请受理前订立有仲裁条款或仲裁协议的，应当向选定的仲裁机构申请仲裁。

债权人对于管理人审核债权有异议的，应当依据仲裁条款或者仲裁协议向选定的仲裁机构申请确认债权债务关系。

第四条 破产审判部门应在裁定受理破产案件后三日内将案件相关信息及时录入破产重整案件法官工作平台，除重大敏感案件外，破产案件信息同步外网公布，并将受理案件情况及时告知立案、执行及相关审判部门。

第五条 破产申请受理后，债权人新提起的要求债务人清偿的民事诉讼，人民法院不予受理，告知债权人向管理人申报债权。

债权人诉讼要求确认债权的，立案部门应当告知其依法向管理人申报债权，对管理人审查的债权金额等有异议的，方可提起债权确认之诉。

第六条 破产申请受理后，已经开始而尚未终结的有关债务人的民事诉讼程序应当中止，在管理人接管债务人财产后继续进行，管理人接管财产期限一般为本院指定管理人之日起三十日内。

第七条 破产申请受理后，对已经开始而尚未终结的有关债务人的民事诉讼，可以告知债权人撤回诉请并通过申报债权主张权利，债权人坚持继续诉讼的，应当继续审理并径行作出裁决，人民法院不得仅以债权人的诉请为给付之诉裁定驳回。

破产申请受理后，人民法院对付利息的债权作出判决时，不受《企业破产法》第四十六条第二款规定的限制，但应在判决说理部分释明判决确认的利息应在破产程序中根据《企业破产法》的规定再行调整确定。上述裁决生效后，债权人可持生效裁判文书直接申报债权，其对债务人享有的债权利息按照《企业破产法》第四十六条第二款的规定确定。

第八条 破产申请受理前，债权人就债务人财产提起的下列诉讼，破产申请受理时案件尚未审结的，人民法院应当中止审理：

（一）主张次债务人代替债务人直接向其偿还债务的；

（二）主张债务人的出资人、发起人和负有监督股东履行出资义务的董事、高级管理人员，或者协助抽逃出资的其他股东、董事、高级管理人员、实际控制人等直接向其承担出资不实或者抽逃出资责任的；

（三）以债务人的股东与债务人法人人格严重混同为由，主张债务人的股东直接向其偿还债务人对其所负债务的；

（四）其他就债务人财产提起的个别清偿诉讼。

债务人破产宣告后，人民法院应当依照《企业破产法》第四十四条的规定判决驳回债权人的诉讼请求。但是，债权人一审中变更其诉讼请求为追收的相关财产归入债务人财产的除外。

债务人破产宣告前，人民法院依据《企业破产法》第十二条或者第一百零八条的规定裁定驳回破产申请或者终结破产程序的，上述中止审理的案件应当依法恢复审理。

第九条　债务人进入破产程序后，债权人申报债权的同时，向人民法院起诉要求保证人承担责任的，人民法院应予受理。人民法院判决保证人承担保证责任的，应当在判决中明确保证人承担责任的范围。债权人在破产程序中已经受偿的部分，应当从债权人的诉讼主张中予以扣除；债权人在破产程序中未受清偿的部分，保证人承担代偿责任后，依法取得债权人在破产程序中的相应债权。

债务人进入破产程序后，债权人未申报债权直接起诉保证人承担责任的，人民法院应在判决查明事实部分列明债务人破产案件审理情况，保证人承担责任不受《企业破产法》第四十六条限制，但应在判决说理部分告知双方当事人做好破产债权申报清偿事项的衔接工作。

第十条　人民法院受理债务人破产申请后，债权人申报债权的同时，同时起诉债务人和保证人承担责任的，除非案情复杂需要查明案件事实或者管理人对其申报债权不予确认等必要情形外，人民法院对有关债务人的诉请不予受理。

第十一条　破产衍生诉讼案件中列破产企业为当事人的诉讼信息为：如原告：×××公司，诉讼代表人：×××，该企业管理人负责人（或个人管理人）。

第十二条　管理人对债务人提起的破产撤销权和确认债务人无效行为的破产衍生诉讼案件，应当列管理人为原告。

债权人对管理人制作的债权表记载的本人债权有异议提起诉讼，以债务人为被告；债务人、债权人对管理人制作的债权表记载的其他债权人债权有异议提起诉讼的，以被异议债权人为被告；涉及取回权、抵销权等其他破产衍生诉讼案件，应当列债务人为当事人。

以债务人为当事人的，列管理人负责人（或个人管理人）为诉讼代表人。

第十三条　破产申请受理后，有关债务人财产的保全措施，应当解除。受理破产案件的法院对债务人财产采取的保全措施，未进入执行程序的，由原承办部门负责解除；已经进入执行程序的，由执行部门负责解除。

受理破产案件法院以外的法院对债务人财产采取的保全措施，由破产审判部门负责协调解除。

第十四条　破产申请受理后，执行部门应当中止对有关债务人财产的执行措施。债务人重整程序、和解程序终结或者被宣告破产后，有关债务人的执行程序应当终结。

第十五条　破产申请受理后，债务人或管理人提起相关诉讼，申请缓交诉讼费的，由破产审判部门将申请事项报经分管领导审批同意后，转交立案部门，由立案部门审查并办理缓交诉讼费手续。

第十六条　破产案件受理前，生效法律文书确定由债务人承担诉讼费用的，相关法院应依法向管理人申报债权。

第十七条 破产案件受理后，已经开始而尚未终结的有关债务人的民事诉讼，以及破产案件受理后新发生的有关债务人的民事诉讼所产生的应由债务人承担的诉讼费用，列入破产费用或者共益债务，优先受偿。

第十八条 破产衍生诉讼案件审理过程中，存在管理人怠于履行职责或者履职不当情形，如滥用诉讼方式追收债权或者无正当理由未按时出庭应诉导致案件按撤诉处理等情形的，破产衍生诉讼案件承办部门应当告知破产审判部门，以便于破产审判部门予以监督管理。

第十九条 破产案件审理期间，破产衍生诉讼案件涉及诉讼费缓交情形且经生效法律文书确认应当由破产企业承担诉讼费的，破产衍生诉讼案件承办部门应当在结案文书生效后五个工作日内，将生效裁判文书及缴费通知书等相关手续移送破产审判部门，由破产审判部门根据破产案件审理进度统一催收诉讼费用。

破产审判部门应根据破产案件进程适时提醒管理人预留相关衍生诉讼案件的诉讼费用。

第二十条 破产申请受理后，经生效裁判文书确定由债务人承担诉讼费的案件，原告申请退费的，由诉讼案件承办部门负责办理退费手续。

第二十一条 本规定由东营市中级人民法院审判委员会负责解释。

第二十二条 本规定自发布之日起施行。

典型案例评析

通州建总集团有限公司诉安徽天宇化工有限公司债权确认纠纷案①

【裁判要旨】

符合《企业破产法》第 18 条规定的情形，建设工程施工合同视为解除的，承包人行使优先受偿权的期限应自合同解除之日起计算。

【基本案情】

2006 年 3 月，安徽天宇化工有限公司（以下简称安徽天宇公司）与通州建总集团有限公司（以下简称通州建总公司）签订了一份《建设工程施工合同》，安徽天宇公司将其厂区一期工程生产厂区的土建、安装工程发包给通州

① 本案例摘录自最高人民法院指导案例 73 号（2016 年），个别表述有修改。生效裁判审判合议庭成员：审判长洪平、审判员胡小恒、代理审判员台旺。

建总公司承建，合同约定，开工日期：暂定2006年4月28日（以实际开工报告为准），竣工日期：2007年3月1日，合同工期总日历天数300天。发包方不按合同约定支付工程款，双方未达成延期付款协议，承包人可停止施工，由发包人承担违约责任。后双方又签订一份《合同补充协议》，对支付工程款做了新的约定，并约定厂区工期为113天，生活区工期为266天。2006年5月23日，监理公司下达开工令，通州建总公司遂组织施工，2007年安徽天宇公司厂区的厂房等主体工程完工。后因安徽天宇公司未按合同约定支付工程款，致使工程停工。至诉讼发生时，该工程仍未竣工。2011年7月30日，双方在仲裁期间达成和解协议，约定如处置安徽天宇公司土地及建筑物偿债，通州建总公司的工程款可优先受偿。后安徽天宇公司因不能清偿到期债务，江苏宏远建设集团有限公司向安徽省滁州市中级人民法院申请安徽天宇公司破产还债。安徽省滁州市中级人民法院于2011年8月26日作出（2011）滁民二破字第00001号民事裁定，裁定受理破产申请。2011年10月10日，通州建总公司向安徽天宇公司管理人申报债权并主张对该工程享有优先受偿权。2013年7月19日，安徽省滁州市中级人民法院作出（2011）滁民二破字第00001－2号民事裁定，宣告安徽天宇公司破产。通州建总公司于2013年8月27日提起诉讼，请求确认其债权享有优先受偿权。

【裁判结果】

安徽省滁州市中级人民法院于2014年2月28日作出（2013）滁民一初字第00122号民事判决：确认原告通州建总公司对申报的债权就其施工的被告安徽天宇公司生产厂区土建、安装工程享有优先受偿权。宣判后，安徽天宇公司提出上诉。安徽省高级人民法院于2014年7月14日作出（2014）皖民一终字第00054号民事判决，驳回上诉，维持原判。

【裁判理由】

法院生效裁判认为：本案双方当事人签订的建设工程施工合同虽约定了工程竣工时间，但涉案工程因安徽天宇公司未能按合同约定支付工程款导致停工。现没有证据证明在工程停工后至法院受理破产申请前，双方签订的建设施工合同已经解除或终止履行，也没有证据证明在法院受理破产申请后，管理人决定继续履行合同。根据《企业破产法》第18条“人民法院受理破产申请后，管理人对破产申请受理前成立而债务人和对方当事人均未履行完毕的合同有权决定解除或继续履行，并通知对方当事人。管理人自破产申请受理之日起二个月未通知对方当事人，或者自收到对方当事人催告之日起三十日内未答复的，视为解除合同”之规定，涉案建设工程施工合同在法院受理破产申请后已实际解除，本案建设工程无法正常竣工。按照最高人民法院《全国民事审判工作会议纪要》的精神，因发包人的原因，合同解除或终止履行时已经超出合同约定的竣工日期的，承包人行使优先受偿权的期限自合同解除之日起计算，安徽天宇公司要求按合同约定的竣工日期起算优先受偿权行使时间的主张，缺乏依据，不予采信。2011 年 8 月 26 日，法院裁定受理对安徽天宇公司的破产申请，2011 年 10 月 10 日，通州建总公司向安徽天宇公司的管理人申报债权并主张工程款优先受偿权，因此，通州建总公司主张优先受偿权的时间是 2011 年 10 月 10 日。安徽天宇公司认为通州建总公司行使优先受偿权的时间超过了破产管理之日起 6 个月，与事实不符，不予支持。

第二节　别除权纠纷

别除权在我国现行的破产法和民法体系中并非显名的独立实体权利，在破产法中亦尚未明确规定“别除权”概念。从《企业破产法》第 109 条之规定来看，别除权的内涵“权利人有权就债务人特定财产优先受偿”是被现行破产法所认可的。最高人民法院《民事案件案由规定》“与破产有关的纠纷”中规定有“别除权纠纷”，法院在司法实践中亦受理了一些别除权纠纷案件。

一、别除权的权利基础

（一）别除权之担保物权基础

我国法律规定的担保物权中被公认在破产程序中可享有别除权的有抵押权、质权和留置权。

1. 抵押权

抵押权，是指债权人对于债务人或第三人提供的作为履行债务的担保的财产，在债务人不履行债务时，可以就其卖得价金优先受偿的权利。抵押权分为一般抵押权和特别抵押权，一般抵押权主要包括动产抵押和不动产抵押；特别抵押权包括最高额抵押权、财团抵押、浮动抵押等。对于一般抵押权是破产别除权的权利基础基本没有异议，特别抵押权是否能够成为破产别除权的权利基础还存在较大争议。

我国法律目前的相关规定主要有：

（1）《民法典》第 394 条：“为担保债务的履行，债务人或者第三人不转移财产的占有，将该财产抵押给债权人的，债务人不履行到期债务或者发生当事人约定的实现抵押权的情形，债权人有权就该财产优先受偿。前款规定的债务人或者第三人为抵押人，债权人为抵押权人，提供担保的财产为抵押财产。”

（2）《海商法》第 11 条：“船舶抵押权，是指抵押权人对于抵押人提供的作为债务担保的船舶，在抵押人不履行债务时，可以依法拍卖，从卖得的价款中优先受偿的权利。”

（3）《民用航空法》第 16 条：“设定民用航空器抵押权，由抵押权人和抵押人共同向国务院民用航空主管部门办理抵押权登记；未经登记的，不得对抗第三人。”

（4）《民用航空法》第 17 条：“民用航空器抵押权设定后，未经抵押权人同意，抵押人不得将被抵押民用航空器转让他人。”

2. 留置权

留置权是债权人已经合法占有了债务人的动产，在债务人不能履行债务或发生法律规定的情况下，债权人有权依法留置该动产，并可以该动产折价或以拍卖、变卖该动产的价款优先受偿的担保物权。留置权作为一项以债务人特定动产为受偿客体的法定担保物权，当然可以成为别除权的基础权利。债权人行使留置权须满足以下几个条件：（1）债权人合法占有债务人的动产；（2）债权人留置的财产应当与债权属同一种法律关系；（3）债权须已到清偿期，并给债务人一个行使留置权的宽限期限。

我国法律目前的相关规定主要有：

（1）《民法典》第 447 条：“债务人不履行到期债务，债权人可以留置已经合法占有的债务人的动产，并有权就该动产优先受偿。前款规定的债权人为留置权人，占有的动产为留置财产。”

（2）《海商法》第 25 条：“船舶优先权先于船舶留置权受偿，船舶抵押权后于船舶留置权受偿。前款所称船舶留置权，是指造船人、修船人在合同另一方未履行合同时，可以留置所占有的船舶，以保证造船费用或者修船费用得以偿还的权利。船舶留置权在造船人、修船人不再占有所造或者所修的船舶时消灭。”

3. 质权

质权，是指债权人在债务人不清偿其债务时，可以就债务人或第三人转移占有而供作担保的动产或权利所卖得的价金优先受偿的权利。质权的标的分为动产质押和权利质押，这两种标的质权都是以特定财产的形式才能作为债权的担保。

我国法律目前的相关规定主要有：

（1）《民法典》第 394 条："为担保债务的履行，债务人或者第三人不转移财产的占有，将该财产抵押给债权人的，债务人不履行到期债务或者发生当事人约定的实现抵押权的情形，债权人有权就该财产优先受偿。前款规定的债务人或者第三人为抵押人，债权人为抵押权人，提供担保的财产为抵押财产。"

（2）《民法典》第 440 条："债务人或者第三人有权处分的下列权利可以出质：（一）汇票、本票、支票；（二）债券、存款单；（三）仓单、提单；（四）可以转让的基金份额、股权；（五）可以转让的注册商标专用权、专利权、著作权等知识产权中的财产权；（六）现有的以及将有的应收账款；（七）法律、行政法规规定可以出质的其他财产权利。"

（3）《民法典》第 425 条："为担保债务的履行，债务人或者第三人将其动产出质给债权人占有的，债务人不履行到期债务或者发生当事人约定的实现质权的情形，债权人有权就该动产优先受偿。前款规定的债务人或者第三人为出质人，债权人为质权人，交付的动产为质押财产。"

（二）别除权之法定优先权基础

法定优先权，是指特定债权人依据法律的直接规定，对债务人的全部财产或特定财产的变卖价值享有的，优先于其他债权人受偿的权利。

根据我国法律规定，特别优先权包括《民法典》规定的建设工程款优先受偿权、购房消费者优先权，《海商法》规定的船舶优先权及《民用航空法》规定的民用航空器优先权等，具体规定如下：

1. 建筑工程承包人对建筑工程款的优先受偿权

《民法典》第 807 条规定，发包人未按照约定支付价款的，承包人可以催告发包人在合理期限内支付价款。发包人逾期不支付的，除根据建设工程的性质不宜折价、拍卖的外，承包人可以与发包人协议将该工程折价，也可以请求法院将该工程依法拍卖。建设工程的价款就该工程折价或者拍卖的价款优先受偿。

2. 消费性购房者的优先权

最高人民法院《关于人民法院办理执行异议和复议案件若干问题的规定》第 29 条明确了消费性购房者排除其他金钱债权人执行的前提条件，即（1）在法院查封之前已签订合法有效的书面买卖合同；（2）所购商品房系用于居住且买受人名下无其他用于居住的房屋；（3）已支付的价款超过合同约定总价款的 50%。

最高人民法院 2002 年发布的《关于审理企业破产案件若干问题的规定》则根据“特定物非破产财产”的原理，将特定物买卖中尚未转移占有但相对人已完全支付对价的特定物和尚未办理产权证或者产权过户手续但已向买方交付的财产排除在破产财产之外，买受人享有十足的别除权。

3. 拍卖划拨的国有土地使用权所得价款对抵押权人的优先受偿权

划拨国有土地使用权因有着相对固定的用途，在取得时一般无须支付土地出让金，但当划拨国有土地使用权单独或连同地上建筑一同拍卖时，土地使用权的价值必然会体现在变价款中。为此，法律规定划拨国有土地使用权拍卖时，所得价款应当先缴纳土地出让金，再用于抵押权人受偿。

最高人民法院《关于适用〈中华人民共和国民法典〉有关担保制度的解释》第 50 条规定：“抵押人以划拨建设用地上的建筑物抵押，当事人以该建设用地使用权不能抵押或者未办理批准手续为由主张抵押合同无效或者不生效的，人民法院不予支持。抵押权依法实现时，拍卖、变卖建筑物所得的价款，应当优先用于补缴建设用地使用权出让金。当事人以划拨方式取得的建设用地使用权抵押，抵押人以未办理批准手续为由主张抵押合同无效或者不生效的，人民法院不予支持。已经依法办理抵押登记，抵押权人主张行使抵押权的，人民法院应予支持。抵押权依法实现时所得的价款，参照前款有关规定处理。”

《城市房地产管理法》第 51 条规定：“设定房地产抵押权的土地使用权是以划拨方式取得的，依法拍卖该房地产后，应当从拍卖所得的价款中缴纳相当于应缴纳的土地使用权出让金的款额后，抵押权人方可优先受偿。”

4. 《海商法》中海事请求人对船舶的优先权

《海商法》第 21 条规定：“船舶优先权，是指海事请求人依照本法第二十二条的规定，向船舶所有人、光船承租人、船舶经营人提出海事请求，对产生该海事请求的船舶具有优先受偿的权利。”

第 22 条第 1 款规定：“下列各项海事请求具有船舶优先权：（一）船长、船员和在船上工作的其他在编人员根据劳动法律、行政法规或者劳动合同所产生的工资、其他劳动报酬、船员遣返费用和社会保险费用的给付请求；（二）在船舶营运中发生的人身伤亡的赔偿请求；（三）船舶吨税、引航费、港务费和其他港口规费的缴付请求；（四）海难救助的救助款项的给付请求；（五）船舶在营运中因侵权行为产生的财产赔偿请求。”

第 29 条规定：“船舶优先权，除本法第二十六条规定的外，因下列原因之一而消灭：（一）具有船舶优先权的海事请求，自优先权产生之日起满一年不行使；（二）船舶经法院强制出售；（三）船舶灭失。前款第（一）项的一年期限，不得中止或者中断。”

5.《民用航空法》中特定债权人对民用航空器优先权

《民用航空法》第 18 条规定：“民用航空器优先权，是指债权人依照本法第十九条规定，向民用航空器所有人、承租人提出赔偿请求，对产生该赔偿请求的民用航空器具有优先受偿的权利。”

第 19 条规定：“下列各项债权具有民用航空器优先权：（一）援救该民用航空器的报酬；（二）保管维护民用航空器的必需费用。前款规定的各项债权，后发生的先受偿。”

另外，《民用航空法》还规定了地面第三人的损害赔偿债权对相应的保险或者担保的优先权，即第 166 条规定：“民用航空器的经营人应当投保地面第三人责任险或者取得相应的责任担保。”第 169 条规定：“依照本法第一百六十六条规定提供的保险或者担保，应当被专门指定优先支付本章规定的赔偿。”

二、别除权的特点

1. 别除权是对属于破产人设定担保或具有法定优先权的特定财产行使的权利。别除权仅限于特定的财产，这是别除权行使的首要条件。因此，即使当破产人的无担保财产不足以清偿破产费用时也不得从该特定财产中清偿。另外，该财产若在法定期限的行使权利前灭失，该优先受偿权随之消失，别除权人对破产人的债权只能作为普通破产债权受偿，但可以追究破产人及相关责任人员的赔偿责任，或在变卖价款、对价尚未交付给破产人及虽交付但仍能从破产人财产中加以区分的情况下，别除权人对该价款或对价可继续享

有别除权。

2. 别除权是不依破产程序而优先受偿的权利。因别除权人的标的物不列入破产财产，不参与破产清偿分配，因此原则上不受破产程序限制，但需注意的一点是，在重整程序中，别除权的优先受偿权受到限制，如《企业破产法》第75条规定，在重整期间，对债务人的特定财产享有的担保权暂停行使。如果在重整程序中允许有财产担保的债权人享有别除权，尤其是当债务人针对其很多财产进行了担保设置，别除权可能会导致债务人无法重新开启重整程序，因此需对之进行限制。

3. 别除权是在破产申请受理前合法成立的一种权利。为保护其他普通债权人的利益，别除权的设立不能由债权人与破产人任意设定，需严格按照法律规定。如《企业破产法》第31条规定，法院受理破产申请前一年内，对没有财产担保的债务提供财产担保的，管理人有权请求法院予以撤销，也就是说，违反了该时间规定设立的担保物权，无优先受偿权。

三、别除权的行使

（一）债权申报

根据《企业破产法》第49条的规定，债权人申报债权，应当书面说明债权的数额和有无财产担保，并提交有关证据。申报的债权是连带债权的，应当说明。此外，《企业破产法》第56条第2款规定，债权人未依照该法规定申报债权的，不得依照该法规定的程序行使权利。即未能正确申报的债权人，将无法享受到别除权的一些权益。因别除权是缩减了债务人的破产财产，降低其他普通债权人的清偿率，以保障普通债权人利益不受损，所以需严格限制别除权的行使。

（二）别除权的清偿顺位

1. 特别优先权与担保物权的竞合

当特别优先权与担保物权竞合时，除法律另有规定外，特别优先权应优先于担保物权受偿。如《海商法》第25条第1款规定的船舶留置权、船舶抵押权、船舶特别优先权竞合时的受偿顺序为船舶优先权先于船舶留置权受偿，船舶抵押权后于船舶留置权受偿。

2. 多个担保物权的竞合

（1）不同性质的担保物权间的清偿顺序

当同一债务人财产上抵押权与质权竞合时，如抵押权已经登记且登记时间在动产质权设立前，则抵押权人优先于质权人受偿；如抵押权已经登记但抵押登记的时间在动产质权设立之后，则质权人优先受偿；如抵押权未经登记，即便抵押权设立时间早于质权设立时间也不能对抗质权，质权人优先受偿。

另外，《民法典》第456条规定："同一动产上已经设立抵押权或者质权，该动产又被留置的，留置权人优先受偿。"因留置权为法定担保物权，而抵押权、质权为约定担保物权，在法学理论上为维护公平，法定担保物权的效力应优于约定担保物权。但也有例外情况，当留置权人经留置物所有人同意，以留置物设定抵押或质押的，该抵押权或质权应优先于留置权。

（2）同一担保性质的别除权间的清偿顺序

《民法典》第414条规定："同一财产向两个以上债权人抵押的，拍卖、变卖抵押财产所得的价款依照下列规定清偿：（一）抵押权已经登记的，按照登记的时间先后确定清偿顺序；（二）抵押权已经登记的先于未登记的受偿；（三）抵押权未登记的，按照债权比例清偿。其他可以登记的担保物权，清偿顺序参照适用前款规定。"

因动产质押和以交付权利凭证为设定条件的权利质权需实际占有质押物或权利凭证才设立，通常不会发生两项质权重合的情况，但不以交付权利凭证为设定条件的权利质权，则可能发生权利竞合。其清偿顺序原则上依照登记或设定的先后顺序来确定，与抵押权大体相同。

留置权的成立是以合法占有留置物为前提，若权利人丧失对该留置物的占有，则留置权归于消失。因此并不存在在同一留置物上出现留置权竞合的情况。

（三）别除权的实现

《企业破产法》第110条规定："享有本法第一百零九条规定权利的债权人行使优先受偿权利未能完全受偿的，其未受偿的债权作为普通债权；放弃优先受偿权利的，其债权作为普通债权。"即别除权不能全部实现的，未受偿的债权可作为普通债权来分配破产财产，同时，该优先受偿权作为一种权利，债权人可以放弃，债权人放弃的，将该债权作为普通债权共同分配破产财产。

另外，《企业破产法》第132条规定："本法施行后，破产人在本法公布之日前所欠职工的工资和医疗、伤残补助、抚恤费用，所欠的应当划入职工个人账户的基本养老保险、基本医疗保险费用，以及法律、行政法规规定应当支付给职工的补偿金，依照本法第一百一十三条的规定清偿后不足以清偿的部分，以本法第一百零九条规定的特定财产优先于对该特定财产享有担保权的权利人受偿。”同时，依据最高人民法院《关于〈中华人民共和国企业破产法〉施行时尚未审结的企业破产案件适用法律若干问题的规定》的规定，只有《企业破产法》公布之日前所欠的职工权益，且在按照《企业破产法》第113条规定的正常清偿顺序无法得到清偿时，才可从已经设定物权担保的财产中受偿。在债务人尚有其他财产可以清偿时，不得先行从已经设定物权担保的财产中清偿；形成于《企业破产法》公布之日后所欠的职工权益不属于《企业破产法》第132条适用的范畴，该部分职工权益只能从破产企业已经设定担保物权之外的其他财产，或者担保物权人明确放弃行使优先受偿权后的已设定担保物权的财产中受偿；在《企业破产法》公布之日前所欠的职工权益，依法以设定物权担保的财产进行清偿的情况下，企业破产案件中因按照正常清偿顺序无法实现的破产费用、共益债务以及职工的其他权益不得优先于担保物权人受偿。

典型案例评析

税收债权不优先于对特定物享有别除权的债权

——评黄山市原地方税务局黄山旅游度假区分局诉黄山龙恒汇金置业有限公司别除权确认纠纷案①

【裁判要旨】

根据《企业破产法》第113条的规定，税收债权只是在破产清偿时优先于普通债权，其优先性并非属于针对债务人特定财产设置的权利，不符合别除权的一般特征。税收债权不优先于对特定物享有别除权的债权。

【基本案情】

2015年3月1日，安徽省黄山市屯溪区人民法院以黄山龙恒汇金置业有限公司（以下简称龙恒汇金公司）因不能清偿到期债务、明显丧失清偿能力为由，裁定受理龙恒汇金公司破产清算。

① 参见安徽省黄山市屯溪区人民法院民事判决书，（2017）皖1002民初1621号。

黄山市原地方税务局黄山旅游度假区分局（以下简称税务局度假区分局）分别于2015年6月25日、2015年12月4日、2016年1月18日向管理人申报税款债权。黄山市屯溪区人民法院共确认税务局度假区分局无争议债权数额为31,615,484.78元。

另查明：据龙恒汇金公司债权表记载2013年1月29日，龙恒汇金公司以××观邸B4幢房产为何某远1500万元债权办理抵押登记，何某远债权经黄山市屯溪区人民法院确认为21,581,060元，并享优先受偿权；龙恒汇金公司分别于2012年7月25日、2013年1月12日、2013年1月15日、2013年9月30日以××观邸10幢、11幢、13幢、14幢，B4幢等其名下财产为中国信达资产管理股份有限公司安徽省分公司33,746.50万元债权办理抵押登记，中国信达资产管理股份有限公司安徽省分公司将债权转让给中润经济发展有限责任公司，中润经济发展有限责任公司债权经黄山市屯溪区人民法院确认为232,860,947.00元并享有优先受偿权；龙恒汇金公司以××观邸6幢1－6号等6套房屋及8号为沈某债权办理抵押登记，沈某债权经黄山市屯溪区人民法院确认为22,833,327.00元，并享有900万元优先受偿权。

税务局度假区分局向黄山市屯溪区人民法院提起诉讼，请求确认税务局度假区分局31,615,484.78元的债权享有优先受偿权。

【裁判结果】

安徽省黄山市屯溪区人民法院于2017年10月16日作出（2017）皖1002民初1621号民事判决，驳回原告税务局度假区分局的诉讼请求。

【评析】

税收，是指国家为了实现其职能，依法向纳税人课征，以获取财政收入的一种形式。依法纳税系每个企业应尽义务，税务机关有权就破产企业未缴纳或欠缴的税款申报税款。但为了贯彻“国不与民争利”的思想，税收债权一般排在职工债权之后，普通债权之前。

税务局度假区分局关于根据《税收征收管理法》的规定，税款应优先于抵押权设定之前的主张，仅适用于一般民事活动，《税收征收管理法》与《企业破产法》均是全国人民代表大会常务委员会通过的法律，而本案系破产衍生诉讼，根据《立法法》第92条规定的特别法优于一般法的原则，本案破产程序中应当优先适用《企业破产法》。《企业破产法》第109条、第113条对破产财产规定了清偿顺序，税款债权排在抵押债权和职工债权之后，仅优先于普通债权。另外，法律亦未规定税款债权对特定物享有别除权。故难以支持税收债权具有优先性，更不可认定其优先于对特定物享有别除权的担保债权。

另外，关于滞纳金的清偿顺序，根据最高人民法院《关于税务机关就破产企业欠缴税款产生的滞纳金提起的债权确认之诉应否受理问题的批复》的规定，破产企业在破产案件受理前因欠缴税款产生的滞纳金属于普通债权，其清偿顺序应在税收债权之后，与其他普通破产债权位于同一顺序。破产案件受理后因欠缴税款产生的滞纳金则不属于破产债权的范围。

第三节　追缴股东出资责任纠纷

2013 年第十二届全国人大常委会第六次会议对《公司法》作出了修改，在出资方式上，将实缴资本制修改为认缴资本制，该变化有利于激发市场活力，顺应了市场经济与现代化公司发展的趋势。但在实践中，很多股东虽在注册公司时认缴了一定数额的注册资本，却在实缴期限到期时仍未缴足出资或约定的实缴出资时间较长，导致公司资金难以有效运转。因此，最高人民法院《关于适用〈中华人民共和国公司法〉若干问题的规定（二）》第 22 条规定，公司解散时股东尚未缴纳的出资均应作为清算财产。股东尚未缴纳的出资，包括到期应缴未缴的出资，以及依照《公司法》第 26 条和第 80 条的规定分期缴纳尚未届满缴纳期限的出资。公司财产不足以清偿债务时，债权人主张未缴出资股东，以及公司设立时的其他股东或者发起人在未缴出资范围内对公司债务承担连带清偿责任的，法院应依法予以支持。追究股东出资责任又可分为两种情形：一种是股东未予出资，另一种是股东出资后又抽逃出资。

一、股东未予出资的处理

实施注册资本认缴制以来，实践中股东未予实缴出资的情形极为普遍。

《公司法》第 28 条第 1 款规定：“股东应当按期足额缴纳公司章程中规定的各自所认缴的出资额。股东以货币出资的，应当将货币出资足额存入有限责任公司在银行开设的账户；以非货币财产出资的，应当依法办理其财产权的转移手续。”

最高人民法院《关于适用〈中华人民共和国公司法〉若干问题的规定(三)》第 18 条明确规定："有限责任公司的股东未履行或者未全面履行出资义务即转让股权，受让人对此知道或者应当知道，公司请求该股东履行出资义务、受让人对此承担连带责任的，人民法院应予支持；公司债权人依照本规定第十三条第二款向该股东提起诉讼，同时请求前述受让人对此承担连带责任的，人民法院应予支持。受让人根据前款规定承担责任后，向该未履行或者未全面履行出资义务的股东追偿的，人民法院应予支持。但是，当事人另有约定的除外。"

《企业破产法》第 35 条规定："人民法院受理破产申请后，债务人的出资人尚未完全履行出资义务的，管理人应当要求该出资人缴纳所认缴的出资，而不受出资期限的限制。"

根据上述法律规定，未按公司章程足额缴纳出资的股东即使对外转让所有股权，仍不能免除出资不实的责任。如在陈某某与甲公司股东出资纠纷案[①]中，鉴于股东的出资义务系法律所规定的股东基本义务，陈某某的行为违反了公司章程的约定和《公司法》的规定，故其应向甲公司履行相关的出资义务。陈某某虽已对外转让了其全部股权，但其出资不实的责任不应随着股权的转让而免除，故陈某某应当依法向甲公司补足出资。相关案例还有如韶关活力啤酒厂有限公司与鹰连投资有限公司追收未缴出资、股东出资纠纷案[②]，韶关活力啤酒厂有限公司在破产程序中起诉出资人鹰连投资有限公司履行出资义务，法院以出资人鹰连投资有限公司未出资到位为由，判决出资人补缴出资款。

二、股东抽逃出资的处理

笔者担任管理人的破产案件中，原先注册资本实缴制时期成立的公司，大部分在成立公司时股东将相应的注册资本转入了公司账户，并有会计师事务所出具的验资报告。然而，有验资报告并不意味着股东就履行了出资义务。在破产程序中通过查询银行流水，常会发现股东将出资转入对公账户出具凭证后不久即无正当事由将出资全额转出，甚至将对公账户予以注销。此种情形下，股东抽逃出资极为明显。

① 参见上海市第一中级人民法院民事判决书，(2010) 沪一中民四（商）终字第 2036 号。

② 参见广东省高级人民法院民事判决书，(2014) 粤高法民二破终字第 103 号。

《公司法》第35条规定："公司成立后，股东不得抽逃出资。"第91条规定："发起人、认股人缴纳股款或者交付抵作股款的出资后，除未按期募足股份、发起人未按期召开创立大会或者创立大会决议不设立公司的情形外，不得抽回其股本。"

最高人民法院《关于适用〈中华人民共和国公司法〉若干问题的规定（三）》第12条规定："公司成立后，公司、股东或者公司债权人以相关股东的行为符合下列情形之一且损害公司权益为由，请求认定该股东抽逃出资的，人民法院应予支持：（一）制作虚假财务会计报表虚增利润进行分配；（二）通过虚构债权债务关系将其出资转出；（三）利用关联交易将出资转出；（四）其他未经法定程序将出资抽回的行为。"第14条规定："股东抽逃出资，公司或者其他股东请求其向公司返还出资本息、协助抽逃出资的其他股东、董事、高级管理人员或者实际控制人对此承担连带责任的，人民法院应予支持。公司债权人请求抽逃出资的股东在抽逃出资本息范围内对公司债务不能清偿的部分承担补充赔偿责任、协助抽逃出资的其他股东、董事、高级管理人员或者实际控制人对此承担连带责任的，人民法院应予支持；抽逃出资的股东已经承担上述责任，其他债权人提出相同请求的，人民法院不予支持。"

如在最高人民法院审理的五洲证券有限公司与成都前锋电子股份有限公司缴纳出资纠纷案①中，五洲证券有限公司在破产程序中起诉股东成都前锋电子股份有限公司将注册资金转入五洲证券有限公司账户骗取会计师事务所出具验资报告后即全额转出资金，被法院认定为抽逃出资，判决成都前锋电子股份有限公司补缴出资。

三、股东出资不可用于个别清偿

股东的出资为债务人破产财产，不能单独向某个债权人进行分配，应按照公平受偿、同等比例的原则向每个债权人进行分配，除非法院的分配判决在破产前已执行完毕，同时债权人也不可要求债务人的股东向其直接承担出资不实或者抽逃出资的责任。

最高人民法院《关于当前商事审判工作中的若干具体问题》中也有相关规定，若企业不能清偿单个债权人到期债权，那么其往往也资不抵债，或者明显缺乏清偿能力，或者有丧失清偿能力可能。此时按照《企业破产法》第

① 参见最高人民法院民事判决书，（2014）民二终字第22号。

2 条的规定，企业已经符合破产条件，所以更应当保障全体债权人的利益，单个的债权追及诉讼不尽符合《企业破产法》第 31 条、第 32 条的精神。债权人应当申请债务人破产，进入破产程序后再按照《企业破产法》第 35 条的规定使股东出资义务加速到期，最终在真正意义上保护全体债权人利益。该点也体现在一些地方性司法文件中，如上海市高级人民法院《商事审判适法统一若干问题研讨纪要》中明确规定，“在债权人请求股东提前履行出资义务用以偿债的诉讼中，人民法院应向当事人释明，如债务人公司不能通过融资或者股东自行提前缴纳出资以清偿债务，债务人公司已符合《企业破产法》规定的破产条件的，债权人有权启动破产程序，如债权人坚持上述请求的，人民法院不予支持”。山东省高级人民法院民二庭《关于审理公司纠纷案件若干问题的解答》中明确，“公司不能清偿到期债务而股东出资期限尚未届满，债权人起诉请求股东提前履行出资义务以清偿债务的，不予支持。……在类似诉讼中，法院应注意向当事人释明，如果债务人公司不能通过融资或者其股东自行提前缴纳出资以清偿债务，债权人有权申请启动破产程序”。

典型案例评析

债务人进入破产程序后，股东出资期限加速到期

——浙江欧都进出口贸易有限公司与邱某未、陈某伟股东出资纠纷案[①]

【裁判要旨】

因涉案债务人已经进入破产程序，根据《企业破产法》第 35 条之规定，认缴出资股东应当立即向破产公司完全履行出资义务。

【基本案情】

原告浙江欧都进出口贸易有限公司（以下简称欧都公司）成立于 2016 年 9 月 23 日，股东为被告邱某未、陈某伟、邱某莹，注册资本 500 万元。

2016 年 9 月 26 日，原告增加注册资本至 1000 万元。被告邱某未以货币出资 650 万元，占 65%，其中 325 万元于 2026 年 9 月 20 日前到位，325 万元于 2026 年 9 月 26 日前到位；被告陈某伟以货币出资 200 万元，占 20%，其

① 参见浙江省青田县人民法院民事判决书，（2019）浙 1121 民初 4964 号。

中100万元于2026年9月20日前到位，100万元于2026年9月26日前到位；被告邱某莹以货币出资150万元，占15%，其中75万元于2026年9月20日前到位，75万元于2026年9月26日前到位。后三被告均未实际缴纳注册资本。

2019年9月29日，浙江青田县侨乡进口商品城集团有限公司向青田县人民法院申请欧都公司破产清算。青田县人民法院于2019年10月12日作出（2019）浙1121破申11号民事裁定书，受理申请人浙江青田县侨乡进口商品城集团有限公司对被申请人欧都公司的破产清算申请。

在破产清算过程中，欧都公司的管理人发现欧都公司的股东对所认缴的出资均未出资到位，遂向青田县人民法院提起诉讼，请求判令被告邱某未、陈某伟、邱某莹分别在认缴出资的范围内向欧都公司缴纳注册资本金650万元、200万元、150万元。

【裁判结果】

青田县人民法院于2020年3月6日作出（2019）浙1121民初4964号民事判决，判令被告邱某未、陈某伟、邱某莹分别在认缴出资的范围内向欧都公司缴纳注册资本金650万元、200万元、150万元。

【评析】

在2013年之前的《公司法》的规定中，公司的设立股东出资应当达到法定资本最低限额，且为实缴制，实践中还需要会计师事务所出具验收报告才可登记注册成立公司。在2013年修改《公司法》之后，我国设立公司的注册资本认缴即可，后续的缴纳依据章程约定即可。2018年《公司法》修改公司注册资本实缴制为全面认缴制（法律有特别规定的除外），但是认缴不实缴并不等于可以不缴，认缴制度下只是允许股东暂缓缴纳注册资本，但如果公司经营不善，进入破产或者强制清算时，股东出资义务加速到期，不受出资期限限制。

《企业破产法》第35条规定：“人民法院受理破产申请后，债务人的出资人尚未完全履行出资义务的，管理人应当要求该出资人缴纳所认缴的出资，而不受出资期限的限制。”因此，当企业进入破产阶段，出资人仍然需要缴纳完所认缴的出资，出资期限加速到期，且不受章程约定的出资期限的限制，出资人不能以出资期限尚未届满抗辩。本案中，欧都公司工商登记材料记载，股东认缴出资额为货币出资1000万元，至破产清算时，股东均未以适当的形式缴纳过出资额，故应当按公司章程规定的认缴出资额向欧都公司缴纳出资。

本案中，被告邱某未还抗辩称其为实物出资。但根据工商登记材料记载，被告邱某未系认缴货币出资 650 万元，并非实物出资，故法院对其该抗辩理由不予支持。这说明我国对于出资人的认缴形式也作出了严格的限制，需要以工商登记为准。《公司法》第 27 条第 2 款也明确规定了出资形式，以非货币财产出资的应当评估作价，核实财产。第 30 条则规定了股东作为设立公司出资的非货币财产的实际价额显著低于公司章程所定价额的补足差额责任，以及公司设立时的其他股东承担连带责任。因此，认缴制不仅在制度设计上严丝合缝，通过多方制度设计规制股东拖延出资、抽逃出资或虚假出资，更有利于维护交易安全，维护市场经济的健康发展。

第四节　对外追收债权和财产权益纠纷

对外追收债权，是指管理人在债务人进入破产程序后，对债务人的债权或者其他财产权益予以追收的履职要求之一。根据《企业破产法》的规定，法院裁定受理破产申请后，应当同时指定管理人，由管理人负责接管债务人的财产，依法管理和处分债务人的财产。因为债务人在进入破产程序前，可能存在对他人享有债权或者其他财产权益的情形，债权及其他财产权益属于债务人的财产。除重整程序中债务人经法院许可可以自行管理财产和开展营业活动的情形外，让管理人实际控制债务人财产，能够有效防止债务人通过各种手段隐匿和转移破产财产，从而最大限度地保护债权人以及各方的利益。另外，管理人对外追收债务人债权，结合其“接管债务人经营和财务”“代表债务人参加诉讼、仲裁或者其他法律程序”的职责，更方便管理人了解相关法律关系，促进其履行有关职责。

一、对外追收的范围

《企业破产法》第 17 条第 1 款规定，在法院受理破产申请后，债务人的债务人或者财产持有人应当向管理人清偿债务或者交付财产。债务人的债务人，是指对债务人负担债务的人，该债务既可以是法院受理破产申请前成立的，也可以是受理破产申请后成立的。债务人的财产持有人，是指一切持有债务人财产的行为人，既可以是因法律规定或双方当事人约定的合法持有，也可以是因其他原因的无权占有。

二、次债务人的责任

根据《企业破产法》第 17 条第 2 款的规定，债务人的债务人或者财产持有人故意违反前款规定向债务人清偿债务或者交付财产，使债权人受到损失的，不免除其清偿债务或者交付财产的义务。据此规定，不免除次债务人清偿债务或交付财产的条件是次债务人明知债务人破产，应当向管理人清偿债务或者交付财产，却故意向债务人清偿债务或者交付财产，使债权人受到损失。如果行为人不知债务人破产，则可免责。行为人主观上的认识状态在实践中一般以法院的公告是否能使其得知为界定标准。所以，如果次债务人向债务人进行了清偿或者交付了财产，但并未导致债权人利益受损，债务人将收回的债权交由管理人处理，亦免除次债务人责任。

三、案件的管辖

根据《民事诉讼法》的规定，管辖的类型有一般地域管辖、特殊地域管辖、专属管辖、应诉管辖和协议管辖，但是当公司进入破产程序之后，对于债务人的诉讼、仲裁案件，一般交由受理破产的法院集中管辖，主要是为了避免因多个法院之间的沟通不够，作出的裁判使债务人的财产情况、债权债务关系变得复杂，进而妨碍破产程序的高效进行，而且有些案件与破产程序密切相关，一些法院法庭对该类案件的专业度不高，不容易查明事实适用法律。

所以，根据《企业破产法》第 21 条的规定，法院受理破产申请后，有关债务人的民事诉讼只能向受理破产申请的法院提起。对外追收债权系法院裁定受理破产申请后，管理人在接管债务人事务后的职责，其应当由受理破产申请的法院集中管辖。

最高人民法院《关于适用〈中华人民共和国企业破产法〉若干问题的规定（二）》第47 条规定：“人民法院受理破产申请后，当事人提起的有关债务人的民事诉讼案件，应当依据企业破产法第二十一条的规定，由受理破产申请的人民法院管辖。受理破产申请的人民法院管辖的有关债务人的第一审民事案件，可以依据民事诉讼法第三十八条的规定，由上级人民法院提审，或者报请上级人民法院批准后交下级人民法院审理。受理破产申请的人民法院，如对有关债务人的海事纠纷、专利纠纷、证券市场因虚假陈述引发的民事赔偿纠纷等案件不能行使管辖权的，可以依据民事诉讼法第三十七条的规定，由上级人民法院指定管辖。”因此，在标的额重大、案情疑难、专业性较强的案件出现时，依法享有管辖权的受理破产法院不便审理时，可以由上级法院提审或指定管辖，或者报请上级法院批准后交下级法院审理。

四、确定案由的注意事项

对外追收债权纠纷与追收未缴出资纠纷、追收抽逃出资纠纷以及追收非法正常收入纠纷的权利基础不同，不能混为一谈。对外追收债权的权利基础是债权请求权，其对象主要是次债务人或债务人的财产持有人，主要依据《企业破产法》第 17 条；而追收未缴出资纠纷、追收抽逃出资纠纷以及追收非法正常收入纠纷的对象主要是债务人的出资人、董事、监事以及高级管理人员，分别主要依据《企业破产法》第 35 条，《公司法》第 35 条、第 91 条，以及《企业破产法》第 36 条。管理人基于物权请求权要求相关人员交付财产而产生的纠纷不应确定为对外追收债权纠纷。

五、管理人怠于履职的处理

管理人对外追收债权系《企业破产法》规定的职责，根据最高人民法院《关于适用〈中华人民共和国企业破产法〉若干问题的规定（二）》第 23 条的规定，个别债权人有权代表全体债权人提起诉讼，主张次债务人向债务人清偿，即债权人原则上应当通过督促管理人行使追收权利，如果经督促，管理人依然不作为的，个别债权人有权代表全体债权人起诉，提起对外追收债权诉讼。所以，对外追收债权的行为除了管理人可以作出，在必要时也可由债务人的个别债权人代表全体债权人作出，其前提系管理人经督促后仍不作为，法院予以受理并因此追回的财产应当归入债务人财产。

典型案例评析

管理人起诉追索债务人财产，相对人无权就其对债务人的金钱给付债权提起反诉

——评沈阳北恒新材料有限公司诉武汉金茂工程科技有限公司对外追收债权纠纷案[①]

【裁判要旨】

武汉金茂工程科技有限公司（以下简称金茂公司）于本案中直接提起反

① 参见最高人民法院民事判决书，(2021) 最高法民申 3284 号。

诉要求沈阳北恒新材料有限公司（以下简称北恒公司）清偿债务，其反诉不符合起诉条件，原审法院裁定驳回其反诉并无不当。金茂公司应当按照《企业破产法》及有关司法解释规定的法定程序行使权利。

【基本案情】

2016 年 11 月 25 日，中国铁路总公司、呼张铁路客运专线有限责任公司作为买方，金茂公司、北恒公司、康远公司组成的联合体作为卖方，签订了《利用世行贷款新建张家口—呼和浩特铁路项目合同》约定，由联合体向买方提供承力电缆。

2016 年 12 月 30 日，北恒公司与金茂公司签订了《世行贷款张呼铁路项目承力电缆代理合同》，从该合同内容可以看出，金茂公司代理北恒公司与康远公司在世行贷款张家口—呼和浩特铁路项目承力电缆国际招标中中标，金茂公司作为牵头方以金茂公司、北恒公司以及康远公司组成的联合体的名义，与中国铁路总公司签订了供货合同。根据项目及中标合同的实际，金茂公司与北恒公司签订了上述代理合同。该合同对供货数量、付款方式、退税款等事项进行了明确约定。

2016 年 8 月 23 日，北恒公司与金茂公司为投标上述项目曾签订《联合投标协议书》约定，金茂公司作为世行贷款新建张家口—呼和浩特铁路项目的代理商，与作为该项目设备生产商的北恒公司组成联合体，共同参与该项目的投标，金茂公司作为联合体牵头方，北恒公司作为联合体参加方。同时该协议书对于代理费、付款方式等均作出了约定。

上述合同签订后，北恒公司共计完成供货 149.697 吨后停止供货，北恒公司向金茂公司开具了辽宁增值税专用发票。金茂公司累计向北恒公司支付了部分货款，尚有部分货款未支付。

2018 年 8 月 2 日，沈阳市中级人民法院裁定受理北恒公司的破产重整申请。

管理人在对北恒公司进行接管后，发现金茂公司拖欠北恒公司货款。故起诉金茂公司，请求支付货款及利息。诉讼中，金茂公司提出反诉，请求北恒公司支付不能交货违约金和逾期交货违约金。

【裁判结果】

沈阳市中级人民法院作出（2020）辽 01 民初 845－1 号民事裁定，裁定驳回金茂公司的反诉。金茂公司不服一审裁定，向辽宁省高级人民法院提起上诉。辽宁省高级人民法院作出（2021）辽民终 70 号民事裁定，驳回上诉，维持原裁定。金茂公司向最高人民法院申请再审，最高人民法院作出（2021）最高法民申 3284 号民事裁定，裁定驳回金茂公司的再审申请。

【评析】

《企业破产法》第 17 条第 1 款明确规定："人民法院受理破产申请后，债务人的债务人或者财产持有人应当向管理人清偿债务或者交付财产。"该规定赋予了债务人的管理人对外追收债权的职能。但是，债务人的债务人往往会提出各种理由进行抗辩，债务抵销成为常见的抗辩理由。

在本案中，反诉人提出反诉要求被反诉人支付相关违约金，属于给付之诉。但根据《企业破产法》第 44 条的规定，法院受理破产申请时对债务人享有债权的债权人，依照该法规定的程序行使权利。第 48 条第 1 款规定，债权人应当在法院确定的债权申报期限内向管理人申报债权。第 57 条第 1 款规定，管理人收到债权申报材料后，应当登记造册，对申报的债权进行审查，并编制债权表。第 58 条第 2 款、第 3 款规定，债务人、债权人对债权表记载的债权无异议的，由法院裁定确认；债务人、债权人对债权表记载的债权有异议的，可以向受理破产申请的法院提起诉讼。最高人民法院《全国法院民商事审判工作会议纪要》第 110 条第 3 款明确规定："人民法院受理破产申请后，债权人新提起的要求债务人清偿的民事诉讼，人民法院不予受理，同时告知债权人应当向管理人申报债权"。反诉人认为其对被反诉人享有债权，此情况下应在破产程序中申报债权，并可行使破产抵销权。

在普通的民事诉讼中，反诉的范围较广。但在破产程序中，应当适用破产法的特别规定，债务人的债务人不得直接提起反诉，其合法的救济途径应是先向管理人申报债权，对管理人所确认的债权有异议的，可提起债权确认之诉。债权人也可依破产法行使抵销权，不服管理人的认定的，亦可提起抵销权诉讼。债权人在破产程序中行使权利，并未剥夺债权人的诉讼权利。

第五节　破产撤销权纠纷

破产撤销权，是指管理人对债务人在破产程序开始前的法定期间内所为的侵害债权人利益的行为，有否认其效力并申请法院撤销该行为的权利。该权利实际上是民法上的债权人撤销制度在破产法上的扩张适用。破产撤销权旨在撤销债务人在进入破产程序前的不当财产处分行为，保护全体债权人公平受偿的机会，实现破产程序的正当性。

一、破产撤销权与民法上撤销权的不同

民法上的撤销权针对的是债务人处分财产的行为对个别债权人造成的利益损害，而破产法上的撤销权针对的是债务人在法定期限内或具备破产原因的情况下，以无偿性转让或其他造成自身财产危险的行为来减少自身财产、损害全体债权人利益的行为。

（一）行使权利的主体不同

民法上撤销权的行使主体一般是个别的特定债权人，而破产撤销权的行使主体一般为管理人。实际上，管理人行使此项权利系为了维护债权人的权益，如果拒绝或怠于履行职责，则债权人有权请求法院强制要求其实施相关行为，或者请求更换管理人。最高人民法院《关于适用〈中华人民共和国企业破产法〉若干问题的规定（二）》第 13 条规定："破产申请受理后，管理人未依据企业破产法第三十一条的规定请求撤销债务人无偿转让财产、以明显不合理价格交易、放弃债权行为的，债权人依据民法典第五百三十八条、第五百三十九条等规定提起诉讼，请求撤销债务人上述行为并将因此追回的财产归入债务人财产的，人民法院应予受理。相对人以债权人行使撤销权的范围超出债权人的债权抗辩的，人民法院不予支持。"同时，第 9 条第 2 款规定，管理人因过错未依法行使撤销权导致债务人财产不当减损，债权人提起诉讼主张管理人对其损失承担相应赔偿责任的，法院应予支持。所以，管理人须依法行使破产撤销权，尽忠实义务。

（二）主观状态的要求不同

民法上的撤销权，强调主体在主观上的过错，一般具有惩罚意味，而破产撤销权虽然也存在主观上的可责难性，但其一般更注重被撤销行为的客观危害性，即对其他债权人的权益侵害性。

（三）可撤销行为的产生时间不同

民法上的可撤销行为必须产生于债权成立之后；而破产法中的可撤销行为产生于法定期限内或具备破产原因后，即《企业破产法》第 31 条、第 32 条所规定的法定期限。

（四）可撤销的行为类型不同

民法上可撤销的行为一般有《民法典》第 538 条、第 539 条规定的放弃其债权、放弃债权担保、无偿转让财产等和恶意延长其到期债权的履行期限，以及以不合理价格交易受让他人财产或者为他人的债务提供担保；破产法上可撤销的行为主要是《企业破产法》第 31 条规定的欺诈性行为和偏袒性清偿行为。

（五）除斥期间不同

关于民法上的撤销权，根据《民法典》第 541 条的规定，撤销权自债权人知道或者应当知道撤销事由之日起一年内行使。自债务人的行为发生之日起 5 年内没有行使撤销权的，该撤销权消灭。而关于破产撤销权，在破产程序中管理人都可提起撤销之诉。另外，根据《企业破产法》第 123 条的规定，破产程序终结后 2 年内，债权人发现债务人存在可撤销的行为，有权请求法院予以追回，并按照破产财产分配方案进行追加分配。

二、破产撤销权的行使条件

（一）行为损害了债权人的利益

债务人的行为减少了债务人的现有财产后增加了债务人的负债，该行为的相对债权人获得了更多的权利实现，使得其他债权人的受偿比例受到减损，违反了全体债权人公平受偿的原则。《企业破产法》第 31 条规定的欺诈性行为和偏袒性清偿行为以及第 32 条规定的个别清偿行为就是损害债权人利益的行为。

（二）行为应当发生在法律规定的临界期内

对于债务人在破产程序开始前的一定期间内所为的管理人有权请求法院撤销的行为，这个期间称为临界期间。之所以发生在破产程序开始前，是因为破产程序开始后，债务人的财产应由管理人接管，而债务人失去了占有、处分的权利，即使债务人处分了其财产亦属无权处分，不发生物权效力，不会损害全体债权人的利益，管理人可通过其他途径追回。因此，债务人的损害行为往往发生在破产程序开始前，只有对在破产程序开始前的损害债权行为的存续期间加以限制，才能使全体债权人公平受偿。

对于破产撤销权纠纷，《企业破产法》第 31 条规定的临界期为法院受理破产申请前 1 年内；而对于请求撤销个别清偿行为纠纷，《企业破产法》第 32 条规定的临界期为法院受理破产申请前 6 个月内。所以，破产申请受理前 1 年内债务人提前清偿的未到期债务，在破产申请受理前已经到期，管理人请求撤销该清偿行为的，法院不予支持。

（三）存在因被撤销行为而实际获益的人

破产撤销权起着恢复原状的作用，追回被债务人不当处置的财产后，并入债务人的破产财产。管理人行使破产撤销权，追回被债务人不当处置的财产，必须找到被追偿的债权人，该债权人就是债务人不当财产处分行为的实际获益人，只有实际获益人存在，破产撤销权才能实现。所以，如果不存在行为获益人或行为获益人已死亡或注销，并且没有财产可供执行，则破产撤销权无法行使。

三、不可行使破产撤销权的情形

（一）对以自有财产设定担保物权的债权进行的个别清偿

根据最高人民法院《关于适用〈中华人民共和国企业破产法〉若干问题的规定（二）》第14条的规定，债务人对以自有财产设定担保物权的债权进行的个别清偿，管理人依据《企业破产法》第32条的规定请求撤销的，法院不予支持。但是，债务清偿时担保财产的价值低于债权额的除外。其不可撤销旨在保障有担保物权的债权人在担保财产价值范围内的优先受偿权。

（二）经诉讼、仲裁、执行程序对债权人进行的个别清偿

根据最高人民法院《关于适用〈中华人民共和国企业破产法〉若干问题的规定（二）》第15条的规定，债务人经诉讼、仲裁、执行程序对债权人进行的个别清偿，管理人依据《企业破产法》第32条的规定请求撤销的，法院不予支持。但是，债务人与债权人恶意串通损害其他债权人利益的除外。其不可撤销旨在维护司法裁判的既判力，但如果债务人与债权人恶意串通损害其他债权人利益，则为恶意诉讼，自然应予纠正。

（三）为维系基本生产需要而支付水费、电费等

维系债务人的基本生产需要，有利于增加债务人财产，其最终目的亦是最大程度地实现全体债权人的权益，故不应排除其个别清偿的合法性。

（四）使债务人财产受益的其他个别清偿

其不可撤销的目的与上述第三项相同，均是为了最大程度地实现全体债权人的权益，故也不应排除其个别清偿的合法性。

（五）债务人支付的劳动报酬、人身损害赔偿金

此类财产支出虽然不属于使债务人财产受益的个别清偿，但是从生存权特别保护的角度出发，也不可撤销，符合法律以生命权为重的原则。

典型案例评析

担保财产价值低于担保债权额时，债务人对担保权人的清偿为可撤销的个别清偿

——评浙江绿洲生态股份有限公司管理人诉中国工商银行股份有限公司绍兴支行撤销个别清偿行为纠纷案①

【裁判要旨】

债务人对以自有财产设定担保物权的债权进行的个别清偿，管理人依据《企业破产法》第 32 条的规定请求撤销的，法院不予支持。但是，债务清偿时担保财产的价值低于债权额的除外。

【基本案情】

2015 年 5 月 20 日，童某焕与中国工商银行股份有限公司绍兴支行（以下简称工行绍兴支行）签订编号为 2015 年绍县（抵）字 0591 号的《最高额抵押合同》一份，约定：童某焕所担保的主债权为 2015 年 5 月 20 日 ~2018 年 5 月 20 日（包括该期间的起始日和届满日），在人民币 1200 万元的最高余额内，工行绍兴支行依据与浙江绿洲生态股份有限公司（以下简称绿洲公司）所签订的本外币借款合同、外汇转贷款合同、银行承兑协议、信用证开证协议/合同等金融衍生类产品协议以及其他文件而享有的对债务人的债权，无论债权在上述期间届满时是否已经到期，也无论该债权是否在最高额抵押权设立前已产生；抵押物为童某焕名下权证号为沪房地普字（2010）第 01 × × × 6、01 × × ×8、01 × × ×9、01 × × ×0、01 × × ×1 号房产，评估价值分别为 160 万元、280 万元、240 万元、240 万元、280 万元。合同签订后，双方办理了抵押登记。

2014 年 12 月 31 日，工行绍兴支行与童某根签订编号为 2014 年绍县（抵）字 1353 号《最高额抵押合同》，约定：童某根所担保的主债权为 2014 年 12 月 31 日 ~2017 年 12 月 30 日（包括该期间的起始日和届满日），在人民币 445 万元的最高余额内，工行绍兴支行依据与绍兴县骏联家纺制品有限公司（以下简称骏联公司）所签订的本外币借款合同、外汇转贷款合同、银行

① 参见浙江省绍兴市中级人民法院民事判决书，（2020）浙 06 民终 4793 号。

承兑协议、信用证开证协议/合同等金融衍生类产品协议以及其他文件而享有的对债务人的债权，无论债权在上述期间届满时是否已经到期，也无论该债权是否在最高额抵押权设立前已产生；抵押物为童某根名下权证号为绍房权证柯桥字第3××5、3××6、3××7号，土地使用权证为绍兴县国用（3－53－0－37）第4×××3、4×××4、4×××5号房地产，评估价值为445万元。合同签订后，双方办理了抵押登记。

2015年4月8日，骏联公司与工行绍兴支行签订编号为2015年（绍县）字0784号的《流动资金借款合同》一份，约定骏联公司向工行绍兴支行借款311万元，合同还约定其他权利义务。合同签订后，工行绍兴支行依约向绿洲公司发放贷款311万元。

2015年10月30日，绿洲公司与工行绍兴支行签订编号为2015年（绍县）字2346号的《流动资金借款合同》一份，约定绿洲公司向工行绍兴支行借款1910万元，合同还约定其他权利义务。合同签订后，工行绍兴支行依约向绿洲公司发放贷款1910万元。

骏联公司于2016年3月21日向工行绍兴支行清偿4700.18元、1.57元，合计4701.75元，用于清偿2015年（绍县）字0784号《流动资金借款合同》项下的利息；绿洲公司于2016年1月21日、3月21日向工行绍兴支行清偿2068.91元、3.47元，合计2072.38元，用于清偿2015年（绍县）字2346号《流动资金借款合同》项下利息。

绍兴市柯桥区杨汛桥镇人民政府就绿洲公司、骏联公司资产负债情况委托绍兴兴业会计师事务所进行专项审计，该所出具的绍兴业会审〔2016〕96号专项审计报告显示：截至2015年12月31日，绿洲公司资产总额为504,374,611.94元，负债总额为580,529,856.67元，所有者权益总额为－76,155,244.73元，已严重资不抵债；该所出具绍兴业会审〔2016〕97号专项审计报告显示：截至2015年12月31日，骏联公司的资产总额为250,346,069.69元，负债总额为318,883,687.53元，所有者权益总额－68,537,617.84元，已资不抵债。

2016年5月9日，浙江庆盛控股集团有限公司、浙江天工市政园林有限公司、浙江荣盛纺织有限公司、骏联公司、绍兴县庆盛织造有限公司、绍兴柯桥新联喷织有限公司均以企业明显丧失偿债能力，不能清偿到期债务为由，向绍兴市柯桥区人民法院申请破产清算。绍兴市柯桥区人民法院经审查于

2016 年 6 月 29 日分别裁定予以受理。

2016 年 5 月 24 日，绿洲公司以企业明显丧失偿债能力，不能清偿到期债务为由，向绍兴市中级人民法院申请进行破产清算。绍兴市中级人民法院于 2016 年 6 月 20 日裁定受理。后绍兴市中级人民法院报请浙江省高级人民法院同意，于 2016 年 7 月 12 日裁定将该案交由绍兴市柯桥区人民法院审理。绍兴市柯桥区人民法院及绍兴市中级人民法院受理庆盛“1 + 6”公司破产清算申请后，2017 年 2 月 14 日，绍兴市柯桥区人民法院根据庆盛“1 + 6”公司管理人的申请作出（2016）浙 0603 破 6 号之二民事裁定，裁定对庆盛“1 + 6”公司进行合并破产清算。

另查明，绿洲公司向绍兴市中级人民法院申请破产清算，并将绍兴业会审〔2016〕96 号专项审计报告作为证据材料提交，绍兴市中级人民法院作出（2016）浙 06 民破 00017 号民事裁定，认定绿洲公司提交的关于资产负债情况的专项审计报告表明其已资不抵债。

2020 年 7 月 7 日，管理人以绿洲公司、骏联公司向工行绍兴支行的清偿行为属于在法院受理破产前 6 个月内已严重资不抵债、具备破产原因的情况下的个别清偿行为，有损债权公平受偿秩序，故向绍兴市柯桥区人民法院提起诉讼，请求：（1）撤销绿洲公司 2015 年 12 月 31 日 ~2016 年 6 月 19 日向工行绍兴支行偿还共计 2072. 40 元的个别清偿行为，工行绍兴支行返还管理人个别清偿债务款 2072. 40 元；（2）撤销骏联公司 2015 年 12 月 31 日 ~2016 年 6 月 28 日向工行绍兴支行偿还共计 4701. 75 元的个别清偿行为，工行绍兴支行返还管理人个别清偿债务款 4701. 75 元。

【裁判结果】

绍兴市柯桥区人民法院于 2020 年 10 月 15 日作出（2020）浙 0603 民初 6476 号判决，判决：（1）撤销绿洲公司于 2016 年 1 月 21 日、2016 年 3 月 21 日向工行绍兴支行合计清偿 2072. 40 元的行为；工行绍兴支行返还绿洲公司个别清偿债务款 2072. 40 元；（2）驳回绿洲公司管理人其他诉讼请求。工行绍兴支行不服一审判决，提起上诉。绍兴市中级人民法院于 2021 年 1 月 29 日作出（2020）浙 06 民终 4793 号判决，判决驳回上诉，维持原判。

【评析】

根据《企业破产法》的规定，债务人产生资不抵债情形时，法院受理破产申请前 6 个月内仍对个别债权人进行清偿的，管理人有权请求人民法院予以撤销。一般情况下，在法院受理前6个月内，双方互负债务时企业已经濒临破产，商事行为具有高风险，不能认定相对人善意，所以，即使不符合《民法典》规定的撤销条件，管理人依然有权向法院主张撤销该个别清偿。

债务人清偿时担保财产的价值低于债权额的，即意味着抵押权人无法从抵押物中完全受偿，未能从抵押物中受偿的部分应视为普通债权，与其他债权人的普通债权公平受偿。债务人在法院受理破产6个月内向抵押权人的清偿可视为损害全体债权人公平受偿的个别清偿。

绿洲公司2016年1月21日、3月21日清偿的2068.91元、3.49元，均系用于支付2015年（绍县）字2346号《流动资金借款合同》项下利息，该借款合同主债权金额为1910万元，而根据编号为2015年绍县（抵）字0591号的《最高额抵押合同》的约定，为上述借款合同提供抵押担保抵押物的评估价值为1200万元。绿洲公司的上述清偿行为发生之时，根据已有证据显示，担保财产的价值显然低于债权额，管理人可行使撤销权。

而对于骏联公司的清偿行为，骏联公司于2016年3月21日向工行绍兴支行清偿4700.18元、1.57元，合计4701.75元，用于支付2015年（绍县）字0784号《流动资金借款合同》项下的利息，该借款合同项下的主债权金额为311万元，而根据编号为2014年绍县（抵）字1353号的《最高额抵押合同》的约定，为上述借款合同提供抵押担保的抵押物的评估价值为445万元，抵押价值超过债权额。虽庆盛“1+6”公司管理人认为根据绍兴市柯桥区人民法院裁定确认的和解协议，2014年绍县（抵）字1353号《最高额抵押合同》项下抵押物价值为2,094,500元，但和解协议裁定认可时间为2018年12月26日，不能证明涉案清偿行为发生之时担保财产的价值低于债权额。为此，法院对管理人要求撤销骏联公司涉案清偿行为的请求，未予支持。

第六节　损害债务人利益赔偿纠纷

损害债务人利益赔偿纠纷，是指债务人的董事、监事或者高级管理人员违反忠实义务、勤勉义务或有破产法规定的损害债权人利益的行为，造成债务人财产利益减损，在破产程序中被要求承担相应责任而引发的纠纷。债务人的董事、监事、高级管理人员分别作为债务人的决策者、监督者、管理者

（执行者），应当对债务人的经营活动尽忠实、勤勉义务，当其不当行为，特别是故意作出错误经营决策、怠于履行监督职责、恶意经营行为减损债务人财产时，必然会侵害债权人的清偿利益。对此，债务人进入破产程序后，管理人可依据破产法的相关规定对相关人员提起侵权赔偿诉讼，将所追偿的财产作为破产财产。

一、损害债务人利益赔偿的原因

（一）债务人的董事、监事或者高级管理人员不当执行职务

根据《企业破产法》第 125 条的规定，企业的董事、监事或者高级管理人员违反忠实义务、勤勉义务，致使所在企业破产的，依法承担民事责任。根据《公司法》第 148 条和第 149 条的规定，对企业董事、监事或者高级管理人员的要求主要如下：（1）履行职务时应当遵守国家的法律、行政法规和公司章程，在法律法规和公司章程规定的范围内享有权利，承担义务，维护公司的利益，忠实地履行职务。（2）不得利用自己的职权谋取私利，如利用企业的商业秘密为关联公司谋利等，也不得利用职权收受贿赂或者其他非法收入。企业的董事、监事和高级管理人员收受贿赂，就无法保证其基于企业的利益忠实履行职务。（3）不得侵占企业的财产。企业的财产是企业存续和发展的物质基础，是企业生产经营的物质保障，也是企业承担责任的财产基础，如果企业财产被侵占，无疑会危及企业利益和交易安全。

（二）债务人的法定代表人或其他直接责任人员存在破产法规定的损害债权人利益行为

根据《企业破产法》第 128 条的规定，债务人有该法第 31 ~ 33 条规定的行为，损害债权人利益的，债务人的法定代表人和其他直接责任人员依法承担赔偿责任。而《企业破产法》第 31 ~ 33 条分别规制的是债务人的欺诈性清偿行为、偏袒性清偿行为、特定条件下的个别清偿，以及债务人的无效行为。债务人的法定代表人或其他直接责任人员作出的决策应从企业利益出发，若其故意作出不当决策来谋取个人私益或实现其他目的，以致损害债权人的利益，自然要主张其损害债务人利益赔偿。

二、追究损害债务人利益赔偿的条件

（一）主体为债务人的董事、监事或者高级管理人员以及法定代表人等

根据《企业破产法》第 125 条和第 128 条的规定，损害债务人利益的赔偿主体主要是债务人的董事、监事或者高级管理人员，以及法定代表人或者

其他直接责任人员。这些人员对于企业的运营发展和财产具有较为强势的控制权，也就更加具备债务人利益损害的可责难性。

（二）董事、监事或者高级管理人员违反忠实义务、勤勉义务与债务人破产存在因果关系

因为损害债务人利益赔偿纠纷发生于破产程序中，其赔偿权的行使者一般为管理人，所以不同于一般情况下的违反忠实义务、勤勉义务。一般情况下，根据《公司法》第148条的规定，董事、高级管理人员的禁止行为损害公司利益时，通过一般的诉讼、仲裁手段进行解决，但在破产程序中，追究该类人员的责任，应当考虑其行为与债务人破产之间的因果关系强度，只有当企业的董事、监事或者高级管理人员违反忠实义务、勤勉义务，致使所在企业破产时，此类人员才应当承担民事责任。

（三）债务人的法定代表人和其他直接责任人员存在破产法规定的损害债权人利益的行为

此种情况下，管理人可向债务人的法定代表人和其他直接责任人员主张损害债务人利益赔偿。赋予管理人该权利的目的在于减少因债务人财产减损而给债权人带来的损害，让债权人能够更大程度地获得清偿。所以，债权人利益受到了实际损失是管理人主张行使该权利的前提条件。

三、损害债务人利益赔偿纠纷的类型

（一）要求债务人的高级管理人员承担民事责任产生的纠纷

根据《企业破产法》第125条的规定，企业的高级管理人员违反忠实、勤勉义务，致使企业破产的，应当承担民事责任。

（二）要求债务人的法定代表人和其他直接责任人员承担无效行为和可撤销行为造成损害赔偿责任产生的纠纷

根据《企业破产法》第128条的规定，债务人有《企业破产法》第31～33条规定的行为，损害债权人利益的，债务人的法定代表人和其他直接责任人员依法承担赔偿责任。对于《企业破产法》第31条、第32条规定的破产可撤销行为，以及第33条规定的破产无效行为，债务人的法定代表人和其他直接责任人员应当承担赔偿责任。

（三）要求债务人的董事、监事、高级管理人员因实施了法定禁止行为给公司造成损失承担赔偿责任产生的纠纷

《公司法》第148条规定：“董事、高级管理人员不得有下列行为：（一）挪用公司资金；（二）将公司资金以其个人名义或者以其他个人名义开立账户存储；（三）违反公司章程的规定，未经股东会、股东大会或者董事会同意，将公司资金借贷给他人或者以公司财产为他人提供担保；（四）违反公司章程的规定或者未经股东会、股东大会同意，与本公司订立合同或者进行交易；（五）未经股东会或者股东大会同意，利用职务便利为自己或者他人谋取属于公司的商业机会，自营或者为他人经营与所任职公司同类的业务；（六）接受他人与公司交易的佣金归为己有；（七）擅自披露公司秘密；（八）违反对公司忠实义务的其他行为。董事、高级管理人员违反前款规定所得的收入应当归公司所有。”第 149 条规定：“债务人的董事、监事、高级管理人员执行职务时违反法律、行政法规以及公司章程的规定，给公司造成损失的，应当承担赔偿责任。”这也是《公司法》与《企业破产法》衔接的巧妙之处，原本应由公司监事或股东提起的追责诉讼，因为进入了破产程序，由管理人根据法定职责代表债务人提起诉讼。

典型案例评析

公司董事、监事、高级管理人员个人账户收取公司款项，应承担返还款项的责任

——评深圳市聚丰光电有限公司、钟某平损害债务人利益赔偿纠纷案①

【裁判要旨】

公司董事、监事、高级管理人员以其个人账户收取公司的资金，违反了我国《公司法》的规定，在无证据证明该资金后续用于公司生产经营的情况下，其应当承担将其所收款项返还给公司的责任。

【基本案情】

原告深圳市聚丰光电有限公司（以下简称聚丰公司）成立于 2013 年 5 月 10 日。2014 年 12 月 18 日，聚丰公司的工商登记发生变更。该次工商登记变更之前，被告钟某平系聚丰公司的执行董事兼股东（持股 25%），被告吴某军系聚丰公司股东（持股 25%）。在聚丰公司的经营过程中，存在以钟某平

① 参见深圳市中级人民法院民事判决书，（2021）粤 03 民初 2481 号。

个人账户收取货款的情形。

2019 年 11 月 5 日，深圳市中级人民法院受理对聚丰公司的破产清算申请。

聚丰公司管理人在接管聚丰公司后，以钟某平收取公司货款的行为损害公司利益为由，以聚丰公司名义起诉钟某平，请求判令钟某平向聚丰公司返还 1,488,462 元及利息。

庭审中，钟某平确认其名下上述平安银行账户和深圳福田银座村镇银行账户收取的资金均归聚丰公司所有。钟某平答辩称，其名下上述账户系归聚丰公司使用的账户，主要用于支付公司员工工资、供应商货款、公司日常开支等，其不存在利用职权将款项转入个人账户，侵占公司财产的情形。钟某平为证明其账户由聚丰公司实际控制，提交银行账户收入支出明细若干页用以证明其账户资金用于聚丰公司的正常生产经营，但是上述银行账户收入支出明细无签字、盖章，亦无法核实证据来源。

【裁判结果】

深圳市中级人民法院于 2021 年 9 月 10 日作出（2021）粤 03 民初 2481 号判决，判决被告钟某平应当在本判决生效之日起 10 日内向原告聚丰公司支付 1,488,462 元及相应利息（利息以 1,488,462 元为计算基数，按全国银行间同业拆借中心公布的贷款市场报价利率，自 2019 年 11 月 6 日起计算至实际清偿之日止）。

【评析】

本案为损害公司利益责任纠纷。根据《公司法》的相关规定，董事、监事、高级管理人员对公司应尽勤勉、忠实义务，董事、监事、高级管理人员不得利用职权收受贿赂或者其他非法收入，不得侵占公司的财产。《公司法》第 148 条规定，董事、高级管理人员不得将公司资金以其个人名义或者以其他个人名义开立账户存储；董事、高级管理人员违反上述规定所得的收入应当归公司所有。

在本案中，董事钟某平以个人名义开户，收取应属于公司的资金，违反了《公司法》第 148 条第 1 款第 2 项禁止将公司资金以其个人名义或者以其他个人名义开立账户存储的规定，其所得的收入应当归公司所有，并且其应当支付相应的利息。如果董事、监事、高级管理人员的损害债务人利益行为给债务人造成损失的，还应当予以赔偿。

钟某平主张其银行账户收取的资金由聚丰公司实际控制，钟某平依法应当承担相应的举证责任。但是，钟某平并未提交充分有效的证据证明聚丰公司已经实际控制钟某平上述银行账户收取的全部款项，而聚丰公司亦否认实际控制上述款项，且聚丰公司提交的银行流水显示钟某平上述两个银行账户收取的款项共计 1,488,462 元转给了案外人吴某军等人或者钟某平其他银行账户，钟某平对此未提供合理的解释说明和证据。因此，钟某平应承担向聚丰公司返还款项及其利息的责任。

第七节　抵销权纠纷

破产抵销权是破产债权人享有的特殊权利，正确行使该权利可以使债权人优先获得清偿，该权利的行使同样会直接导致破产财产的减少，进而影响其他破产债权人的合法权益。因此，如何正确行使破产抵销权尤为重要。

一、破产抵销纠纷的基本概念

破产抵销权纠纷，顾名思义，就是指债权人与管理人之间因行使破产抵销权而引起的纠纷。

破产抵销权，是指债权人在破产申请受理前对债务人负有债务的，无论其债权是否已届至清偿期、其债权与所负债务种类是否相同、是否存在条件限制，均可向管理人主张以其债权抵销其对债务人所负债务的权利。《企业破产法》第 40 条对破产抵销权有明确的规定，最高人民法院《关于适用〈中华人民共和国企业破产法〉若干问题的规定（二）》对破产抵销权的行使、生效等规则又进行了进一步的明确。

二、破产抵销权的特点

虽然破产抵销权以民法中的抵销权作为权利基础，二者均具有抵销权的根本性质，但二者并非等同，依然存在一定区别。

（一）行使破产抵销权的主体具有特定性

我国民法并没有对抵销权行使的主体进行严格限制，即互负债务的一方当事人均可向另一方当事人主张相互抵销。而破产抵销权只能由破产企业的债权人行使，作为债务人的破产企业不能主动向互负债务的债权人提出抵销主张。除非行使抵销权能够使债务人的企业财产受益，否则管理人亦不得主动抵销债务人与债权人的互负债务。

（二）破产抵销权所主张的债务具有时间特定性

破产抵销权主张抵销的债务必须在破产申请受理之前成立。当债权人得知其债务人出现濒临破产情形或者已经提出破产申请的情况后，多数债权人会力图抢先获得个别清偿。假如我国相关法律法规允许破产申请受理后产生的债务进行抵销，这不仅可能会出现债权人滥用破产抵销权、恶意抢先清偿的情况，还会直接损害其他破产债权人的合法权益。因此，《企业破产法》第40条对破产抵销权所主张的债务的成立时间作了严格规定，必须是在破产申请受理之前成立的债务方可行使破产抵销权。

（三）破产抵销权不存在债务种类、履行期限和条件的限制

抵销权作为民法中债务消灭的原因之一，是指二人互负同种类且已届清偿期的债务，对双方所负同等金额的债务实施抵销的一种权利。《民法典》第568条规定："当事人互负债务，该债务的标的物种类、品质相同的，任何一方可以将自己的债务与对方的到期债务抵销；但是，根据债务性质、按照当事人约定或者依照法律规定不得抵销的除外。当事人主张抵销的，应当通知对方。通知自到达对方时生效。抵销不得附条件或者附期限。"可知，民法上的抵销权必须具备两个要件：（1）同种类债务；（2）双方债务均已届清偿期。而破产抵销权均无以上两个条件的限制，即无论债务是否到期，是否种类相同，均可主张互负债务的抵销。这是因为破产程序是一种概括式清偿的执行程序，债权人向管理人申报的各类债权均应折合成货币形式进行清偿，所以即使存在种类不同的债务亦可以抵销。同时又因为破产程序启动后，未到期的债权自动到期，并且《企业破产法》允许申报附条件和附期限的债权，那么也就不存在履行期限和条件限制的问题。

三、破产抵销权的限制

如前所述，破产抵销权的行使实际上会突破《企业破产法》所规定的"公平清理债权债务"的立法宗旨，因此有必要对行使该权利作出一定限制，以防止滥用破产抵销权而损害其他债权人的合法权益。故《企业破产法》规定了以下依法不得抵销的情形：

（一）可进行破产抵销的债务仅以破产申请受理前成立的为限

根据《企业破产法》第40条第1项之规定，债务人的债务人在破产申请受理后取得他人对债务人的债权的，不得抵销。

即破产企业的债权人用以抵销的债务必须是在破产申请受理前取得的，破产程序进行中取得的债务不得进行依法抵销。由于债权可以自由转让，假设允许该种抵销情形，债务人企业的债务人通常会设法以相对低廉的价格向债务人企业的其他债权人收购债权，再以行使抵销权的方式消灭其对债务人企业的清偿义务。这种做法不仅免除了债务人对债务人企业的负债，而且使债务人的债权得到优先全额的清偿，不可避免地会使债务人企业的财产减少，导致其他债权人无法公平受偿的后果，违背了《企业破产法》设置破产抵销制度的宗旨，故依法规定不得抵销。

（二）债权人恶意负债不能抵销

根据《企业破产法》第 40 条第 2 项之规定，债权人已知债务人有不能清偿到期债务或者破产申请的事实，对债务人负担债务的，不得抵销。但是，债权人因为法律规定或者有破产申请一年前所发生的原因而负担债务的除外。

由于债权人在破产清算程序采取按比例清偿的方式，其最终所能受偿的份额一般比较低。假若《企业破产法》不对抵销权作出一定限制，债权人明知债务人有不能清偿到期债务或者已经提出破产申请，依然对债务人负担债务的，则意味着该债权人的债权得到了优先、全额的清偿，势必会违反《企业破产法》公平保护债权人利益的原则。所以《企业破产法》规定有上述情形的，法律上则推定该债权人欲行使抵销权而恶意对债务人负担债务，以该种方式主张抵销的不予支持。又因为通过法律推定债权人善意与否，《企业破产法》规定了例外情况，即债权人因为法律规定或者有破产申请一年前所发生的原因而负担债务的（比如一年前双方已订立合同），可以认为债权人系善意的，则不在此限。

（三）债务人的债务人恶意取得的债权不能抵销

根据《企业破产法》第 40 条第 3 项之规定，债务人的债务人已知债务人有不能清偿到期债务或者破产申请的事实，对债务人取得债权的，不得抵销。但是，债务人的债务因为法律规定或者有破产申请一年前所发生的原因而取得债权的除外。

当债务人进入破产程序、管理人接管破产清算企业后，就会开展对债务人企业的对外债权的全面清理工作，清收回来的财产将用于对所有债权人的清偿。如果允许债务人企业的债务人在明知债务人有不能清偿到期债务或已提出破产申请的情况下，以所取得的对债务人的债权与其所负债务进行抵销，则意味着既免除债务人企业的债务人的偿债义务，又使其债权得到优先清偿，从而损害了其他债权人的公平受偿权。法律必然推定该情形下债务人企业的债务人出于恶意行使破产抵销权，因此被列在法律禁止的范围内。同时，也有例外情况，即如果债务人因为法律规定或者有破产申请一年前所发生的原因而取得债权的，可以认为债务人企业的债务人无恶意，则不在法律禁止之列。

此外，债务人企业的债务人明知债务人存在不能清偿到期债务或者破产申请的事实而对债务人取得债权的，如果该债权是通过恶意串通、显失公平等无效或可撤销方式取得的，不仅不能适用破产抵销制度以外，该债权还可适用民法中有关无效或可撤销的规定，从而使该债务人企业的债务人丧失破产债权的地位。

（四）其他不得抵销的情形

1. 抵销无效的情形

根据最高人民法院《关于适用〈中华人民共和国企业破产法〉若干问题的规定（二）》第44条之规定，债务人有不能清偿到期债务，并且资不抵债或者明显缺乏清偿能力情形的，若债务人在破产申请受理前6个月内与个别债权人以抵销方式对个别债权人清偿，其抵销的债权债务属于《企业破产法》第40条第2顶、第3项规定的情形之一，该抵销无效。

2. 别除权人行使抵销权的限制

根据最高人民法院《关于适用〈中华人民共和国企业破产法〉若干问题的规定（二）》第45条之规定，《企业破产法》第40条规定所列不得抵销情形的债权人，主张以其对债务人特定财产享有优先受偿权的债权，与债务人对其不享有优先受偿权的债权抵销，债务人管理人以抵销存在《企业破产法》规定的情形提出异议的，法院不予支持。但是，用以抵销的债权大于债权人享有优先受偿权财产价值的除外。这意味着该债权人以对债务人特定财产享有优先受偿权的债权进行抵销，因未损害其他债权人的利益，不受禁止规定的限制。但超出优先受偿权财产的部分不得抵销，债权人只能以普通债权向债务人企业的管理人申报清偿。

3. 债务人股东的特定债务禁止抵销

债务人股东因欠缴债务人的出资或者抽逃出资对债务人所负的债务，或债务人股东滥用股东权利或者关联关系损害公司利益对债务人所负的债务，该股东不得以其对债务人企业的债权向管理人主张抵销。最高人民法院《关于适用〈中华人民共和国企业破产法〉若干问题的规定（二）》第46条对此表示了肯定。

四、破产抵销权的行使

行使破产抵销权的主体只能是破产债权人，管理人不得主动抵销债务人与债权人的互负债务，但抵销使债务人财产受益的除外。如前文所述，债权人可能出于恶意滥用破产抵销权，因此行使该权利必须有严格的程序。

债权人依据《企业破产法》第 40 条的规定行使抵销权，应当向管理人提出抵销主张。

第一，债权人应当在破产财产最终分配确定之前向管理人主张抵销权。在破产清算程序中，“破产财产最终分配确定之前”，是指破产财产分配方案提交债权人会议表决之前；在重整与和解程序中，是指和解协议草案、重整计划草案提交债权人会议表决之前。

第二，债权人应当在法院作出的受理破产案件公告载明的申报期限前向管理人提出债权申报，可同时递交抵销债务的书面申请，并提交相关证据。管理人对债权人提交的申请和证据材料应当进行全面审查。

第三，管理人审查确认债权人申报的债权，不仅需要管理人的认可，还需要得到债权人会议的确认。得到前述两者的认可后，该抵销自管理人收到债权的主张债务抵销的通知之日起生效。若管理人不认可该债权抵销，债权人可通过提起确认之诉解决该问题。此外，若管理人对债权人主张的抵销权不予认可的，应当在约定异议的期限内或自收到债权人主张抵销的通知之日起 3 个月内向法院提起债权人抵销行为无效的诉讼。

五、破产抵销权的生效

最高人民法院《关于适用〈中华人民共和国企业破产法〉若干问题的规定（二）》第 42 条列举了破产抵销权生效的两种情况：（1）管理人收到债权人提出的主张债务抵销的通知后，经审查无异议的，抵销自管理人收到通知之日起生效。（2）管理人对抵销主张有异议的，应当在约定的异议期限内或者自收到主张债务抵销的通知之日起 3 个月内向法院提起诉讼。无正当理由逾期提起的，法院不予支持。法院判决驳回管理人提起的抵销无效诉讼请求的，该抵销自管理人收到主张债务抵销的通知之日起生效。

由该条规定可知，破产抵销权直接关系其他债权人的合法权益与债务人财产的处分，管理人应当在收到债权人主张债务抵销的通知后对以下情况进行全面审查：债权人主张抵销的债权是否破产债权、该债权成立的时间、是否有法定禁止抵销的情形，等等。

典型案例评析

破产受理后的不确定债权在清偿比例未确定时不得抵销

——评海南中度旅游产业开发有限公司与三亚龙泉谷高尔夫文化公园有限公司破产抵销权纠纷案①

【裁判要旨】

债务人处于破产清算阶段，因清偿比例尚未最终确定，且债权存在争议，此时不应当支持债权人主张债权债务抵销。

【基本案情】

2016年9月18日，三亚市中级人民法院作出（2016）琼02破申1号民事裁定，受理中融国际信托有限公司对海南中度旅游产业开发有限公司（以下简称中度旅游公司）的重整申请。2016年11月7日，一审法院作出（2016）琼02破1号之一决定书。经三亚龙泉谷高尔夫文化公园有限公司（以下简称龙泉谷公司）向中度旅游公司管理人申报债权，最终确认龙泉谷公司对中度旅游公司的债权额为115,723,995.09元，债权性质为普通债权。根据债权人大会通过的《中度旅游公司重整计划草案》，确定普通债权的清偿率为30%，故龙泉谷公司应得的清偿额为34,717,198.53元。

2018年2月23日，一审法院作出（2018）琼02破申1号民事裁定，受理中融国际信托有限公司对龙泉谷公司的重整申请。后因龙泉谷公司严重资不抵债，不能清偿到期债务，且在法定期限内及法院给予的宽限期内无投资人愿意实施投资计划等原因，一审法院于2018年11月27日作出（2018）琼02破1号之二民事裁定，终止龙泉谷公司重整程序并宣告龙泉谷公司破产。

2018年6月28日，中度旅游公司向龙泉谷公司管理人申报债权，数额为34,802,656.80元。龙泉谷公司管理人审查后向中度旅游公司发出《申报债权初步审查意见书》，认为中度旅游公司申报债权的材料中没有龙泉谷公司出具的委托付款凭证。《龙泉谷会所工程决算审定报告》《龙泉谷草坪部、泵房、休

① 参见海南省高级人民法院民事判决书，（2019）琼民终112号。

息亭、球车库、加油亭等工程决算审定报告》，以及工程发票仅能证明中度旅游公司与上海商联公司存在工程建设合作关系，就相关工程款进行了审计。《代付款通知书》系中度旅游公司单独出具，没有经过龙泉谷公司事先授权或事后确认，不能证明其代表龙泉谷公司垫付过工程款。另外，中度旅游公司主张垫付工程款并没有提供相关转账凭证，因此对中度旅游公司申报的债权不予确认。

2018 年 7 月 9 日，中度旅游公司向龙泉谷公司管理人发出《债权债务抵销通知书》，主张将中度旅游公司应收龙泉谷公司债权金额 34, 802, 656. 80 元与龙泉谷公司在中度旅游公司所得的清偿款 34, 717, 198. 53 元进行抵销。

2018 年 7 月 15 日，龙泉谷公司管理人作出《关于债权债务抵销通知的回函》，称“1. 申报债权人在破产重整申请受理前对债务人负有债务的，可以向管理人主张抵销，但应当向管理人提出书面抵销申请，而非抵销通知。2. 请求行使抵销权的申报债权应当是债权债务无争议，经管理人债权审查确认后，并经过债权人会议核查无异议的债权，但你公司申报的债权目前没有生效法律文书予以确认，也未经管理人进行审核以及债权人会议进行核查。3. 你公司自行将拖欠龙泉谷公司的清偿款项 34, 717, 198. 53 元与申报的债权数额 34, 802, 656. 80 元进行抵销没有法律依据，不发生法律效力。”

2018 年 9 月 21 日，中度旅游公司向龙泉谷公司管理人发出《关于对债权审查结论有异议并提请延长复核期限的函》，称其对债权初步审查意见有异议，中度旅游公司于 2018 年 9 月 20 日收到《申报债权初步审查意见书》，根据管理人的规定应当在 2018 年 9 月 25 日前提交异议，但因此期间恰逢中秋三天假期，且中度旅游公司与龙泉谷公司之间的往来复杂，形成时间较长，中度旅游公司无法在如此短的时间内搜集相关证据材料并提交正式的书面异议，鉴于此，请龙泉谷公司管理人延长复核期限，中度旅游公司将在 2018 年 9 月 30 日之前向管理人提交正式的异议函。

2018 年 9 月 30 日，中度旅游公司向龙泉谷公司管理人发出《复核申请书》，要求龙泉谷公司管理人对中度旅游公司的债权予以复核。龙泉谷公司管理人仍坚持其初审意见，对中度旅游公司申报的债权不予确认，不同意抵销。故双方产生争议，龙泉谷公司管理人诉至三亚市中级人民法院，请求确认龙泉谷公司向一审法院起诉请求确认中度旅游公司主张 34, 802, 656. 8 元的债权债务抵销行为无效。

2018 年 11 月 23 日，中度旅游公司就其对龙泉谷公司的债权向三亚市中级人民法院提起债权确认之诉，请求确认中度旅游公司对龙泉谷公司享有34, 802, 656. 8 元的债权。2019 年 5 月 27 日，中度旅游公司向三亚市中级人民法院提出撤诉申请，三亚市中级人民法院于 2019 年 6 月 17 日作出（2018）琼 02 民初 284 号民事裁定书，裁定准许中度旅游公司撤诉。

【裁判结果】

三亚市中级人民法院作出（2018）琼 02 民初 221 号民事判决，判决确认中度旅游公司向龙泉谷公司管理人主张 34, 802, 656. 80 元的债权债务抵销行为无效。中度旅游公司向海南省高级人民法院提起上诉。海南省高级人民法院作出（2019）琼民终 112 号民事判决，判决驳回上诉，维持原判。

【评析】

破产程序对于债权债务的抵销更加宽容，对抵销的标的物种类、品质是否相同、债权是否到期并无严格要求，但不得有恶意，即《企业破产法》第 40 条规定的不得抵销的三种情形："（一）债务人的债务人在破产申请受理后取得他人对债务人的债权的；（二）债权人已知债务人有不能清偿到期债务或者破产申请的事实，对债务人负担债务的；但是，债权人因为法律规定或者有破产申请一年前所发生的原因而负担债务的除外；（三）债务人的债务人已知债务人有不能清偿到期债务或者破产申请的事实，对债务人取得债权的；但是，债务人的债务人因为法律规定或者有破产申请一年前所发生的原因而取得债权的除外。"

债权人主张抵销的前提是对债务人债权真实合法有效，且经法定程序确认。法院受理破产申请后，所有债权人须向管理人申报债权，由管理人审查后提交债权人会议审议通过，报法院裁决确认无异议债权，之后根据清偿顺序进行分配。

抵销权的行使应在债务人破产程序中确定清偿率，确定债权人的债权的应得价值后才可换算。根据《企业破产法》的规定，债权人对债务人企业的负债，应全数由管理人追回。如在未确定债权人清偿比例和其债权的实际价值的情况下，径行对债权人所主张的债权全额进行抵销，则意味着此债权人的债权获得了全额清偿，势必会减损债务人的财产，影响其他债权人的公平受偿权。

本案中，中度旅游公司对龙泉谷公司提起债权确认之诉后又撤诉，该债权未经法定程序确定，且在破产清算程序中对各债权人的清偿比例亦尚未确定的情况下，更不允许双方抵销。本案二审判决在"本院认为"部分同时提到，“中度旅游公司是否对龙泉谷公司享有合法债权及债权具体金额不属于本案审理的范围”，判决论述中未直接否定中度旅游公司对龙泉谷公司的债权。这体现了司法的谦抑性。中度旅游公司如有新的证据，还可向管理人另行申报债权。

第八节　取回权纠纷

一、取回权的概念

取回权，是指财产的权利人可以不依照破产程序，从由管理人占有、管理的债务人财产中，取回原本不属于债务人财产之财产的权利。《企业破产法》第 38 条规定：“人民法院受理破产申请后，债务人占有的不属于债务人的财产，该财产的权利人可以通过管理人取回。但是，本法另有规定的除外。”可见，取回权是破产法规定的一项权利，其基础是民法上的返还原物请求权。《民法典》第 235 条规定：“无权占有不动产或者动产的，权利人可以请求返还原物”。《企业破产法》赋予债务人的相对人取回权，是对其物权这一绝对权的保护。

二、取回权的特征

取回权具有以下特征：（1）取回权的标的物是债务人占有的不属于债务人所有的财产；（2）取回权人对取回权的标的物享有所有权或者支配权；（3）取回权不通过破产程序行使，但该权利行使的相对人是管理人；（4）取回权的行使具有绝对性和无条件性。

三、取回权的特殊类型

《企业破产法》第 39 条规定：“人民法院受理破产申请时，出卖人已将买卖标的物向作为买受人的债务人发运，债务人尚未收到且未付清全部价款的，出卖人可以取回在运途中的标的物。但是，管理人可以支付全部价款，请求出卖人交付标的物。”一般取回权的权利基础可能是所有权，也可能是基于质押权、留置权等特定的用益物权或担保物权，还可能基于租赁合同、保管合同等特定的合同关系。但《企业破产法》第 39 条所规定的特殊取回权，通常是指出卖人取回权。

从该条规定来看，出卖人取回权行使的要件是：（1）出卖人已经发运货物并且货物尚在运途中；（2）对债务人的破产申请被受理时，债务人尚未受领货物；(3) 债务人尚未付价款或未付清全部价款。本规定的主要目的在于避免出卖人作为债权人进入债务人的破产程序，从而可能无法获得完全清偿或需要经过很长时间才能得到清偿，有违公平原则。但是，如果管理人可以支付全部价款以请求出卖人交付标的物，双方实现了各自的合同目的，自然应当予以支持。

四、取回权在重整期间的限制

《企业破产法》第76条规定："债务人合法占有的他人财产，该财产的权利人在重整期间要求取回的，应当符合事先约定的条件。"当债务人合法占有他人财产时，债务人进入了破产重整程序，则其可能在重整的生产经营期间需要使用到该财产，而且，在债务人重整成功后，债务人和取回权人所约定的条件成就时，取回权人依然可以取回该财产。即使债务人重整不成功，当债务人进入破产清算程序后，取回权人依然可以依照《企业破产法》第38条的规定取回该财产。因此，对于处于重整期间的债务人合法占有的他人财产，要求取回应当符合事先约定的条件。

五、取回权行使的特殊要求

最高人民法院《关于适用〈中华人民共和国企业破产法〉若干问题的规定（二）》第30条规定，"债务人占有的他人财产被违法转让给第三人，依据民法典第三百一十一条的规定第三人已善意取得财产所有权，原权利人无法取回该财产的，人民法院应当按照以下规定处理：（一）转让行为发生在破产申请受理前的，原权利人因财产损失形成的债权，作为普通破产债权清偿；（二）转让行为发生在破产申请受理后的，因管理人或者相关人员执行职务导致原权利人损害产生的债务，作为共益债务清偿。"

在上海市高级人民法院审理的西北电网有限公司诉华夏证券股份有限公司西安南大街证券营业部取回权纠纷案[①]中，最高人民法院还针对此个案专门作出《关于西北电网起诉华夏证券取回权一案有关情况的复函》（〔2010〕民二他字第44号），明确"取回权作为破产法上的一项特殊权利，其基础是民法上的物的返还请求权。权利人向破产企业主张行使取回权的前提必须是其要求取回的标的物客观存在，只有在此基础上才可能通过取回权的行使获得标的物的返还。反之，权利人只能依据有关事实向破产企业主张赔偿损失。"

---

① 参见上海市高级人民法院民事判决书，(2010) 沪高民五（商）终字第42号。

最高人民法院于 2008 年 11 月 6 日对海南省高级人民法院作出的《关于长峰公司对一般结算账户上的资金能否行使取回权的问题请示的答复》（〔2008〕民二他字第 33 号）中亦称，“你院（2010）琼民二终字第 23 号《关于长峰公司对一般结算账户上的资金能否行使取回权问题的请示》收悉。经研究，答复如下：同意你院审委会的第一种意见。根据货币所有与占有一致的原则，海南汇通国际信托投资公司对其占有的结算账户内资金享有所有权。海南汇通国际信托公司破产时，海南长丰有限公司可以申报债权，不享有所有权。”同时，最高人民法院《关于河南省高级人民法院就郑州亚细亚五彩购物广场有限公司破产一案中董桂琴等 50 家商户能否行使取回权问题请示的答复》（［2003］民二他字第 14 号）明确，“董桂琴等 50 家商户与亚细亚五彩购物广场有限公司（以下简称五彩购物广场）形成了委托收取销售货款的关系，现有证据不能证明五彩购物广场对所收取的货款开立专门账户加以管理，即五彩购物广场代收的货款没有特定化。由于货币作为动产的特殊属性，董桂琴等 50 家商户对没有特定化的货款不具有所有权关系，在企业破产还债程序中不能行使取回权，可以以普通债权人的身份参与破产财产的分配。”

因此，在破产程序中，对于实物的取回须以实物仍客观存在由债务人占有的情况为前提。对于货币资金或实物变现后的资金则需要以“特定化”作为前提条件，即意味着其具有独立性，未与其他财产混同。而在取回权标的物灭失或者毁损的情况下，取回权人只能追究债务人的违约责任或者侵权责任，并以违约责任或者侵权责任的债权人的身份向管理人申报普通债权。

典型案例评析

货物被处置后的价款具有特定性与独立性的，物权人可对相应价款行使取回权

——评广东佳明机器有限公司诉深圳市金宝龙实业有限公司取回权纠纷案①

【裁判要旨】

生效判决已经确认在被告未付清全部价款前，注塑机的所有权保留，原

① 参见广东省深圳市宝安区人民法院民事判决书，（2020）粤 0306 民初 24535 号。

告、被告应当按照合同约定的内容履行。注塑机拍卖价款不因被告已支付部分价款而损害所有权的完整性。被拍卖的标的物价款仍具有独立性与特定性，原告可行使取回权取得拍卖价款。

【基本案情】

2018 年 5 月 7 日，佛山市南海区人民法院依法作出（2017）粤 0605 民初 18730 号民事判决书，判决被告深圳市金宝龙实业有限公司（以下简称金宝龙公司）向原告广东佳明机器有限公司（以下简称佳明公司）支付 2,440,000 元及违约金，同时判决在所购的注塑机总款未付清之前，现存放在被告金宝龙公司处的伺服节能注塑机 PD618 – KX 一台（机身编号为 161200）、PD718 – KX 一台（机身编号为 16K380）、PD818 – KX 一台（机身编号为 16K004）、PD1088 – KX 一台（机身编号为 16A073）的所有权属于佳明公司，金宝龙公司不得转让、抵押或做其他非生产性用途。

上述民事判决于 2018 年 7 月 24 日发生法律效力，佳明公司于 2018 年 9 月 7 日向佛山市南海区人民法院依法申请强制执行，执行案号为（2018）粤 0605 执 13421 号。

深圳市宝安区人民法院因申请执行人中融信融资担保有限公司与被执行人金宝龙公司、深圳市快鸿实业有限公司、深圳市联金新烽实业有限公司案件执行查封了上述财产，且拟进行拍卖处置。佳明公司向深圳市宝安区人民法院提出执行异议，请求解除佳明公司保留所有权的上述四台注塑机的查封，停止变卖活动。深圳市宝安区人民法院以（2018）粤 0306 执异 146 号执行裁定、（2019）粤 0306 执异 20 号执行裁定驳回佳明公司关于请求解封原告保留所有权的上述四台注塑机及停止对上述四台注塑机变卖活动的执行异议和执行异议申请。佳明公司不服，提起执行异议之诉。

2019 年 8 月 20 日，深圳市宝安区人民法院作出（2018）粤 0306 民初 15488 号民事判决，以涉案注塑机已被司法拍卖成交为由，驳回佳明公司关于终止对上述四台注塑机执行、解除查封措施并返还注塑机给佳明公司的诉讼请求。

深圳市宝安区人民法院在异议之诉审理期间，再次裁定拍卖包括原告保留所有权的四台注塑机。2019 年 8 月 2 日拍卖成交价 1,660,260 元，与其他一并拍卖的物品评估总价为 2,291,800 元，其中四台注塑机的评估价为 1,621,000 元，折算佳明公司保留所有权的四台注塑机的拍卖款应为 1,174,309.04 元。

2020 年 3 月 17 日，深圳市宝安区人民法院裁定受理其他债权人对金宝龙公司的破产清算申请。佳明公司向管理人申报债权，并要求将上述四台注塑机的全部拍卖得款全额返还给佳明公司，同时参与其他财产拍卖得款的分配。佳明公司已撤回对（2018）粤 0306 民初 15488 号民事判决的上诉，深圳市中级人民法院作出（2019）粤 03 民终 28431 号民事裁定，裁定准许佳明公司撤回前述上诉。

管理人就佳明公司关于返还拍卖款的请求未予同意。佳明公司遂提起本诉，请求金龙宝公司将属于佳明公司保留所有权的四台注塑机的拍卖款项 1, 174, 309. 04 元全额返回给佳明公司。在佳明公司提起本诉时，已拍卖的包括佳明公司保留所有权的四台注塑机的拍卖款 1, 660, 260 元，尚在深圳市宝安区人民法院处未分配。

【裁判结果】

2020 年 12 月 31 日，深圳市宝安区人民法院作出（2020）粤 0306 民初 24535 号民事判决，判令金宝龙公司向佳明公司返还注塑机的对应拍卖款项 1, 174, 309. 04 元。

【评析】

取回权的行使以标的物客观存在或变价款具有特定性与独立性为前提。上述四台注塑机的所有权已为生效判决所确认为佳明公司所有，相应的变价款项亦应归佳明公司所有。根据拍卖折价率，四台注塑机的对应拍卖款项为 1, 174, 309. 04 元。在佳明公司提起诉讼，请求行使取回权返还上述款项时，上述款项仍在执行法院深圳市宝安区人民法院处理。该款项尚未用于他用，具有特定性和独立性，可与金宝龙公司的其他财产相区别，具有行使取回权的现实基础。

根据最高人民法院《关于适用〈中华人民共和国企业破产法〉若干问题的规定（二）》第 30 条的规定，债务人占有的他人财产被违法转让给第三人，依据《民法典》第 311 条的规定第三人已善意取得财产所有权，原权利人无法取回该财产的，法院应当按照以下规定处理：（1）转让行为发生在破产申请受理前的，原权利人因财产损失形成的债权，作为普通破产债权清偿；（2）转让行为发生在破产申请受理后的，因管理人或者相关人员执行职务导致原权利人损害产生的债务，作为共益债务清偿。如上述款项法院已经在执行案件中分配给了其他债权人，或管理人为推进破产程序，将上述款项用于支付破产费用、共益债务或进行了分配，则标的物所有权人不能再行使取回权，只能就其财产损失作为普通债权或共益债务清偿。

第九节　管理人责任纠纷

管理人是法院裁定受理破产案件后依法成立的，在法院监督下全面接管债务人事务并负责债务人财产管理和分配等事务的专门机构。管理人是破产程序的主要推动者和破产事务的具体执行者。管理人的能力和素质不仅影响破产审判工作的质量，还关系破产企业的命运与未来发展，因此，《企业破产法》既给予了管理人广泛的权利，也规定管理人应当勤勉尽责、忠实执行职务，并对管理人违反职责所应承担的责任予以明确，实现管理人权责一致。管理人责任纠纷为民事责任纠纷，即管理人违反勤勉忠实义务不当履职，给债权人、债务人或者第三人造成损失时，受害人要求管理人承担民事赔偿责任所引发的纠纷。

一、管理人职责内容

《企业破产法》第 25 条规定："管理人履行下列职责：（一）接管债务人的财产、印章和账簿、文书等资料；（二）调查债务人财产状况，制作财产状况报告；（三）决定债务人的内部管理事务；（四）决定债务人的日常开支和其他必要开支；（五）在第一次债权人会议召开之前，决定继续或者停止债务人的营业；（六）管理和处分债务人的财产；（七）代表债务人参加诉讼、仲裁或者其他法律程序；（八）提议召开债权人会议；（九）人民法院认为管理人应当履行的其他职责。本法对管理人的职责另有规定的，适用其规定。"第 27 条规定："管理人应当勤勉尽责，忠实执行职务。"上述两条规定了管理人的主要职责。同时，《企业破产法》第 130 条规定："管理人未依照本法规定勤勉尽责，忠实执行职务的，人民法院可以依法处以罚款；给债权人、债务人或者第三人造成损失的，依法承担赔偿责任。"明确了管理人未尽勤勉忠实义务给债权人、债务人或者第三人造成损失时应承担的民事赔偿责任。而管理人非因职务行为造成债权人、债务人或者第三人损害的，则与管理人身份无关，受害人只能通过侵权之诉来维护自身的合法权益。

二、管理人承担民事责任的构成要件

管理人承担民事赔偿责任在性质上属于侵权责任，因此，其构成要件应按侵权责任的构成要件来确认其是否应承担民事责任。

首先，管理人违反勤勉忠实义务。如上所述，根据《企业破产法》第 25 条和第 27 条的规定，管理人拥有广泛权利的同时，也负有勤勉尽责、忠实执行职务的义务。勤勉尽责，要求管理人恪尽职守，以一个善良管理人的注意义务来履行职责；忠实执行职务，则要求管理人从债务人和债权人利益出发，依法履职，不得利用职务权利为己谋私。所以，要求管理人承担民事赔偿责任，前提是管理人违反了勤勉忠实义务。

其次，管理人违反勤勉忠实义务不当履职给债权人、债务人或者第三人造成实际损失。在我国，因侵权造成的损害一般采用填补原则。因此，只有在有实际损失的情况下，才有赔偿。

再次，管理人不当履职行为与债权人、债务人或者第三人的损失之间存在因果关系。管理人损害赔偿责任纠纷属侵权纠纷，需要以侵权人（管理人）的侵权行为与损害后果之间存在因果关系为前提。

最后，管理人主观上存在过错。主观上为故意或重大过失造成相关权利人财产权益损害。

三、管理人责任纠纷的高频点

《企业破产法》第 18 条规定：“人民法院受理破产申请后，管理人对破产申请受理前成立而债务人和对方当事人均未履行完毕的合同有权决定解除或者继续履行，并通知对方当事人。管理人自破产申请受理之日起二个月内未通知对方当事人，或者自收到对方当事人催告之日起三十日内未答复的，视为解除合同。管理人决定继续履行合同的，对方当事人应当履行；但是，对方当事人有权要求管理人提供担保。管理人不提供担保的，视为解除合同。”第 42 条规定： “人民法院受理破产申请后发生的下列债务，为共益债务：…… （五）管理人或者相关人员执行职务致人损害所产生的债务为共益债务……”第 43 条第 1 款规定：“破产费用和共益债务由债务人财产随时清偿。”第 57 条第 1 款规定：“管理人收到债权申报材料后，应当登记造册，对申报的债权进行审查，并编制债权表。”第 58 条第 1 款规定：“依照本法第五十七条规定编制的债权表，应当提交第一次债权人会议核查。”第 116 条第 1 款规定：“破产财产分配方案经人民法院裁定认可后，由管理人执行。”

上述条款都规定了管理人在特定情形下需要履行的特定职责，因此是容易引起管理人责任纠纷的高频点。

四、管理人责任纠纷的管辖

关于管理人责任纠纷的管辖问题，我国法律尚未有明确规定。根据《企业破产法》第 21 条的规定，人民法院受理破产申请后，有关债务人的民事诉讼，只能向受理破产申请的人民法院提起。这看似是破产案件集中管辖，但其只明确了破产案件集中管辖仅适用于有关债务人的民事诉讼，却不能直接作为管理人责任纠纷的管辖依据。而 2004 年 6 月 28 日施行的最高人民法院《关于破产清算组在履行职责过程中违约或侵权等民事纠纷案件诉讼管辖问题的批复》中“企业被宣告破产后，清算组因履行清算职责对他人违约或者侵权引起的民事诉讼，发生在破产程序终结之前的，由受理破产案件的人民法院管辖，在破产程序中一并处理”的规定明确了清算组责任纠纷的管辖。该文件虽已失效，但其中的清算组制度实际在《企业破产法》中改为了管理人制度，因此，该司法政策的内涵应予以沿用，其实际上也有利于法院厘清案情、明确责任。

典型案例评析

管理人不正当履行职责，债权人可向担任管理人的机构主张损害赔偿

——评湖南天戈（深圳）律师事务所诉深圳市卓效清算事务有限公司损害赔偿纠纷案[①]

【裁判要旨】

债权人以担任管理人（清算组）的机构不正当地履行职责给其造成损害起诉请求损害赔偿的，为管理人损害赔偿纠纷案件。担任管理人（清算组）的机构确实存在不当行为的，应按照债权人的实际损害进行赔偿。

【基本案情】

2016 年 1 月 24 日，原告湖南天戈（深圳）律师事务所（以下简称天戈

① 参见深圳市中级人民法院民事判决书，(2021) 粤 03 民终 28749 号。

律所）与深圳市康迪实业发展有限公司（以下简称康迪公司）签订了一份《委托代理合同》，约定因康迪公司与深圳市鑫宝丰房地产开发有限公司（以下简称鑫宝丰公司）合同纠纷一案，天戈律所接受康迪公司的委托，指派陈某聚、胡某剑律师为康迪公司的诉讼代理人。本代理合同实行风险收费，即按诉讼结果收费。代理包括本诉、反诉、上诉。如法院最终判决双方争议合同有效，则天戈律所收取康迪公司律师代理费 500 万元。如法院最终判决双方争议合同无效，并判决返还康迪公司投资款和利息，则按判决返还总金额的 10% 收取康迪公司律师代理费，收费在终审判决生效 15 日内一次性支付天戈律所。

2015 年 8 月 3 日，本案第三人深圳市金成地产集团有限公司（以下简称金成公司）以康迪公司被吊销营业执照，但没有成立清算组进行清算为由，向深圳市中级人民法院申请对康迪公司进行强制清算。

2016 年 3 月 11 日，深圳市中级人民法院作出（2016）粤 03 民算字第 1 号民事裁定，裁定受理金成公司对康迪公司提出的强制清算申请，并指定深圳市卓效清算事务有限公司（以下简称卓效公司）为康迪公司的清算组。

2016 年 6 月 24 日，天戈律所向康迪公司清算组发出一份《我所关于变更代理康迪公司在与鑫宝丰一案中代理费用的函》，内容中列有由于该案件涉及诉讼主体多，同一事实，当事人订立了多份合同，且案件涉及 20 多年前的合同，调查取证特别困难，适用法律涉及当时相关的规定，案情特别复杂。为有利于本案的有效诉讼，天戈律所拟与康迪公司清算组人员共同代理诉讼，以保障委托人的合法权益得以实现。鉴于与康迪公司清算组共同代理诉讼，故原告拟对原委托代理合同约定的律师代理费变更为：以委托人（康迪公司清算组）实际收到该案项下诉请主张款项额的 5% 计收，其余约定不变等内容。

另查明，2015 年 12 月 29 日，鑫宝丰公司以康迪公司为被告，以深圳市金银威实业发展有限公司（以下简称金银威公司）、深圳市万科南苑房地产开发有限公司（以下简称万科公司）为第三人，向深圳市宝安区人民法院提起合同纠纷诉讼，案号为（2015）深宝法民三初字第 2736 号。在该案中康迪公司提起了反诉。在该案判决书中明确列明康迪公司的诉讼代表人为康迪公司清算组，委托代理人之一为原告律师事务所的胡某剑律师。该案经审理后判决：（1）康迪公司可分得金丰豪庭（创业广场）项目拍卖剩余款 74, 917, 701. 35 元；

(2) 驳回鑫宝丰公司本诉的诉讼请求；(3) 驳回康迪公司反诉的其他诉讼请求。鑫宝丰公司对该判决结果不服，上诉至深圳市中级人民法院，案号为 (2017) 粤 03 民终 14257 号，在该案判决书中明确列明康迪公司的诉讼代表人为康迪公司清算组，委托诉讼代理人之一为原告律师事务所的胡某剑律师。该案经审理后判决驳回上诉，维持原判。康迪公司清算组随后向法院申请执行，法院执行到位 74,917,701.35 元结案。

2018 年 9 月 19 日，卓效公司作为康迪公司清算组作出《深圳市康迪实业发展有限公司强制清算案债务清偿方案》，内容中列有康迪公司的财产主要为可分得创业广场项目拍卖剩余款 74,917,701.35 元，除此之外无其他财产。确定截至 2018 年 9 月 18 日，康迪公司清算财产总额 74,917,701.35 元，为依法判决可分得创业广场项目的拍卖剩余款。清算程序中发生及预留的清算费用共计 5,421,873.35 元。截至 2018 年 9 月 18 日，清算组接受债权申报共计 4 笔，申报金额 375,912,617.83 元。清算组审查确认的债权共计 4 笔，确认债权金额为 331,698,724.67 元，性质为普通债权。康迪公司本次分配的财产总额为 74,917,701.35 元，扣除清算费用 5,421,873.35 元后剩余财产为 69,495,828 元，应偿普通债权 331,698,724.67 元，普通债权清偿率为 20.9515%，其财产不足以全部清偿普通债权，无财产可供股东分配。在所附《债权分配表》中列有：债权人名称分别为深圳市金成地产集团有限公司、北京市博恩君恒资产管理有限公司、邵某华、刘某，分配金额分别为 68,457,372.94 元、944,960.42 元、42,269.48 元、51,225.15 元，合计 69,495,828 元，分配率均为 20.9515%。

2018 年 10 月 31 日，深圳市中级人民法院出具 (2016) 粤 03 民算字第 1 号之一民事裁定书，认为清算组履行清算职责时发现康迪公司财产不足清偿债务，遂与全体债权人协商制作了债务清偿方案。该债务清偿方案经全体债权人确认且不损害其他利害关系人利益，亦无违反法律、行政法规的强制性规定，依法应予认可并由清算组予以执行。故裁定认可康迪公司清算组提交的债务清偿方案。

2018 年 12 月 17 日，卓效公司作为康迪公司清算组向深圳市中级人民法院出具一份清算报告，其中列有：截至 2018 年 10 月 24 日，康迪公司清算财产 74,917,701.35 元，扣除清算组履职发生费用 10,579.1 元、清算组报酬 4,067,500 元、反诉费用 135,600 元、清算案件受理费 208,194.25 元、预留费用6000元后，债权清偿款70,489,828元，均用于清偿普通债权，清偿比例为21.2512%。管理人已于2018年11月26日将清算财产全部分配完结。

2018年12月20日，深圳市中级人民法院出具（2016）粤03民算字第1号之二民事裁定书，裁定确认康迪公司清算组提交的清算报告，终结康迪公司清算组强制清算程序。现康迪公司已被注销。

卓效公司在对康迪公司进行清算过程中，未向天戈律所告知执行未回款情况和通知申报债权事宜，在取得案件执行款后，扣除清算费后将余款支付给了各债权人。天戈律所以卓效公司未通知天戈律所申报债权和清偿应得律师费损害其权益为由，向深圳市中级人民法院提起诉讼，请求判令给付原告律师代理费3,745,885元。

【裁判结果】

深圳市中级人民法院确认卓效公司在担任康迪公司清算组时存在履职不当情形，损害了天戈律所利益。对于天戈律所的律师费债权，按照清算清偿比例应得部分，由卓效公司承担赔偿责任。据此判决卓效公司向天戈律所赔偿796,079.23元，驳回天戈律所的其他诉讼请求。

【评析】

本案并非对在强制清算案件中作为债务人的康迪公司提起的民事诉讼，而是对强制清算管理人主张履职不当提出的民事赔偿案件。管理人不当履行职责的行为，给债权人、债务人或第三人造成损失的，受害人可要求管理人承担相应的民事赔偿责任。

根据相关法律规定，公司清算时，清算组应当自成立之日起10日内书面通知全体已知债权人，并于60日内根据公司规模和营业地域范围在全国或者公司注册登记地省级有影响的报纸上公告。如果清算组未按照规定履行通知和公告义务，导致债权人未及时申报债权而未获清偿，债权人可主张清算组对因此造成的损失承担赔偿责任。卓效公司作为康迪公司的清算组机构，明知存在涉案《委托代理合同》及相关代理行为，应当知晓天戈律所与康迪公司之间将产生相应的债权债务关系，即天戈律所系康迪公司已知的债权人之一。卓效公司作为清算组，其重要职责之一就是通知、公告债权人。卓效公司并未提交充足、有效的证据证明其依法有效地通知了已知债权人天戈律所申报相应债权，将康迪公司的财产进行清算、分配，卓效公司在履行其清算组职责时，确存在履职不当的行为，而且给天戈律所造成了损失，应对天戈律所的损失承担赔偿责任。

在本案中，法院认为天戈律所的实际损失应以其对康迪公司的债权按照清算过程的清偿比例计算。笔者认为，天戈律所在康迪公司清算过程中，继续履行《委托代理合同》中的义务而获得律师代理费。参照《企业破产法》第 42 条“人民法院受理破产申请后发生的下列债务，为共益债务：（一）因管理人或者债务人请求对方当事人履行双方均未履行完毕的合同所产生的债务……”的规定，可认定为共益债务，可由清算财产中随时清偿。本案中的律师代理费由康迪公司强制清算案件中所产生，法院可能认为并不必然参照《企业破产法》关于共益债务的规定进行处理。

第十六章　个人破产与个人债务集中清理

个人破产，是指作为债务人的自然人不能清偿其到期债务时，由法院依法宣告其破产，同时对债务人的财产进行清算和分配，在一定条件下对债务人的债务进行豁免以及确定当事人在破产过程中的权利义务关系。

个人破产制度有利于挽救“诚实而不幸者”东山再起，鼓励创业创新，激活社会活力。如果只是对债务人进行持续的执行，将其列入失信名单，限制其高消费，影响债务人继续经营、就业偿还债务，其结果可能仍是债权人无法得到清偿，造成“两败俱伤”的后果。个人破产也有利于破解现实中法院“执行难”的困境，避免征信制度的滥用。目前，我国尚未形成统一的个人破产法，只有在深圳经济特区实行了个人破产条例，其他地区有类似个人破产的司法实践，主要称其为“个人债务集中清理”。

第一节　个 人 破 产

一、《深圳经济特区个人破产条例》的出台

在一些发达国家，由于经济发展迅速，个人破产制度早已存在。我国学者和专家在多年前也屡次提出要建立个人破产制度，但一直没有对其进行正式立法。2020 年 8 月 26 日，《深圳经济特区个人破产条例》经深圳市第六届人大常委会第四十四次会议通过，填补了我国破产制度的空白。但其作为经济特区所在市地方性法规，适用范围较小，且深圳市作为试点地区的原因是其作为我国经济发展较为迅速的城市，营商环境较好，且人们有意愿负债进行经商、消费等，债权债务关系较为复杂，但国内各地区经济和社会发展不平衡，在全国普遍施行个人破产制度在短期内难以实现。

二、个人破产的申请条件

在《深圳经济特区个人破产条例》中，申请个人破产清算、重整或者和解需要满足三个条件：（1）在深圳经济特区居住；（2）参加深圳社会保险连续满3年的自然人；（3）因生产经营、生活消费导致丧失清偿债务能力或者资产不足以清偿全部债务。当债务人不能清偿到期债务时，单独或者共同对债务人持有50万元以上到期债权的债权人，亦可以向法院对债务人提出破产申请，申请对债务人进行破产清算。

很明显，个人破产与企业法人申请破产相比，多了些不同的条件，一方面，要求债务人系居住在特定地区，而且参加该地区社会保险连续满3年；另一方面，虽然个人破产和企业法人破产的原因都是丧失清偿债务能力或者资产不足以清偿全部债务，但是对于个人破产，还限定了系因“生产经营、生活消费”导致。由此可知，自然人系因赌债这类非法债务导致资不抵债的，不应受理其破产申请。

与企业法人的破产申请由债务人住所地法院管辖相同，个人破产案件也是由其住所地法院管辖，且规定由中级人民法院管辖，但经依法指定由基层人民法院管辖的除外。

《深圳经济特区个人破产条例》第8条规定：“符合本条例第二条规定的债务人，可以向人民法院提出破产申请，包括申请破产清算、重整、和解。债务人提出破产申请的，应当向人民法院提交下列材料：（一）破产申请书、破产原因及经过说明；（二）收入状况、社保证明、纳税记录；（三）个人财产以及夫妻共同财产清册；（四）债权债务清册；（五）诚信承诺书。债务人依法承担扶养义务的未成年人和丧失劳动能力且无其他生活来源的成年近亲属（以下简称所扶养人），应当提供所扶养人的基本情况等有关材料。债务人合法雇用他人的，还应当提交其雇用人员工资支付和社会保险费用缴纳情况的相关材料。”由于个人破产还需考虑该个人的扶养人，在实现其他债权人权利的同时，也要照顾好债务人的未成年子女、丧失劳动能力且无其他生活来源的成年近亲属等的基本生活、教育资金保障，促使公平正义、照顾弱者的法治思想在个人破产的相关规定中发挥作用。

除了上述条件外，债务人或申请人也不能在破产申请中存在欺诈、妨碍诉讼等行为。《深圳经济特区个人破产条例》第14条规定：“人民法院审查破产申请时，发现有下列情形之一的，应当裁定不予受理；人民法院已经受理但尚未宣告破产的，应当裁定驳回申请：（一）债务人不符合本条例第二条规定，或者债权人申请对债务人进行破产清算不符合本条例第九条第一款规定的；（二）申请人基于转移财产、恶意逃避债务、损害他人信誉等不正当目的申请破产的；（三）申请人有虚假陈述、提供虚假证据等妨害破产程序行为的；（四）债务人依照本条例免除未清偿债务未超过八年的。申请人不服裁定的，可以自裁定书送达之日起十日内向上一级人民法院提起上诉。申请人因本条第一款第二项、第三项情形造成他人损失的，应当承担赔偿责任。”

三、个人破产中的管理人

与企业法人破产不同的是，根据《深圳经济特区个人破产条例》第 17 条、第 18 条的规定，法院裁定受理破产申请时并不要求一定要同时指定管理人，而是允许债权人单独或共同提出管理人人选，法院同意债权人推荐的管理人人选的，应当在裁定受理破产申请时同时作出指定管理人的决定。管理人执行职务的费用由其推荐人预付。多名债权人推荐不同管理人人选的，法院可以从中指定一名或者多名管理人。只有在债权人未推荐管理人人选或者法院认为债权人推荐的人选不适宜担任管理人时，法院应当在裁定受理破产申请时，通知破产事务管理部门 5 日内提出管理人人选；破产事务管理部门提出人选后，法院应当在 5 日内作出指定管理人的决定。

四、债务人财产

（一）债务人财产的范围

《深圳经济特区个人破产条例》规定，法院裁定受理破产申请时属于债务人的财产和依照该条例裁定免除未清偿债务之前债务人所取得的财产，为债务人财产。债务人对财产的申报义务包括本人及其配偶、未成年子女以及其他共同生活的近亲属名下的境内外财产和财产权益，具体如下：（1）工资收入、劳务所得、银行存款、现金、第三方支付平台账户资金、住房公积金账户资金等现金类资产；（2）投资或者以其他方式持有股票、基金、投资型保险以及其他金融产品和理财产品等享有的财产权益；（3）投资境内外非上市股份有限公司、有限责任公司，注册个体工商户、个人独资企业、合伙企业等享有的财产权益；（4）知识产权、信托受益权、集体经济组织分红等财产权益；（5）所有或者共有的土地使用权、房屋等财产；（6）交通运输工具、机器设备、产品、原材料等财产；（7）个人收藏的文玩字画等贵重物品；（8）债务人基于继承、赠与、代持等依法享有的财产权益；（9）债务人在破产申请受理前可期待的财产和财产权益；（10）其他具有处置价值的财产和财产权益。

此外，债务人还需要说明上述财产的状况、法院裁定受理破产前两年内的重要财产变动情况。

（二）豁免财产

《深圳经济特区个人破产条例》为保障债务人及其所扶养人的基本生活及权利，规定如下财产为豁免财产：（1）债务人及其所扶养人生活、学习、医疗的必需品和合理费用；（2）因债务人职业发展需要必须保留的物品和合理费用；（3）对债务人有特殊纪念意义的物品；（4）没有现金价值的人身保险；（5）勋章或者其他表彰荣誉的物品；（6）专属于债务人的人身损害赔偿金、社会保险金以及最低生活保障金；（7）根据法律规定或者基于公序良俗不应当用于清偿债务的其他财产。上述财产如价值较大、不用于清偿债务明显违反公平原则的，则不认定为豁免财产。

此外，豁免财产累计总价值不得超过20万元。具体分项和各分项具体价值上限标准由法院另行制定。

（三）对财产交易行为的限制

管理人对于破产申请提出前二年内涉及债务人财产的下列处分行为有权请求法院予以撤销：（1）无偿处分财产或者财产权益；（2）以明显不合理的条件进行交易；（3）为无财产担保的债务追加设立财产担保；（4）以自有房产为他人设立居住权；（5）提前清偿未到期的债务；（6）豁免债务或者恶意延长到期债权的履行期限；（7）为亲属和利害关系人以外的第三人提供担保。

破产申请提出前6个月内，债务人对个别债权人进行清偿的，或者破产申请提出前2年内，债务人向其亲属和利害关系人进行个别清偿的，管理人有权请求法院予以撤销（个别清偿使债务人财产受益或者属于债务人正常生活所必需的除外）。

涉及债务人财产的下列行为无效：（1）为逃避债务而隐匿、转移、不当处分财产和财产权益的；（2）虚构债务或者承认不真实债务的。

上述规定的本质都是为了维护债权人能够公平受偿，最大限度地确定能够进行分配的债务人财产。对于上述不当处置债务人财产的行为，管理人可行使撤销权、取回权，追回破产财产用于破产分配。财产取得方明知或者应当知道债务人处于破产状态或者濒临破产，仍然与债务人实施《深圳经济特区个人破产条例》第 40 ~ 42 条规定的行为，造成债权人经济损失的，应当承担赔偿责任。

企业法人破产中规定的破产取回权、破产抵销权、破产费用、共益债务以及债权人等在个人破产制度中亦有相关规定。

五、免责考察

个人破产最大的特点就是为债务人设置的免责考察期。根据《深圳经济特区个人破产条例》第 95 条的规定，自法院宣告债务人破产之日起 3 年，为免除债务人未清偿债务的考察期限。债务人在考察期内应当继续履行法院作出的限制行为决定规定的义务，并履行《深圳经济特区个人破产条例》规定的债务人其他义务。债务人违反相关规定的，法院可以决定延长考察期，但延长期限不超过 2 年。

六、对债务人行为的限制

对进入破产程序的债务人进行相关行为限制，是国际通行的惯例。在限制消费行为方面，《深圳经济特区个人破产条例》主要参考了最高人民法院《关于限制被执行人高消费的若干规定》，并根据经济社会发展情况和深圳实际情况而有所调整。该条例第 23 条规定，自法院受理破产申请之日起至作出免除剩余债务的裁定之日止，债务人的权利都要受到严格的限制，不得有高消费行为。被严格限制的高消费行为具体包括：（1）乘坐交通工具时，选择飞机商务舱、头等舱、列车软卧、轮船二等以上舱位、G 字头高速动车组旅客列车及其他动车组列车一等以上座位；（2）在夜总会、高尔夫球场以及三星级以上宾馆、酒店等场所消费；（3）购买不动产、机动车辆；（4）新建、扩建、装修房屋；（5）供子女就读高收费私立学校；（6）租赁高档写字楼、宾馆、公寓等场所办公；（7）支付高额保费购买保险理财产品；（8）其他非生活和工作必需的消费行为。

相比最高人民法院《关于限制被执行人高消费的若干规定》的规定，《深圳经济特区个人破产条例》取消了对乘坐飞机、高铁、旅游度假的限制，显得更加人性化。乘坐飞机、高铁在现代社会来说，是工作和生活的基本需求，如予以限制，则可能会严重影响债务人的社会活动，影响其创造社会财富以清偿债务。而对于旅游度假的限制，一方面，有些活动难以区别是旅游度假行为还是正常的工作和生活（如赴外地办事和探亲），另一方面，也会影响债务人正常的休息权。《深圳经济特区个人破产条例》更具合理性和可操作性。

在限制职业资格方面，《深圳经济特区个人破产条例》规定，自法院受理破产申请之日起至法院作出免除债务人剩余债务的裁定之日止，债务人不得担任上市公司、非上市公众公司和金融机构的董事、监事和高级管理人员职务，不得从事法律、行政法规禁止从事的职业。另外，自法院受理破产申请之日起至法院作出免除债务人剩余债务的裁定之日，债务人获取1000元以上借款或信用额度的，应当向出借人或授信人声明本人破产状况。

七、个人破产制度的价值

个人破产制度的价值取向在于确保诚实且不幸的债务人通过破产保护从债务危机中解脱，重新参与社会经济活动。而对于恶意逃债或者实施破产欺诈的债务人，不仅不能滥用破产制度，还应通过法律手段加以预防和严惩。《深圳经济特区个人破产条例》通过紧密的制度设计来预防个人破产对社会的风险，让破产申请者“不敢逃，也不能逃”，同时亦能够给予债务人机会，保障债务人及其家人基本的生存和发展条件，鼓励创业者创业创新，无后顾之忧，让其为社会创造更大的价值，激发社会活力。

相关规定

深圳破产法庭加强个人破产申请与审查工作的实施意见

（2022年5月17日发布　2022年5月17日施行）

第一条　为规范个人破产申请，正确实施《深圳经济特区个人破产条例》（以下简称“条例”），依法、及时受理个人破产案件，公正、高效审查个人破产申请，防止个人破产程序滥用，防范破产欺诈行为，弘扬社会主义核心价值观，制定本指引。

第二条　申请人向人民法院提出个人破产申请，应当遵循诚实信用原则，秉持善意，恪守承诺，充分、如实披露相关信息。

第三条　申请人提出个人破产申请前，应当经过破产事务管理部门的专门面谈辅导，并按照要求提交材料，完成申请个人破产信息采集表。

面谈辅导阶段的材料与陈述，经破产事务管理部门提交人民法院后，人民法院在破产申请审查阶段和破产案件审理阶段可以直接作为证据予以采信，利害关系人有相反证据或者确有错误的除外。

申请人在面谈辅导中提供虚假、变造资料，申报不实信息，作虚假陈述或者误导性陈述，导致人民法院作出裁判的，依法承担相应的法律责任。

第四条 人民法院审查个人破产申请与破产事务管理部门的辅导工作有效衔接，便利申请人申请个人破产，保障个人破产办理工作顺利进行。

第五条 申请人提出个人破产申请，应当仔细阅读条例第二十一条至第二十四条关于债务人应当承担的义务及遵守限制消费行为的决定、第四十条至第四十二条关于涉及债务人财产处分行为的特别规定、第九十七条、第九十八条关于不得免除债务的情形、第一百零三条关于通过欺诈手段获得免除未清偿债务的裁定可申请撤销、第十二章法律责任等规定，全面了解启动破产程序的法律后果以及对其个人、家庭的影响，并向人民法院确认已理解相关内容。

第六条 债务人向人民法院提出个人破产申请，应当提交下列材料：

（一）个人破产申请书。需载明拟申请的破产程序、债务人基本情况、破产原因及经过说明等内容。其中，破产原因及经过说明包括负债过程、款项用途与流向、债务未能偿还的原因等；

（二）债务人身份、居住地、职业、收入、社保、纳税状况、征信记录等方面的证明材料；

（三）债务人家庭成员及其近亲属基本信息、配偶职业及收入等情况说明；

（四）个人财产、共同财产清册。载明本人财产、与他人共有的财产，以及财产种类、数额、存放地点等；

（五）个人债务、共同债务清册。载明债权人名称及联系方式、与债权人的关系，以及欠各债权人的债务本金、利息、违约金（注明计算利息、违约金的截止时间）、有无财产担保等；

（六）债务人承担赡养、抚养、扶养义务的情况说明。载明被赡养人、被抚养人、被扶养人姓名及其与债务人的关系，有无其他赡养、抚养、扶养义务人，以及债务人应当承担义务的份额等；

（七）合法雇用他人的名单、工资支付和社保缴纳情况，以及证明材料；

（八）申请破产前两年内处置价值五万元以上财产或者发生五万元以上交易的情况说明，以及证明材料；

（九）破产事务管理部门出具的申请人完成面谈辅导证明；

（十）申请人诚信承诺书；

（十一）人民法院认为应当提交的其他材料。

债务人申请个人破产重整及和解的，还应当提交重整、和解计划或者可行性报告。

第七条 债权人向人民法院申请对债务人进行个人破产清算，应当提交下列材料：

（一）个人破产清算申请书。载明申请人、被申请人基本情况、申请债务人破产清算的事实和理由；

（二）申请人、被申请人的身份信息资料；

（三）被申请人的居住情况和与债务人最后一次联络情况；

（四）申请人单独或者共同持有被申请人到期债权五十万元以上的证明材料。载明债权人名称及联系方式、与债务人的关系，以及欠债权人的债务本金、利息、违约金（注明计算利息、违约金的截止时间）、有无财产担保等；

（五）经书面或者法定程序要求债务人清偿债务的证明等相关材料；

（六）破产事务管理部门出具的申请人完成面谈辅导证明；

（七）申请人诚信承诺书；

（八）人民法院认为应当提交的其他材料。

第八条　申请人应当在完成面谈辅导后的三十日内，向人民法院提交个人破产申请。

申请人一般应当通过“深破茧”个人破产网上办理平台递交申请，确有困难的，也可以向人民法院立案窗口递交书面申请材料。申请人向人民法院递交的申请材料以及申报信息，在内容上应当与其向破产事务管理部门提供的材料和申请个人破产信息采集表保持一致。

申请人提交的材料不符合条例和本意见要求的，人民法院应当一次性书面告知申请人在指定期限内补正。申请人在指定期限内没有补正，或者经补正后材料仍不符合要求的，人民法院不予立案。

第九条　债务人应当结合自身资产状况、清偿债务能力，依法合理选择重整、和解或者破产清算程序清理个人债务。

债务人申请个人破产清算的，应当丧失清偿债务能力且清偿能力难以恢复。债务人不符合前述情形的，人民法院可以对个人破产清算申请不予立案。

第十条　债务人和债权人同时向人民法院提出个人破产申请，人民法院以债务人为申请人进行立案审查，债权人提交的申请材料作为证据材料附卷。

第十一条　申请人为债务人的个人破产申请审查案件，人民法院登记立案时，在个人破产信息公开平台予以公告。

申请人为债权人的个人破产申请审查案件，经人民法院通知债务人答辩或者听证并受理破产申请后，在个人破产信息公开平台予以公告。

第十二条　人民法院对个人破产申请进行审查，发现案情复杂，需要进一步调查的，可以通知相关人员进行听证调查。

申请人经人民法院通知，无正当理由未参加听证的，按照撤回破产申请处理。

第十三条　人民法院审查个人破产申请，一般以书面调查的方式进行。

有以下情形之一的，应当进行听证调查：

（一）债务人开办的个体工商户、个人独资企业尚在经营的；

（二）配偶一方申请个人破产，可能涉及夫妻双方共同财产、共同债务处理情形的；

（三）债权人或者其他利害关系人对破产申请提出异议并且提供相应理由和依据的。

第十四条 人民法院进行听证调查，通知下列人员参加，并予以公告：

（一）申请人、被申请人；

（二）对破产申请提出异议的债权人、其他利害关系人；

（三）人民法院认为应当参加听证的其他人员。

人民法院未通知参加听证的债权人、其他利害关系人，可以申请参加听证调查。

第十五条 个人破产自然人债务人应当符合“在深圳经济特区连续居住一年以上，且参加深圳社会养老保险或者医疗保险连续满三十六个月”的条件，从申请人提出个人破产申请当月起往前计算。

第十六条 人民法院通知已知债权人、债务人以及其他利害关系人，以电子送达方式为主。不能通过电子送达方式送达的，采用其他送达方式送达。

向债务人出借款项的债权人形式上表现为融资平台，又无法查明实际借款人的，人民法院向融资平台送达，即视为送达。

第十七条 人民法院裁定受理个人破产申请的，应当向申请人、债务人送达民事裁定书，并将限制债务人消费行为决定、个人破产程序义务告知书等文件送达债务人，通知破产事务管理部门，并在个人破产信息公开平台予以公告。

第十八条 人民法院裁定不予受理个人破产申请的，应当向申请人、债务人送达民事裁定书，并通知破产事务管理部门。

典型案例评析

个人债务人破产程序中，应给债务人及其所扶养的人保留赖以生存和发展的豁免财产

——评梁某某个人破产重整案①

【裁判要旨】

个人破产制度的价值本就是为了“拯救诚实而不幸的人”，保障债务人及其所扶养人的基本生活及权利。个人债务人可就保障其本人其及所扶养人基本生活及受教育等基本人身权利所必需的财产作为豁免财产免于清偿债务。一定的豁免财产有利于债务人继续谋求个人发展，使其更好地清偿债务，亦

① 参见最高人民法院发布的《2021 年度全国十大商事案件》之三：全国首例个人破产案件为如何认定“诚实而不幸”债务人探索法定程序和判断依据——梁某某个人破产重整案。

有利于债权人利益的实现。

【基本案情】

2018～2020年，梁某某先后成立两家公司，研发了蓝牙耳机、额温枪、儿童早教机等产品。由于无法获得稳定的客户资源，未能实现盈利，一直借款维持经营。2020年，受到新冠肺炎疫情的影响，梁某某背负的债务越来越多，欠债达到75万元，无法偿还全部债务。

2021年3月10日，梁某某向深圳市中级人民法院申请个人破产。经法官面谈辅导，梁某某根据自身偿债能力和意愿，于2021年4月27日重新提交了个人破产重整申请。

2021年5月11日，深圳市中级人民法院受理了梁某某个人破产重整申请，并依法指定广东经天律师事务所为破产管理人。

2021年6月22日，深圳市中级人民法院组织召开梁某某个人破产重整案第一次债权人会议。梁某某向债权人会议提出了重整计划草案主要内容如下：（1）梁某某承诺在3年内偿还所有借款本金，所欠利息及滞纳金等在还清借款本金后予以免除；（2）梁某某一家每月保留7700元的基本生活费用，同时保留生活必需品。

经管理人测算，在破产清算状态下，普通破产债权的受偿率约为33.34%，在重整状态下，普通破产债权的受偿率约为88.73%，符合《深圳经济特区个人破产条例》关于重整清偿比例不低于破产清算清偿比例的规定。债权人会议经表决，通过了重整计划草案。

2021年7月16日，深圳市中级人民法院裁定批准梁某某重整计划并终结梁某某个人破产重整程序。

2021年7月19日，深圳市中级人民法院将批准重整计划的裁定送达梁某某，全国首例个人破产案件正式生效。生效的重整计划显示：在未来3年，梁某某夫妻除保留每月用于基本生活的7700元以及一些生活生产必需品作为豁免财产之外，承诺其他收入均用于偿还债务。重整计划执行完毕将实现债权人本金100%清偿，债务人免于偿还利息和滞纳金。如果梁某某不能严格执行重整计划，债权人有权向法院申请对其进行破产清算。

【裁判结果】

2021年7月2日，深圳市中级人民法院作出（2021）粤03破230号（个1）之一裁定，确认中信银行股份有限公司信用卡中心等10家债权人的债权。

2021 年 7 月 16 日，深圳市中级人民法院作出（2021）粤 03 破 230 号（个 1）之二裁定：（1）批准梁某某重整计划；（2）终结梁某某个人破产重整程序。

【评析】

“拯救诚实而不幸的人”，保障人权，是个人破产制度的基本价值所在。与企业破产，特别是企业破产清算不同，个人债务人在经历个人破产程序后主体仍存在，需要对债务人及其所扶养人的基本生活及受教育等基本权利予以保障。豁免财产制度即个人破产制度的一个重要内容。豁免财产制度体现了个人破产制度的人文关怀和法理精神。本案中，深圳市中级人民法院合理确定债务人的豁免财产范围和具有可执行性的重整计划，保障了债务人及其家庭的基本存在权利和安宁生活；同时，一定的豁免财产保障了债务人发挥自身潜力谋求发展和赚取钱财，以便债务人更好地向债权人清偿债务，亦维护了债权人的利益。

第二节　个人债务集中清理制度

一、个人债务集中清理的背景

长期以来，建立个人破产的呼声不断。近年来，国家层面的一些政策精神对个人破产进行了回应。

2018 年 11 月 14 日，中央全面深化改革委员会第五次会议审议通过了《加快完善市场主体退出制度改革方案》，提出加快以破产法为核心的市场主体退出制度建立健全的步伐，研究建立非营利法人、非法人组织、个体工商户、自然人等市场主体的破产制度，扩大破产制度覆盖面，畅通存在债权债务关系的市场主体退出渠道。国家发展和改革委员会财金司有关负责人就《加快完善市场主体退出制度改革方案》答记者问时明确提出：“改革方案提出分步推进建立自然人破产制度。需要强调两点：首先，个人破产制度是为陷入严重财务困境但诚实守信的个人提供债务重组机会，促进债务人继续创业创新，同时起到防范居民部门债务风险、维护社会稳定的作用，前提是任何人不得恶意逃废债；其次，建立个人破产制度是一项涉及面广、复杂程度高的系统性工作，需立法先行而后逐步推开，当前重点任务是在充分建立社会共识基础上推动个人破产立法。”

2019 年 2 月 27 日，最高人民法院《关于深化人民法院司法体制综合配套改革的意见—— 人民法院第五个五年改革纲要（2019—2023)》发布，提出研究推动建立个人破产制度及相关配套机制，着力解决针对个人的执行不能案件。

2022 年 7 月 14 日，最高人民法院发布《关于为加快建设全国统一大市场提供司法服务和保障的意见》，再次提出“积极推动完善破产法制及配套机制建设，完善执行与破产工作有序衔接机制，推动企业破产法修改和个人破产立法，推动成立破产管理人协会和设立破产费用专项基金，推进建立常态化‘府院联动’协调机制。”

我国并没有设计和推广全国范围层面的个人破产制度的出台，而是希望在一些经济比较发达、适合试点改革的地区如浙江省、成都市等地先行实施个人债务集中清理制度，在社会形成个人破产制度的共识以及司法实践形成丰富的个人债务集中清理经验的基础上，再行推出统一的个人破产法律。

根据较早推行个人债务集中清理的温州市中级人民法院发布的《关于个人债务集中清理的实施意见（试行)》的规定，个人债务集中清理程序，是执行中的特别程序，即在现有法律框架内，按照执行和解和参与分配等执行制度和理论，参照个人破产的原则和精神，在进一步财产调查和清算的基础上，通过附条件的执行和解或者金融机构一致行动，形成个人债务清偿方案，以达到执行程序有效退出、债务人信用修复的目的①。

二、个人债务集中清理的适用范围

以成都市中级人民法院《关于个人债务集中清理的操作指引（试行)》（以下简称《成都中院个人债务操作指引》）为例，其第 3 条规定：“债务人因下列原因导致不能清偿到期债务，并且资产不足以清偿全部债务或者明显缺乏清偿能力的，可以适用本指引。具体包括：（一）股东财产与破产法人企业财产混同的；（二）个人独资企业、合伙企业等非法人企业的投资者、合伙人为破产企业债务承担无限责任的；（三）为破产企业债务提供担保的；（四）因生活困难无力偿还债务的。”从此规定来看，《成都中院个人债务操

① 参见沈芳君：《个人债务集中清理司法探索与个人破产立法设想——以浙江省为主要视角》，载《法治研究》2021 年第 6 期。

作指引》对于个人债务集中清理的适用范围更倾向于由企业破产引申的个人债务问题，但也包含了因生活困难而无力偿还债务的问题。

《成都中院个人债务操作指引》第 4 条规定："债务人经强制执行后财产确不足以清偿全部债务的，执行局在征得债务人同意后，可以移送审查。符合前款规定情形的债务人，可以直接向本院提出个人债务集中清理的申请。个体工商户作为债务人时，由其经营者提出申请。"该规定明确了个人债务"执转破"的程序问题。

债务人虽有《成都中院个人债务操作指引》第 3 条规定的情形，但是由于债务人存在不诚信行为导致的，则不可适用《成都中院个人债务操作指引》的相关规定。《成都中院个人债务操作指引》第 5 条规定："具有下列情形之一的债务人，不适用本指引：（一）债务人在成都市辖区外有诉讼、仲裁、执行案件应负或者可能应负金钱给付义务，且该案件债权人不愿参与个人债务集中清理程序的；（二）因赌博、挥霍消费等不良原因导致不能清偿债务的；（三）有履行能力而拒不履行生效法律文书确定义务的；（四）以伪造证据、暴力、威胁等方法妨碍案件审理、抗拒执行的；（五）以虚假诉讼、虚假仲裁或者以隐匿、转移财产等方法妨害诉讼、规避执行的；（六）违反限制消费令的；（七）无正当理由拒不履行执行和解协议的；（八）违反忠实义务、勤勉义务，致使所在企业破产的；（九）怠于履行清算义务，致使企业无法进行清算或无法全面清算的；（十）债务人有其他不诚信行为的。"

三、申请和受理

申请个人债务集中清理所需要提交的材料以及所要提交的财产报告的内容与前述《深圳经济特区个人破产条例》大致相同，均涉及申请书、债权债务清册、需扶养人情况、包括配偶、子女和其他特定近亲属的财产报告等。对债务人的个人债务集中清理的申请亦可以撤回，不过撤回后一年内不得再次提起申请，但并未规定限制其他有申请权的人向法院申请。

《成都中院个人债务操作指引》规定，立案庭立案个人债务集中清理案件后，移交破产法庭审查。破产法庭应当在收到申请后 5 日内通知已知债权人，并送达个人债务集中清理相关事项告知书。债权人发现债务人提供的财产报告不实，或认为债务人存在该指引第 5 条所列情形的，应当自收到通知之日起 7 日内向法院提出。审查期间，法院可以根据案件具体情况，决定是否听证。债务人无正当理由，拒不参加听证的，可以按撤回申请处理。执行移送审查案件可以由破产法庭与执行局法官组成合议庭进行审查。法院裁定受理申请的，在受理之日起 5 日内向债务人送达受理裁定书和限制债务人行为决定书。裁定受理申请后，申请执行人表示可以延期执行的，执行局应当裁定中止执行。

另外，经债务人申请，法院可以在裁定受理申请后依照最高人民法院《关于公布失信被执行人名单信息的若干规定》第 2 条第 2 款的规定，失信被执行人积极履行生效法律文书确定义务或主动纠正失信行为的，删除债务人失信信息。该规定与前述“管理人的责任、权利与义务”内容中的“重整或和解程序中，税务机关依法受偿后，管理人或破产企业可以向税务机关提出纳税信用修复申请”的规定有异曲同工之妙。如果将债务人一直列为失信被执行人，不利于债务人回归正常的社会生活，从而其也很难通过正常的生产经营或者其他劳动来创造更大的价值，最终也不利于最大限度地实现债权人的权利。

四、债务人的义务

根据《成都中院个人债务操作指引》第 15 条的规定，债务集中清理期间，债务人应当履行下列义务：（1）妥善保管其占有和管理的财产、文书资料，并根据管理人要求及时完整移交；（2）根据法院、管理人的要求报告财产、工作、债权、债务变动等情况，并如实接受询问；（3）列席债权人会议并如实回答债权人的询问；（4）拟定债务清理计划，并负责执行；（5）未经法院许可，不得出境。前款第 1、2、3 项义务适用于与债务人共同生活的成年近亲属或与债务人财产有关的其他利害关系人。

此外，债务人还应承担如实申报，限制高消费，不得担任企业董事、监事、高级管理人员等义务。

《成都中院个人债务操作指引》第 39 条规定：“债务集中清理期间，债务人存在本指引第五条所列情形或其他逃废债行为，以及严重违反本指引第十四条、第十五条规定的行为，本院可以根据情节依法采取罚款、拘留等措施，构成犯罪的，依法追究刑事责任。”

关于个人债务集中清理的管理人的相关规定，大致与《企业破产法》的相关规定相同，对债务人财产的处置、分配事宜则大致与《深圳经济特区个人破产条例》的相关规定相同，在此不再赘述。

个人债务集中清理的制度建设已较为完善，多地法院通过司法实践积累了较为丰富的宝贵经验。期待在未来条件成熟之际，能够在全国范围内实行统一的个人破产制度，真正做到挽救“诚实而不幸”的人，鼓励大众创业创新，激发社会活力。

如浙江省高级人民法院发布的《浙江法院个人债务集中清理（类个人破产）工作指引（试行）》，是深度参照《企业破产法》《深圳经济特区个人破产条例》的相关规定，按照破产法原理制定的“类个人破产”制度。各地个人债务集中清理相关规定见表 16－1。

表 16－1　各地个人债务集中清理相关规定一览

制定机关	规范名称	特别规定
浙江省高级人民法院	《浙江法院个人债务集中清理（类个人破产）工作指引（试行）》	12. 债务人申请个人债务集中清理属于主动纠正失信行为，人民法院裁定受理个人债务集中清理申请的，可以依照《最高人民法院关于公布失信被执行人名单信息的若干规定》决定提前删除失信信息。
浙江省杭州市中级人民法院	《杭州法院个人债务集中清理工作操作指南（试行）》	**第十条　【管理人指定】**个人债务集中清理工作中，如有必要指定管理人的，可以由债权人及债务人共同协商，在列入名册的机构及执业律师、执业注册会计师或政府部门的公职人员中选定；也可以由人民法院在列入破产管理人名册的社会中介机构及其执业律师、执业注册会计师或政府部门的公职人员中直接指定，也可以在一定范围内参照邀请摇号方式指定。 企业破产案件中，将实际控制人、股东等的个人债务集中清理工作一并纳入的，由破产案件管理人担任个人债务集中清理工作的管理人。
山东省东营市中级人民法院	《关于个人债务清理的实施意见（试行）》	**第六条**　债务人申请个人债务清理的，应当向人民法院提交下列材料： （一）个人债务清理申请书，包括个人债务清理原因及经过说明； （二）收入说明、社保证明、纳税记录； （三）申请人所有未结债务诉讼案件情况； （四）债权债务清单； （五）近五年财产变动情况； （六）个人财产及夫妻共同财产清册； （七）个人债务清理方案； （八）所扶养、抚养及赡养人的基本情况； （九）诚信承诺书等。 债务人还应提交其过去五年使用其他名字所拥有的资产以及财务和业务交易情况。

续表

制定机关	规范名称	特别规定
山东省淄博市高青县人民法院	《关于企业破产中对有关个人债务一并集中清理的意见（试行）》	**第二条　【启动主体】**企业法人已进入破产程序，与破产企业有以下关联的自然人可以依照本意见启动个人债务集中清理程序： （一）对该企业法人负保证责任的法定代表人、实际控制人、股东、董事、监事及其他高管人员； （二）因公司法人人格否认与个人财产混同而承担清偿责任的股东； （三）其他对企业法人破产承担连带责任的自然人。
江苏省苏州市吴江区人民法院	《关于个人债务清理的若干规定（试行）》	**第四条　【适用范围】**具有苏州市吴江区户籍，或在吴江区居住并参加吴江区社会保险或缴纳个人所得税连续满两年的自然人，以及在苏州市吴江区市场监督管理局登记注册的个体工商户不能清偿到期债务，并且资产不足以清偿全部债务或者明显缺乏清偿能力，且符合下列条件之一的，可以适用本规定： （一）因法定或约定原因对企业债务承担民事责任且该企业已进入破产程序的企业经营者或其他有关人员； （二）因生活困难无力偿还债务的个人。 前款规定的法定或约定原因主要包括： （一）个人独资企业等非法人企业的股东、经营者为破产企业债务承担无限责任的； （二）个人财产与企业财产混同的； （三）为企业债务提供担保的。 **第六条**　（例外情形）具有下列情形之一的个人，不适用本规定： （一）在苏州市吴江辖区外有作为被执行人、被告或者被申请人的应负或者可能应负金钱给付义务的在执、在诉、仲裁、公证债权案件，但该案件债权人自愿参与本规定程序的除外； （二）因赌博、挥霍消费等不良原因导致不能清偿债务的； （三）有履行能力而拒不履行生效法律文书确定义务的； （四）以伪造证据、暴力、威胁等方法妨碍案件审理、抗拒执行的； （五）以虚假诉讼、虚假仲裁或者以隐匿、转移财产等方法妨害诉讼、规避执行的；

续表

制定机关	规范名称	特别规定
		（六）违反限制消费令的； （七）无正当理由拒不履行执行和解协议的； （八）违反忠实义务、勤勉义务，致使所在企业破产的； （九）怠于履行清算义务，致使企业无法进行清算或无法完整清算的； （十）妨害审理程序、执行程序、破产程序进行的其他行为； （十一）债务人依照本规定免除未清偿债务未超过六年的。
浙江省温州市中级人民法院	《关于个人债务集中清理的实施意见（试行）》	**第五条　【金融债权一致行动原则】**鼓励金融债权案件的债权人采取一致行动，积极参与个人债务集中清理程序。金融债权执行案件的申请执行人在个人债务集中清理程序中可以根据法律、法规和人民法院或者债务清理管理人的建议，对债务清理、清偿计划等相关事项采取一致行动。 **第十五条　【预清理】**在人民法院受理之前，可以由政府相关部门牵头进行预清理，预清理期间，人民法院立“引调”案号，并进行法律指导和监督。 **第二十五条　【质询】**债务清理申请人应当列席债权人会议并接受质询，债权人可以要求被执行人的配偶及成年直系亲属列席会议并接受质询，被执行人及其配偶、成年直系亲属不得拒绝；拒绝接受质询的，债权人会议对个人债务集中清理方案可以表决不通过，人民法院可以根据情节的严重程度终结个人债务集中清理程序。
浙江省台州市中级人民法院	《执行程序转个人债务清理程序审理规程（暂行）》	**第二条　【启动条件】**适用本规程启动个人债务清理程序的，应符合以下条件： （一）债务违约时间在一年以上并已进入执行程序； （二）经人民法院查控财产或已经过强制执行措施后，财产不足以清偿全部债务，或者无适当财产可供处置并清偿债务的。

续表

制定机关	规范名称	特别规定
浙江省温州市人民政府办公室	《在个人债务集中清理工作中探索建立公职管理人制度的府院联席会议纪要》	（一）关于公职管理人的管理。 1. 确定司法行政机关公共法律服务部门为公职管理人的管理机构，增挂公职管理人管理机构牌子，其主要职责为承担个人债务集中清理工作中行政性事务管理功能，履行对公职管理人工作的监督、管理、协调等职责，确保个人债务清理、债务人信用修复前的行为监督、案件档案保管等事务的落实。 2. 公职管理人由司法行政机关中具有从事法律职业资格和公职身份的人员担任。 3. 市法院与市司法局根据个人债务集中清理案件需求共同编制公职管理人名册，并向社会公示。
四川省成都市中级人民法院	《关于个人债务集中清理的操作指引（试行）》	**第九条　【申请的审查】** 立案一庭收到申请后，编立“个清”案号后移交破产法庭审查。 破产法庭应当在收到申请后五日内通知已知债权人，并送达个人债务集中清理相关事项告知书。债权人发现债务人提供的财产报告不实，或认为债务人存在本指引第五条所列情形的，应当自收到通知之日起七日内向本院提出。 审查期间，本院可以根据案件具体情况，决定是否听证。债务人无正当理由，拒不参加听证的，可以按撤回申请处理。 执行移送审查案件可以由破产法庭与执行局法官组成合议庭进行审查。
江苏省无锡市中级人民法院	《“与个人破产制度功能相当”试点工作指引（试行）》	**第一条　【概念】** 本指引所指“与个人破产制度功能相当”试点工作，是指在民事执行程序中，人民法院根据申请，依照有关财产调查、参与分配、执行和解、失信惩戒等法律规定，参照企业破产法相关原则和精神，促成债权人与债务人达成和解并同意对其免责，在免责考察期届满后终结执行，以促进确无履行能力的诚信债务人个人重新恢复正常生产、生活能力的一项工作，简称“类个人破产程序”。

续表

制定机关	规范名称	特别规定
四川省宜宾市中级人民法院	《个人债务集中清理审理规程（试行）》	**第二十七条　【接受质询】**债务人应当出席债权人会议并接受质询。 债权人可以在债权人会议召开十日前，以书面方式陈述具体理由，要求管理人通知债务人的配偶及共同生活的成年近亲属列席债权人会议并接受质询。 债务人、债务人配偶及共同生活的成年近亲属经管理人通知无正当理由拒绝接受质询的，视为其具有不诚信行为，人民法院可以视情况终结个人债务集中清理程序。
浙江省丽水市缙云县人民法院	《关于开展个人债务集中清理工作的通告》	
浙江省宁波市北仑区人民法院	《关于开展个人债务集中清理工作的通告》	
浙江省衢州市中级人民法院	《个人债务集中清理便民服务指南》	十二、管理人是债务人的代理人吗？ 管理人不是债务人个人的代理人。在个人债务集中清理程序中，管理人应当以中立的态度、专业的资质履行职务，并受到人民法院、债务人、债权人的监督。

热点问题探究

▶ 江西受理首例个人破产案件是否有合法依据？

2022 年 1 月 5 日，江西省贵溪市人民法院出具了（2022）赣 0681 破申 1 号民事裁定书，该案为江西省首例个人破产清算案件。其主要内容是：李某曾先后投资房地产、旅游业等行业，因经营不善，其对外负债额达 2.74 亿元，而其名下资产仅有 1.8 亿元，已严重资不抵债。2021 年 12 月底，李某提出个人债务清理申请，贵溪市人民法院经审查后认为，李某无法清偿到期债务且资产不足以清偿全部债务，是为申请破产原因，参照《企业破产法》及最高人民法院《关于适用〈中华人民共和国企业破产法〉若干问题的规定（一）》的相关规定，裁定受理李某个人债务清理（个人破产清算）

申请。

上述裁定书的法律依据仅是“参照”《企业破产法》及最高人民法院《关于适用〈中华人民共和国企业破产法〉若干问题的规定(一)》。而实际上,《企业破产法》的适用主体仅限于企业法人以及第135条规定的其他法律规定企业法人以外的组织，并未包括自然人。最高人民法院《关于适用〈中华人民共和国企业破产法〉若干问题的规定（一)》更加没有自然人破产清算的相关规定。即使有司法精神和相关政策推动个人破产的实践和试点，但也需要在法律框架内出台相应司法文件作为司法实践的参考。

最高人民法院《关于裁判文书引用法律、法规等规范性法律文件的规定》第1条规定:“人民法院的裁判文书应当依法引用相关法律、法规等规范性法律文件作为裁判依据。引用时应当准确完整写明规范性法律文件的名称、条款序号，需要引用具体条文的，应当整条引用。”很明显，该案受理裁定的法律依据既不具体也不准确，属于明显欠妥的裁判行为，应当予以纠正。“参照”某个法律文件的内容，最多只能在说理部分进行引用。

据了解，江西省高级人民法院和鹰潭市中级人民法院并未出台关于个人债权集中清理的相关司法文件。此外，其他推行个人债务集中清理的试点法院亦只是在执行程序中对被执行人的个人债务进行集中清理，并非由法院立“破”字案号。

在无相关法律规定，亦未出台司法文件进行试点个人债务集中清理。贵溪市人民法院所尝试的个人债务集中清理司法行为，是否能对抗其他法院对债务人的执行，亦存在很大的争议。如苏州市吴江区人民法院《关于个人债务清理的若干规定（试行)》、成都市中级人民法院《关于个人债务集中清理的操作指引（试行)》均有被执行人在辖区外有应负债务的诉讼、仲裁和执行案件的，不予适用个人债务集中清理（辖区外的诉讼、仲裁和执行案件债权人同意的除外）的规定。

相关规定

浙江省高级人民法院浙江法院个人债务集中清理（类个人破产）工作指引（试行）

（2020 年 12 月 2 日发布　2020 年 12 月 2 日施行）

一、基本原则

1. 依法合规，开展个人债务集中清理工作，应当坚持法治思维和法治方式，在现行法律框架内，依法合规开展工作，保障各方当事人的合法权益。

2. 鼓励探索，积极探索通过附条件的债务免除、诚信财产申报、合理确定“生活必需品”以实现破产制度中豁免财产的制度目的等途径，在个人债务集中清理工作中充分探索个人破产的制度因素。

3. 府院联动，积极推动政府相关部门在财产登记、公职管理人、专项资金、信用体系建设等方面优化个人破产的制度环境。

二、管　　辖

4. 符合以下条件的基层人民法院可以开展个人债务集中清理工作：

（一）自然人债务人住所地、经常居住地或主要财产所在地在该基层人民法院辖区内；

（二）该基层人民法院有以该自然人作为被执行人的强制执行案件。

5. 债务人向两个以上符合条件的人民法院申请的，由最先立案的人民法院开展个人债务集中清理工作。

三、申请和受理

6. 具有浙江省户籍，在浙江省内居住并参加浙江省内社会保险或缴纳个人所得税连续满三年的自然人不能清偿到期债务，资产不足以清偿全部债务或者明显缺乏清偿能力，可以依照本指引申请开展个人债务集中清理工作。

个体工商户可以参照本指引进行债务集中清理。

7. 债务人申请个人债务集中清理的，应当由本人提交下列材料，并现场签名：

（一）个人债务集中清理申请书；

（二）财产状况申报；

（三）债权人清册；

（四）债务方面的证据、收入和支出的证据；

（五）诚信承诺书；

（六）法院认为需要的其他材料。

8. 人民法院可以在诉讼服务中心引入管理人工作人员，就个人债务集中清理工作的受理条件、程序、法律后果等事项向债务人进行释明和引导。

9. 人民法院在个人债务集中清理案件审查受理阶段，可以召集已知债权人听证会，向债权人释明个人债务集中清理程序在引入管理人进行财产调查、债务人财产申报等方面的程序利益，引导债权人作出附条件的债务免除承诺。

人民法院可以将债权人附条件的债务免除承诺作为启动个人债务集中清理工作的条件之一。

10. 人民法院在收到符合条件的个人债务集中清理申请之日起三十日内裁定是否受理。

11. 人民法院可以自裁定受理个人债务集中清理申请之日起二十日内发布受理公告。公告可以载明下列事项：

（一）债务人姓名；

（二）人民法院裁定受理个人债务集中清理申请的时间；

（三）限制债务人行为的决定；

（四）管理人姓名或者名称及地址；

（五）债权人会议召开的时间、地点和方式；

（六）人民法院认为需要公告的其他事项。

12. 债务人申请个人债务集中清理属于主动纠正失信行为，人民法院裁定受理个人债务集中清理申请的，可以依照《最高人民法院关于公布失信被执行人名单信息的若干规定》决定提前删除失信信息。

13. 人民法院受理后，对于以进行个人债务集中清理的自然人作为被执行人的执行案件，受理个人债务集中清理申请的人民法院在浙江省范围内可以向执行案件的共同上级法院申请集中指定执行。

共同上级法院一般应当集中指定执行。

14. 自人民法院受理个人债务集中清理申请之日起至程序终结之日或者债务人行为考察期满之日止，债务人不得有以下消费行为：

（一）乘坐交通工具时，选择飞机商务舱、头等舱、列车软卧、轮船二等以上舱位、G 字头高速动车组旅客列车二等及其他动车组一等以上座位；

（二）在三星级以上宾馆、酒店、夜总会、高尔夫球场等场所进行消费；

（三）购买不动产或者新建、扩建、高档装修房屋；

（四）租赁高档写字楼、宾馆、公寓等场所办公；

（五）购买机动车辆；

（六）旅游、度假；

（七）子女就读高收费私立学校；

（八）支付高额保费购买保险理财产品；

（九）其他非生活和工作必须的消费行为。

15. 债务人在依本指引进行债务清理期间，应当履行下列义务：

（一）妥善保管其占有和管理的财产、文书资料，并根据管理人要求及时完整移交，不得擅自处分其所有的财产；

（二）接受人民法院或者管理人的调查询问，如实全面申报财产及债权债务；

（三）出席债权人会议、听证会，接受债权人的质询；

（四）未经人民法院许可，不得出境；

（五）姓名、联系方式、住址等个人信息发生变动或者需要离开住所地时，及时向人民法院、管理人报告；

（六）遵守本指引第 14 条有关限制高消费的规定；

（七）不得对债权人进行个别清偿，但个别清偿使债务人财产受益的除外；

（八）人民法院认为需要履行的其他义务。

上述第（一）至第（三）项的规定，适用于与债务人共同生活的近亲属或者其他利害关系人。

16. 人民法院受理个人债务集中清理申请后，发现债务人不符合本指引第 6 条规定情形的，应当裁定驳回申请。

17. 申请个人债务集中清理，人民法院暂不收取申请费用。有执行案件的，执行案件的申请费由债务人负担。

18. 个人债务集中清理工作中管理人执行职务的费用、报酬和聘用工作人员的费用等可以从各地设立的破产专项资金中列支。

四、财产申报

19. 债务人应当在申请时向人民法院书面报告本人及其配偶、未成年子女以及其他共同生活的近亲属名下的财产情况：

（一）收入、银行存款、现金、支付宝等第三方支付工具中的财产、理财产品、有价证券等；

（二）土地使用权、房屋等不动产；

（三）交通运输工具、机器设备、产品、原材料、个人收藏的文玩字画等动产；

（四）债权、股权、投资权益、基金份额、信托受益权、知识产权等财产性权利；

（五）其他具有处置价值的财产。

债务人的财产已出租、已设立担保物权等权利负担，或者存在共有、权属争议等情形的，应当一并申报；债务人的动产由第三人占有，债务人的不动产、特定动产、其他财产权等登记在第三人名下的，应当一并申报。

20. 自人民法院裁定受理个人债务集中清理申请之日前两年内，债务人财产发生下列变动的，债务人应当一并如实申报：

（一）赠与、转让、出租财产；

（二）在财产上设立担保物权、地役权等权利负担；

（三）放弃债权或者延长债权清偿期限；

（四）一次性支出五万元以上大额资金；

（五）因离婚、继承而分割共同财产；

（六）提前清偿未到期债务；

（七）其他重大财产变动情况。

21. 人民法院开展个人债务集中清理工作期间，债务人应当定期向人民法院申报财产变动情况。

22. 人民法院应当保留债务人及所扶养的家属的生活必需费用和必需品不受执行，人民法院可以依照《中华人民共和国民事诉讼法》第二百四十四条规定认定下列财产属于“生活必需品”：

（一）债务人及其所需要抚养、赡养和扶养的家庭成员生活、学习、医疗的必需品和合理费用；

（二）因债务人职业发展需要必须保留的物品和合理费用；

（三）对债务人有特殊纪念意义的物品；

（四）无现金价值的人身保险；

（五）勋章或者其他表彰荣誉的物品；

（六）专属于债务人的人身损害赔偿金、社会保险金以及最低生活保障金；

（七）根据法律规定或者基于公序良俗不应当用于清偿债务的其他财产。

前款规定的财产，价值较大、不用于清偿债务明显违反公平原则的，不认定为生活必需品。

23. 债务人应当自人民法院受理裁定送达之日起十五日内向管理人提交“生活必需品”清单，并列明财产对应的价值或者金额。

五、管　理　人

24. 个人债务集中清理工作中，可以指定列入破产管理人名册的社会中介机构及其执业律师、执业注册会计师，或者政府部门的公职管理人，担任个人债务集中清理工作的管理人。

也可以由债权人及债务人共同协商在列入名册的机构及其执业律师、执业注册会计师，或政府部门的公职人员中选定管理人。

企业破产案件中，将实际控制人、股东等的个人债务集中清理工作一并纳入的，由破产案件管理人担任个人债务集中清理工作的管理人。

25. 管理人应当勤勉尽责，忠实执行职务。

26. 管理人履行下列职责：

（一）调查核实债务人的基本情况；

（二）通知已知债权人申报债权；

（三）审查债权，并制作债权表；

（四）调查核实债务人财产申报情况，并制作债务人财产报告；

（五）提出对债务人生活必需品（豁免财产）清单的意见；

（六）拟定财产分配方案并实施分配；

（七）提议、协调召开债权人会议；

（八）管理、监督债务人在考察期的行为；

（九）人民法院认为管理人应当履行的其他职责。

27. 公职管理人原则上不另行收取报酬。

执业律师、执业注册会计师被指定为管理人的，可以在各地设立的破产专项资金中支付报酬。

企业破产案件中，将实际控制人、股东等的个人债务集中清理工作一并纳入的，管理人报酬可以按照《最高人民法院关于审理企业破产案件确定管理人报酬的规定》一并确定。

六、财产调查、核实

28. 对债务人申报的财产情况，人民法院应当及时调查核实，必要时可以组织当事人进行听证。

（一）人民法院应当通过网络执行查控系统对被执行人的存款、车辆及其他交通运输工具、不动产、有价证券等财产情况进行查询、核实；

（二）经债权人申请，根据案件实际情况，可以依法采取审计调查、公告悬赏等调查、核实措施；

（三）其他必要的调查核实措施。

29. 管理人可采取询问、查询、走访等多种方式，对债务人的财产进行全面调查核实，其中债务人居住地及存放个人财产情况应当进行调查核实。

管理人应向公安、民政、村（居）委会、工作单位、人民银行、金融机构、信息查询平台、不动产登记、车辆管理、知识产权、公积金、社会保障、市场监督管理、税务、法院执行等部门和机构调取债务人必要信息资料，具体调查工作包括但不限于以下方面：

（一）通过公安部门调查债务人家庭人口信息，包括其父母、子女、配偶、兄弟姐妹等；如与父母分户的，则进一步查询户籍的原始档案，了解当时的家庭成员情况；

（二）通过公安部门调查债务人住宿登记及出入境记录，必要时，对债务人直系亲属的住宿登记及出入境记录情况进行调查；

（三）通过民政部门调查债务人婚姻存续情况，如涉离婚，则需了解子女抚养及财产分割情况；

（四）通过村（居）委会调查债务人家庭常住人口情况、村集体经济分红情况以及拆迁补偿情况等；

（五）通过债务人工作单位调查债务人工作情况、工资水平及其福利等情况；

（六）通过人民银行调查债务人征信情况、银行开户、信用卡办理、贷款、担保、被担保情况；

（七）通过金融机构调查债务人开户情况、资金存取记录及账户余额；

（八）通过市场监督管理部门、信息查询平台调查债务人持股情况以及担任企业职务等情况；

（九）通过不动产登记部门调查债务人名下不动产情况；

（十）通过车辆管理部门调查债务人名下车辆情况；

（十一）通过知识产权部门调查债务人名下专利权、商标权、著作权等知识产权情况；

（十二）通过公积金管理部门调查债务人公积金存取记录及账户余额；

（十三）通过社会保障部门调查债务人养老保险、医疗保险缴存、领取情况；

（十四）通过税务部门调查债务人税款缴纳及欠税情况；

（十五）通过法院调查债务人涉诉案件及其执行情况；

（十六）通过上海证券交易所、深圳证券交易所调查债务人股票交易情况；

（十七）调查债务人使用支付宝、微信等第三方支付平台有关情况。必要时，对债务人近亲属的支付宝、微信等第三方支付平台有关情况进行调查。

30. 管理人需对调查获取的有关信息、资料进行全面、综合分析，重点审查以下事项，包括但不限于：

（一）根据债务人日常开支情况，审查债务人名下银行对账单、第三方支付平台账户是否存在异常收支记录；

（二）审查债务人住房公积金账户支取记录与债务人购房、装修记录是否匹配；

（三）审查财产权益状况及财产权益处置资金去向；

（四）审查债务人配偶、父母、子女等近亲属名下资产与其收入是否匹配；

（五）审查是否存在挥霍消费行为；

（六）审查是否存在未履行完毕合同；

（七）审查是否存在放弃债权、放弃债权担保、无偿转让财产等方式无偿处分财产权益，或者恶意延长其到期债权的履行期限，影响债权人利益情况；

（八）审查是否存在以明显不合理的低价转让财产、以明显不合理的高价受让他人财产或者为他人的债务提供担保，影响债权人的债权实现情况；

（九）审查是否存在虚构债务或承认不真实的债务情况；

（十）审查是否存在恶意串通，签订合同损害债权人利益情况；

（十一）审查是否存在虚假诉讼，损害债权人利益情况；

（十二）审查是否存在其他违反法律、行政法规强制性规定，损害债权人利益的行为。

31. 因管理人自身客观原因，无法调查或核实债务人财产的，可以申请由人民法院依职权调查核实或签发调查令，有关部门和机构应当配合管理人的调查。

管理人为调查事实，就债权、财产等争议，可以通知相关人员到指定场所接受询问或者提交书面陈述意见。

32. 管理人应当及时完成债务人财产状况调查报告，并对生活必需品（豁免财产）清单提出意见，财产状况调查报告提交债权人会议审查。

七、债 权 申 报

33. 债权人申报债权时，应当书面说明债权的数额和有无财产担保，并提交有关证据。申报的债权是连带债权的，应当予以说明。

连带债权人可以由其中一人代表全体连带债权人申报债权，也可以共同申报债权。

附条件、附期限的债权和诉讼、仲裁未决的债权，债权人可以申报。

债务人的保证人或者其他连带债务人已经代替债务人清偿债务的，以其对债务人的求偿权申报债权。债务人的保证人或者其他连带债务人尚未代替债务人清偿债务的，以其对债务人的将来求偿权申报债权。但是，债权人已经向管理人申报全部债权的除外。

34. 管理人收到债权申报材料后，应当登记造册，对申报的债权进行审查，并编制债权表。

根据债权性质可分为享有特定财产担保债权，赡养费、抚养费、扶养费请求权，雇用人员债权、税收债权、普通债权。管理人应在债权表对每笔债权性质进行列示。

35. 管理人编制的债权表，应当提交债权人会议核查。

八、债权人会议

36. 第一次债权人会议由人民法院召集，以后的债权人会议，在人民法院认为必要时，或者管理人、所代表债权额占债权总额四分之一以上的债权人提议时召开。

召开债权人会议，管理人应当提前十五日通知已知债权人，并提前三日告知会议内容。

37. 第一次债权人会议自人民法院裁定受理个人债务集中清理申请之日起三十日内召开，重点对申请执行人和其他已知债权人释明以下内容：

（一）执行程序的功能主要在于对“有履行能力而拒不履行生效法律文书确定义务”的被执行人进行强制执行；

（二）债务人无履行能力的，属于市场交易风险或者是由于债务人意志以外的特定原因；

（三）个人债务集中清理程序在债务人配合、财产调查、专项资金援助等方面的优势；

（四）人民法院认为需要释明的其他事项。

38. 经过债权人会议释明，尽可能引导债权人同意或者附条件同意免除债务人的剩余债务，所附条件主要是“个人债务集中清理期间债务人如实申报财产并经处置分配”。

39. 债权人会议行使下列职权：

（一）核查债权；

（二）监督管理人；

（三）申请人民法院更换管理人，审查管理人的费用和报酬；

（四）审议生活必需品（豁免财产）清单；

（五）审议债务人财产情况报告；

（六）审议财产调查情况；

（七）审议财产分配方案；

（八）人民法院认为应当由债权人会议行使的其他职权。债权人会议应当对所议事项的审议情况作成会议记录。

40. 债权人会议可以探索采用双重表决规则等方式，即首先由全体债权人一致同意通过一项表决规则，然后再根据通过的表决规则对财产分配方案等事项进行表决，以有效推进清理程序。

41. 债权人会议对债务人生活必需品（豁免财产）清单的审议结果，作为人民法院依据《中华人民共和国民事诉讼法》第二百四十四条确定“被执行人及其所扶养家属的生活必需品”范围、金额的重要依据。

42. 债务人应当出席债权人会议并接受质询。

债权人可以在债权人会议召开十日前，以书面方式陈述具体理由，要求管理人通知债务人的配偶及成年直系亲属列席债权人会议并接受质询。

债务人、债务人配偶及成年直系亲属经管理人通知无正当理由拒绝接受质询的，视为其具有不诚信行为，人民法院可以视情况终结个人债务集中清理程序。

九、债务清理

43. 管理人应当及时拟订债务人财产变价方案，提交债权人会议审议。变价出售债务人财产应当以价值最大化为原则，兼顾处置效率。

44. 执行案件移送个人债务集中清理的，可在执行程序中先行进行财产变价处置，但财产分配应在个人债务集中清理程序中依法进行。

债务人财产因变现费用高于财产价值等原因，不宜进行处置和分配的，管理人经报告人民法院，可以放弃处置并归还债务人。

45. 管理人通过网络拍卖的方式处置债务人财产，应当参照人民法院关于拍卖和变价的有关规定，在公开的交易平台进行。

财产拍卖底价应当参照市场价格确定，也可以通过定向询价、网络询价确定。网络拍卖两次流拍的，管理人可以通过网络变价等方式进行处置。但是，债权人会议另有决议或者法律、行政法规另有规定的除外。

46. 对债务人的特定财产享有担保权的权利人，对该特定财产享有优先受偿的权利。

债权人行使优先受偿权利未能完全受偿的，其未受偿的债权作为普通债权；放弃优先受偿权利的，其债权作为普通债权。

47. 人民法院受理个人债务集中清理申请后发生的下列费用，为清理费用：

（一）个人债务集中清理案件的申请费；

（二）管理、变价和分配债务人财产的费用；

（三）管理人执行职务的费用、报酬和聘用工作人员的费用。

48. 人民法院受理个人债务集中清理申请后发生的下列债务，为共益债务：

（一）因管理人或者债务人请求对方当事人履行双方均未履行完毕的合同所产生的债务；

（二）债务人财产受无因管理所产生的债务；

（三）因债务人不当得利所产生的债务；

（四）为债务人继续营业或者生活必需而应支付的他人的劳动报酬或者应缴纳的社会保险费用，以及由此产生的其他债务；

（五）管理人或者相关人员执行职务致人损害所产生的债务；

（六）债务人财产或者行为致人损害所产生的债务，以及其他必须由债务人承担的侵权损害赔偿债务；

（七）债务人因紧急避险所产生的债务。

49. 债务人财产在优先清偿清理费用和共益债务后，其他债务依照下列顺序清偿：

（一）债务人欠付的赡养费、抚养费、扶养费；

（二）债务人所欠雇用人员的工资和医疗、伤残补助、抚恤等费用，应当缴入雇用人员个人账户的基本养老保险、基本医疗保险等社会保险费用，以及依法应当支付给雇用人员的补偿金；

（三）债务人所欠税款；

（四）普通债权，其中债务人的配偶以及前配偶、共同生活的近亲属以及成年子女不得在其他普通债权人未受完全清偿前，以普通债权人身份获得清偿。

债务人财产不足以清偿同一顺序债权的，按照比例分配。

50. 管理人应当及时拟订债务人财产分配方案，提交债权人会议审议。债务人财产分配方案应当载明下列事项：

（一）参加债务人财产分配的债权人名称或者姓名、住所；

（二）参加债务人财产分配的债权额；

（三）可供分配的债务人财产数额，包括现有的债务人财产以及良好行为考察期内可能获得的可用于清偿债务的收入部分；

（四）债务人财产分配的顺序、比例及数额；

（五）实施债务人财产分配的方法；

（六）其他需要载入财产分配方案的内容。

债权人会议通过债务人财产分配方案后，由管理人将该方案提请人民法院裁定认可。

51. 管理人负责债务人财产分配方案的执行。分配应当以货币分配方式进行。但是，债权人会议另有决议的除外。

52. 有未来稳定可预期收入的债务人，可以通过债务重整的方式进行个人债务集中清理。

53. 债务人或者管理人可以引入金融机构等第三人作为投资人参加个人债务集中清理程序，采用向第三人融资的方式清偿原有债务。第三人可以要求债务人提供相应的担保。

十、程序终结

54. 人民法院受理个人债务集中清理申请后，发现债务人存在下列情形之一的，可以裁定终止个人债务集中清理程序：

（一）债务人在申请书或者财产申报等文件中，存在不完整、有错误或者其他误导的情况；

（二）债务人在申请前两年内，进行过低价处置财产或者恶意的偏颇性清偿行为；

（三）管理人就债务人申请中的情况询问债务人，债务人未能在规定期限内作出正式的答复；

（四）债务人存在不诚信行为等需要终止个人债务集中清理程序的其他情形。

终止个人债务集中清理程序后，符合条件的，人民法院应当依照相关规定对债务人采取纳入失信被执行人名单等强制执行措施。

55. 债务人无财产可供分配的，管理人应当请求人民法院裁定终结个人债务集中清理程序。

管理人在最后分配完毕后，应当及时向人民法院提交债务人财产分配报告，并提请人民法院裁定终结个人债务集中清理程序。

人民法院应当自收到管理人终结个人债务集中清理程序的请求之日起十五日内作出是否终结个人债务集中清理程序的裁定。

56. 人民法院裁定终结个人债务集中清理程序后，对于同意免除债务人剩余债务的执行案件，以《中华人民共和国民事诉讼法》第二百五十七条第六项为由终结对债务人的执行。

对于不同意免除债务人剩余债务的执行案件，在符合设置了五年行为考察期等条件的情况下，可以裁定终结执行。

57. 所有债权人均同意免除剩余债务并终结执行的，不设行为考察期。也可将设置行为考察期作为同意免除剩余债务的条件。

有债权人不同意免除债务人剩余债务或者将设置行为考察期作为同意免除剩余债务的条件的，行为考察期为裁定终结个人债务集中清理程序后的五年。

58. 债务人在行为考察期内应当继续履行人民法院作出的限制行为决定规定的义务。

十一、法 律 责 任

59. 债务人或其他利害关系人违反本指引有关规定，有下列行为之一的，由人民法院依法予以训诫、拘传、罚款、拘留；构成犯罪的，依法追究刑事责任：

（一）拒不配合或协助人民法院、管理人调查，拒不回答询问，或者拒不提交相关资料；

（二）提供虚假、变造资料，作虚假陈述或者误导性陈述；

（三）故意实施或协助实施隐匿、转移、毁损、不当处分财产、财产权益及财务凭证等资料物件，或者其他不当减少财产价值的行为；

（四）其他的妨害行为。

60. 管理人未勤勉尽责、忠实执行职务，给债务人、债权人或者其他利害关系人造成损失的，参照《企业破产法》及其司法解释的有关规定依法承担赔偿责任。

61. 管理人怠于履行或者不当履行职责的，由人民法院责令改正，并可以采取降低管理人报酬、依职权更换管理人等措施；人民法院可以暂停其任职资格或者将其从管理人名册中除名。

管理人与他人恶意串通，妨害个人债务集中清理的，由人民法院依法予以训诫、拘传、罚款、拘留；构成犯罪的，依法追究刑事责任。

典型案例评析

为“诚信而不幸”的被执行人解困松绑

——评徐某、殷某个人债务集中清理案[①]

【要点提示】

本案系杭州法院首例审结的个人债务清理案件。根据浙江省高级人民法

① 本案例摘录自杭州市中级人民法院发布18起“善意文明执行优化营商环境”典型案例之十六，个别表述有修改。

院《浙江法院个人债务集中清理（类个人破产）工作指引（试行）》的相关规定，建德市人民法院通过设立管理人、引入第三人作为投资人、探索双重表决规则方式、争取多数金融债权参与到清理程序中等方式，推进清理工作顺利进行。徐某、殷某 5 年行为考察期满后的剩余债务将得以豁免，法院也将对徐某、殷某进行信用修复。

【基本案情】

债务人徐某与殷某原系夫妻关系，徐某因经营企业失败，于 2013 年开始借贷，同时为了还清相关债务，陷入高利贷及套路贷的旋涡之中，最终导致自身债台高筑。为了还债，两人变卖了名下所有资产，工资卡也被法院冻结。因债务没有履行完毕，两人也被限制消费、纳入失信名单。因债务问题感情不和，两人于 2018 年离婚。上有老人要赡养，下有孩子要抚养，两人仅有的每月合计约 1 万元的工资收入，既要生活，又要还债，徐某、殷某叹息：“未来一片灰暗”。

为进一步强化善意文明执行理念，让诚信债务人有机会重获“新生”，2020 年年底，根据最高人民法院《关于在执行工作中进一步强化善意文明执行理念的意见》、浙江省高级人民法院《浙江法院个人债务集中清理（类个人破产）工作指引（试行）》的规定，建德市人民法院启动个人债务集中清理工作。

2020 年 10 月 9 日，徐某、殷某向建德市人民法院递交书面材料，申请进行个人债务清理。为积极配合清理工作，徐某父亲自愿拿出 200 万元帮助两人偿还债务。鉴于二人的诚信表现，2020 年 11 月 20 日，建德市人民法院受理徐某、殷某个人债务集中清理一案，并指定浙江智仁律师事务所担任管理人。管理人调查了两人的债务及财产情况，并要求两人签署诚信承诺书，同时穷尽措施，以邮寄、电话、上门送达、电子邮件等方式通知债权人前来申报债权。建德市人民法院也同步在《人民法院报》刊登债权申报公告。

2020 年 12 月 30 日，建德市人民法院主持召开第一次债权人会议。会议确定了“双过半”（出席会议的有表决权的债权人过半数通过，且其所代表的债权额占无财产担保债权总额的 1/2 以上的，该表决事项方为通过）的表决规则，同时设立二次协商规则，并对债务人设定 5 年的行为考察期。

2021 年 2 月 3 日，第二次债权人会议如期召开。管理人在会上通报了债权申报及审查情况，并报告《债务人财产分配方案》提交会议表决。截至该次会议召开，共计39家（人）申报债权，申报金额共计约620万元。现有可供分配的债务人财产为两人名下少量银行账户余额及徐某父亲提供的200万元，共计约204万元。

经过投票表决，会议以“双过半”的表决率通过了徐某、殷某的财产分配方案。根据方案，204万元清偿款将在法院裁定《债务人财产分配方案》后10日内支付至债权人账户。5年行为考察期满后，将对徐某、殷某在这5年内可用于清偿债务的收入、公积金账户余额或相应资产权益再次进行分配（分别为两债务人保留2000元和5000元的生活保障费用），剩余债务将被豁免。首次分配清偿率为33%。

没有通过本次个人债务清理申请债权的债权人在5年行为考察期内仍可继续申报债权。经管理人审查通过后，债权人仅能参与分配徐某、殷某在5年行为考察期内可用于清偿债务的收入、公积金账户余额或相应资产权益。

设立管理人账户，被执行人在5年行为考察期内，其收入除保留本人及家庭成员生活保障外，余款纳入该账户集中管理，接受法院、管理人和债权人的监督。

值得注意的是，若日后债权人发现徐某、殷某存在隐瞒财产等不诚信行为，不仅免除的债务要全部恢复，还将追究其法律责任。

【典型意义】

个人债务清理，能够使“诚信而不幸”的被执行人有再次创业的机会。市场有风险，在鼓励创业的同时，给予容错的机会，这也符合时代发展的价值取向，而个人债务清理为此提供了解决的路径。本案中，“诚信而不幸”的两名债务人将放下重担，翻开人生新的篇章。本案的实践，也为杭州法院探索个人债务清理工作提供了“建德样本”。

后　记

在本书即将付梓之际，笔者回望本书写作历程，感想颇多。

笔者长期以来从事商事审判工作和商事法律服务。在学校读书时就特别关注这一貌似既不好归入商法，也不好归入经济法，同时也不属于诉讼法的破产法课程。在法院工作后，笔者认为破产程序是一种对债务人的概括式的诉讼执行程序。从事律师职业以来，办理过一些破产案件后，笔者对破产有了更深入的理解。平日笔者常撰写一些商事与破产领域的实务文章，对各地法院试行的个人债务集中清理和深圳制订个人破产条例亦十分关注，并写作了一些小小文章。

2018 年 9 月，广东省高级人民法院发布《关于编制广东省破产案件管理人名册有关事项的公告》，公开以考试的方式开展全省统一的管理人入库工作。笔者在办理破产案件，以及带领团队小伙伴学习备考时，发现市面上有关破产的书籍甚少。部分为用于高校教学的教材，突出理论而轻实务；部分为担任过管理人的机构所写实务书籍，但多为站在管理人角度的管理人实务操作；部分为审判工作者所编写的对破产案件中一些疑难问题和裁决规则的分析解读；部分为在公司法的专业书籍中少许笔墨提到破产程序。市面上关于破产法方面的书籍绝大部分是基于现行《企业破产法》而编写的，对于在当前较为热点的上市公司破产重整、已经在司法实践中试行的个人债务集中清理和预重整等制度，尚少有人论著涉猎。

当时，笔者心想，如有一本破产方面的书籍，既有破产基本理论的论述，又有管理人实操指引，同时又有对破产裁决规则（包括破产衍生诉讼）的分析，还能系统介绍当前的上市公司破产重整、个人债务集中清理、预重整制度等热点，那是甚为有价值的。

2020 年春节期间，全国笼罩在新冠肺炎疫情的阴影中，笔者赋闲在家，学习最高人民法院新颁布不久的《全国法院民商事审判工作会议纪要》，发现其中就有对破产领域的很多新规定，且很多规定在《企业破产法》中尚无相关规定。为此，笔者萌生了自己写一本破产领域书籍的想法，希望能融合破产法基本理论、实务操作、裁决规则，同时对破产领域的新情况予以较为系统的论述，且可借机将笔者办理破产案件过程中整理的破产领域的法律规范通过出书的形式分享给大家。

经过一个多月的策划、资料收集，这本笔者自誉比较有创新和个性，不够严谨但还较为前沿和实用的书稿的框架初步形成。在编写本书的过程中，更多的法院按照最高人民法院的要求设立了专门的破产审判部门，甚至成立了破产法庭，上市公司破产重整成为热点，各地法院推行的预重整制度和个人债务集中清理日益兴起。个别省（市、区）高级人民法院制定了个人债务集中清理和预重整制度在辖区各级法院推行。如浙江省高级人民发布了《浙江法院个人债务集中清理（类个人破产）工作指引（试行）》、江西省高级人民法院发布了《关于审理企业破产预重整案件工作指引》、陕西省高级人民法院发布了《破产案件审理规程（试行）》。深圳更是立法推出了《深圳经济特区个人破产条例》并于 2022 年 3 月 1 日开始实施。此外，上海证券交易所和深圳证券交易所分别于 2022 年 3 月 31 日发布了《上海证券交易所上市公司自律监管指引第 13 号——破产重整等事项》和《深圳证券交易所上市公司自律监管指引第 14 号——破产重整等事项》。

丰富的破产实践和各级法院推出的各种破产规范性文件，极大地丰富了笔者编写本书的内容。笔者在编写本书的过程中，亦不断地吸收新的养分，不断地调整、修改，尽量地将最新的破产规范和实践融入其中，保持内容的前沿性。即便于今年 6 月书稿完成交法律出版社后，笔者仍时刻关注破产领域最新动态，根据新出现的情况不断地修改和完善内容，删除了一些不合时宜的内容，增加了新的内容。在撰写过程中，兰才明律师给予了大力支持，并亲自参与了上市公司破产重整这部分内容的编写。经法律出版社三审三校，出版社的朱铁佳老师近日反馈可定稿下印，对书稿的修改才暂告一段落。破产法规和实践在不断地变化和进步，笔者想不久后的再版会进一步地充实新的破产实践养分。

在本书的编写和出版过程中，非常感谢律所领导北京德和衡（深圳）律师事务所温贵和主任、北京市盈科（深圳）律师事务所李景武主任对笔者的大力支持和鼓励。衷心感谢沈四宝老师、周林彬老师、杨忠孝老师、杜春司长、蒋太仁庭长、王春阁总法、但斌董事长和姜天萃女士的指教、支持及推介。感谢安徽省高级人民法院洪平法官、南京破产法庭荣艳法官、浙江省建德市人民法院张津法官等法院同仁同意本书引用相关案例。感谢法律出版社编辑朱轶佳老师为本书出版的辛勤付出。记得在对书稿进行排版时，笔者于某周末的凌晨1点左右将整理好的一些排版方面的疑惑发给朱老师，未料朱老师竟然半夜给笔者进行了详尽的回复。对于朱老师的敬业和奉献精神，笔者甚为感动。

本书的写作过程虽历时近两年，但基于笔者对本书全面性、多样性、时新性、前沿性和实用性的追求，甚感时间仓促，其中难免有些错漏，部分观点可能甚为肤浅。恳请各位业界权威、师长前辈、同业专家多多批判，多多指正，不吝赐教。

在撰写本书的过程中，为了增强本书的实用性，笔者团队的小伙伴收集、整理了涉及破产领域的法律法规、司法解释、司法指导性文件及其他规范性文件。部分规范虽已经失效，但为了帮助大家更好地了解过去我国破产制度实施的情况，我们还是予以保留并注明失效情况。鉴于书籍篇幅的限制，相关文件未能全部附于书中，故我们整理形成了电子文件并将持续即时更新。如有需要，大家可与笔者联系（电话：18566691717）或关注团队微信公众号“老蒋商事与破产法律服务”索取。

蒋阳兵

2022年10月23日夜于莲花山脚下